John C. Eccles
Das Gehirn des Menschen

SERIE PIPER
Band 826

Zu diesem Buch

Mit diesem Buch vermittelt der Neurophysiologe und Nobelpreisträger John C. Eccles dem Leser eine Vorstellung vom Abenteuer der modernen Hirnforschung und von den vielfältigen Aspekten, die ihre Erkenntnisse auch anderen Wissensgebieten wie der Philosophie, Psychologie und Biologie eröffnen. Eccles' Darstellung bietet eine breitgefächerte, grundlegende Übersicht über den Stand der Neurophysiologie; die Themen erstrecken sich von den einfachsten Phänomenen der Nervensysteme von Wirbellosen bis zur Rolle des menschlichen Gehirns in Erkenntnis, Kreativität und Wollen. Darüber hinaus erörtert Eccles wichtige Grundkonzeptionen von Psychologie und Philosophie, z. B. die Natur des bewußten Selbst, die Rolle der Sprache in der Evolution des Gehirns und des menschlichen Selbstverständnisses wie auch das Problem des Sinns des Lebens in der Frage nach »Ursprung und Bestimmung des sich seiner selbst bewußten Wesens«. Mit seinen streitbaren und kühnen Schlußfolgerungen, die er aus präziser wissenschaftlicher Analyse zieht, zeigt Eccles Mut zu neuen Wegen in der Erforschung des Gehirns: ein Buch zum Mit- und Nachdenken.

Sir John C. Eccles, geboren 1903 in Melbourne, Medizinstudium in Melbourne. Nach Promotion Lehrtätigkeit in Oxford, dann Institutsdirektor in Sydney. Professuren in Otago (Neuseeland), Canberra (Australien) und Buffalo (USA). 1957–1961 Präsident der australischen Akademie der Wissenschaften. 1963 Nobelpreis für Medizin.

John C. Eccles

Das Gehirn des Menschen

Sechs Vorlesungen für Hörer aller Fakultäten

Mit 109 Abbildungen

Aus dem Englischen von
Angela Hartung

Piper
München Zürich

Die Originalausgabe erschien 1973 unter dem
Titel »The Understanding of the Brain«
bei McGraw-Hill Book Company, New York.

Von John C. Eccles liegen in der Serie Piper
außerdem vor:
Gehirn und Seele (628)
Das Rätsel Mensch (976)

ISBN 3-492-10826-1
Durchgesehene Neuausgabe 1990
6. Auflage, 25.–33. Tausend August 1990
(1. Auflage, 1.–9. Tausend dieser Ausgabe)

Umschlag: Federico Luci
Gesamtherstellung: Clausen & Bosse, Leck
Printed in Germany

Für Helena

Inhalt

Einleitung

Warum habe ich diesem Buch (in der Originalausgabe) den Titel ›The Understanding of the Brain‹ gegeben? Ich erhebe natürlich keinen Anspruch auf ein endgültiges und vollständiges Verstehen. Dies liegt in unabsehbarer Zukunft und mag sogar paradox sein – ein Gehirn, das ein Gehirn vollständig versteht. Ich unterziehe mich einer bescheideneren Aufgabe, nämlich über unser gegenwärtiges Verständnis zu berichten – oder, wenn man so will, über mein gegenwärtiges Verständnis, weil dies eine persönliche Mitteilung ist. Ich wage dies, weil angesichts der immensen Last von faktischen Daten die Gefahr besteht, daß diejenigen, die von der Hirnforschung angezogen werden, den Wald vor lauter Bäumen nicht sehen werden. Um ein Beispiel für das explosive Wachstum zu geben: Das Journal ›Brain Research‹, das 1966 gegründet wurde, veröffentlichte 1975 18 Bände mit insgesamt 9000 Seiten, und dies ist nur eine von vielen Zeitschriften, die in den letzten Jahren neu herausgebracht worden sind.

Notwendigerweise wird diese persönliche Mitteilung, was ihre Ausführung und die Festlegung des Schwerpunktes anbelangt, voreingenommen sein. Eine umfassende Übersicht über die Hirnforschung würde eine Vielzahl von Autoren und eine Vielzahl von Bänden zur Folge haben, wenn sie alle Gebiete einbeziehen soll. Solche Handbücher existieren, und noch weitere werden geschrieben. Ich nehme an, niemand liest sie durch – ihr großer Wert liegt eher in ihrer Verwendung als Nachschlagetext. Ich versuche hier ein Buch zu schreiben, das kurzerhand durchgelesen werden kann und das eine Vorstellung von vielen Aspekten der Hirnforschung geben wird, von denen ich glaube, daß sie einige der für das weiter vordringende Unternehmen der Hirnforschung und auch für die begrifflichen Entwicklungen in den verwandten Disziplinen Psychologie und Philosophie grundlegenden Ideen bieten. Ich habe aber versucht, einen Text zu verfassen, der so einfach zu lesen ist, daß er zum Beispiel für einen Oberschüler faßbar sein sollte. Tatsächlich ist das Buch allmählich aus meinen Vorlesungen vor

College- und Medizinstudenten herausgewachsen; dennoch mag es auch eine Hilfe für diejenigen sein, die sich wirklich mit Forschung in den Hirnwissenschaften befassen. Ich hoffe, daß es ihr Gesichtsfeld der Probleme der Hirnwissenschaft zu erweitern vermag und sie dazu verlockt, sich Forschungsgebieten zuzuwenden, auf denen die Problematik besonders reizvoll und lohnend ist.

Um zusammenzufassen: Dieses Buch ist nicht als Lehrbuch oder Nachschlagewerk zu betrachten. Eher ist es eine persönliche Mitteilung, in der ich über diejenigen Aspekte des Gehirns schreibe, die für mich von besonderem Interesse sind und von denen ich denke, daß sie wesentlich für jegliches Verständnis dafür sind, wie das Gehirn seine wundervollen und vielfältigen Funktionen ausführen kann.

Ich lehre seit 50 Jahren, und mit welchem Erfolg ich in diesem Text meine Ideen und meine Begeisterung vermitteln kann, das hängt von meinen Bemühungen ab, während all dieser Jahre meinen Darstellungsstil zu verbessern. Ich habe viel von den Fragen und Antworten meiner Zuhörer gelernt. Meine Dankbarkeit kommt in diesem Buch zum Ausdruck. Ich glaube, daß wir älteren Wissenschaftler verpflichtet sind, unsere wissenschaftlichen Ideen an eine so breite Zuhörerschaft wie irgend möglich weiterzugeben. Es ist leicht, in einer Fachsprache zu den Eingeweihten zu sprechen; viele nehmen nicht die diffizile und heikle Aufgabe der Vereinfachung bei gleichzeitiger Wahrung des wissenschaftlichen Charakters auf sich, wenn sie den Verlauf eines wissenschaftlichen Abenteuers interpretieren. Das bedeutet: kreative Vorstellungskraft auf der einen Seite, die versucht, Hypothesen über das Gewußte hinaus zu schaffen, und auf der anderen Seite die strenge Nachprüfung dieser Hypothesen – dieser Kinder des Gehirns –, sie gegebenenfalls zu zerstören, sie abzuwandeln oder zu bekräftigen, ihnen aber niemals eine endgültige Bestätigung oder Gültigkeit zu verleihen.

Ich glaube, daß es wichtig ist, unseren Bericht über das Gehirn so aufzubauen, daß er sich auf das menschliche Gehirn im vollen Umfang seiner Leistung bezieht. Hierin liegt die größte Herausforderung. So großartig sie auch sind, die Gehirne der Wirbellosen wie Blutegel, Aplysia oder Oktopus sind keine adäquaten Modelle für das menschliche Gehirn mit seinen Fähigkeiten des begrifflichen Denkens, der Erkenntnis, des Wollens, des Selbstbewußtseins. Dennoch sind Untersuchungen auf diesen Stufen von grundlegender Bedeutung, weil die einheitlichen Bestandteile und ihre einfachen Wechselbeziehungen die Basis für das Verständnis der Einheiten höherer Gehirne und der Eigenschaften einfacher Zusammenstellungen dieser Einheiten abgeben. Dies trifft auch für Untersuchungen der niederen Wirbeltiere zu. In diesem Buch soll offenbar werden, wie wichtig jene Untersuchungen einfacherer Nervensysteme sind. Der größere Teil der Kapitel I, II und V beschäftigt sich mit den Stufen entweder der Wirbellosen oder der niedrigeren Wirbeltiere. Den wundervollen wissenschaftlichen Untersuchungen dieser einfacheren Nervensysteme hätte viel mehr Gewicht beigelegt werden können, aber mein Ziel war es, mich auf die komplexeren und ausgeklügelteren Gehirne zu konzentrieren.

Im Kapitel über die Bewegungskontrolle habe ich meinen Bericht so angelegt, daß er sich, soweit es möglich ist, auf die menschliche Bewegung bezieht. Das letzte Kapitel schließlich konzentriert sich auf das menschliche Gehirn. Ich habe mich dort in das respektgebietende Reich der Philosophie vorgewagt. Ich werde bei diesem Unterfangen von bedeutenden Philosophen ermutigt, die am Rande jener modernen Gruppe von Philosophen mit ihrer Mystik in Sprache und Definition stehen. Ich finde, daß das philosophische Denken dieser bedeutenden Philosophen dem meinen verwandt ist. Insbesondere erachte ich mich als über die Maßen glücklich, in meinem Leben sowohl als reiner Wissenschaftler wie auch als Wissenschaftler, der Wege in der Philosophie sucht, wie ich es im letzten Kapitel tue, die Inspiration und Führung von Sir Karl Popper zu besitzen.

Es ist sicherlich ungewöhnlich, ein Buch über das Gehirn vorzulegen, das sich von dem einfachsten Phänomen des Nervensystems bis zur Rolle des Gehirns erhebt, nicht nur der Rolle, die es in Erkenntnis, Schöpfertum, Wollen, sondern auch jener, die es im Zusammenhang mit Themen spielt, wie z. B. der Natur des bewußten Selbst, der Sprache in der Evolution sowohl des Gehirns als auch des menschlichen Selbst-Bewußtseins, und schließlich in der Frage nach dem Sinn des Lebens – dem Ursprung und der Bestimmung des selbst-bewußten Wesens, einzigartig und nur dem Selbst bekannt, das im Kern eines jeden von uns liegt.

Wir stehen erst am Anfang dieses großen Unternehmens. Ich hoffe, viele der wichtigen Zentren gegenwärtiger wissenschaftlicher Erkenntnis skizziert zu haben, und hoffe, Einblicke in das zu geben, was höchst bedeutsame neue Entwicklungen zu sein scheinen. Es ist lediglich eine Skizze und läßt als solche viele Einzelheiten aus. Literaturhinweise werden nach jedem Kapitel als Hilfe für weiteres Lesen und zum Ausfüllen von Details und Lücken gegeben. Am Ende des Buches findet sich ein kurzes Verzeichnis von allgemeinen Literaturhinweisen, die in vielen Fällen als Nachschlagetexte dienen können, aber es wird nicht dazu aufgefordert, die umfangreicheren Texte durchzuarbeiten. Ich bin mir dessen bewußt, daß große Bereiche der Hirnwissenschaften zu oberflächlich, wenn überhaupt, behandelt werden. Insbesondere wird die Neurochemie vernachlässigt, wenn auch vielleicht nicht in ihren

Folgerungen. Ich glaube, daß ihre große Zeit erst im Kommen ist – und es wird wundervoll sein, wenn wir über präzise chemische Konzepte verfügen, die all die für den Aufbau eines Nervensystems und die Erklärung des Lernens und für alle ablaufenden trophischen Einflüsse innerhalb der Neurone und zwischen den Neuronen erforderliche Information liefern, das, was den gesamten Inhalt von Kapitel V ausmacht. Auf einer anderen Ebene beschäftigt sich die Neurochemie mit der Natur der Membranen, ihrer Struktur und ihren spezifischen Rezeptoreigenschaften, die zu der Operationsweise der synaptischen Transmittersubstanzen in Beziehung stehen.

Der unmittelbare Anlaß, dieses Buch zu schreiben, war der, daß ich dazu eingeladen wurde, die *Patten Memorial Lectures* der University of Indiana in Bloomington im Frühjahr 1972 zu halten. Ich arbeitete einige Monate daran, den Umfang und den Inhalt der sechs Vorlesungen zu entwickeln. Ein besonderes Erfordernis waren die Illustrationen. Viele neue wurden erdacht, aber es fiel mir schwer, mich angesichts der großen Vielfalt von ausgezeichneten Illustrationen in der Literatur zu entscheiden. Die sechs Vorlesungen, die ich hielt, spiegeln sich in den sechs Kapiteln dieses Buches wider. Um den Charakter einer persönlichen Mitteilung zu bewahren, hatte ich die Vorlesungen auf Band aufgenommen, und Mrs. Carol Shordone machte dann ein Manuskript daraus. Die Umwandlung in den vorliegenden gedruckten Text erwies sich als eine schwierige Unternehmung – viel schwieriger, als ich es mir vorgestellt hatte; durch die Umwandlung mußte die Anzahl der Illustrationen vermindert werden, die nun etwa drei Viertel der projizierten Diapositive ausmachen. Ich habe jedoch die Hoffnung, daß am Ende dieser langen Umwandlung ein geschriebener Text vorliegt, der immer noch den Anstrich einer persönlichen Mitteilung in dem Vorlesungszyklus besitzt. Ich möchte hier hinzufügen, daß ich tief in der Schuld der enthusiastischen Zuhörerschaft stehe, die den großen Hörsaal während des gesamten Vorlesungszyklus bis auf die Stehplätze füllte. Sie waren das verständnisvollste Auditorium, das ich je hatte. Ich versuchte, ihnen zu vermitteln, daß das wissenschaftliche Studium des Gehirns eine erregende Erfahrung ist und daß wir erst am Anfang dieses wundervollsten Abenteuers, das der Mensch unternehmen kann, stehen, dieses Abenteuers, dessen Ziel es ist, den Menschen zu verstehen. So wie ich oben gefragt habe: Wie weit wird es für uns möglich sein, unsere Gehirne dazu zu verwenden, unsere Gehirne zu verstehen? Und darüber hinaus stellt sich die Frage nach dem selbstbewußten Verstand und seinem Verhältnis zum Gehirn; das wird kurz im letzten Kapitel erörtert.

Danksagung

Als erstes möchte ich dem Patten Foundation Committee und speziell meinem Freund, Professor Walter J. Moore, meinen Dank für die Einladung aussprechen, die Patten Lectures im akademischen Jahr 1971/1972 auf dem Bloomington Campus der Indiana Universität zu halten. Mein besonderer Dank richtet sich an den Vorsitzenden, Professor Richard Moody, für die ausgezeichneten Vorkehrungen für die Vorlesungen und für die Gastfreundschaft, die mir Mr. Michael Waltz so liebenswürdig gewährte.

Ich danke meiner Frau Helena für ihre wertvollen Beiträge zum Manuskript und für die Anfertigung vieler Illustrationen. Besonders möchte ich auch dem Personal in meiner Forschungsabteilung für seine große Mühe danken: meiner Assistentin, Miss Virginia Muniak, für die Herstellung des Manuskriptes, bei der sie von Mrs. Mary Ann Davoli unterstützt wurde, und Miss Tecla Rantucci für die Anfertigung vieler Illustrationen und für das Fotomaterial, bei dem ihr Mr. Joseph Waldron zur Seite stand.

Schließlich möchte ich noch meine Dankbarkeit gegenüber den vielen unten aufgeführten Neurobiologen dafür ausdrücken, daß sie mir freundlicherweise erlaubten, Abbildungen aus ihren Veröffentlichungen wiederzugeben, und mir auch Abbildungen zur Reproduktion zur Verfügung stellten: Lord Adrian, Drs. P. Andersen, H. Asanuma, J. Altman, R. Couteaux, D. R. Curtis, E. de Robertis, R. M. Eccles, E. V. Evarts, C. A. Fox, N. Geschwind, R. Granit, E. G. Gray, J. Hámori, H. K. Hartline, A. Hodgkin, D. Hubel, M. Jacobson, J. Jansen, H. H. Jasper, E. Kandel, B. Katz, H. H. Kornhuber, S. Kuffler, S. Landgren, B. Libet, T. Lømo, A. Lundberg, U. J. McMahan, P. B. C. Matthews, R. Miledi, S. Ochs, T. Oshima, W. Penfield, C. G. Phillips, R. Poritsky, I. Rosén, N. H. Sabah, P. Scheid, P. Schiller, T. Sears, R. L. Sidman, A. Spencer, R. W. Sperry, J. Szentágothai, T. Thach, Å. B. Vallbo und T. Wiesel.

Die vorliegende Arbeit wurde durch ein Stipendium des National Institute of Neurobiological Diseases and Stroke, Nr. ROINB 0822101, 2, 3 unterstützt.

John C. Eccles

Kapitel I

Neurone, Nervenfasern und der Nervenimpuls

A. Einführung

Abb. I 1 zeigt die Gehirne einiger Wirbeltiere im gleichen Maßstab. Sie vermittelt eine gewisse Vorstellung davon, wie sich das Gehirn von Fisch, Frosch, Schildkröte, Taube, verschiedenen Säugetieren bis hin zum Schimpansen und Menschen entwickelt hat. Ich möchte als erstes darauf hinweisen, daß es sich hier um eine evolutionäre Entwicklung über Hunderte von Millionen Jahren handelt, und im Anschluß daran möchte ich bemerken, daß dieses menschliche Gehirn, das äußerlich nicht besonders auffällig aussieht und etwa 1,5 kg wiegt, ohne Einschränkung die am höchsten und kompliziertesten organisierte Materie im Universum darstellt.

Natürlich sind die Gehirne von höheren Tieren, soweit wir das schon beurteilen können, nicht wesentlich primitiver in ihrer Struktur und in Hinblick auf ihre Arbeitsweise – und manche von ihnen sind gar um ein Vielfaches größer. Das Gehirn eines Wales kann über 5 kg wiegen und würde den unteren Teil der Abbildung fast ausfüllen. Doch hat das menschliche Gehirn etwas sehr Besonderes an sich. Seine Leistung steht in Beziehung zu Kultur, Bewußtsein, Sprache und Gedächtnis: Dies unterscheidet es sogar von den am höchsten entwickelten Gehirnen anderer Tiere auf einzigartige Weise. Mit diesem Problem werden wir uns im letzten Kapitel beschäftigen. Dort werden wir sehen, daß es über unser Vorstellungsvermögen hinausgeht, zu erfassen, wie diese subtilen Eigenschaften des bewußten Selbst aus einer materiellen Struktur erwuchsen: dem menschlichen Gehirn, das seinen Ursprung dem biologischen Evolutionsprozeß verdankt. Ich kann mit absoluter Sicherheit behaupten, daß es unser Gehirn ist, das für jeden von uns die materielle Basis unserer Erfahrungen und Erinnerungen, Vorstellungen und Träume abgibt. Darüber hinaus sind es unsere Gehirne, die jeden von uns befähigen, Handlungen zu planen und auszuführen und sich somit in der Welt auszudrücken, so wie ich beispielsweise hier da-

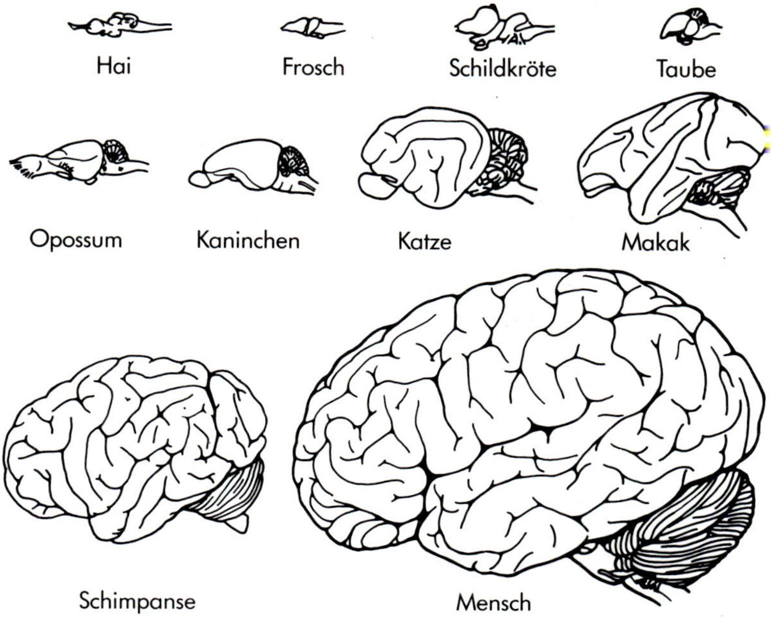

Abb. I 1. Die Gehirne von Wirbeltieren, im gleichen Maßstab gezeichnet (*die Abbildung wurde freundlicherweise von Prof. J. Jansen überlassen*).

bei bin, meinen Ideen Ausdruck zu verleihen. Ich bin dazu in der Lage, weil mein Strom begrifflichen Denkens auf die eine oder andere Weise neuronale Veränderungen aktivieren kann, die am Ende in all den komplexen Bewegungen des Schreibens resultieren. Für jeden von uns verkörpert unser Gehirn die materielle Basis unserer persönlichen Identität – gekennzeichnet durch unser Selbst und unseren Charakter. Kurz gesagt – es gibt jedem von uns sein wesentliches »Ich«.

Doch nachdem all dies festgestellt ist, stehen wir immer noch am Anfang, das Mysterium zu begreifen, was wir sind. Dieses fundamentale philosophische Problem liegt heute noch weit jenseits unseres Verstehens. Im letzten Kapitel werde ich allerdings zeigen, daß ein bemerkenswerter Fortschritt in bezug auf dieses größte aller Probleme, mit dem der Mensch konfrontiert ist, erzielt wurde. Im wesentlichen ist es das Problem, das schon vor sehr langer Zeit formuliert wurde und in der Frage Plotins zum Ausdruck kam: »Was bin ich?«

Zunächst werde ich mich in den ersten fünf Kapiteln der Aufgabe unterziehen zu versuchen, das Nervensystem aus der Sicht der Neurobiologen zu verstehen. Es ist in diesem Stadium hilfreich, das Gehirn als eine Maschine zu betrachten, wenngleich es eine besondere Art von Maschine darstellt, mit einer weit komplizierteren Funktion, als sie irgendwelche vom Menschen entworfenen Maschinen, etwa gar die kompliziertesten Computer, repräsentieren. Lassen wir uns warnen vor den Ansprüchen jener Computerfans, die uns durch ihre arroganten Versicherungen zu alarmieren suchen, Computer würden bald den Menschen in all diesen Angelegenheiten ausbooten. Das ist Science Fiction, und diese Fans sind die modernen Varianten der Götzendiener anderer abergläubischer Zeitalter. Wie jene streben sie nach Macht, indem sie die Götzendienerei befördern. Auf der anderen Seite möchte ich betonen, daß wir bei unseren wissenschaftlichen Untersuchungen des Gehirns mehr als in irgendeiner anderen Wissenschaft oder Technologie die Hilfe hochentwickelter Computer benötigen werden.

Es wird meine Aufgabe sein, erstens die wesentliche Struktur des Gehirns zu beschreiben – die Bestandteile, aus denen es aufgebaut ist und wie sie zueinander in Beziehung stehen. Zweitens werde ich über die Arbeitsweise der einfachsten Elemente des Gehirns berichten. Jede dieser beiden Forschungsrichtungen, die morphologische oder strukturelle und die physiologische, ist komplementär zur anderen, sie bilden die Grundlage für die dritte Phase meiner Untersuchung, die die Verknüpfung individueller Komponenten mit den einfachsten Organisationsstufen betrifft. Wir sind heute dabei, die einfacheren Muster neuronaler Organisation und die Art und Weise, wie sie arbeiten, zu verstehen. Wir befinden uns jedoch bei unserem Vorhaben, das Gehirn zu begreifen, noch in einem sehr frühen Stadium, denn dies bedeutet die äußerste Wissensschranke, die der Mensch zu durchdringen versuchen kann. Ich sage voraus, daß ein derartiges Unterfangen noch Hunderte von Jahren in Anspruch nehmen wird. Im Hinblick auf dieses größte aller Probleme, denen sich der Mensch gegenübergestellt sieht, werden uns die Probleme nie ausgehen, weil sie sich wesentlich rascher vermehren, als wir sie lösen können! Durchschlagende und erregende neue Diszplinen tauchen auf solchen Gebieten wie Neurochemie, molekulare Neurobiologie, Neurogenetik, Neuropharmakologie, Neuromathematik und Neurokommunikation auf.

B. Das Neuron

Um einen ersten kurzen Einblick in einen Teil des Gehirns zu geben, zeige ich in Abb. I 2A das geringgradig vergrößerte Bild eines histologischen Schnittes von einem kleinen Segment der menschlichen Seh*rin-*

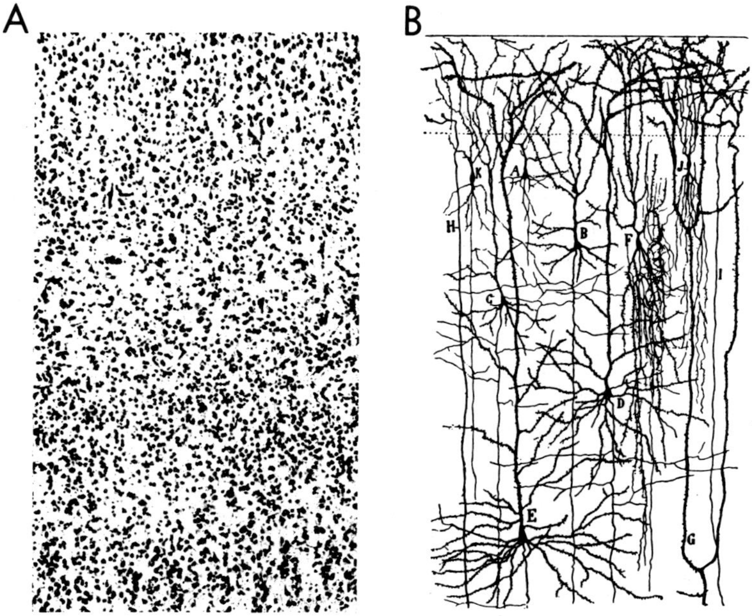

Abb. I 2. Vergrößerte Schnitte der Hirnrinde. In A sind alle Zellkörper angefärbt (*nach Scholl, 1956*). B ist eine zusammengesetzte Zeichnung einer Golgi-Präparation von Ramón y Cajal.

de. Jeder dieser dicht gedrängten Punkte ist ein *Neuron oder eine Nervenzelle.* Sie stellen die individuellen Bestandteile dar, aus denen das ganze Gehirn aufgebaut ist. Man muß sich vorstellen, daß das menschliche Gehirn, das in Abb. I 1 gezeigt ist, etwa 10000 Millionen solcher kleiner individueller Einheiten besitzt. In Abb. I 2A sind sie dicht zusammengepackt dargestellt – nur ist die Dichte wesentlich stärker. In der Abb. I 2A sind nur die Körper der Neurone angefärbt. Man sieht nicht all die sich durchkreuzenden und verzweigenden Strukturen, die jeder dieser Zellkörper entsendet, wie sie in Abb. I 2B für ein paar Nervenzellen zu erkennen sind. In dem in Golgi-Technik angefärbten Schnitt der menschlichen Hirnrinde in etwas 2mal stärkerer Vergrößerung sieht man ganz in der Mitte eines dieser Neurone schön dargestellt. Aus dem Zellkörper wachsen nach oben und unten mehrere sich verzweigende sogenannte *Dendriten* heraus, und geradewegs nach unten erstreckt sich das zarte *Axon,* eine *Nervenfaser.* Es gibt ein paar Zweige ab, bevor es die Rinde verläßt, ebenso wie die Axone der Zellen B, C, E. Andere Neurone, A, F, J, K, sind mit ihren in verschiedene

Richtungen verlaufenden Dendriten und ihren in diesem Abschnitt der Hirnrinde endigenden Axonen zu sehen.

Die Übersichtlichkeit der Abb. I 2B ist darauf zurückzuführen, daß in diesem dünnen Schnitt nur etwa 2 % der Zellen durch die spezielle Golgi-Technik angefärbt wurden. Bestünde nicht der glückliche Umstand dieser zufälligen Auswahl durch die Farbe, für die es noch keine Erklärung gibt, so erschiene die Anhäufung der in Abb. I 2A wiedergegebenen Nervenzellen mit ihren Dendriten und Axonen gleichmäßig schwarz und wäre nicht in Einzelheiten zu erkennen. Diese Anhäufung in der Hirnrinde ist extrem dicht und verwickelt, aber wir werden sehen, daß die neuronalen Bestandteile der Rinde oder anderer Bezirke des Gehirns trotz dieser Überfüllung selektiv miteinander verknüpft sind, um organische Strukturen zu bilden.

In Abb. I 3A sind die Verknüpfungen eines Neurons anhand eines

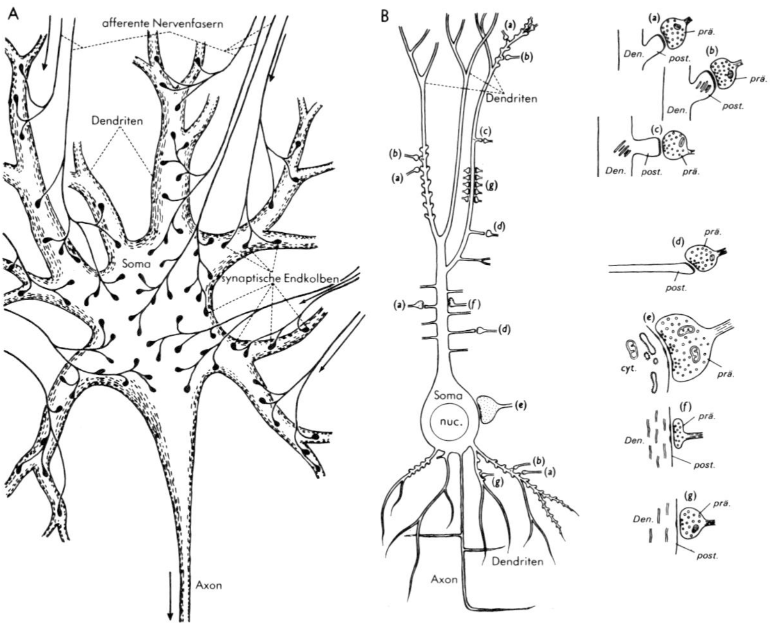

Abb. I 3. Synaptische Endigungen auf Neuronen. A ist ein allgemeines Schema, B ist eine Zeichnung einer Pyramidenzelle aus dem Hippocampus, die die Mannigfaltigkeit der synaptischen Endigungen auf den verschiedenen Zonen der apicalen und basalen Dendriten und die inhibitorischen synaptischen Endigungen auf dem Soma verdeutlichen soll. Die vielfältigen Synapsentypen, die mit den Buchstaben a–g bezeichnet werden, sind rechts im Detail dargestellt (*L. H. Hamlyn, J. Anat. 97, 1963*).

vergrößerten Modells dargestellt. Vom Zellkörper oder *Soma* sieht man nur die Stümpfe der weit in alle Richtungen verlaufenden Dendriten abgehen, und vom Zellkörper hinab erstreckt sich das Axon, das schließlich in viele Verzweigungen ausläuft. Die Pfeile zeigen an, daß Nachrichten oder Impulse durch die zahllosen feinen Nervenfasern, die Kontakt mit der Oberfläche des Somas und der Dendriten haben, zu dem Neuron kommen. Der einzige Output erfolgt entlang dem Axon. Die Abb. I 3B zeigt die Mannigfaltigkeit von Kontakten, die von Nervenfasern auf den Dendriten und dem Soma einer Pyramidenzelle aus einem besonderen Teil der Hirnrinde, ähnlich den Pyramidenzellen in Abb. I 2B hergestellt werden. Viele Kontakte erfolgen an kleinen spines (Dornen), die den Dendriten entsprießen. In Abb. I 2B ist zu sehen, wie zahlreiche kleine spines von den Dendriten der Zellen vorspringen.

Ramón y Cajal, der große spanische Neuroanatom, stellte als erster die Vermutung an, daß das Nervensystem aus Neuronen aufgebaut sei, isolierten Zellen, die nicht in einem Syncytium (Zellverband) zusammengeschlossen sind und von denen jede unabhängig ihr eigenes biologisches Leben lebt. Dieses Konzept wird die *Neuronentheorie* genannt. Wie aber erhält dann ein Neuron Information von anderen Nervenzellen? Dies geschieht mit Hilfe jener feinen Aufzweigungen der Axone der anderen Neurone, die mit seiner Oberfläche Kontakt eingehen und, wie in Abb. I 3A, B gezeigt, in kleinen, über sein gesamtes Soma und die Dendriten verstreuten Knöpfchen enden. Nach Sherringtons Konzept stellen diese Kontaktbezirke spezialisierte Kommunikationsbereiche dar, die er als *»Synapsen«* bezeichnete, abgeleitet von dem griechischen Wort *synapto*, was soviel heißt wie: sich fest umklammern. In Abb. I 3A können wir die *afferenten Fasern*, die in Form der *synaptischen Endkolben* (Synapsenknöpfe, boutons terminaux) auf dem *Soma* enden, und die vielen *Dendriten* des *Neurons* sowie das einzelne *Axon*, das von seiner Basis ausgeht, erkennen. Dies alles sind grundlegende Begriffe.

Die synaptischen Endkolben bedecken die Oberfläche weitaus dichter als in Abb. I 3A gezeichnet ist. In der Rekonstruktion der Abb. I 4A beispielsweise führt eine *»Synapsenrinde«* zu einer fast vollständigen Bedeckung der Oberflächen des Somas, der Dendritenstümpfe und sogar des Axonursprungs. Auf dem Axon ist der Beginn der Mylinscheide dargestellt, die später in diesem Kapitel besprochen wird. Wenn die präsynaptischen Endstrukturen (Endkolben) in der Elektronenmikroskopie hochgradig vergrößert werden (Abb. I 4 B), ist ihr Sitz an den Enden feiner Nervenfasern nicht unbedingt zu erkennen, dafür kann man sehen, daß sie von der Oberfläche des Dendriten durch einen äußerst schmalen Spalt getrennt sind. Dieser *Synapsenspalt* (synaptic

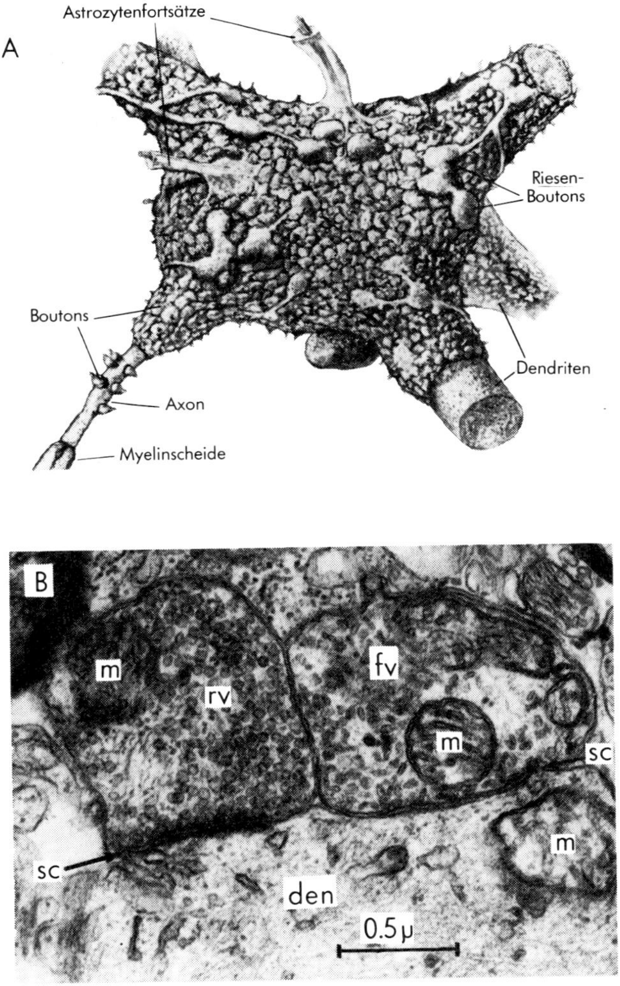

Abb. I 4. Synapsen auf der Oberfläche von Motoneuronen. A. Rekonstruktion nach elektronenmikroskopischen Serienaufnahmen des Motoneurons mit seiner dicht mit synaptischen Endkolben (knobs, boutons) bepackten Rinde, von denen einige groß sind (*R. Poritsky, I. Comp. Neurol 135, 423–452, 1969*). B. Elektronenmikroskopische Aufnahme von zwei synaptischen Endkolben auf einem Motoneuron eines Fisch-Rückenmarks – das links ist exzitatorisch mit sphärischen Bläschen (rv) und dichter Anfärbung auf jeder Seite des Synapsenspalts (sc), das rechts ist inhibitorisch mit ellipsoiden Bläschen (fv) und einer viel zarteren Anfärbung der Membranen auf jeder Seite des Synapsenspalts (sc). Mitochondrien sind mit m bezeichnet (*Gray, 1970*).

cleft), wie er genannt wird, trennt die Nervenendigung vollständig von der Zelloberfläche. Die Neuronentheorie Cajals wird somit bestätigt. Der gesamte Kommunikationsapparat, die Endkolben, der Spalt und die angrenzende Neuronoberfläche wurden von Sherrington *Synapse* genannt. Davon abgeleitet sind die Begriffe *synaptischer Endkolben* und *Synapsenspalt*. Synapsen wie diejenige der Abb. I 4B stellen die strukturelle Basis der chemischen Übertragung dar, wobei die Nachrichten, die die zarten Fasern hinab zu den synaptischen Endkolben auf der Empfängerzelle gelangen, auf diese Zelle mittels Sekretion von winzigen Mengen spezifischer chemischer Substanzen einwirken. Die Arbeitsweise der Synapsen wird in den Kapitel II und III beschrieben werden.

In den Abb. 3B und 4A kann man sehen, daß Synapsen in der Größe erheblich variieren, was mit den neueren elektronenmikroskopischen Beobachtungen von Conradi übereinstimmt, der bei Motoneuronen fünf Typen von Synapsen beschreibt. Die sehr großen Synapsen (Abb. I 4A) sind vermutlich die Endigungen afferenter Fasern von annulospiralen Rezeptoren, die die in Abb. I 6A schematisch gezeichnete monosynaptische Erregung weitergeben. Auf ihnen findet Conradi kleine synaptische Endstrukturen, die einen bestimmten Synapsentyp bilden, auf den in Kapitel III Bezug genommen wird (Abb. II 12). Abb. I 4A gibt eine Vorstellung von dem geschäftigen Leben, das eine Nervenzelle aufgrund des unablässigen Bombardements durch Impulse führt, die ihre dichte Synapsendecke, die sich sogar auf den Axonursprung ausdehnt, aktivieren. Doch wir werden sehen, daß es Einrichtungen zur Schonung des Neurons gibt, wie zuerst von Sherrington erkannt wurde, denn viele dieser Synapsen, die *inhibitorischen Synapsen*, sind darauf spezialisiert, das Neuron am Abfeuern von Impulsen als Antwort auf die *exzitatorischen Synapsen* zu hindern. Das Neuron befindet sich gewissermaßen in den Händen zweier entgegengesetzt gerichteter Kräfte, nämlich von Erregung und Hemmung. Dies ist das Thema eines großen Teils von Kapitel III. Zunächst genügt die Feststellung, daß es mittlerweile möglich geworden ist, die beiden genannten Kategorien von Synapsen in elektronenmikroskopischen Bildern zu identifizieren, wie in Abb. I 4B schematisch gezeigt ist. Die Synapse links ist exzitatorisch mit zahlreichen sphärischen *Synapsenbläschen*, die rechte ist inhibitorisch mit einer geringeren Zahl von Bläschen ellipsoider Gestalt.

Mit Hilfe der Gefrierätztechnik haben Akert und Mitarbeiter die Innen- und Außenseite der Oberflächenmembran untersucht, die einen synaptischen Endkolben umgibt. Der Schnitt in Abb. I 5 zeigt, daß die Synapsenbläschen (sv) in einer sechseckigen Anordnung liegen und durch dichte Strukturen getrennt werden. Rechts im Bild wurden die

Bläschen und dichten Strukturen mit der Ätztechnik entfernt, so daß die darunterliegenden kleinen Protuberanzen (vas) aus dem Synapsenspalt in den synaptischen Endkolben hinein sichtbar werden. Diese korrespondieren mit den Haftstellen der Vesikel, durch die sie ihren Inhalt in den Synapsenspalt abgeben können. Unterhalb davon befindet sich ein aufgeschnittener Bezirk des Endkolbens, der erkennen läßt, daß die Außenfläche der postsynaptischen Membran von feinen Partikeln (pa) übersät ist, die die postsynaptischen Rezeptoren sein könnten (vgl. Abb. II 10). Die Abbildung vermittelt eine gewisse Vorstellung von der zellulären Maschinerie, die für die Bewegung und die Entladung der Synapsenbläschen sowie die postsynaptische Aktion des Transmitters zuständig ist, doch die Arbeitsweise dieser Maschinerie ist immer noch unbekannt. Ähnliche feine Strukturen finden sich an der neuromuskulären Anschlußstelle, doch sind hier die Haftstellen der Synapsenbläschen in Bändern angeordnet, die mit den Falten der postsynaptischen

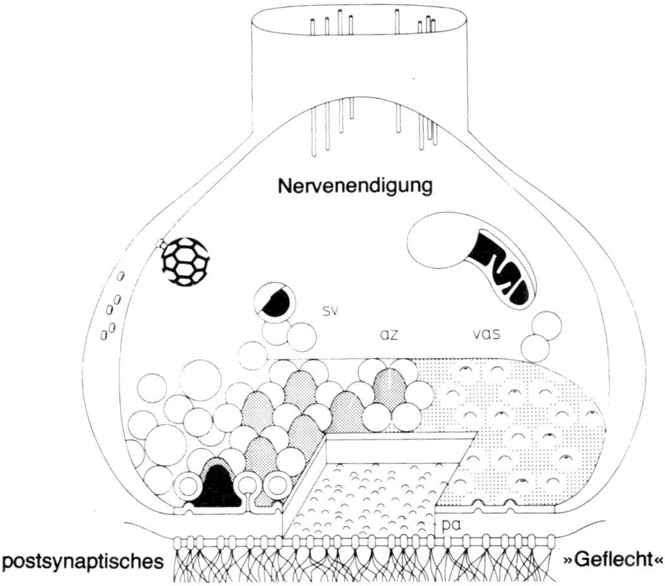

Abb. I 5. Schema der zentralen Säugetiersynapse. Die aktive Zone (az) ist komplexer und ermöglicht weit mehr Vesikel-Haftstellen (vas) pro Oberflächen-Quadrateinheit als die motorische Endplatte. Die postsynaptische Anhäufung von in der Membran liegenden Partikeln ist auf den der aktiven Zone gegenüberliegenden Bereich beschränkt. Die Verknüpfung der Partikel mit dem »Geflecht« von De Robertis (1964) ist hypothetisch. sv bedeutet Synapsenbläschen, pa Partikelanhäufung auf der postsynaptischen Membran (*Akert, Peper und Sandri, 1975*).

Membran übereinstimmen (vgl. Abb. II 2B).

Eine Nervenzelle ist mit Strukturen angefüllt, die Organellen genannt werden und die die Basis der mit ihrem extrem intensiven Stoffwechsel verbundenen biochemischen Prozesse darstellen: Mitochondrien, endoplasmatisches Retikulum, Ribosomen etc. Nervenzellen können als Kessel metabolischer Aktivität betrachtet werden. Sie besitzen eine der höchsten Stoffwechselraten aller Säugetierzellen und verfügen über sehr spezialisierte chemische Enzymsysteme. Dieser lebhafte Stoffwechsel ist für den Betrieb der Ionenpumpen an der Oberflächenmembran und damit die Aufrechterhaltung der korrekten Ionenzusammensetzung im Zellinneren (Abb. I 13) ebenso erforderlich, wie für die Synthese der chemischen Transmittersubstanzen (Abb. II 10) und die Synthese und den Transport spezifischer Substanzen entlang dem Axon, womit wir uns in Kapitel V befassen werden. Diese vielfältigen Aktivitäten sollen später in diesem Kapitel und in den nächsten Kapiteln besprochen werden.

C. Signalgebung durch Nervenimpulse

Wir haben nun einen Begriff davon, was ein Neuron ist. Nun wenden wir uns der Rolle zu, die es beim Empfangen und Aussenden von Signalen spielt. In Abb. I 6A ist unterhalb des Rückenmarks ein Muskel gezeichnet, der einen Dehnungsrezeptor oder annulospirale Endigung (vgl. Abb. III 1A) enthält. Übt man einen kurzen Zug auf einen Muskel aus, wie beim Patellarsehnenreflex, so laufen Impulse von den Dehnungsrezeptoren aus in den *primären afferenten Fasern* hinauf und erregen Nervenzellen im Rückenmark (die sogenannten *Motoneurone*), die Impulse zu den Muskeln aussenden und sie so zur Kontraktion bringen. Das ist der Patellarsehnenreflex. Er stellt die einfachste *zentrale Reflexbahn* dar, die wir in Kapitel III näher beschreiben werden. Das Nervensystem empfängt also, wie ich schon erwähnt habe, Signale von Rezeptoren, z. B. von solchen in der Muskulatur (Abb. I 8A). Abb. I 6B zeigt rechts im Bild einen schematisch dargestellten Hautrezeptor, der durch Berührung oder Druck oder Reizung der Haut erregt wird (Abb. I 7A). Die Impulse laufen über die *primäre afferente Faser* zum Rückenmark hinauf und dann über den *Interneuron* zu den Motoneuronen und weiter zu den Flexoren, Muskeln, die Gelenke beugen (drei solcher Muskel sind abgebildet). Der resultierende *Flexorreflex* (Beugereflex) zieht das Glied von dem reizenden Stimulus zurück.

Auf der Oberfläche der behaarten Katzenhaut befinden sich sehr empfindliche Berührungsrezeptoren, wie in Abb. I 6B gezeigt wird. In

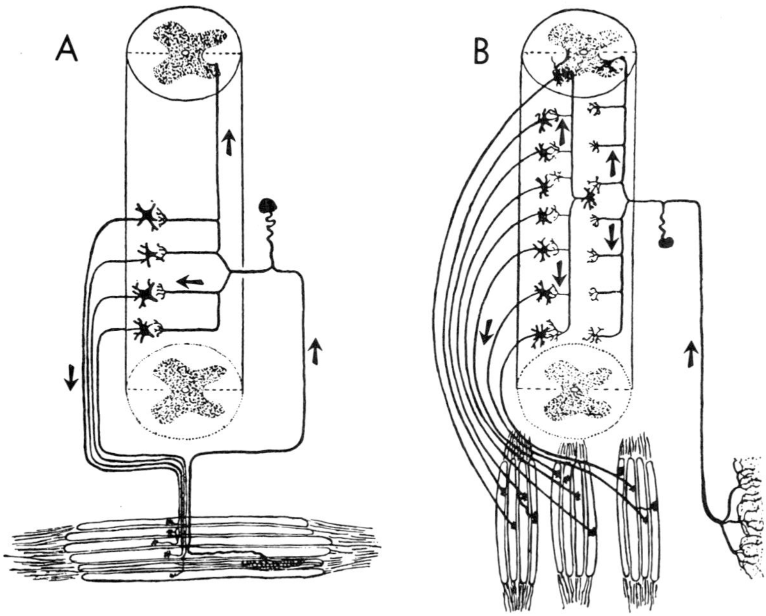

Abb. I 6. Schemata, die Reflexbahnen für monosynaptische Reflexbogen (A) mit afferenter Faser von einer annulospiralen Endigung und (B) für einen polysynaptischen Flexor-Reflex mit afferenter Faser aus der Haut zeigen. Die drei Muskeln in B stellen Flexoren der Hüfte, des Knies und des Sprunggelenks dar (*modifiziert nach Ramón y Cajal, 1909*).

Abb. I 7A werden gleichmäßige Druckreize in der angegebenen Stärke auf einen solchen Berührungsrezeptor gesetzt, die veranlassen, daß sich Impulse entlang seiner Nervenfaser entladen, die in Form kurzer Potentiale zu sehen sind. Bei 88 Mikron feuert der Rezeptor zu Beginn rasch, wird dann langsamer, bleibt aber während des Druckreizes weiterhin in Aktion. Der gleiche, zuerst schnelle, dann sich verlangsamende Ablauf kann bei den stärkeren Druckreizen von 154, 374 und 706 Mikron beobachtet werden. Je stärker der Druckreiz, um so rascher feuert der Rezeptor. Dies ist ein typisches Signalsystem. Alle unsere Berührungsempfindungen kommen auf diese Weise von speziellen Hautrezeptoren, die über die primären Nervenfasern feuern. In Abb. I 7A ist zu sehen, daß alle Impulse die gleiche Größe haben. Bei stärkerem Druckreiz kommt es zu einer höheren Frequenz. Es ist eine allgemeine Eigenheit des Nervensystems, daß Signalgebung durch codierte Information wie diese erfolgt. *Serien gleich großer Impulse signalisie-*

ren Intensität mittels Frequenz. Dies ist einem Morse-Code vergleichbar, der nur mit Punkten arbeitet.

In Abb. I 7B sind Entladungen von einem ganz anderen Rezeptor, einem Lichtrezeptor im Auge eines Wirbellosen gezeigt. Nimmt die Lichtintensität um Faktor 10 zu, so feuert diese einzelne Einheit schneller und schneller. Wiederum wird Intensität durch Frequenz codiert, und die Entladungen haben immer die gleiche Größe. In Abb. I 8A erregt der Zug auf einen Muskel einen Dehnungsrezeptor (AS in Abb. II 1A), der sich während der gesamten Dauer der Dehnung entlädt.

Einige Rezeptoren, die sogenannten *phasischen,* feuern nur zu Beginn eines Stimulus. Andere, wie in Abb. I 7 und I 8A, entladen sich während der gesamten Dauer eines gesetzten Reizes und werden tonisch genannt. Dazwischen gibt es alle Variationen.

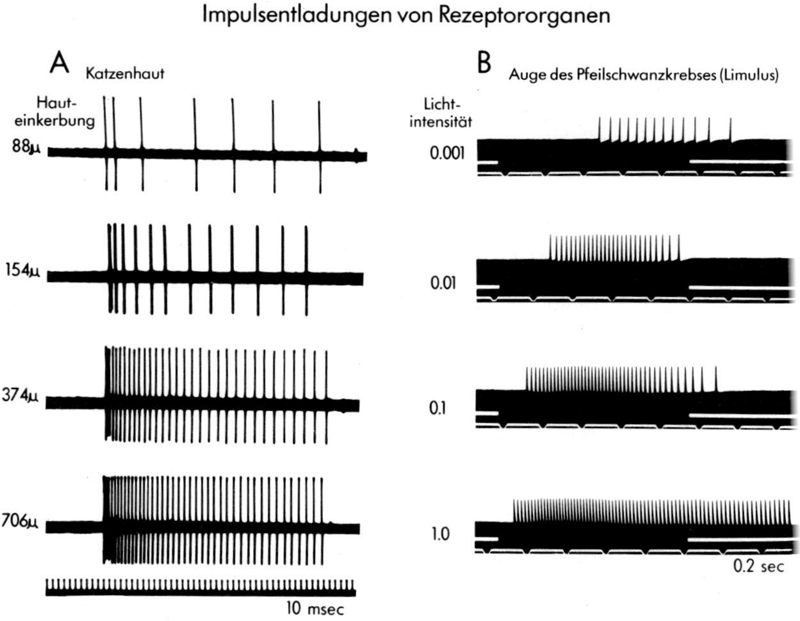

Abb. I 7. Impulsentladungen von Rezeptoren. A. Berührungsrezeptor aus der behaarten Katzenhaut, der als Antwort auf den angezeigten Druckreiz in eine einzelne afferente Faser entlädt (*Mountcastle, 1966*). B. Photorezeptor aus einem Auge des Pfeilschwanzkrebses (Limulus), der als Antwort auf einen eine Sekunde lang dauernden Lichtblitz, der durch die Lücke in dem weißen Balken angedeutet ist und die angegebene Intensität besitzt, in eine einzelne afferente Faser entlädt (*H. K. Hartline, J. Cell. Comp. Physiol. 5, 229, 1934*).

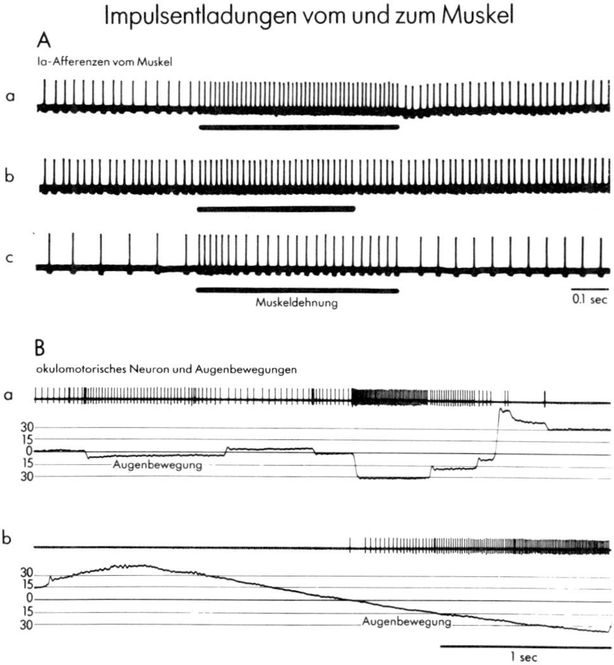

Abb. I 8. Impulsentladungen vom und zum Muskel. A. Impulsentladungen von einer annulospiralen Endigung im Wadenmuskel der Katze als Antwort auf eine langsame Dehnung (2,9 mm/sec), die durch die Balken angedeutet ist. Die Muskelspindel stand in a stark unter dem Einfluß einer Gamma-Neuronenentladung, in b weniger und in c gar nicht (*J. K. S. Jansen und P. B. C. Matthews, J. Physiol. 161, 357, 1962*). B. Die oberen Kurven zeigen Entladungen von einem oculomotorischen Neuron der Katze, die unteren die gleichzeitig aufgezeichneten Augenbewegungen, angegeben in Winkel-Graden der Blickabweichung nach oben oder unten (*P. H. Schiller, Exp. Brain Res. 10, 347, 1970*).

Das gleiche Grundprinzip der Signalgebung herrscht auf der Output-Seite des Nervensystems zu den Muskeln. In Abb. I 8B zum Beispiel ist das Feuern eines Motoneurons auf einen Augenmuskel mit einer Abwärtsbewegung des Auges verbunden, die in der unteren Kurve registriert wurde. Abhängig vom Grad der Abwärtsbewegung des Auges ist eine große Schwankungsbreite der Entladungsfrequenzen zu beobachten. Bei starker Aufwärtsbewegung schweigt das Motoneuron. Man beachte in B, daß es etwa in Nullstellung zur Entladung kommt, die mit weiterer Abwärtsbewegung zunimmt.

Im gesamten Zentralnervensystem mit all seiner organisatorischen

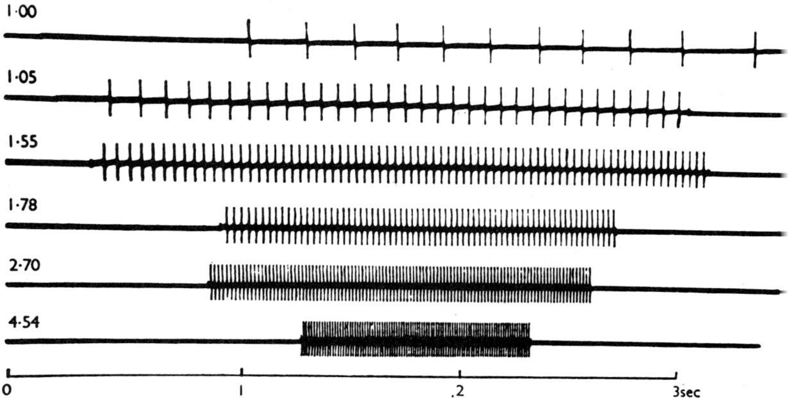

Abb. I 9. Wiederholte Antworten einer einzelnen Nervenfaser eines Krabben-Nerven als Antwort auf einen konstanten depolarisierenden Strom. Die on- und off-Elemente sind an geringfügigen Artefakten zu erkennen. Die Stromstärken sind in Beziehung zur Schwelle angegeben (*A. L. Hodgkin, J. Physiol. 107, 165, 1948*).

Komplexität, die in den Abb. I 2 und I 3 angedeutet wird, *erfolgt jegliche Signalgebung mittels codierter Information durch Impulse gleicher Größe.* Die Intensität wird durch Frequenz signalisiert wie in den Abb I 7 und I 8. Ich spreche gerne über dieses Problem der Impulscodierung weil meine Forschung der letzten Jahre auf den Impulsmustern einzelner Nervenzellen beruhte, die diese codierte Sprache in allen ihren Antworten auf kontrollierte sensorische Inputs verwenden. So lernen wir, die Arbeitsweise einiger Teile des Gehirns zu verstehen. In der Tat sind Nervenimpulse die einzige Sprache, die im Gehirn zur Kommunikation über eine Entfernung hinweg gebraucht wird.

Alle peripheren Rezeptoren erzeugen eine Impulsabgabe über die Nervenfaser, die sich von ihnen durch Reduktion des elektrischen Potentials an der Oberflächenmembran der Endigungen dieser afferenten Nervenfaser ausbreitet – ein Vorgang, der *Depolarisation* genannt wird. Dies wurde in äußerst gründlichen Untersuchungen vieler Arten von Rezeptoren – wenn auch die Retina eine Ausnahme macht – erkannt, die hier wiederzugeben den Rahmen dieser Kapitel übersteigt. Abb. I 9 illustriert ein elegantes Modell der Aktion eines Rezeptors. Eine einzelne Nervenfaser (ein Krabben-Axon) wird gleichmäßigen elektrischen Strömen von der jeweils angegebenen Intensität ausgesetzt. Bei der Stärke 1,00 erfolgt eine langsame Impulsabgabe während der gesamten Dauer des Stromflusses. Wird die Stromintensität erhöht, so kommt es zu einer Frequenzzunahme. Wiederum wird Intensität in Form von Frequenz signalisiert. Dies ist die Grundform der Signalgebung im Nervensystem, sowohl im zentralen als auch im peripheren. Für seinen fundamentalen Beitrag zum Verständnis der Übertragung von Nervenimpulsen erhielt Adrian 1932 den Nobelpreis.

D. Der Nervenimpuls

Wir kommen nun zu der Frage: Was ist dieser Impuls, der die Grundlage jeglicher Signalgebung bildet? Wir haben ihn bisher als eine extrem kurze Nachricht betrachtet, die Nervenfasern durchläuft. Die Impulsfrequenz kann höher oder niedriger sein, doch der Impuls selbst hat immer die gleiche Größe. Dies ist die universelle »Währungseinheit« des Nervensystems. Es ist das einzige Äquivalent, das das Nervensystem für jegliche Aktion über eine Entfernung hinweg kennt. Alle Signale von einer Nervenzelle zu einer anderen werden in Form von Impulsen gesendet. Eine Nervenzelle, die keine Impulse abfeuert, ist stumm. Sie nimmt nicht an der Kommunikation teil. Es gibt einige kleinere Ausnahmen von dieser Verallgemeinerung bei Aktionen über kurze Entfernungen. Auf sie wird im dritten Kapitel Bezug genommen (Abb. III 15).

Zur experimentellen Erforschung der Natur des Nervenimpulses hat sich das Riesenaxon des Tintenfisches als ungeheuer wertvoll erwiesen. Es ist seit den 30er Jahren bekannt und wurde in großem Umfang benutzt – besonders fruchtbar von Hodgkin und Huxley, die dafür 1963 den Nobelpreis erhielten. Abb. I 10A zeigt einen Tintenfisch mit seinen Tentakeln. Vom Ganglion stellatum aus verlaufen mehrere Nerven zur Hautmuskulatur, die Impulse zu deren Kontraktion weiterleiten. Die Kontraktion der Haut führt zum heftigen Ausstoßen von Wasser; dadurch schießt der Tintenfisch in die entgegengesetzte Richtung (nach links in Abb. I 10A) – ein echter Düsenantrieb! Betrachtet man in Abb. I 10B einen dieser vom Ganglion stellatum ausgehenden Hautnerven im Schnitt, so ist das auffälligste Merkmal das riesige Axon, das einen Durchmesser von fast 500 Mikron hat. Im Längsschnitt (Abb. I 10C) sieht man, daß das Riesenaxon gerade verläuft und daß es glatte Wände besitzt, die leicht abpräpariert werden können und so ein schön sauberes Axon freigeben. Es stellt sich heraus, daß dieses Riesenaxon im wesentlichen über sämtliche Eigenschaften unserer eigenen Nervenfasern verfügt, doch wegen seiner enormen Größe kann es sehr viel besser untersucht werden.

In den Abb. I 10B und C ist zu erkennen, daß die Faser einen einheitlichen Kern enthält, der von einer dünnen Membran umgeben ist. Un-

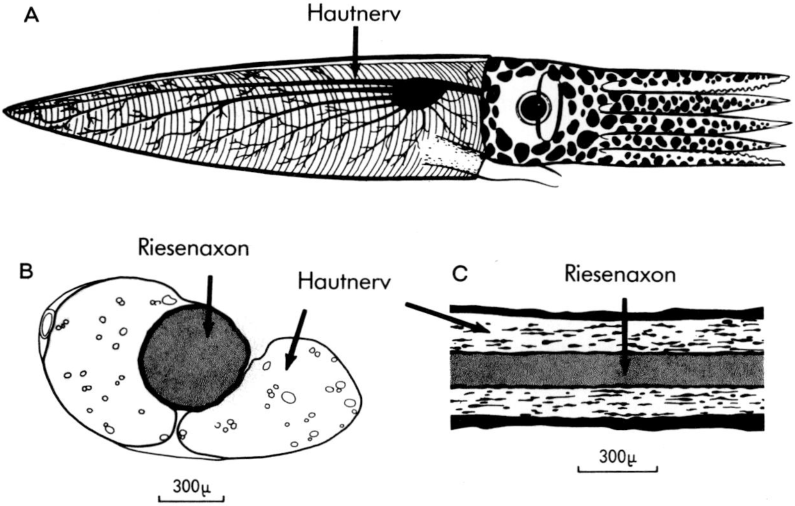

Abb. I 10. **Ansicht des Tintenfisches mit den Hautnerven, die von seinem Ganglion stellatum ausstrahlen. In den Quer- und Längsschnitten ist das einzelne Riesenaxon in den Hautnerven eingebettet zu sehen.**

tersucht man diese elektronenmikroskopisch, so zeigt sich, daß der Hauptteil der Membran nur 70 Angström (Å) dick ($1 \text{ Å} = 10^{-10}$ Meter), also sehr dünn ist. Der Inhalt des Axons hat die Konsistenz eines Gelees, das man für die meisten Zwecke durch eine geeignete Salzlösung ersetzen kann, ohne dadurch die Impulsleitung der Faser zu verschlechtern. Zum Beispiel gelang es Baker und Shaw, den Inhalt des Riesenaxons mittels einer Art Mikrowalze auszuquetschen und so ein kollabiertes, plattgedrücktes Axon zu erhalten, das zerstört zu sein schien. Doch nach Auffüllung mit einer geeigneten Salzlösung (einem Kaliumsalz) war die Faser wiederhergestellt und leitete stundenlang gut. Die Ersatzlösung soll isotonisch sein und den normalen hohen Kaliumanteil ihres Kationengehaltes besitzen. Das Anion ist dabei unwichtig.

Abb. I 11 veranschaulicht ein einfaches, doch grundlegendes Experiment an einem einzelnen Riesenaxon, das in eine Salzlösung getaucht ist, deren Zusammensetzung dem Blut des Tintenfisches ähnelt. Das Axon (schwarz) ist in zwei Bruchstücken abgebildet, um eine große Entfernung zwischen der stimulierenden und der registrierenden Elektrode anzudeuten. Wie ich schon vorher erwähnte, ist die Stimulation durch einen elektrischen Strom wirksam, wenn sie Ladung von der

Membran abbaut, diese damit depolarisiert und Impulse erzeugt, wie in dem Krabbenaxon von Abb. I 9, das während eines langanhaltenden Stromflusses wiederholt Impulse abgibt. In dem Versuch von Abb. I 11 wurde statt dessen ein kurzer Strom durch die stimulierende Elektrode genau auf die Oberfläche des Axons geschickt. Befand sich die ableitende Mikroelektrode außerhalb des Axons, so bestand, wie die Kurve unterhalb des Schemas erkennen läßt, ein Potential von 0 gegenüber der indifferenten Elektrode. Dann plötzlich, als die ableitende Elektrode vorgeschoben wurde, um die Membran zu durchdringen, trat ein Potential von −80 mV auf. Dies entspricht der Spannung an der Oberflächenmembran zwischen innen und außen. Dieser plötzliche Umschlag ist ziemlich dramatisch. Obwohl die Spitze der Mikroelektrode einen Durchmesser von weniger als einem Mikron hat, kann sie sich entweder außerhalb oder innerhalb befinden, weil die Membran nur 70 Å dick ist – das macht nur etwa 1 Prozent des Spitzendurchmessers aus.

Nach der intrazellulären Messung wurden im Versuch der Abb. I 11 die ersten drei angesetzten Ströme auf Erhöhung des Membranpotentials ausgerichtet. Sogar ein ziemlich starker Strom hatte außer kurzen

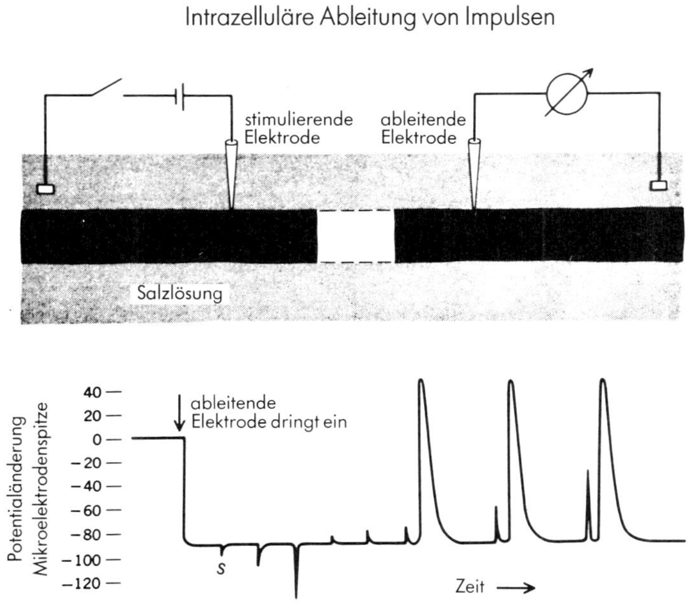

Abb. I 11. Das Schema zeigt die Methode der Stimulation und Ableitung von einer einzelnen Riesenfaser. Ausführliche Beschreibung im Text (*Katz, 1966*).

Ausschlägen nach unten, Artefakten, die mit der Stromintensität schwanken, keinen Effekt. In der umgekehrten Richtung erwiesen sich die zwei schwächsten Ströme ebenfalls als wirkungslos, bei einer gewissen Intensität des kurzen depolarisierenden Stromes jedoch wurde ein Impuls von voller Amplitude registriert – nichts weniger. Zwei weitere Erhöhungen der Intensität der verabfolgten Ströme führten zu keiner Verstärkung der Antwort, nur des Artefakts. Dies ist eine gute Illustration der Alles-oder-Nichts-Natur der Antwort – nichts oder alles. Die Erklärung dafür wird später folgen. Wir haben bereits Beispiele von Alles-oder-Nichts-Impulsen in den Abb. I 7, I 8 und I 9 gesehen. In der Tat ist alles, das sich entlang einem Axon ausbreiten kann, für die Bedingungen dieses Axons eine Antwort von voller Größe. Die Alternative ist nichts. Diese strenge Antithese trifft zu, ob das Axon von Rezeptoren (Abb. I 7, I 8A) oder von Nervenzellen (Abb. I 9B) oder von stimulierenden Elektroden aus (Abb. I 9 und I 11) abgefeuert wird.

Eine weitere wichtige Entdeckung ist aus Abb. I 11 abzulesen. Während des Impulses steigt das Membranpotential nicht genau bis auf Null an. Es erreicht eine weitere Umkehrung von 30 mV oder mehr. Diese Entdeckung durch Hodgkin, Huxley und Cole widerlegte 1939 alle Theorien, die wir bis zu dieser Zeit von der Natur des Impulses hatten, den man bis dahin als einen vorübergehenden Abbau der Membranladung angesehen hatte. Die beobachtete Umkehrung gab Anlaß zu äußerst interessanten Untersuchungen. Der Impuls entpuppte sich als ein komplizierteres Phänomen als man gedacht hatte. Der elegante biologische Mechanismus, der in den nachfolgenden Untersuchungen aufgedeckt wurde, kann nur in Kenntnis der Natur der Oberflächenmembran der Nervenfaser und der Ionenkonzentrationsdifferenzen zwischen ihren beiden Seiten verstanden werden.

E. Die Oberflächenmembran von Nervenfasern und Nervenzellen

Nach den aus gründlichen Experimenten gewonnenen Erkenntnissen kann die äußerst dünne Membran, die Nervenfaser und Nervenzelle einhüllt, so wie in Abb. I 12 gezeichnet werden. Die Hauptbestandteile der 70 Å dicken Membran sind in Form eines bimolekularen Blättchens von Phospholipidmolekülen angeordnet, von denen hydrophile, polare Gruppen nach außen und innen weisen. Solche Membranen können künstlich hergestellt werden, und in vielen ihrer Eigenschaften ähneln die künstlichen Membranen natürlichen Zellmembranen. Zusätzlich sind Proteinmoleküle mit der Membran verbunden. Einige auf der in-

Schema der makromolekularen Organisation der Oberflächenmembran

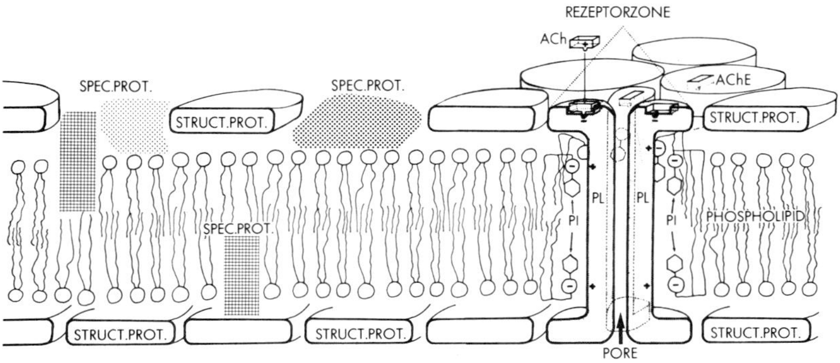

Abb. I 12. Schema der makromolekularen Anordnung der Oberflächenmembran. Die Grundstruktur wird auf beiden Seiten von einem bimolekularen Blättchen von Phospholipidmolekülen gebildet, das durch Gerüstproteine stabilisiert ist (Struct. Prot.). Zusätzlich sind verschiedene spezifische Proteine (Spec. Prot.) oder andere Makromoleküle vorhanden, die sich entweder an der äußeren Oberfläche befinden oder die Membran durchdringen. Schließlich wird eine Membranpore mit Kontrollen durch Rezeptoren für Acetylcholin (ACh) gezeigt (Abb. II 10, 11) (*modifiziert nach de Robertis, 1971*).

neren und äußeren Oberfläche ergeben die Membranstabilität. Einige Proteine bilden Verbände quer über die Membran, die so die Basis für Kanäle zur Ionenpenetration bilden können, wie man einen rechts im Bild sieht. Außerdem befinden sich spezifische Proteine an der Membranaußenseite, die ihr die besonderen Eigenschaften verleihen, die in Kapitel V (*Fox, 1972; Reisfeld und Kahan 1972*) beschrieben werden.

Zunächst kann man erkennen, daß das bimolekulare Phospholipidblättchen elektrischem Strom einen sehr hohen Widerstand entgegensetzt – es besitzt die beträchtliche Kapazität von etwa 1 $\mu F/cm^2$, ein Wert, der einem dielektrischen Koeffizienten von 5 und einem Plattenabstand von 50 Angström entspricht. Die Oberflächenmembran des Riesenaxons kann mit dem Gehäuse eines lecken Kondensators mit einem Widerstand von 1000 Ω/cm^2 verglichen werden, weil Ionen durch die zahlreichen, von Proteinen besetzten Kanäle durch die Membran passieren können.

Die Oberflächenmembranen aller Nervenfasern und Nervenzellen besitzen quer durch das Reich der Wirbellosen und Wirbeltiere im wesentlichen die gleiche Struktur und die gleichen Eigenschaften. Die Zellmembran stellte eine grundlegende Neuerung in einem sehr frühen Evolutionsstadium dar, und sie war eine so gute Erfindung, daß sie über eine lange Kette von Wirbellosen und bei allen Wirbeltieren im großen und ganzen die gleiche ist. Darüber hinaus war auch der Impuls selbst eine sehr frühe Neuerung, und in seinen Grundzügen ist er bis hinauf zu den Wirbeltieren und den Säugern beibehalten worden. Kein Ingenieur könnte etwas so Schönes, Brauchbares und Leistungsfähiges wie einen Nervenimpuls und die Kommunikation, die er entlang den Nervenfasern und somit von einem Nerv zu anderen ermöglicht, entwerfen oder sich vorstellen.

Ich möchte die Nervenzelle der Säugetiere zur Erklärung verwenden, weil das Thema dieses Buches das Säugetier- und schließlich das menschliche Gehirn ist. Wie in Abb. I 13A gezeigt, trennt die Oberflächenmembran einer Nervenzelle zwei wäßrige Lösungen, die von sehr unterschiedlicher Ionenzusammensetzung sind, wobei die Ionenkonzentrationen der äußeren Lösung annähernd denjenigen eines proteinfreien Filtrates von Blutplasma entsprechen. Die Ionenkonzentrationen

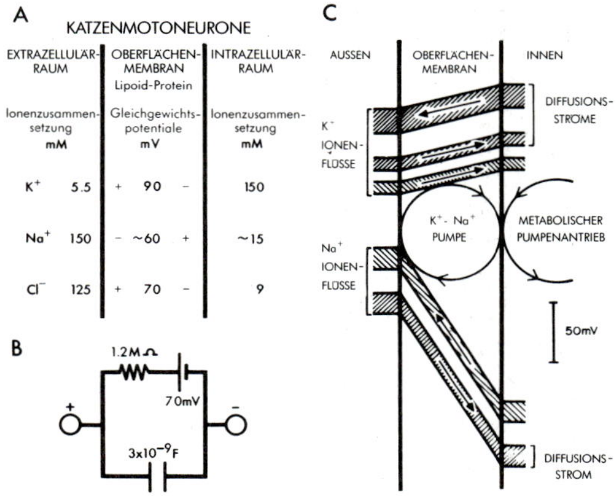

Abb. I 13. Schematische Darstellung der verschiedenen Situationen an der Membran eines Katzenmotoneurons. A zeigt in etwa die Ionenzusammensetzungen im Inneren und Äußeren und die betreffenden Gleichgewichtspotentiale. B ist ein elektrischer Schaltplan eines durchschnittlichen Motoneurons aufgrund von Messungen im Soma mittels einer Mikroelektrode. C zeigt Ionenverschiebungen über die Membran für K^+ und Na^+ Ionen unter Ruhebedingungen. Diese Verschiebungen erfolgen teilweise durch Diffusion entlang den elektrochemischen Gradienten wie angegeben und sind teilweise von spezifischen Ionenpumpen, die durch den Stoffwechsel betrieben werden, abhängig. Die aufgrund von Diffusion bzw. der Arbeit der Pumpe erfolgenden Verschiebungen sind durch die Art der Schraffierung unterschieden, die Größenordnung wird durch die Weitstellung der Kanäle symbolisiert (*Eccles, 1957*).

der Lösung im Zellinneren sind auf indirektem Wege aus Untersuchungen der Gleichgewichtspotentiale für einige spezifisch auf ein oder zwei Ionenarten beruhende physiologische Prozesse abgeleitet. Innerhalb der Zelle befinden sich Natrium- und Chloridionen in einer niedrigeren Konzentration als außerhalb. Das Verhältnis beträgt etwa 10:1 bzw. 14:1. Bei Kalium besteht eine noch größere Ungleichheit – etwa das 30fache – in der umgekehrten Richtung. Unter Ruhebedingungen passieren Kalium- und Chloridionen die Membran viel leichter als Natrium. Notwendigerweise beeinflußt die elektrische Membranladung die Diffusionsraten geladener Partikel zwischen Zellinnerem und -äußerem. Das Potential an der Oberflächenmembran liegt normalerweise bei −70 mV, wobei das Minuszeichen eine Negativität des Inneren kennzeichnet, wie in Abb. I 11 zum Ausdruck kommt.

Die Gleichgewichtspotentiale in Abb. I 13A leiten sich mit Hilfe der Nernstschen Gleichung aus den Konzentrationen ab. Die Gleichung ergibt einfach das elektrische Potential, das einen Konzentrationsunterschied geladener Partikel, wie Ionen, eben ausbalanciert, so daß ihre nach innen und außen gerichteten Diffusionsraten durch die Membran hindurch im Gleichgewicht stehen.

Unter den in Abb. I 13A gezeigten Verhältnissen ergibt sich eine große elektrochemische Potentialdifferenz für Natriumionen (130 mV) an der Membran, die sich aus 70 mV für das Membranpotential plus 60 mV infolge des Konzentrationsunterschiedes, berechnet nach der Nernstschen Gleichung, addiert. Dieser große elektrochemische Gradient bewirkt, daß die Diffusion von Natriumionen nach innen mehr als 100mal schneller erfolgt als nach außen. Zum Glück ist die Membran in Ruhe für Natriumionen weitaus undurchlässiger als für Kalium- und Chloridionen, sonst würde die Zelle sehr schnell mit Natriumionen überschwemmt werden. Aber selbstverständlich muß noch ein anderer Faktor für den Ausgleich des Natriumtransportes durch die Membran zuständig sein, auch wenn die unausgeglichene Diffusion nur langsam erfolgt. Dies wird durch eine Art Pumpe erreicht, die metabolische Energie verbraucht, um Natriumionen bergauf (entgegen dem elektrochemischen Gradienten) und so durch die Zellmembran hindurch hinaus zu befördern, wie in Abb. I 13C schematisch dargestellt ist. Dieses Schema zeigt weiterhin, daß Kaliumionen im Überschuß nach außen diffundieren, entlang dem elektrochemischen Gradienten für Kalium von etwa 20 mV und daß der Transport von Kaliumionen wiederum durch eine nach innen gerichtete Pumpe ausbalanciert wird. Tatsächlich sind, wie in der Abbildung angedeutet wird, die Natrium- und Kaliumpumpen lose miteinander gekoppelt und werden durch den gleichen metabolischen Prozeß betrieben.

Beim Tintenfischaxon sind alle Ionenkonzentrationen um ein Mehrfaches größer, da sie dem Meerwasser isotonisch sind, in dem das Tie lebt. Dennoch sind die Relationen ähnlich, sie betragen, innen/außen 20:1 für Kalium, 1:9 für Natrium und 1:14 für Chlorid. So können di schematischen Darstellungen der Abb. I 13C auch für das Tintenfischaxon zugrunde gelegt werden, sowohl was die elektrochemischen Gradienten als auch was die Ionenverschiebungen anbelangt.

Wie in dem Schaltplan von Abb. I 13B skizziert, gleicht die Oberflächenmembran der Nervenzelle und ihres Axons unter Ruhebedingungen einem lecken Kondensator, der mit einem Potential von etwa −7 mV (innen gegenüber außen) geladen ist. Wenn diese Ladung plötzlic um etwa 20 mV, d. h. auf −50 mV vermindert wird, kommt es zu eine sprunghaften weiteren Veränderung des Membranpotentials, ein Nervenimpuls ist – wie in Abb. I 11 – erzeugt worden. Wir wollen nun di wesentlichen Ionenmechanismen betrachten.

F. Der Ionenmechanismus des Nervenimpulses

Der Ionenmechanismus des Impulses wird im wesentlichen in Abb. I 1 gezeigt. Die Zeitskala ist in Tausendstelsekunden oder Millisekunde (msec) angegeben. Rechts befindet sich die Skala des Membranpotentials, die zeigt, daß das Ruhepotential beim Tintenfisch etwa −65 m beträgt. Der Zeitverlauf der Membranpotentialschwankung währen des Impulses wird durch die durchbrochene Linie (V) dargestellt, die zu einem umgekehrten Potential von fast +30 mV ansteigt und dan schnell wieder abfällt. Die Erklärung für diesen Ablauf von Potentialschwankungen erfolgt durch den gemessenen Zeitverlauf der Änderungen der Natrium- und Kalium-Leitfähigkeiten (Membrandurchlässigkeit) an der Membran (g_{Na} und g_K, siehe die linke Skala für Leitfähigkeit).

Diese Erklärung beruht auf den Untersuchungen von Hodgkin, Huxley, Katz und Keynes am Tintenfisch-Riesenaxon, bei denen sie so raffinierte Techniken wie die Befestigung einer Spannungsklemme (voltage clamping) an der Membran und die Messung der Ionenflüsse mi Hilfe radioaktiver Partikel (Isotopen) anwandten. Diese Untersuchungen wurden unter Bedingungen ausgeführt, bei denen die inneren un äußeren Ionenkonzentrationen in einem weiten Bereich variiert wurden. Für eine ausführliche Beschreibung dieser eleganten Untersuchungen soll auf Hodgkins Buch ›*The Conduction of the Nervous Impulse*‹ verwiesen werden.

In Abb. I 14 ist die Natrium-Leitfähigkeit (g_{Na}) anfänglich so gro

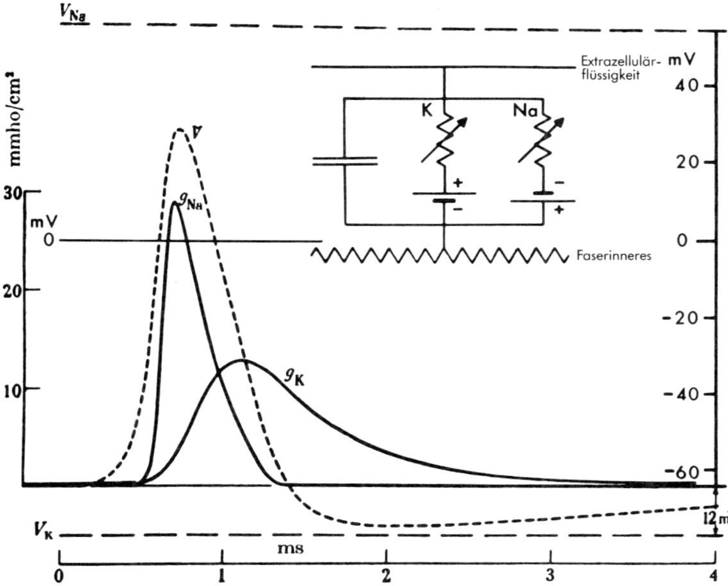

Abb. I 14. Theoretisches Aktionspotential (V) und Veränderungen der Membranleitfähigkeit (g_{Na} und g_K), die aus von Hodgkin und Huxley für das Tintenfisch-Riesenaxon bei 18,5° C abgeleiteten Gleichungen berechnet wurden. V_{Na} und V_K geben die Gleichgewichtspotentiale für Natrium und Kalium an der Membran an. Der eingefügte Schaltplan zeigt ein Element der erregbaren Nervenfaser: Man beachte die konstante Kapazität, den Kanal für K^+ und den Kanal für Na^+ (*modifiziert nach A. L. Hodgkin und A. F. Huxley, J. Physiol. 117, 23, 1952*).

daß sich das Membranpotential (V) in einem extrem steilen Anstieg dem Natrium-Gleichgewichtspotential (V_{Na}) von etwa +50 mV nähert. Doch ganz schnell hört das Potential auf zu steigen und kehrt dann zum anfänglichen Ruhewert zurück. Dies geschieht aus zwei Gründen. Auch wenn das Membranpotential durch die Spannungsklemme im Stadium der Depolarisation fixiert wird, ist die Leitfähigkeit für Natrium nur für sehr kurze Zeit erhöht und fällt rasch wieder auf den sehr niedrigen Ruhewert ab. Wichtiger ist der Anstieg der Leitfähigkeit für Kalium (g_K), der etwas später als der Anstieg von g_{Na} beginnt und allmählicher verläuft. Die große Membranpotentialänderung während des Impulses (V) entfernt die Membran weit vom Gleichgewichtspotential für Kaliumionen (V_K bei etwa −75 mV in Abb. I 14) und errichtet damit einen hohen Gradienten für die Strömung von Kaliumionen durch die Membran hindurch nach außen, damit dem Effekt des Natriumeinstroms entgegenwirkend. Zunächst verlangsamt, dann hemmt sie den Anstieg des Potentials (V), veranlaßt es dann, zum Ausgangswert abzufallen, und läßt es sogar für einige Millisekunden ins Negative umschlagen. Mittlerweile hat diese Wiederherstellung des Ruhemembranpotentials die Rückkehr von g_{Na} und g_K zu ihren Ausgangswerten bewirkt. Die Depolarisation durch den Impuls (V) nimmt im Versuch von I 14 nur etwa eine Millisekunde ein, doch bei einer Säugetiernervenzelle oder -faser erfolgen die Schwankungen noch rascher, ein Impuls hat eine Gesamtdauer von nur 0,5 Millisekunden.

Der in Abb. I 14 eingezeichnete Schaltplan zeigt ein elektrisches Modell der Natrium- und Kalium-Leitfähigkeiten durch die Membran sowie die Kapazität, wie sie auch in Abb. I 13B dargestellt ist. Der wesentliche Mechanismus, der in der Anstiegsphase des Impulses wirksam wird, ist eine Art autokatalysatorische Reaktion. Eine anfängliche Depolarisation führt zu einer Zunahme der Natriumleitfähigkeit, dies wiederum veranlaßt einen Einstrom von Natrium mit noch stärkerer Depolarisation und so fort bis zum Gipfel des Impulses. Dies erklärt warum der Impuls einem Alles-oder-Nichts-Gesetz folgt – er stellt da Produkt einer selbstregenerativen oder explosiven Reaktion dar. Einmal in Gang gesetzt, muß er bis zu seinem vollen Ergebnis ansteigen wobei die Energie durch Ionen erzeugt wird, die entlang ihrem elektro chemischen Gradienten strömen.

Abb. I 15 bringt das Schema eines Impulses, das die Natrium- und Kaliumkanäle durch die Membran und ihre Kontrolle durch Schleusen zeigt. Die Membran ist mit getrennten Kanälen für Natrium- und Kalium-Ionen dargestellt, weil diese Kanäle und ihre Schleusen sehr unterschiedliche Eigenschaften besitzen (siehe Zeichenerklärung). So öffnen sich zum Beispiel die Schleusen als Antwort auf eine Depolarisation nicht nur zu verschiedenen Zeiten (Abb. I 14), sondern die Natriumkanäle allein werden auch durch das Gift TTX (Tetrodotoxin nach Auftragen auf die Außenseite und die Kaliumkanäle durch TEA (Tetra-äthyl-Ammoniumchlorid) nach Injektion an die Innenseite selektiv blockiert. Es gibt zahlreiche weitere Unterscheidungsmerkmale deshalb sind sie als getrennte Kanäle mit ihren eigenen Schleusen abgebildet. Vermutlich stellt jede der Kanalarten eine spezifische, durch die Membran laufende Protein- und Enzymstruktur dar, die der in Abb. I 12 gezeichneten, das bimolekulare Blättchen unterbrechenden, ähnelt.

Die Abb. I 15 zeigt, daß sich in einem bestimmten Stadium der Membrandepolarisation die Natriumschleusen aufgrund der bereits beschriebenen autokatalysierten Reaktion weit öffnen und jäh wieder schließen. Die Kaliumschleusen beginnen sich etwas später als die Natriumschleusen zu öffnen und stehen während der abfallenden Phase

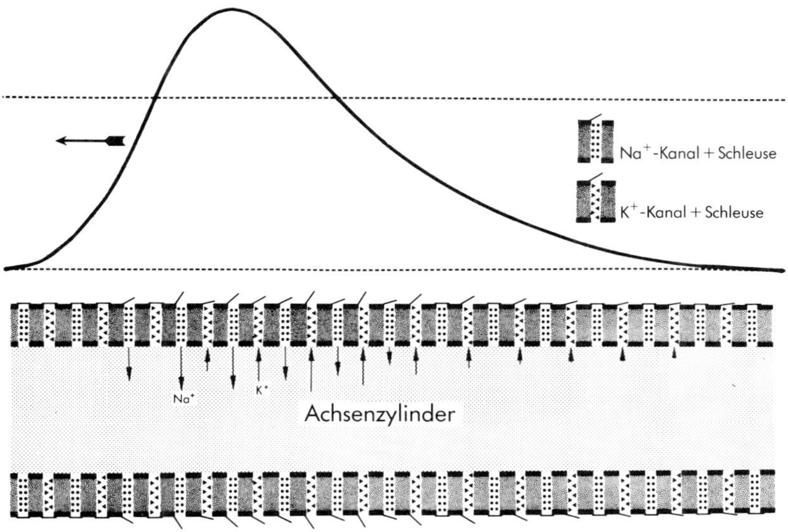

Abb. I 15. Schematische Darstellung der Natrium- und Kaliumschleusen in einem Augenblick während der Ausbreitung eines Nervenimpulses. Im oberen Teil des Schemas ist das Membranpotential entlang der Faser aufgetragen, das eine Umkehr wie in Abb. I 13 zeigt. Im unteren Teil sind die Öffnungen der zwei Arten von Schleusen symbolisch durch die Winkel der betreffenden Schleusen dargestellt. Die Dicke der Membranen auf jeder Seite ist im Vergleich zum Achsenzylinder stark übertrieben.

des Impulses weit offen. Ihre vollständige Schließung verschiebt sich, wie man in Abb. I 14 erkennen kann, bis nach dem Ende des Impulses.

Die neue Arbeit von Armstrong, Keynes und Mitarbeitern über das Tintenfischaxon zeigt, daß die Öffnung der Natriumschleusen an einen die Membran durchziehenden nach außen gerichteten Kondensatorstrom gekoppelt ist. Dieser wird *Schleusenstrom* genannt. Es handelt sich um einen sehr schwachen und kurzen Effekt (von ca. 200 μ/sec Dauer). Er kann nur erkannt werden, wenn die resultierenden Natriumströme durch TTX auf Null reduziert werden und im Extrazellulärraum kein Natrium vorhanden ist. Beim Schließen der Natriumschleusen verläuft der Strom in umgekehrter Richtung. Die Zahl der Natriumschleusen kann man auf nahezu 500 pro $\mu\ m^2$ schätzen. Die Abbildung gibt die Dichte, die für diese Schleusen mit Hilfe von tritiummarkiertem TTX bestimmt wurde, gut wieder. Bisher gibt es keinen Anhalt für die Existenz eines ähnlichen Vorgangs an Kalium-schleusen, obgleich sein Vorhandensein sich theoretisch voraussagen läßt.

G. Die Leitung des Nervenimpulses

Nun sind wir in der Lage, die Frage zu beantworten: Wie bewegt sich der Impuls entlang der Faser? Bisher haben wir das, was in einem Segment der Nervenfaser geschieht, während der Nervenimpuls es durchläuft, im Detail betrachtet. Die Skala von Abb. I 14 ist in Millisekunden angegeben. Die Abb. I 15 und I 16A sind Schemata mit einer Längen- anstelle einer Zeitskala. In Abb. I 16A ist das Axon im Längsschnitt mit der Membranladung vor dem Impuls (Negativität im Inneren) und der durch den Natriumstrom zustandekommenden Ladungsumkehr wäh-

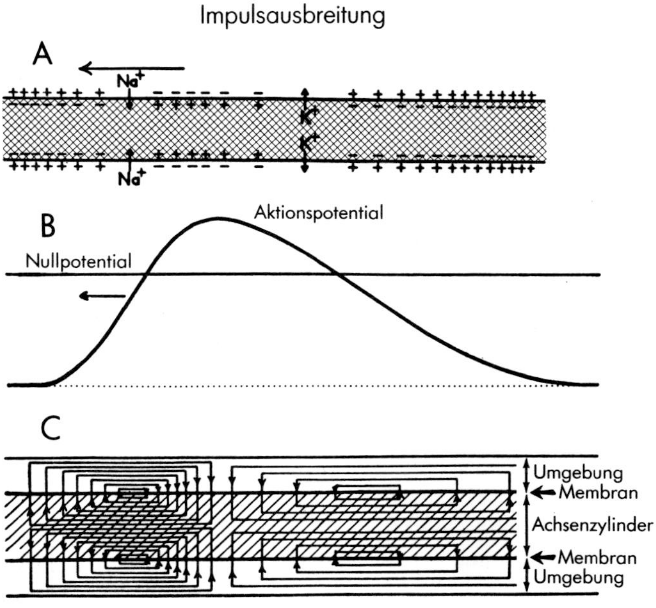

Abb. I 16. Schema der Ionenverschiebungen und des Stromflusses in einem Augenblick während der Ausbreitung eines Nervenimpulses. In A sind die Ionenverschiebungen, in B das Membranpotential wie in Abb I 14 und in C die Stromflußlinien zwischen Achsenzylinder und der Umgebung zur Veranschaulichung der Kernleitereigenschaften der Nervenfaser dargestellt (*Eccles, 1953*).

rend des Impulses dargestellt. Später stellt der Ausstrom von Kalium die Ladung wieder her. Wenn wir uns die Ausbreitung dieses Impulses entlang der Faser in Pfeilrichtung ansehen, müssen wir das Konzept einführen, daß sich, zusätzlich zu den Ionenmechanismen der Oberflächenmembran, die Faser insgesamt wie eine Art Kabel verhält. Diese Kabeleigenschaft (= Kernleitereigenschaft) des Nervs ist jedoch, an technischen Standards gemessen, sehr mangelhaft. Bei der elektrischen Übertragung in einem Unterwasserkabel gibt es einen leitenden Kern und eine isolierende Umhüllung. In der Nervenfaser ist die spezifische Leitfähigkeit des Kerns etwa 10^8 mal schlechter als diejenige des Kupferkerns, den der Elektroingenieur benutzen würde. Darüber hinaus ist die Isolierung etwa 10^6 mal durchlässiger als die eines guten Kabels. So ist die Kabelleistung einer Nervenfaser etwa $10^8 \times 10^6$mal schlechter. Allerdings wurde im evolutionären Entwurf diese sehr entmutigende Leistung des biologischen Kabels durch eine Vorrichtung umgangen, die auch bei Kabelübertragungen über lange Entfernungen, bei denen die Abschwächung problematisch wird, Verwendung findet. In Intervallen werden Verstärker eingesetzt, um die Intensität der abgeschwächten Signale zu steigern.

In die Nervenfaser ist ein Verstärkermechanismus den ganzen Weg entlang der Oberfläche eingebaut. In Abb. I 16B ist der Impuls eingezeichnet, als ob er in seiner Ausbreitung von rechts nach links entlang der Faser eingefroren sei. In C ist gezeigt, daß dem Impuls voran eine passive (= elektrotonische, Anm. d. Übers.), kabelartige Ausbreitung von Strom stattfindet, der an der äußeren Oberfläche der Faser austritt und zur Impulszone zurückläuft. So wird durch diese ganz begrenzte kabelartige Ausbreitung vor dem Impuls Ladung von der Membran abgebaut, mit dem Ergebnis, daß diese Zone ausreichend depolarisiert wird, um die Natriumschleusen zu öffnen (vgl. Abb. I 15) und so den selbstregenerativen Prozeß der Natriumleitfähigkeit in Gang zu setzen, der bis zur voll ausgeprägten Potentialänderung des Impulses führt *. Die einzige Funktion der Beschaffenheit der Nervenfaser ist, die Depolarisation über eine sehr geringe Entfernung entlang der Oberfläche zu übertragen. Dann tritt der Verstärkermechanismus der Membran, d. h. die Kettenreaktion der Natriumleitfähigkeitsänderungen, in Aktion und baut den vollen Impuls auf. Der Prozeß läuft schrittweise weiter und führt zur uneingeschränkten Ausbreitung eines voll ausgebildeten Impulses **.

* Im deutschen Sprachgebrauch: Strömchentheorie der Erregungsleitung, Anm. d. Übers.

** = kontinuierliche Erregungsleitung, Anm. d. Übers.

Abb. I 16 gibt so in schematischer Form die wesentlichen Merkmale des Ionenmechanismus der Nervenübertragung, wie sie bei Wirbellosen und Wirbeltieren abläuft, wieder. Er ist die Erklärung des universalen Äquivalents des Nervensystems, und wie ich glaube, der wirksamste biologische Mechanismus, der für die rasche Nachrichtenübermittlung über relativ große Entfernungen, wie sie bei großen Tieren erforderlich ist, entwickelt werden konnte.

Ich habe nun erklärt, wie sich der Impuls entlang der Faser bewegt und wie es in seinem Gefolge zur Erholung kommt. Der ganze Prozeß ist mit dem Verlust einer geringen Menge Kalium und einer geringen Zunahme von Natrium zum Abschluß gekommen. Dieser Ionenaustausch wurde mit Hilfe von Isotopentechniken gemessen, und die Meßergebnisse zeigen gute Übereinstimmung mit den Voraussagen. So ist es weiterhin erforderlich, daß die Wiederherstellung des Ionengleichgewichts durch Ionenpumpen, wie die in Abb. I 13C dargestellten, zustandegebracht wird. Es hat sich herausgestellt, daß die Pumpen um so kräftiger arbeiten, je mehr Natrium sich im Inneren befindet; es besteht also ein automatischer Wiederherstellungsmechanismus. Doch diese Wiederherstellung des Ionengleichgewichts ist nicht dringlich, weil die Nervenfasern viel mehr Ionen enthalten, als sie für einen Impuls benötigen. Ein Tintenfisch-Riesenaxon verliert nur etwa ein Millionstel seines Kaliums pro Impuls, aber die dünnsten Nervenfasern mit einem viel größeren Verhältnis von Oberfläche/Volumen können bis zu einem Tausendstel verlieren. Jedenfalls ist eine Ionenreserve für Hunderte von Impulsen vorhanden, und in der Zwischenzeit wird die Ionenzusammensetzung durch die stoffwechselbetriebenen Ionenpumpen kontinuierlich wiederhergestellt.

Die Abb. I 16C veranschaulicht eine bemerkenswerte Eigenart der Impulsübertragung. Die kabelartige Ausbreitung an der Spitze des Impulses wird von elektrischen Strömen bewirkt, die über die Membran hinaus und durch das umgebende Medium fließen, um in der Impulszone wieder durch die Membran einzutreten und so den Kreislauf zu vollenden, indem sie den leitenden Kern der Nervenfaser wieder hinauflaufen. Wie vorherzusehen war, beeinflussen Änderungen der Leitfähigkeit der Umgebung die Wirksamkeit der kabelartigen Ausbreitung, so daß die Leitungsgeschwindigkeit bei Zunahme der Leitungsfähigkeit der Umgebung schneller und bei Abnahme langsamer wird. Man sollte meinen, daß dieses Zurückfließen des Stromes durch die Umgebung ein unerwünschtes Moment darstellt, weil ein Impuls auf einer Faser unter den üblichen Bedingungen der dichten Zusammendrängung auf angrenzende Fasern überspringen könnte (cross talk*). Abb. I 16C jedoch zeigt, daß die Abgeschirmtheit der Fasern dank der Richtungen des Stromflusses in angrenzende Fasern der Umgebung gesichert ist. In diese fließt anfangs ein starker anodischer Strom vor dem mit dem Gipfel des Aktionspotentials zusammenfallenden Kathodenstrom, und am Schluß fließt noch einmal ein terminaler anodischer Strom. Breitet sich ein Impuls entlang einer Nervenfaser aus, so unterliegen angrenzende Fasern der hemmenden Wirkung des Anodenstroms vor und nach dem Kathodenstrom. Dadurch erklärt sich, daß ein cross talk sogar bei der dichtesten Zusammendrängung von normalen Nervenfasern nicht vorkommt. Verletzte Bezirke von Nervenfasern jedoch können Zonen von cross talk darstellen; dies kann sich in sensorischen Störungen, wie den schweren Schmerzzuständen der Causalgie und von Neuralgien, äußern.

Es ist schon lange bekannt, daß auf einen Nervenimpuls eine Periode folgt, in der es unmöglich ist, einen zweiten Impuls zu setzen (die absolute Refraktärperiode), und daß dann eine weitere Periode folgt (die relative Refraktärperiode), während der ein stärkerer Stimulus erforderlich ist, um einen Impuls zu erzeugen, der außerdem von geringerer Stärke ist.

Die gebräuchlichen Darstellungen aus der älteren Literatur ergeben ein wirres Bild, weil sie von Nervenstämmen abgeleitet wurden, die oft Tausende von Fasern enthalten. Im Gegensatz dazu bringt die Abb. I 17 eine intrazelluläre Registrierung eines Aktionspotentials einer motorischen Nervenfaser des Katzenrückenmarks, das durch doppelte Stimulation dieser Faser nach ihrem Austritt aus dem Rückenmark hervorgerufen wurde (siehe Abb. I 6A). Beim kürzesten Stimulus-Intervall (B, 0,7 msec) war der zweite Stimulus erfolglos, bei C (0,8 msec) war er manchmal erfolgreich, das zweite Aktionspotential war jedoch vermindert. Verlängerte man das Stimulus-Intervall bis auf 2,3 msec, D bis E bis F, erholte sich das Aktionspotential fast bis auf volle Größe.

Diese rasche Erholung ist typisch für die Nervenfasern im Gehirn. Als Folge davon können die Nervenfasern hohe Entladungsfrequenzen weiterleiten. In Abb. I 8B betrugen die höchsten Entladungsfrequenzen des Motoneutrons über 200/sec. Die Entladungsfrequenzen in den Abb. III 4A und 4B überschritten ebenfalls 200/sec. Aber noch bemerkenswerter sind die extrem hohen Frequenzen, die oft von den Entladungen vieler Arten von Interneuronen im Zentralnervensystem erreicht werden. In Abb. III 9B beispielsweise betrug die Entladungsfre-

* Diese abnorme Erregungsausbreitung mit verminderter Isolierung der Nervenfaser wird als Ephapse bezeichnet, Anm. d. Übers.

quenz der Renshawzelle anfänglich 1600 / sec. Dennoch gab ihr Axon diese hohe Impulsfrequenz weiter, wenn auch in verminderter Größe und ihre Synapsen arbeiteten erfolgreich bei jedem darauf folgenden Impuls (Abb. III 9C). Gewöhnlich nimmt die absolute Refraktärperiode

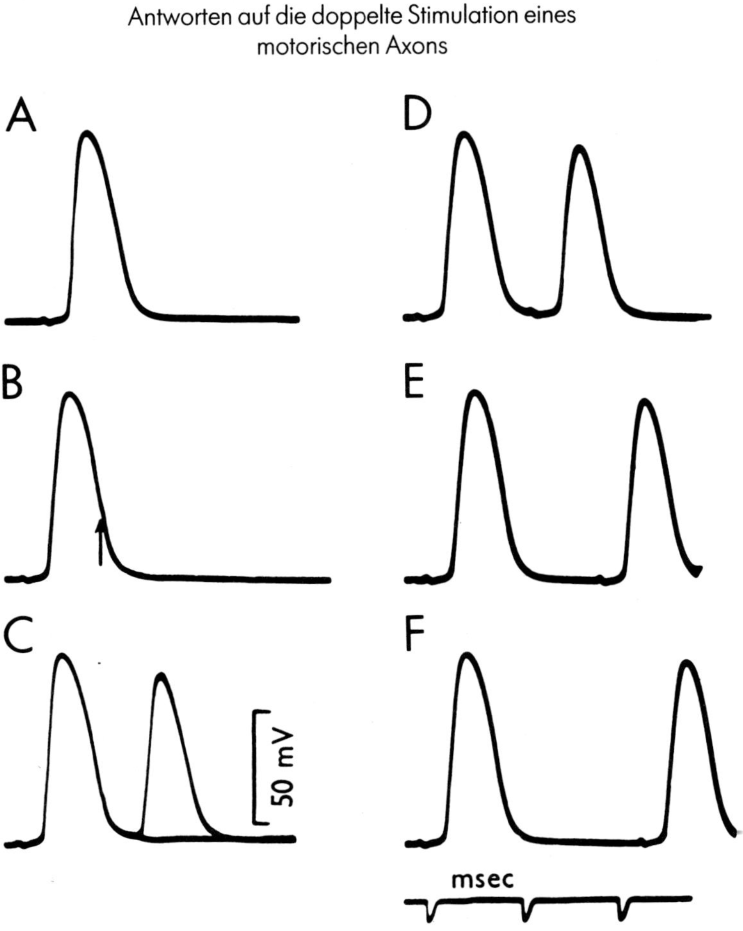

Abb. I 17. Refraktärphase der Nervenfaser. Intrazelluläre Ableitung von einem motorischen Axon im Katzenrückenmark, das in etwa 20 mm Entfernung stimuliert wurde In B bis F fand eine zweifache Stimulierung statt (*J. S. Coombs, D. R. Curtis und J C. Eccles, J. Physiol. 139, 198, 1957*).

für Säugetiernervenfasern etwa 0,5 msec ein. Offensichtlich sind Nervenfasern funktionell so konstruiert, daß eine Antworthäufigkeit möglich ist, die für die meisten extremen Anforderungen durch sich intensiv entladende Neurone ausreicht.

H. Die Leitungsgeschwindigkeit und die myelinierten Fasern

Wir kommen nun zu einem Nachteil, der dem ursprünglichen Entwurf der Nervenfaser als einer Leitvorrichtung bei Wirbellosen anhaftet. Der Nachteil besteht darin, daß die Leitungsgeschwindigkeit langsam ist. Läuft der Impuls, durch die Kabelübertragung und unterstützende Verstärkung sukzessiv weiterschreitend, die Faser entlang wie in Abb. I 16, so breitet er sich nur langsam aus. Bei einem großen Krabbenaxon mit 30 μm Durchmesser beträgt die Leitungsgeschwindigkeit beispielsweise nur 5 Meter in der Sekunde. Die Kabelübertragung erfolgt schneller, wenn der Faserdurchmesser größer ist, solange aber andere Faktoren unverändert bleiben, ist theoretisch nachzuweisen, daß der Geschwindigkeitsgewinn enttäuschend gering ist, da er proportional zur Quadratwurzel des Durchmessers ist. So bringt, wie erwartet, eine 16fache Vergrößerung des Durchmessers, wie wir sie vom Krabbenaxon zum Tintenfischaxon hin vor uns haben (30 μm zu 500 μm), nur eine vierfache Zunahme der Geschwindigkeit, d. i. von 5 auf 20 Meter in der Sekunde.

Und so wurden die Wirbellosen, wie etwa der Tintenfisch, in ein Dilemma verstrickt. Als sie sich in der Größe entwickelten und dabei ihre gewohnte Reaktionsgeschwindigkeit beizubehalten genötigt waren, mußte zunehmend mehr von ihrer Gesamtmasse für Nervenfasern geopfert werden. So würde z. B. eine Verdoppelung der Körpergröße eine vierfache Vergrößerung des Durchmessers und eine 16fache Querschnittsfläche der Nervenfasern erfordern, um die gleiche Leitungszeit für verdoppelte Leitungsentfernungen zu ergeben. Während die Masse des Tieres bei linearer Verdoppelung seiner Größe um das 8fache zunimmt, müßte so die Masse einer Nervenfaser etwa um das 32fache zunehmen. Offensichtlich ist der Tintenfisch in der Entwicklung solch riesenhafter Nervenfasern so weit gegangen, wie es evolutionär überhaupt möglich ist, um seinen Fluchtmechanismus, die Kontraktion der Hautmuskulatur, mit maximaler Geschwindigkeit ablaufen zu lassen. Und mehr als eine dieser Riesenfasern in jedem Hautnerven (Abb. I 10B) kann sich der Tintenfisch nicht leisten, was zur Folge hat, daß es bei ihm nur eine Alles-oder-Nichts-Bewegung ohne Abstufung gibt.

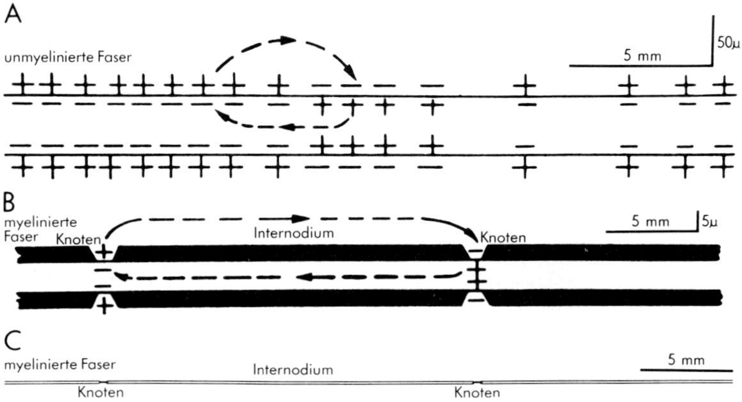

Abb. I 18. Impulsausbreitung entlang einer Nervenfaser. In A ist die Ausbreitung wie in Abb. I 15C, aber mit nur einer Stromschleife dargestellt. In B ist die Ausbreitung in einer myelinierten Faser dargestellt, der Stromfluß ist auf die Knoten beschränkt. Die Querausdehnung in B ist übertrieben, wie durch die Skala angegeben wird, ist aber in C korrekt dargestellt (_modifiziert nach Hodgkin, 1964_).

Die Situation änderte sich durch die brillante Neuerung, Nervenfasern in eine dicke Isolationsschicht einzuhüllen, die in Abständen unterbrochen war. Diese Neuerung war schon bei einem Wirbellosen – der Garnele – angedeutet, welche die Leitungsgeschwindigkeit des Tintenfisch-Riesenaxons mit einem Faserdurchmesser von nur 20 µm erreicht. Die Wirbeltiere aber vervollkommneten diese Konstruktion Abb. I 18B veranschaulicht die wesentlichen Charakteristika der Impulsleitung in einer von der isolierenden Myelinscheide eingehüllten Nervenfaser im Vergleich zur unmyelinierten Faser in A. In A breitet sich der Impuls entlang der Faser durch kontinuierliche fortschreitenden Kabelinvasion wie in Abb. I 16 aus. In Abb. I 18B sind nur die in Abständen angeordneten knotenförmigen Unterbrechungen der Myelinscheide aktiv an der Impulsausbreitung beteiligt, wobei die Kabelübertragung durch Ströme erfolgt, die vom inaktiven Knoten links zu dem aktiven Knoten mit seinem umgekehrten Membranpotential fließen. So findet aufeinanderfolgende Aktivierung von Knoten zu Knoten* ohne irgendeinen aktiven Beitrag der langen Zwischenknotenzone

* Im deutschen Sprachgebrauch wird die Bezeichnung Ranvierscher Schnürring, seltener Ranvierscher Knoten verwendet, Anm. d. Übers.

(Internodium) statt. Die myelinierte Faser in B ist durch die an der Skala erkennbare starke Dickenvergrößerung verzerrt gezeichnet. Anhand der richtig proportionierten Zeichnung von Abb. I 18 C können die relativen Längen der Knoten und Internodien für eine gewöhnlich lange Wirbeltier-Nervenfaser ermittelt werden.

Durch den Einfall, den Impuls von Knoten zu Knoten springen zu lassen (die sogenannte *saltatorische Übertragung*), wird eine außerordentliche Leistungsfähigkeit erreicht, wobei das lange Zwischenknotensegment passiv bleibt. Es wird oftmals fälschlicherweise angenommen, daß die Myelinscheide zu diesem bemerkenswerten Ergebnis kommt, indem sie einfach als Isolator wirkt, der einen Stromfluß durch die Nervenmembran des Internodiums verhindert. Die Myelinscheide leistet dazu jedoch einen mindestens ebenso wichtigen Beitrag durch die enorme Reduktion (auf weniger als 1 Prozent) der elektrischen Kapazität zwischen dem Axonzylinder und der Umgebung. Diese Reduktion resultiert einfach aus dem vergrößerten Plattenabstand des zylinderförmigen Kondensators, der die Faser umgibt. Aus diesem Grund breiten sich die in Abb. I 18B gezeigten kurzen Ströme sogar über die großen Entfernungen von Abb. I 18C so wirksam von Knoten zu Knoten aus. Nicht mehr als die Hälfte des Einwärtsstromes an einem aktiven Knoten geht durch Durchlässigkeit aufgrund des Widerstands und der Kapazität der Membran des Zwischenknotensegments verloren.

Abb. I 19A zeigt schematisch die Myelinumhüllung (Markscheide) um das Internodium und ihre Unterbrechung am Knoten, wo die nackte Nervenmembran Kanäle für Na^+- und K^+-Ionen besitzt, die durch Schleusen kontrolliert werden, genau wie an der Oberfläche einer unmyelinierten (marklosen) Faser (Abb. I 15), aber in einer beträchtlich größeren Dichte. Weil die Verstärker-Leistung durch Ionenflüsse während der Aktivität auf weniger als 1 Prozent der Nervenfaseroberfläche beschränkt ist, sind die Ionenflüsse sehr reduziert. Deshalb ist die Myelinierung von enormem metabolischen Vorteil.

Die Abb. I 19B, C und D verdeutlichen eindrucksvoll, auf welche Art und Weise die Nervenfaser spiralförmig von der Markscheide eingehüllt wird. Um jedes Internodium herum liegt eine Hüllzelle, die sogenannte *Schwannsche Zelle* (B). Sie wandert spiralförmig um die Faser herum und umwickelt dabei deren Oberflächenmembran Schicht um Schicht. Das gesamte Zytoplasma der Schwannschen Zelle wird beim weiteren Einwickeln schließlich ausgequetscht (C und D), so daß nur die Myelinscheide – Schicht auf Schicht jeweils zweier entgegengesetzter Schwannscher Zellmembranen, von denen jede etwa 85 Å dick ist – übrigbleibt. Auf eine große Nervenfaser können mehr als 100 dieser Doppelmembranen geschichtet sein. So stellt die Myelineinhüllung je-

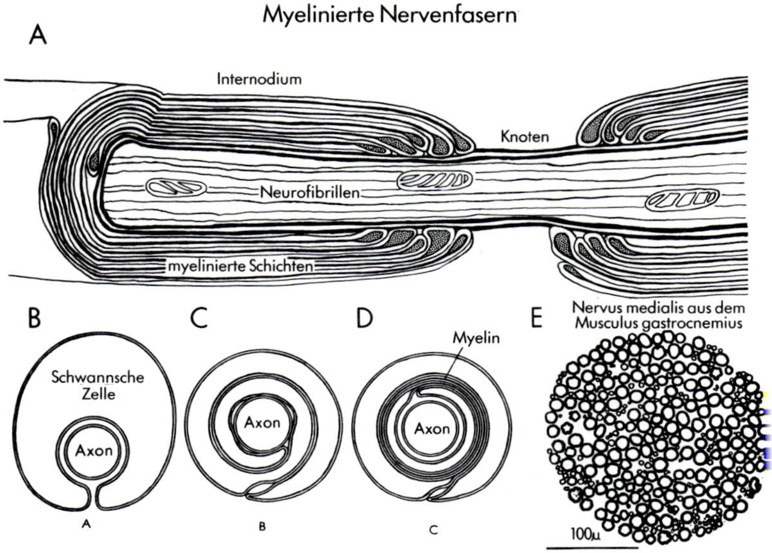

Abb. I 19. **Myelinierte Nervenfasern. In A ist ein Knoten schematisch im Längsschnitt gezeichnet. Es wird gezeigt, wie die Endigungen der geschichteten Myelinumhüllung der an den Knoten angrenzenden Oberfläche der Nervenfaser aufliegen. Die Neurofibrillen sind ebenfalls dargestellt. B, C, D zeigen den Ablauf bei der Bildung der Myelinscheide durch die Schwannsche Zelle (*J. D. Robertson, J. Biophys. Biochem. Cytol. 4, 349, 1958*). E zeigt die dichte Anordnung von myelinierten Fasern sehr verschiedener Größe in einem Katzenmuskelnerven (*J. C. Eccles und C. S. Sherrington, Proc. Roy. Soc. B 106, 326, 1930*).**

des Zwischenknotensegments das Werk einer einzigen Schwannschen Zelle dar. Es fällt auf, daß im Hinblick auf die Wickelungsrichtung keine Berührung zwischen Schwannschen Zellen aneinandergrenzender Internodien stattfindet.

Abb. I 19E zeigt anhand eines Querschnittes eines Säugetiernervs die dunkle Markscheide um die Fasern, die breite Skala der Fasergröße und die dichtgedrängte Anordnung der Fasern. Dennoch besteht, wie wir schon gesehen haben, trotz der Impulsübertragung mittels elektrischer Ströme keine Gefahr eines cross talk. Die Leitungsgeschwindigkeit ist annähernd proportional zum Faserdurchmesser, wobei die Relation für Säugetiernerven etwa 6:1 beträgt; d. h. eine große Nervenfaser von 20 μm Durchmesser (einschließlich des Myelins) würde Impulse mit etwa 120 Metern pro Sekunde leiten. Es sollte erwähnt werden, daß alle großen Nervenfasern im Gehirn ebenfalls eine Myelinscheide besitzen. Die Impulsleitung ist der im peripheren Nerven vergleichbar. Der einzige Unterschied besteht darin, daß das Myelin durch die Oligodendroglia gebildet wird, die eine bestimmte Abart der Gliazellen darstellt, auf die am Ende des Kapitels V Bezug genommen wird.

Abb. I 20 bietet eine elegante Demonstration der Art und Weise, in der ein Nervenimpuls von Knoten zu Knoten springt, wie zuerst von Tasaki entdeckt und dann von Huxley und Stämpfli näher untersucht wurde. Schema B zeigt eine Nervenfaser aus einer dorsalen Rückenmarkswurzel einer Ratte mit zwei Knoten. Die Ableitung auf der Nervenfaser erfolgt mittels zweier in einem Abstand von etwa 350 µm angebrachten Elektroden, die ,wie beschrieben, von den durch die zwei Gabeln des Y bezeichneten Stellen fortschreitend entlang der Faser bewegt werden. Der Impuls breitet sich nach unten aus (siehe Pfeil). In den oberen vier Registrierungen von A findet sich keine Veränderung im Zeitablauf der elektrischen Antwort, bis zu der geringen Verzögerung, wenn die Elektroden vom nächsten Zwischenknotensegment ableiten; dann ist der Zeitverlauf bis zum Übertritt auf das dritte Internodium wieder konstant. Ein Auftragen der Latenz gegen die Entfernung (Abb. I 20C) zeigt diese stufenweise Verzögerung des Impulses von Knoten zu Knoten. Die durchschnittliche Zeit zwischen den aufeinanderfolgenden Knotenerregungen ist sehr kurz (25 µ/sec). Da der Abstand zwischen den Knoten 1,25 mm beträgt, berechnet sich die Leitungsgeschwindigkeit auf etwa 50 m/sec.

Diese Technik ist sehr wertvoll, um lokale Defekte in der Myelinscheide aufzuspüren. Sie können experimentell durch das Diphtherietoxin erzeugt werden. Bei mäßiger Schädigung kommt es zu einer Verzögerung an jedem Knoten, so daß sich die Zwischenknotenzeit von 25 µsec bis auf 300 µsec – dem kritischen Blockadewert – erhöhen kann. Diese Diphtherieschädigung liefert ein experimentelles Modell für den Zustand der Nervenfasern in den Bahnen zum und vom Gehirn bei der *Multiple Sklerose* genannten Krankheit. Aus einem bisher noch unbekannten Grund löst sich das Myelin der Nervenfasern auf. Das führt zum Versagen der Impulsübertragung und zu der daraus resultierenden schweren Funktionsstörung. Die Nervenfasern selbst sterben aber nicht ab, so daß Hoffnung auf Heilung durch Wiederherstellung der Markscheide besteht. Die Erfolgsaussichten sind sehr viel besser als für diejenigen Erkrankungen, bei denen die Nervenzellen und -fasern abgestorben sind.

Eine auffällige Eigenart von Säugetiernerven ist die äußerst große Schwankungsbreite der Faserdurchmesser (Abb. I 19E). Diese große Unterschiedlichkeit zeigt sich auch im Gehirn und in den Bahnen vom und zum Gehirn. Dieser Befund muß im Zusammenhang mit der Impulsleitungsgeschwindigkeit betrachtet werden, wobei wie gesagt, die

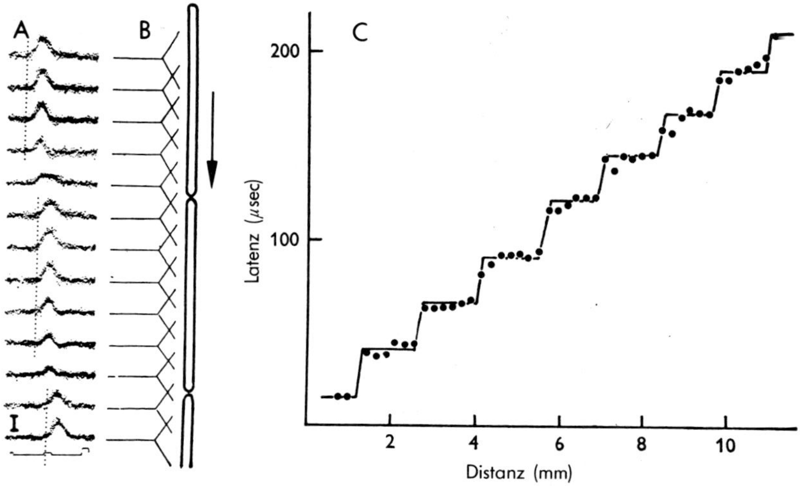

Abb. I 20. Saltatorische Impulsleitung entlang einer myelinierten Faser. Die Faser ist in B mit zwei Knoten abgebildet, der Pfeil gibt die Ausbreitungsrichtung an. Die Faser befindet sich in einem sehr feinen Bündel der Rückenmarkswurzel, und die Impulsableitungen werden mit Hilfe zweier feiner Elektroden mit 350 μm Abstand vorgenommen, die, wie gezeigt, in verschiedenen Positionen entlang der Nervenfaser angesetzt werden. Beachte in B die beiden Gabeln der Ys, deren Stämme auf die abgeleiteten Potentiale in A weisen. In A kennzeichnen die senkrechten gepunkteten Linien drei Ableitungsserien mit jeweils simultanem Beginn und Schritten von 25 μ sec dazwischen. In C sind Messungen aufgetragen, die 8 Stufen in einer anderen Faser zeigen (_M. Rasminsky und T. A. Sears, J. Physiol. 217, 66P, 1971_).

Leitungsgeschwindigkeit in Metern/sec etwa dem 6fachen des Durchmessers in Mikron entspricht. So liegt der Geschwindigkeitsbereich für die üblichen Durchmesser markhaltiger Fasern von 2 bis 20 μm bei 12 bis 120 m/sec. Außerdem gibt es unendlich viele marklose Fasern von 0,2 bis 1,0 μm Durchmesser, die wesentlich geringere Geschwindigkeiten besitzen – von 0,2 bis 2 m/sec. Es gibt eine Menge Anhaltspunkte dafür, daß die Fasergeschwindigkeit zur Dringlichkeit der Information, die sie übermitteln soll, in Beziehung steht. Die schnellsten Fasern sind mit der Kontrolle der Bewegung beauftragt, sie finden sich sowohl im afferenten Input von den Muskeln (Abb. I 8A) zum Gehirn als auch in den deszendierenden Bahnen vom Gehirn zu den Muskeln. Manche Bahnen der Hautempfindung (Abb. I 7A) sind ebenfalls schnell. Als anderes Extrem ist die Dringlichkeit für Bahnen, die Information von den Eingeweiden befördern, nicht so groß, sie leiten langsam und sind sogar über einen großen Teil ihres Verlaufs unmyeliniert. Im allgemeinen kann postuliert werden, daß im evolutionären Entwurf des Nervensystems die Größe der Nervenfaser in Beziehung zur Dringlichkeit der Information steht, die sie weitergibt. Einfacher ausgedrückt: Nervenfasern sind nicht größer, als sie sein müssen!

Literatur

AKERT, K., H. MOOR, K. PFENNINGER und C. SANDRI (1968): Contributions of New Impregnation Methods and Freeze Etching to the Problems of Synaptic Fine Structure; in: K. Akert und P. G. Waser (Hrsg.), *Progress in Brain Research*, Bd. 31, *Mechanisms of Synaptic Transmission*, Elsevier, Amsterdam, S. 223–240.

AKERT, K., K. PEPER und C. SANDRI (1975): Structural Organization of Motor End Plate and Central Synapses; in: P. G. Waser (Hrsg.), *Cholinergic Mechanismus*, Raven Press, New York, S. 43–57.

BEZANILLA, F. und C. M. ARMSTRONG (1975): Kinetic Properties and Inactivation of Gating Currents of Sodium Channels in Squid Axon, *Phil. Trans. R. Soc. Lond. B.*, *270*: 449–458.

CONRADI, S. (1969): Ultrastructure of Dorsal Root Boutons on Lumbosacral Motoneurons of the Adult Cat, as Revealed by Dorsal Root Section, *Acta Physiol., Scand. Supp.*, *332*:85–115.

DE ROBERTIS, E. (1971): Molecular Biology of Synaptic Receptors, *Science*, *171* 963–971.

DE ROBERTIS, E. (1975): *Synaptic Receptors, Isolation and Molecular Biology*, Marcel Dekker, New York, S. 387.

FOX, C. F. (1972): The Structure of Cell Membranes, *Sci. Amer.*, *226*: 31–38.

GRAY, E. G. (1969): Electron Microscopy of Excitatory and Inhibitory Synapses: A Brief Review; in: K. Akert und P. G. Waser (Hrsg.), *Progress in Brain Research*, Bd. 31, *Mechanism of Synaptic Transmission*, Elsevier, Amsterdam, S. 141–155.

GRAY, E. G. (1970): The Fine Structure of Nerve, *Comp. Biochem. Physiol.*, *36*: 419–448.

HODGKIN, A. L. (1958): Ionic Movements and Electrical Activity in Giant Nerve Fibres, *Proc. Roy. Soc. B*, *148*: 1–37.

HODGKIN, A. L. (1964): *The Conduction of the Nervous Impulse*, Liverpool University Press, Liverpool.

HUXLEY, A. F. (1959): Ion Movements during Nerve Activity, *Ann. N. Y. Acad. Sci.*, *81*: 221–246.

HUXLEY, A. F. und R. STÄMPFLI (1949): Evidence for Saltatory Conduction in Peripheral Myelinated Nerve Fibres, *J. Physiol.*, *108*: 315–339.

Katz, B. (1966): *Nerve, Muscle and Synapse*, McGraw-Hill, New York.

Keynes, R. D. (1958): The Nerve Impulse and the Squid, *Sci. Amer.*, 1958, wiederabgedruckt in: *Physiological Psychology*, Freeman, San Francisco, 1971, S. 128–135.

Mountcastle, V. B. (1966): The Neural Replication of Sensory Events in the Somatic Afferent System; in: J. C. Eccles (Hrsg.), *Brain and Conscious Experience*, Springer, New York, S. 85–115.

Mountcastle, V. B. (1975): The View from Within: Pathways to the Study of Perception *The Johns Hopkins Medical Journal, 136*: 109–131.

Reisfeld, R. A., und B. D. Kahan (1972): Markers of Biological Individuality, *Sci. Amer., 226*: 28–37.

Rojas, E. und R. D. Keynes (1975): On the Relation Between Displacement Currents and Activation of the Sodium Conductances in the Squid Giant Axon, *Phil. Trans. R. Soc. Lond. B., 270*: 459–482.

Kapitel II

Die Übertragung an peripheren Synapsen

Bevor wir uns auf den Versuch einlassen, neuronale Mechanismen im Gehirn zu studieren, ist es wichtig, sich mit der Übertragung an peripheren Synapsen zu befassen, da die Untersuchungen an einigen dieser Synapsen die Grundlage für unser Verständnis der Synapsen im Gehirn bilden. In den zentralen Synapsen des Gehirns läuft im wesentlichen der gleiche biologische Prozeß ab, aber sie sind weniger zugänglich für exakte Untersuchungen, wie ich sie in diesem Kapitel besprechen möchte. Von den vielen peripheren Synapsen, die untersucht worden sind, wähle ich die drei aus, bei denen man die exaktesten wissenschaftlichen Ergebnisse erzielt hat: die neuromuskulären Synapsen, speziell beim Frosch und der Schlange; die Riesensynapsen im Ganglion stellatum des Tintenfisches; die Synapsen an den Ganglienzellen im Froschherzen. Diese drei Beispiele peripherer Synapsen liefern eine adäquate experimentelle Basis für das Verständnis der wesentlichen Charakteristika zentraler Synapsen. Ihre Erforschung wird im Kapitel III beschrieben.

A. Die neuromuskuläre Übertragung

1. *Einführung*

Abb. II 1 bringt ein Schema, das in den Gegenstand einführen soll. Das Motoneuron ist bereits im vorangehenden Kapitel beschrieben worden. Vom Motoneuron geht das myelinierte Axon aus, eine Nervenfaser, die sich bis zum Muskel hin erstreckt. Dieses myelinierte Axon hat Knoten, und ein vom Motoneuron entladener Impuls (dies ist der Inhalt des nächsten Kapitels) springt von Knoten zu Knoten zum Muskel mit einer Ausbreitungsgeschwindigkeit von etwa 80 Metern in der Sekunde (siehe Abb. I 20). So hat die Entladung aus einem Motoneuron rasch eine Muskelantwort zur Folge, sogar wenn die Entfernung einen

Meter beträgt, wie von den Motoneuronen in unserem Rückenmark bis zu unseren Fußmuskeln. Die Nervenfaser splittert sich dann auf, und der Impuls durchläuft alle Äste in voller Stärke, weil es sich um einen Alles-oder-Nichts-Prozeß mit einem hohen Sicherheitsfaktor bezüglich seiner Ausbreitung handelt. Gewöhnlich gibt es in der Ausbreitung eines Nervenimpulses einen Sicherheitsfaktor von etwa fünf, daher kann er in alle Äste einer ziemlich ausgedehnten Endaufzweigung eindringen.

In Abb. II 1 sind Äste zu nur fünf Muskelfasern gezeichnet, von denen jeder eine kleine Endverdickung der Nervenfaser zeigt. Was geschieht nun, wenn der Impuls zur Spitze dieser Endigungen auf den Muskelfaser läuft? Wie verursacht er eine Impulsentladung entlang jeder Muskelfaser, die Voraussetzung für die Muskelkontraktion ist? In Parenthese sollte darauf hingewiesen werden, daß die tatsächliche Anzahl von Endaufzweigungen viel größer als die dargestellte ist. Sie beträgt gewöhnlich 100 bis 200. Weiterhin wird jede Muskelfaser in der Regel (es gibt seltene Ausnahmen) von nur einer Nervenfaser innerviert, und die Impulsausbreitung vom Nerven zum Muskel besitzt einen hohen Sicherheitsfaktor, ebenfalls von etwa fünf, so daß sie unter biologischen Bedingungen nicht zusammenbricht. So kann diese Nervenzelle mit jeder Frequenz ihrer normalen Arbeitsweise Impulse feuern, wie zum Beispiel in Abb. I 8B, und sicher sein, daß die erforderliche Muskelkontraktion erfolgen wird. Alle unsere Bewegungen, jede Handlung, die man jemals ausgeführt hat, ist ein Ergebnis dieser Übersetzung einer Motoneuronentladung in eine Muskelkontraktion. Es gibt keinen anderen Weg für den Körper, irgendeine Aktion mit Hilfe seiner Muskulatur auszuführen.

Abb. II 1C zeigt, daß – allerdings in Grenzen – die resultierende Kontraktion um so stärker ist, je höher die Frequenz der Nervenzellentladung ist. Wenn die Entladungsfrequenz des einzelnen Motoneurons 10 pro Sekunde beträgt, kommt es zu drei weitgehend separaten Muskelzuckungen. Bei 20 pro Sekunde neigt die Kontraktion dazu zu verschmelzen, und diese Tendenz nimmt bei 32 und bei 50 zu, bis es bei 80 pro Sekunde zu einer einheitlichen, kräftigen Kontraktion kommt. Es ist vielleicht etwas überraschend, daß ein einzelnes Katzenmotoneuron eine Kontraktion von 100 g in einem der Beinmuskeln befehlen kann. Beim Menschen würde die Kontraktionseinheit höher liegen, aber sie ist nicht genau bekannt. So werden kräftigere Aktionen der Muskeln durch rascheres Feuern der Motoneurone abgesichert. Doch wirkungsvoller ist das Einbeziehen einer wesentlich größeren Zahl von Motoneuronen in den Handlungsablauf. Jeder große Muskel wird von vielen Hunderten von Motoneuronen innerviert. Abb. II 1B zeigt etwa

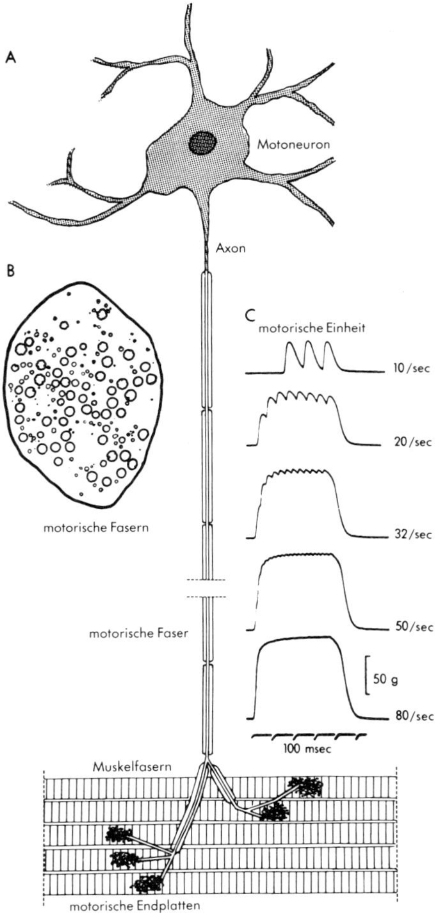

Abb. II 1. Die motorische Einheit. A zeigt ein Motoneuron, das als markhaltige Nervenfaser ausläuft, um Muskelfasern zu innervieren. B. Querschnitt von motorischen Fasern zur Versorgung eines Katzenmuskels, alle afferenten Fasern wurden zerstört (*J. C. Eccles und C. S. Sherrington, Proc. Roy. Soc. B 106, 326, 1930*). C. Isometrische mechanische Antworten einer einzelnen motorischen Einheit aus dem Gastrocnemius-Muskel der Katze. Die Antworten wurden durch wiederholte Stimulation des Motoneurons (vgl. A) mit Hilfe von Stromstößen hervorgerufen, die über eine intrazelluläre Elektrode mit den angegebenen Frequenzen in Hertz verabfolgt wurden (*M. S. Devanandan, R. M. Eccles und R. A. Westerman, J. Physiol., 178, 359, 1965*).

60 große motorische Axone im Querschnitt (vgl. Abb. I 19E) eines Nervenastes, der einen Katzenmuskel versorgt.

Dies macht uns mit dem Konzept der *motorischen Einheit* bekannt, die man definieren kann als motorische Nervenfaser mit allen Muskelfasern, die sie innerviert. Dieses Konzept wurde von Sherrington entwickelt. Er hatte als erster die richtige Vorstellung, daß alle Bewegungen sich aus Kontraktionen einzelner motorischer Einheiten zusammensetzen.

Abhängig von der für eine bestimmte Aktion nötigen Kontraktionsstärke werden verschieden große Anteile der Gesamtzahl erregt. Das heißt, der gesamte Motoneuronenpool des Muskels mit seinen Motoneuronen wird von Augenblick zu Augenblick entsprechend den Bedürfnissen aufgeteilt. Die Gesamtzahl der Motoneurone mit den von ihnen abhängigen motorischen Einheiten beträgt im menschlichen Rückenmark etwa 200000. Diese Zahl ist verantwortlich für die Kontraktionen aller Muskeln der Gliedmaßen, des Rumpfes und des Nakkens, d. h. für unsere gesamten Muskelaktionen mit Ausnahme derjenigen des Kopfes. Es ist bemerkenswert, daß wir lernen können, einzelne Motoneurone in Arm- oder Beinmuskeln zu aktivieren und willkürlich vom einen auf das andere überzugehen. Dies ist durch elegante Experimente von Basmajian demonstriert worden, in denen die elektrischen Antworten verschiedener sich kontrahierender motorischer Einheiten eines Muskels getrennt auf dem Bildschirm eines Kathodenstrahloszillographen wiedergegeben wurden, und die Versuchsperson lernen konnte, willkürlich die eine oder die andere zu »betätigen«.

Die Übertragung von einem Nervenimpuls zu einem Muskelimpuls ist das erste Beispiel chemischer Synapsenübertragung, das nachgewiesen werden konnte. Lange Zeit glaubten viele von uns, daß die Übertragungszeit von einer Millisekunde für eine chemische Übermittlung zu kurz sei. Vor dreißig oder vierzig Jahren existierte als Alternative das Postulat, daß die elektrischen Ströme des Nervenimpulses die Muskelfaser direkt erregten. Mittlerweile sind viele Synapsen bekannt, an denen diese elektrische Übertragung tatsächlich vorkommt, aber wegen des großen elektrischen Mißverhältnisses zwischen der winzigen Nervenfaser und der großen Muskelfaser ist die elektrische Übertragung um wenigstens zwei Größenordnungen abgeschwächt. Die Übertragung beruht, wie ursprünglich Dale und seine Mitarbeiter in den 30er Jahren postulierten, vollständig auf der chemischen Vermittlung durch eine Substanz, die *Acetylcholin (ACh)* genannt wird. Noch früher, in den 20er Jahren, hatte Loewi festgestellt, daß chemische Übertragung für die vagale Hemmung des Herzens verantwortlich ist, und es stellte sich schließlich heraus, daß diese Überträgersubstanz (Transmitter) ebenfalls Acetylcholin ist. 1936 erhielten Loewi und Dale für ihre Entdeckungen gemeinsam den Nobelpreis.

2. *Strukturelle Eigenschaften der neuromuskulären Synapse*

Beim Säugetier ist die Nervenendigung eine fest zusammengeklumpte Struktur auf der Oberfläche der Muskelfaser, wie in Abb. II 1A und im mikroskopischen Schnitt von Abb. II 2A gezeichnet, wo das Axon (ax) drei kleine Kontakte auf der Oberfläche der Muskelfaser (mf) herstellt, aber nicht mit ihr verschmilzt. Diese Trennung ist für alle chemischen Synapsen charakteristisch und zeigt sich auch bei den Hirnsynapsen in Abb. I 3, I 4 und I 5. Die spezielle strukturelle Vergrößerung des Sarcoplasmas (sarc) der Muskelfaser in der Kontaktregion wird *motorische Endplatte* genannt. Die Frage ist, wie der Nervenimpuls zur Nervenendigung hinabläuft, und wie nach nur einer Millisekunde Übertragungszeit ein neuer Impuls in der Muskelfaser in der Endplattenregion startet und sie in beiden Richtungen durchläuft, wodurch die Kontraktion herbeigeführt wird.

Die Lichtmikroskopie, so gut sie ist, reichte nicht aus, die wesentlichen Strukturen der Nerven-Muskel-Synapse zu enthüllen. Erst mit der Entwicklung der Elektronenmikroskopie konnten die strukturellen Grundlagen der chemischen Übertragung aufgeklärt werden. Die neuromuskuläre Synapse des Frosches ist viel weniger kompakt als die der Säugetiere. Feine Nervenfasern verlaufen über Hunderte von Mikron in Längsrinnen auf der Oberfläche der Muskelfaser, wie sie in der Zeichnung von Abb. II 4 nach einer mikroskopischen Aufnahme, in der zwei solche Fasern wiedergegeben sind, schön herauskommen. Die Zeichnung von Abb. II 2B zeigt eine elektronenmikroskopische Aufnahme eines Längsschnittes durch ein Segment einer solchen langen Nervenfaser vom Frosch. Der Muskel ist an den Längsstreifungen mit zwei Querstreifungen zu erkennen, die Nervenendigung an der dichten Anhäufung von Bläschen. Die Mitochondrien (Mit) liegen vom Muskel weiter abgewandt. Die Oberfläche der Muskelfaser ist durch die kräftige Linie mit den zahlreichen Faltungen gekennzeichnet. Gegenüber dreien der Faltungen befinden sich Haufen synaptischer Bläschen, aber an verschiedenen Stellen sind kleine Vorstülpungen (S.F.) der einhüllenden Schwannschen Zelle zwischen Nerven- und Muskeloberfläche vorhanden. An anderen Stellen besteht eine Trennung durch einen Spalt von etwa 400 Angström (Å) Breite, markiert durch den Pfeil auf jeder Seite. Die zahlreichen sphärischen Bläschen besitzen einen

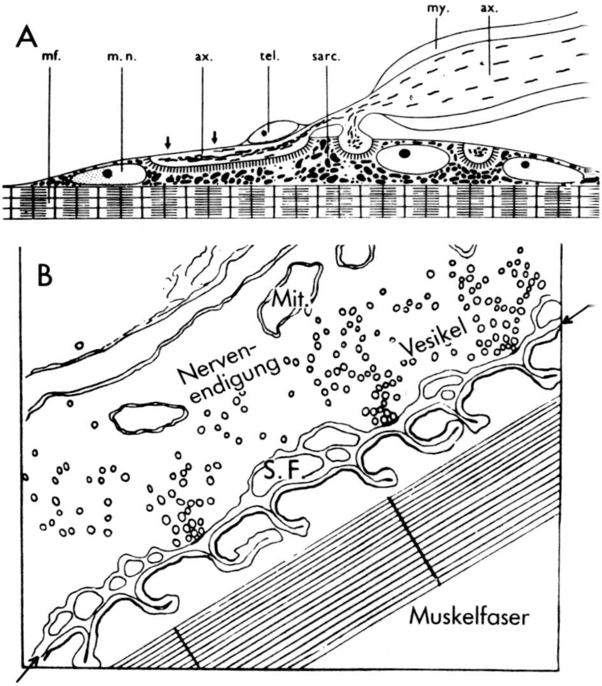

Abb. II 2. Mikroskopische Struktur neuromuskulärer Synapsen. A. Schematische Zeichnung einer motorischen Endplatte. ax. = Axoplasma mit seinen Mitochondrien; my. = Myelinscheide ; tel. = Teloglia (Ende der Schwannschen Zelle) terminale Schwannsche Zellen; sarc. = Sarcoplasma der Muskelfaser mit ihren Mitochondrien; m.n. = Muskelfaser Nuclei; mf. = Muskelfaser; die terminalen Nervenaufzweigungen liegen in »Rinnen«. (*R. Couteaux, Exp. Cell. Res. Suppl. 5. 294, 1958*). B. Zeichnung nach einer elektronenmikroskopischen Aufnahme eines Teiles der neuromuskulären Verbindung vom Sartoriusmuskel des Frosches. Längsschnitt des Muskels (*R. Birks, H. E. Huxley und B. Katz, J. Physiol. 150, 134, 1960*).

Durchmesser von etwa 500 Å und sind charakteristisch für alle chemisch übertragenden Synapsen (Abb. I 3B, 4B und I 5); sie werden deshalb zutreffend als *Synapsenbläschen* bezeichnet.

Es gibt zwei wesentliche strukturelle Kennzeichen einer chemischen Synapse wie in Abb. I 5 dargestellt: die Synapsenbläschen und den *Synapsenspalt*, den Raum (siehe Pfeile in Abb. II 2), über den hinweg sich die Übertragung abspielt. Wie Abb. II 3A, B veranschaulicht, stellt dieser Synapsenspalt den entscheidenden Raum für den Stromfluß dar, der durch die Aktion der Überträgersubstanz an der Membran jenseits

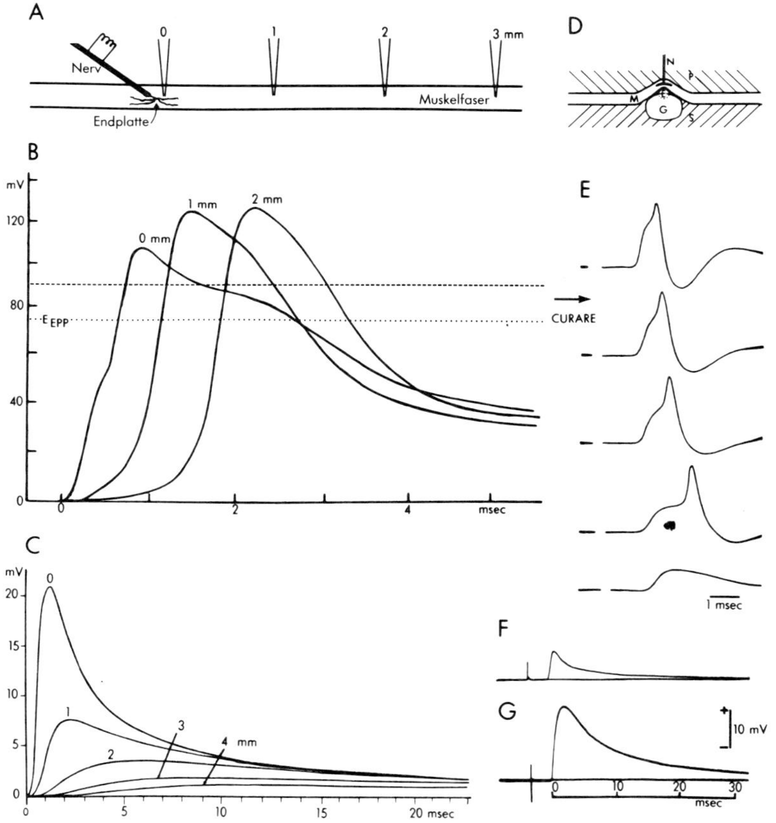

Abb. II 3. Endplattenpotentiale und Muskelaktionspotentiale. A. Das Schema zeigt eine Nervenfaser, deren Endaufzweigungen eine Muskelfaser des Frosches innervieren. B. Aktionspotentiale, die durch einen einzelnen Nervenimpuls ausgelöst und wie in A gezeigt, in 0, 1 und 2 mm Entfernung von der motorischen Endplatte abgeleitet wurden. Die gestrichelte Linie gibt die Höhe des Null-Membranpotentials an, das Ruhemembranpotential beträgt –90 mV. Die gepunktete Linie bezeichnet das Gleichgewichtspotential für das Endplattenpotential (E_{EPP}). C. Aktionspotentiale, ausgelöst und abgeleitet wie in B, aber nach Blockade der neuromuskulären Übertragung durch Curare (*P. Fatt und B. Katz, J. Physiol. 115, 320, 1951*). D. Schema eines isolierten einzelnen Nerven(N)-Muskel(M)-Präparates, das auf eine ableitende Elektrode montiert wurde. E. Serien wie in D abgeleiteter Potentiale, die die fortschreitende Wirkung von Curare zeigen (*S. W. Kuffler, J. Neurophysiol., 5, 18, 1942*). F. G. EPPs vom curarisierten Muskel, wie in Abb. 3 C in der Endplattenregion abgeleitet, vor und nach Gabe von 10^{-6} Prostigmin (*P. Fatt und B. Katz, J. Physiol. 115, 320, 1951*).

der Synapse, der *postsynaptischen Membran*, in diesem Fall der Membran der motorischen Endplatte, erzeugt wird.

Der grundlegende Synapsenmechanismus besteht darin, daß der Nervenimpuls einige der Synapsenbläschen veranlaßt, ihren Inhalt in den Synapsenspalt zu entleeren. Diese Bläschen enthalten gespeichertes Acetylcholin, jedes etwa 5000 Moleküle nach jüngsten Schätzungen (siehe unten), und sie spritzen ihren Inhalt in den Synapsenspalt. Durch Diffusion über den Spalt hinweg wirkt das Acetylcholin auf die Membran der motorischen Endplatte, die zur Vergrößerung ihrer Oberfläche gefaltet ist. Der Transmitter öffnet die Ionenschleusen, und der Einstrom von Ionen verursacht eine Änderung des Membranpotentials der Muskelfaser in Richtung einer Depolarisation. Sobald ein kritischer Schwellenwert erreicht ist, wird ein Muskelimpuls erzeugt, der sich entlang der Muskelfaser ausbreitet und den komplexen Ablauf in Gang setzt, der für eine Muskelkontraktion verantwortlich ist. Wir wenden uns nun der detaillierten Betrachtung der Experimente zu, in denen dieser Synapsenmechanismus aufgeklärt worden ist. Dabei soll auf zwei Bücher von Katz besonders hingewiesen werden: ›Nerve, Muscle and Synapse‹ und ›The Release of Neural Transmitter Substances‹.

3. Physiologische Eigenschaften der neuromuskulären Synapse

Ich will versuchen, die wichtigsten physiologischen Grundlagen, keine detaillierte biophysikalische Darstellung zu bringen. Doch soll es ausreichen, die Synapsenmechanismen im Gehirn zu verstehen, die das Thema des nächsten Kapitels sein werden. Abb. II 3A zeigt eine auf der motorischen Endplatte endigende Nervenfaser mit den feinen Nervenausläufern, die sich wie in Abb. II 4A entlang der Muskelfaser erstrekken. Wir können die Nervenfaser über die angebrachte Elektrode durch einen kurzen Stromstoß stimulieren und damit, wie in Kapitel I beschrieben, einen Impuls zur Nervenendigung hinabsenden. Die Ableitung von der Muskelfaser wird, wie in Abb. II 3A gezeigt, mittels einer intrazellulären Mikroelektrode entweder genau an der motorischen Endplatte oder 1, 2 oder 3 mm davon entfernt vorgenommen.

Das Potential an der Muskelmembran beträgt an allen Stellen etwa 90 mV, das Innere ist negativ. Dies ist der Normalwert für eine Muskelfaser des Frosches. Genau wie bei der Riesennervenfaser in Abb. I 11 wird sofort, wenn die Mikroelektrode die Membran durchdringt, ein Membranpotential von −90 mV registriert. In Abb. II 3B rief ein Nervenimpuls bei Ableitung an der motorischen Endplatte (0 mm) nach einer kurzen Latenz eine komplizierte Potentialänderung mit Höckerbildung in der ansteigenden und abfallenden Phase, die später erklärt werden wird, hervor. In 1 und 2 mm Entfernung sieht die Antwort einfacher aus. Sie steigt rasch und glatt an und beginnt dann, genau wie ein gewöhnlicher Nervenimpuls, abzufallen (Abb. I 14, 17), ist aber in ihrem letzten Teil weitgehend verlangsamt. Zwei Veränderungen traten beim Abrücken von der motorischen Endplatte auf. Die eine ist, daß der Impuls später kommt. Das ist so, weil der Muskelimpuls an der Endplatte seinen Anfang nahm und genau wie ein Nervenfaserimpuls weiterwanderte, nur ist er viel langsamer, so daß er lediglich etwa 1 Meter pro Sekunde zurücklegt. Die andere Veränderung ist, daß die Höcker verschwunden sind und daß der Gipfel höher ist. Wie kann man das erklären? Was geschieht in der Endplattenzone, damit das Muskelaktionspotential abgeschwächt wird und die Höcker vorher und nachher entstehen? Die Antwort: Diese Veränderungen an der Endplatte werden durch einen speziellen, vom chemischen Transmitter abhängigen Vorgang bewirkt.

Der anfängliche Höcker beruht in Wirklichkeit auf der Depolarisation durch den Überträger, und bei einem kritischen Schwellenwert dieser Depolarisation (etwa 50 mV) kann man eine Impulsabgabe sehen. Aber dieser Impuls ist viel kleiner als in 1 oder 2 mm Entfernung von der Endplatte. Offensichtlich hindert die Transmitterwirkung auf die Endplattenmembran den Impuls daran, einen so hohen Umschlagpunkt wie an anderen Stellen zu erreichen. Die Transmitter-Depolarisation hat ein Gleichgewichtspotential (E_{EPP}) von etwa −15 mV (gepunktete Linie), so zieht sie im Endeffekt das Muskelimpulspotential bis auf diesen Wert herab. Der Ionenmechanismus des Impulses würde ein Membranpotential von wenigstens +40 mV ergeben, genau wie bei dem Nervenimpuls in den Abb. I 14, 16 zu sehen war. Das Nettoresultat ist der Kompromiß bei etwa +15 mV für die Spitze des Aktionspotentials an der Endplatte (0 mm). Schließlich erklärt die Depolarisation durch die übrigbleibende Transmitteraktion zufriedenstellend den Höcker in der abfallenden Phase des Impulses an der Endplatte. Diese Endplatteneffekte sind bei 1 mm ganz geringfügig und fehlen bei 2 mm im wesentlichen.

Wenn man die Größe des Endplattenpotentials so reduzieren könnte, daß es zu keiner Impulsgabe käme, wäre es viel einfacher, die Vorgänge an der neuromuskulären Synapse zu erforschen. Das läßt sich durch Vergiftung mit Curare erreichen. Curare wurde zu diesem Zweck von den südamerikanischen Indianern als Pfeilgift gebraucht. Sie versahen ihre Pfeilspitzen mit diesem Pflanzenextrakt und paralysierten so ihre

Feinde – ein frühes Beispiel chemischer oder biologischer Kriegsführung! In jüngster Zeit erlangten Curare oder verwandte Substanzen klinisch eine große Bedeutung, weil der Anästhesist mit ihrer Hilfe die neuromuskuläre Übertragung weitgehend zu unterdrücken vermag, so daß der Chirurg einen Patienten bei vollständiger Muskelrelaxation operieren kann.

Die Abb. II 3D, E illustrieren die fortschreitende Curarisierung. In den frühen 40er Jahren, etwa 10 Jahre vor der intrazellulären Ableitung, präparierte Kuffler eine einzelne Nerven-Muskel-Faser, wie in II 3D gezeichnet (N, M), heraus und konnte sie zwischen Paraffin (P) und Kochsalzlösung (S) bewahren, während er über einen dünnen Platindraht, der durch ein gebogenes Glasstäbchen (in G im Querschnitt dargestellt) gehalten wurde, ableitete. Dies war das erste Beispiel einer Untersuchung an einem einzelnen, isolierten Nerven-Muskel-Präparat. Wird der Nerv stimuliert und erfolgt die Aufzeichnung in der Endplattenzone E, so ergibt sich ein örtliches Potential, dem ein Aktionspotential folgt, genau wie in Abb. II 3B. Nachdem man der Kochsalzlösung Curare zugefügt hat, kommt es zu einer fortschreitenden Änderung, die in den folgenden Ableitungen von E zu erkennen ist. Das anfängliche Potential wurde immer mehr reduziert und gab den Impuls immer später ab, bis er zum Schluß ganz ausblieb. Der Muskel ist nun paralysiert. Bis dahin behielt das Muskelaktionspotential seine volle Amplitude. Dies ist ein schönes Beispiel des Alles-oder-Nichts-Gesetzes. Der Nervenimpuls feuert entweder ein Muskelaktionspotential von voller Amplitude, oder er feuert überhaupt nicht.

Wie weiter unten beschrieben wird, wirkt Curare einfach dadurch, daß es das Acetylcholin daran hindert, den Muskel an der Endplatte zu depolarisieren. Wenn der Muskelimpuls ausbleibt, bleibt das *Endplattenpotential* (EPP) bestehen, wie in der untersten Kurve der Abb. II 3E. In Abb. II 3C sind übereinander projizierte Kurven solcher Endplattenpotentiale zu sehen, die wie in A in der Endplattenzone (0) und in 1, 2, 3 und 4 mm Abstand davon intrazellulär abgeleitet wurden. Das Endplattenpotential (EPP) hat mit den Entfernungen immer mehr abgenommen und wird mit der Zeit langsamer. Es breitet sich einfach mittels der Kabeleigenschaften der Muskelfaser aus und nimmt dabei etwa jeden Millimeter um die Hälfte ab, so daß es sich von 0 bis 1 bis 2 bis 3 bis 4 mm ziemlich erschöpft. Die Kabelübertragung ist in Muskelfasern noch schlechter als in Nervenfasern.

4. Pharmakologische Eigenschaften der neuromuskulären Synapse

Wir können nun fragen: Wie wurde festgestellt, daß es sich bei dem Transmitter um Acetylcholin handelt? Erstens zeigten Dale und seine Mitarbeiter sehr früh, als sie nach Stimulierung eines zu einem großen Muskel führenden Nerven das aus diesem Bezirk abströmende venöse Blut sammelten, daß während einer schweren Tetanisierung * Acetylcholin in das abströmende Blut freigesetzt wurde. Zweitens bewiesen sie, daß intraarterielle Injektion von Acetylcholin muskuläre Impulsentladungen mit damit verbundener Kontraktion verursachte. Drittens wandelten Substanzen (Anticholinesterasen), die den enzymatischen Abbau von Acetylcholin verhinderten, die neural evozierte Antwort des Muskels von einer Zuckung in einen kurzen abflauenden Tetanus um, wie zu erwarten gewesen wäre, hätte die Übertragung von einer Acetylcholingabe hergerührt. Obwohl diese Arbeit, an heutigen Standards gemessen, ziemlich einfach wirkt, stellte sie zu jener Zeit einen bemerkenswerten Fortschritt dar.

Eine große Verbesserung kam mit der elektrophoretischen Injektion von Acetylcholin mittels einer feinen Mikropipette, die in nächste Nähe der motorischen Endplatte gebracht werden konnte. Die Ableitung fand mittels einer intrazellulären Elektrode an einem curatisierten Präparat statt, so daß, ähnlich wie in Abb. II 3C bei 0, nur ein Endplattenpotential hervorgerufen wurde. An der am besten geeigneten Stelle fanden Krnjevic und Miledi, daß die elektrophoretische Injektion von $1{,}5 \times 10^{-14}$ g Acetylcholin genau an der Außenseite der muskulären Endplatte ein Potential ergab, das sehr ähnlich dem von einem Nervenimpuls hervorgerufenen war, der nach Schätzung $1{,}5 \times 10^{-15}$ g an der Endplatte freisetzt. Diese Abweichung um den Faktor 10 ist so gut wie man erwarten darf, wenn man sich daran erinnert, daß die Injektion nur an einer Seite des Synapsenspalts stattfinden kann, während das durch den Nervenimpuls freigesetzte Acetylcholin direkt auf die Endplattenoberfläche trifft (Abb. II 2) und über diese ganze Oberfläche wirkt.

Ein noch höherer Grad technischer Perfektion ist kürzlich von McMahan, Kuffler und ihren Mitarbeitern erreicht worden. Abb. II 4A ist eine Zeichnung nach einem mikroskopischen Photo einer lebenden Muskelfaser, die an ihrer Querstreifung erkannt werden kann. Auf ihrer Oberfläche sieht man zwei in Längsrichtung verlaufende Nervenfa-

* Dauerkontraktion durch Einzelzuckungen in sehr schneller Folge.

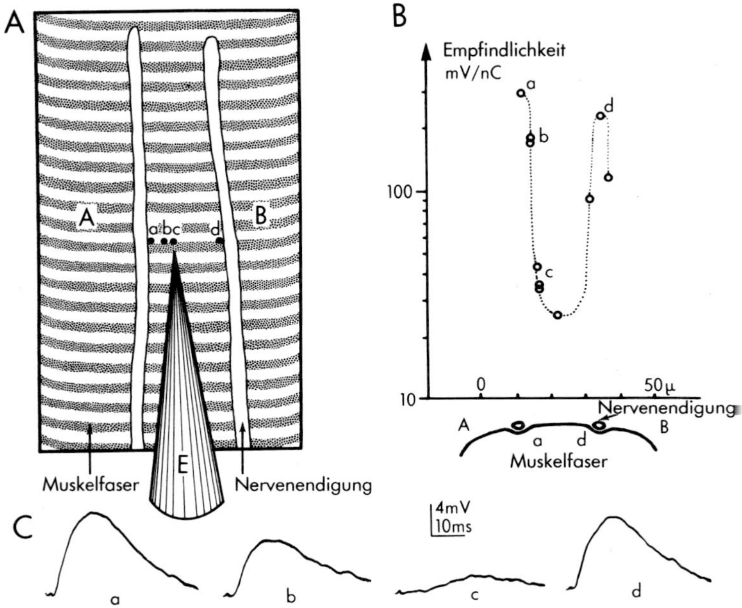

Abb. II 4. **Verteilung von Acetylcholinrezeptoren in der Nachbarschaft von Nervenendigungen auf einem Skelettmuskel des Frosches. Ausführliche Beschreibung im Text (*Pepper und McMahan, 1972*).**

serendigungen. Diese schöne Darstellung erhält man durch eine spezielle Technik, die Nomarskische Interferenzmikroskopie genannt wird und die erlaubt, lebendes Gewebe mit sehr starker Vergrößerung und bei starker optischer Auflösung zu untersuchen. Es ist eine besonders günstige Anordnung für den Experimentator, daß die beiden Nervenfasern so ordentlich parallel verlaufen und zusammen enden. Unter dem Diagramm (B) sieht man die Muskelfaser im Querschnitt mit den beiden Nervenendigungen in kleinen Rinnen (*a* und *d*). In der Muskelfaser liegt intrazellulär eine ableitende Elektrode, die sich außerhalb des Bildes A befindet, aber verglichen mit der Längenkonstanten der Muskelfaser in ganz geringer Entfernung, so daß sie mit unbeträchtlicher Verzerrung die Potentialveränderungen in der Muskelmembran aufzeichnet.

Elektrophoretische Injektionen von Acetylcholin wurden mittels der Mikropipette *E* verabreicht, die genau an einem Punkt (*c*) der Muskelmembran zwischen den beiden Nervenendigungen angesetzt ist. Der

Injektionsstrom betrug $3{,}2 \times 10^{-8}$ A für 1 Millisekunde, die Applikationsstellen sind als schwarze Punkte entlang der Linie zwischen den beiden Nervenendigungen dargestellt. Lag die Applikationsstelle (*a*) nahe der sichtbaren Nervenendigung, so kam es zu der großen, mit a bezeichneten Depolarisation in B und C. Die gleiche Injektion in nur etwa 5 Mikron Entfernung (*b* in A) ergab die kleinere Depolarisation (*b*), wohingegen das Acetylcholin bei einer Injektion zwischen die beiden Nervenendigungen (*c* in A) kaum eine Wirkung auf die Membran hatte (*c*). Lag schließlich die Injektionsstelle nahe der anderen Nervenendigung (*d* in A), so kam es wiederum zu einer großen Antwort (*d*). Die Ergebnisse verschiedener zusätzlicher Injektionen sind in dem Diagramm ebenso aufgetragen und zeigen, wie trickreich und anspruchsvoll dieses Unternehmen ist. Die beiden Nervenendigungen sind unterhalb von B im gleichen Maßstab abgebildet.

Nun, was zeigt dies? Es zeigt sehr schön: daß nur die Muskelmembran unterhalb der Nervenfasern empfindlich auf Acetylcholin reagiert. Der Rest ist überhaupt nicht empfindlich. Die augenscheinlichen Effekte an anderen Stellen beruhen auf Diffusion des injizierten Acetylcholins zu den empfindlichen Stellen an den Nervenkontakten. Die gleiche Abschwächung der Antwort wie von *a* bis *c* kann man beobachten, wenn die Elektrodenspitze senkrecht von der Umgebung der Nervenfaser fortbewegt wird. Man kann daraus schließen, daß die Empfindlichkeit für Acetylcholin genau in der Vertiefung vorhanden ist, in der der Nervenkontakt stattfindet.

Kuffler und Mitarbeiter führten vor kurzem ein noch genaueres Experiment an den Synapsen von Muskelfasern bei Schlangen durch. Nach einer Vorbehandlung mit Kollagenase zur Entfernung des Bindegewebes läßt sich die Nervenendigung mit dem ganzen präsynaptischen Apparat vorsichtig von den postsynaptischen Stellen abheben, die dann als »Krater« der elektrophoretischen Applikation von Acetylcholin direkt zugänglich werden (vgl. Abb. II 9D). Hohe Empfindlichkeit gegenüber Acetylcholin erwies sich als scharf auf die »Krater« beschränkt. Quantitative Details folgen nach dem nächsten Abschnitt.

5. Die Freisetzung von Acetylcholin in Quanten

Wir kommen nun zu einer Untersuchung des Zusammenhangs der Freisetzung von Acetylcholin mit jenen Bläschen oder Vesikeln, die in der Nervenendigung in Abb. II 2B zu sehen waren. Sie stützt sich weitgehend auf die klassische experimentelle Arbeit von Katz, Fatt, Miledi und Mitarbeitern. Tatsächlich gab es schon mindestens zwei Jahre be-

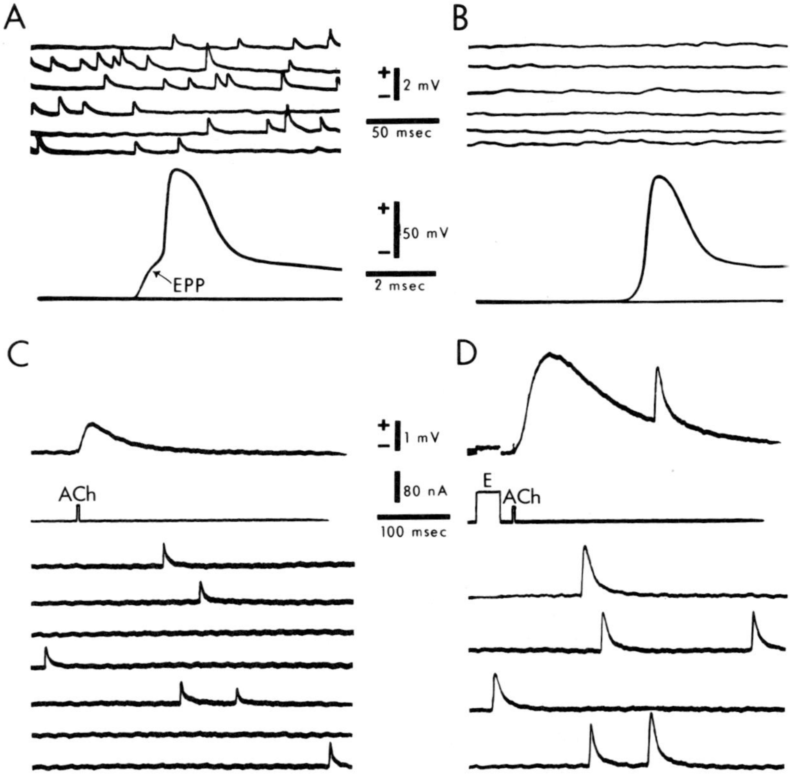

Abb. II 5. Spontane Miniaturendplattenpotentiale. A. Intrazelluläre Ableitung an einer Endplatte. B. 2 mm davon entfernt in der gleichen Muskelfaser abgeleitet. Die oberen Abschnitte wurden mit niedriger Geschwindigkeit und hoher Verstärkung abgeleitet: sie zeigen die lokalisierte Spontanaktivität in der Kontaktregion. Die unteren Registrierungen zeigen die elektrische Antwort auf einen Nervenimpuls, mit hoher Geschwindigkeit und geringer Verstärkung aufgezeichnet (vgl. Abb. II 3B). (*P. Fatt und B. Katz, J. Physiol., 117, 109, 1952*). C, D. Die oberen Kurven zeigen den potenzierenden Effekt von Edrophonium (durch den Stromstoß E verabreicht) auf die durch einen kurzen Acetylcholinschuß (ACh) hervorgerufene Endplattendepolarisation. In den unteren Kurven sieht man, daß die spontanen Min. EPPs in C während der gleichmäßigen elektrophoretischen Edrophoniumgabe in D stark erhöht und verlängert sind (*Katz, 1969*).

vor die Bläschen in der Elektronenmikroskopie erkannt worden waren, Anhaltspunkte dafür, daß das Acetylcholin portionsweise aus den Nervenendigungen freigesetzt wird.

In Abb. II 5A wurde die Mikroelektrode ganz nahe an der motorischen Endplatte in die Muskelfaser eingestochen. Als Fatt und Katz 1952 erstmals eine Folge von unregelmäßig auftretenden kleinen Potentialen beobachteten, wie sie in den oberen Kurven der Abb. II 5A zu sehen sind, realisierten sie nicht, daß dieser »biologische Lärm« eine große Entdeckung bedeutete. Die genaue Lokalisation der ableitenden Elektrode an der Endplatte wird sichtbar an dem Aktionspotential mit einem durch einen Nervenimpuls ausgelösten Anfangs-EPP in der untersten Kurve der Abb. II 5A, die derjenigen in Abb. II 3B bei 0 ähnelt. Befand sich, wie in Abb. II 5B, die ableitende Elektrode 2 mm entfernt, so sah man nur das Aktionspotential (vgl. Abb. II 3B) und fast keinen »biologischen Lärm«, nur Kurven, die der Kabelübertragung zugeschrieben werden können.

Wie kann man nachweisen, daß Acetylcholin für diesen »biologischen Lärm« verantwortlich ist? Da ist einmal die Wirkung von Curare, das das Endplattenpotential und auch den »biologischen Lärm« auf die gleiche Weise unterdrückt. Abb. II 5C und D zeigen einen weiteren Test. Eine elektrophoretische Injektion von Acetylcholin in der Endplattenregion verursachte eine kurze Depolarisation wie in Abb. II 4. Die unteren Kurven von Abb. II 5C zeigen »biologischen Lärm« wie in Abb. II 5A, aber in einer viel langsameren Frequenz. In Abb. II 5D wird vor der elektrophoretischen Injektion von Acetylcholin Edrophonium verabfolgt, eine Substanz, die die *Acetylcholinesterase*, das Enzym, das ACh schnell zerstört, sehr rasch inaktiviert. Edrophonium wirkt so rasch, daß – bei E unmittelbar vor dem Acetylcholin injiziert – die durch die ACh-Einspritzung verursachte Depolarisation größer war und länger anhielt, weil das ACh nicht durch die Acetylcholinesterase zerstört wurde. Zugleich kann man an den unteren Kurven von D sehen, daß die Einheiten des »biologischen Lärms« größer und länger waren. Das läßt mit großer Wahrscheinlichkeit darauf schließen, daß der »biologische Lärm« auf kurzen ACh-Spritzern beruht, die auf die Endplattenmembran der Muskelfaser wirken. In jeder Hinsicht besitzen diese Miniaturpotentiale die Eigenschaften der Endplattenpotentiale (EPP), daher leitet sich ihre Bezeichnung als *Miniatur-Endplattenpotentiale, Min. EPP*, ab.

Sobald man synaptische Vesikel in elektronenmikroskopischen Untersuchungen der Nervenendigungen (Abb. II 2B) entdeckt hatte, konnte man die attraktive Hypothese aufstellen, daß sie ACh-Portionen entsprechen und daß diese sogenannten *Quanten* spontan in wahlloser Folge aus der Nervenendigung freigesetzt wurden und auf diese Weise die Min. EPPs erzeugten. Trotzdem blieb es modern, diese Identifizierung anzuzweifeln. Mein eigener Kommentar war dem entgegengesetzt. Ich pflegte zu sagen: Hätte die Elektronenmikroskopie in

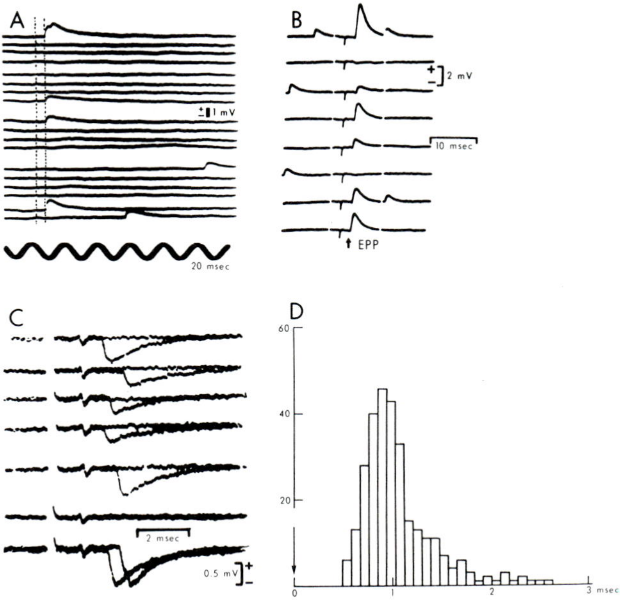

Abb. II 6. Quantenbestandteile des Endplattenpotentials. A. Intrazelluläre Ableitung von einer neuromuskulären Synapse des Frosches in einem calciumarmen und magnesiumreichen Medium. Die Zeitpunkte des Nervenstimulus und des Beginns des EPP sind durch die zwei gepunkteten Linien angegeben (*J. del Castillo und B. Katz. J. Physiol., 124, 560, 1954*). B zeigt intrazelluläre Ableitungen von einer Muskelfaser des Rattenzwerchfells mit Stimulation des Nervus phrenicus (beachte Artefakt) ebenfalls in einem calciumarmen und magnesiumreichen Medium (*A. W. Liley, J. Physiol., 133, 571, 1956*). C gibt extrazellulär registrierte EPPs von einer Froschmuskelfaser bei einem Calciumspiegel, der so eingestellt war, daß nur etwa die Hälfte der Nervenimpulse EPPs auslöste, wieder. D ist das Histogramm für die EPP-Latenzen für das teilweise in C dargestellte Experiment (*B. Katz und R. Miledi, Proc. Roy, Soc. B 161, 469, 1965*).

den Nervenendigungen nicht die Existenz von Bläschen nachgewiesen, deren Eigenschaften sie für die Speicherung von Überträgersubstanz geeignet machten, dann müßte die Speicherung von Transmittersubstanz dennoch postuliert werden, nur mit dem Vorbehalt, daß man aus irgendeinem Grund die Speicher nicht sehen konnte! Aber jetzt kann man mit Hilfe der Elektronenmikroskopie (Abb. II 2B) diese synaptischen Vesikel sehen, deren Eigenschaften präzise auf die Erfordernisse für die Speicherung von Transmitter in Quanten als Vorbereitung für dessen Ausschüttung in den Synapsenspalt passen.

Die in Abb. II 6 illustrierten Experimente zeigen, daß man diese

Ausschüttung von ACh in Quanten nicht nur beim gewöhnlichen spontanen Feuern erhält, sondern daß die Nervenimpulse ebenfalls durch Freisetzen von Transmitter in Quantenportionen arbeiten. Diese Zusammensetzung aus Quanten ist normalerweise in EPPs, wie denen von Abb. II 3C, nicht zu erkennen, weil sich herausstellt, daß durch einen einzigen Nervenimpuls an einer einzigen Endplatte etwa 100 bis 200 Quanten freigesetzt werden. So konnte man kein »Quanten-Äquivalent« entdecken. Wie aber kann dann diese Zusammensetzung aus Quanten nachgewiesen werden? Wenn man die Calciummenge an der Außenseite der neuromuskulären Synapse stark vermindert und ein wenig zusätzliches Magnesium hinzufügt, kann man die Wirksamkeit des Nervenimpulses auf die Transmitterfreisetzung weitgehend reduzieren. So ist es möglich, Endplattenpotentiale zu erhalten, die der Größe eines Quantums entsprechen. In Abb. II 6A zum Beispiel sind gegen Ende der Kurven zwei spontane Min. EPPs zu erkennen, und kurz nach dem Nervenimpuls (erste gepunktete Linie) sieht man drei EPPs von etwa der gleichen Amplitude wie die spontanen Min. EPPs; davon ist das eine in der oberen Kurve deutlich doppelt. In den meisten Kurven jedoch kam es zu keiner Quantenausschüttung. Abb. II 6A zeigt den Vorgang in einem Froschmuskel, während Abb. II 6B eine ähnliche Serie von einem Rattenmuskel wiedergibt. Es sind fünf spontane Min. EPPs zu finden. Die durch den Nervenimpuls hervorgerufenen EPPs hatten eine Zusammensetzung aus 1, 2 oder 3 Quanten, zweimal blieb das Potential aus. Das »Quanten-Äquivalent« der Transmitterfreisetzung ist entdeckt.

Katz und Mitarbeiter untersuchten die Quantenausschüttung von ACh im Detail und mit viel Scharfsinn und wiesen nach, daß sie exakt mit Voraussagen aus Poissons Theorem für die unabhängige Freisetzung einer kleinen Anzahl Quanten übereinstimmt. Dieses Ergebnis für die EPPs und der zufällige Charakter der spontanen Min. EPPs sind eindrucksvolle biologische Beispiele von Beobachtungen, die präzise zu mathematisch-theoretischen Voraussagen passen.

In Abb. II 6C sind die EPPs durch Calciumverarmung stark reduziert und werden extrazellulär als Deflexionen nach unten registriert. Trotz der ganz konstanten Latenz des vorangehenden Nervenimpulses, dem die kleine diphasische Deflexion entspricht, besteht eine bemerkenswerte Varianz in der Latenz des EPP. Offensichtlich benötigt der Nervenimpuls Zeiten von sehr unterschiedlicher Länge, um den Transmitter freizusetzen, wie im Histogramm der Abb. II 6D genauer dargestellt ist, in dem man eine überraschende Schwankungsbreite von Quantenlatenzen erkennt, 0,5 bis 2,5 m/sec.

Die Beziehung des Nervenimpulses zur Transmitterfreisetzung ist in

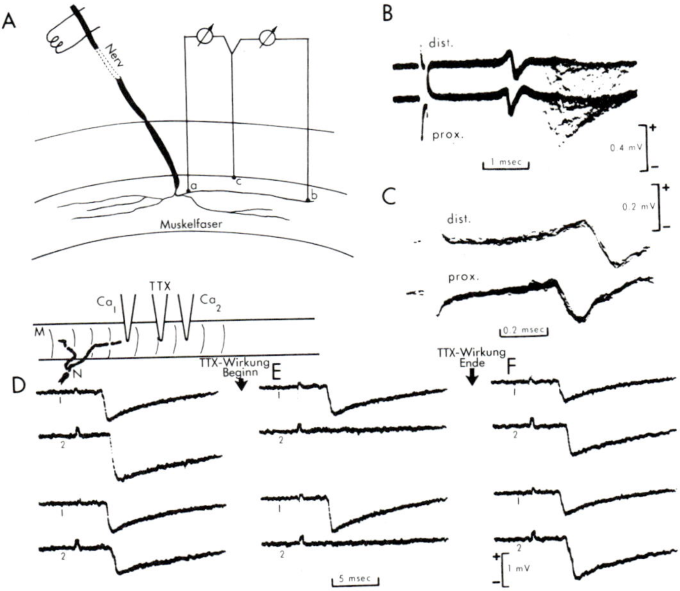

Abb. II 7. Nervenimpuls und Transmitterfreisetzung. Stimulation und Ableitung wie in A. Der Nervenimpuls wird in B und C an einer proximalen (a) und einer distalen (b) Stelle der in der Rinne auf der Muskelfaser liegenden Nervenfaser abgeleitet. In B sind auch die extrazellulären EPPs an der distalen und proximalen Ableitungsstelle zu sehen. (*B. Katz und R. Miledi, Proc. Roy, Soc. B. 161, 439, 1965*). Die Einsatzfigur über D zeigt die Versuchsanordnung für D bis F. N ist die Nervenfaser, die die Muskelfaser M versorgt. Drei extrazelluläre Mikropipetten, Ca_1, TTX und Ca_2 sind in Intervallen von 93 und 74 μm entlang einem Nervenfaserast angebracht, der in einer Rinne auf der Muskelfaser liegt, aber nicht wie in A eingezeichnet ist. Die Artefakte des Nervenstimulus sind in allen Kurven von D bis F als kurze Aufwärtsdeflexion zu erkennen, 1 und 2 kennzeichnen die durch die Mikropipette Ca_1 bzw. Ca_2 abgeleiteten Kurven (*B. Katz und R. Miledi, J. Physiol. 199, 729, 1968*).

Abb. II 7 zu sehen. In Abb. II 7A ist der Nerv mit seinen Aufzweigungen, die sich entlang dem Muskel ausbreiten, skizziert, wie in Abb. II 4. Die Ableitung findet von zwei Stellen auf einer feinen Nervenfaser statt, eine (*a*) nahe ihrem Ursprung, die andere (b) nahe ihrer Endigung. In B und besonders in den sehr raschen Registrierungen von C kann man sehen, daß der Nervenimpuls von beiden Seiten abgeleitet wird, wovon die distale eine Verzögerung in Übereinstimmung mit einer Leitungsgeschwindigkeit von 0,4 Metern in der Sekunde aufweist – die zu erwartende Geschwindigkeit für eine so feine, marklose Faser.

Die Abb. II 7D–F verdeutlichen weiterhin, daß die Impulsübertra-

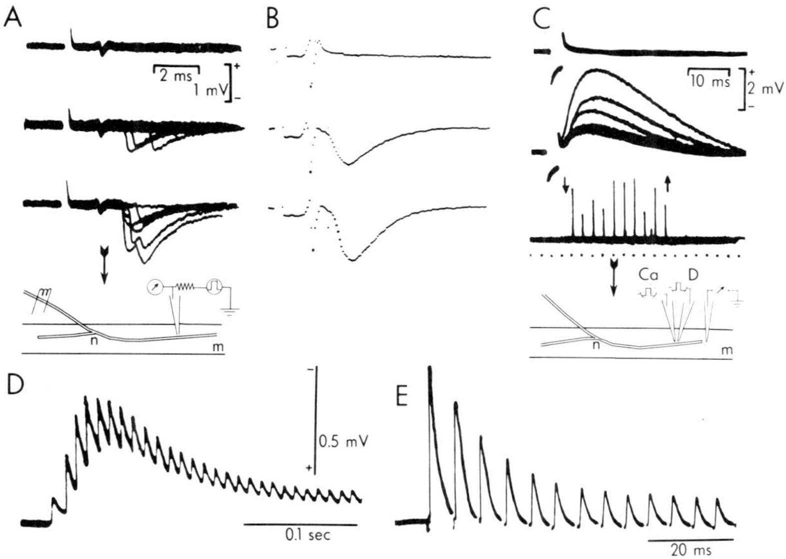

Abb. II 8. Extrazelluläres Calcium und neuromuskuläre Übertragung. Der Pfeil unter A weist auf die Versuchsanordnung für A und B hin. Die extrazelluläre Ableitung erfolgte mittels einer mit 0,5 m $CaCl_2$ gefüllten Mikropipette. (*B. Katz und R. Miledi, Proc. Roy, Soc. B, 161, 482, 1965*). Der Pfeil unter C bezeichnet die Versuchsanordnung für C (*B. Katz und R. Miledi, Proc. Roy. Soc. B 167, 8, 1967*). D und E werden im Text beschrieben.

gung entlang der Nervenendigung die Voraussetzung für die Freisetzung des Transmitters ist. Tetrodotoxin (TTX) wird eingesetzt, um die Impulsleitung zu blockieren, ein Mechanismus, der auf der Unterdrükkung der Zunahme der Natriumleitfähigkeit während des Impulses (wie in Kapitel I erwähnt) beruht. TTX wurde zwischen die beiden in der Einsatzfigur gezeichneten Ca_1 und Ca_2, von denen die EPPs der Abb. 7D abgeleitet wurden, appliziert. Nach Blockierung des Nervenimpulses war an der distalen Stelle (*E*, 2) kein EPP zu registrieren, aber es kehrte wieder, sobald der TTX-Block verschwand (*F*).

Wir können erstens folgern, daß der Impuls normalerweise geradewegs zum Ende der feinen Nervenfasern läuft und daß er zweitens eine sehr wichtige Rolle für die Transmitterfreisetzung (ACh) und das Zustandekommen des EPP spielt. Tatsächlich haben andere Experimente gezeigt, daß der Nervenimpuls *per se* nicht notwendig ist. Er ist nur notwendig wegen der Depolarisation, die er in der präsynaptischen Faser erzeugt, die wiederum den für die Auslösung der Transmitterfreisetzung unerläßlichen Vorgang darstellt. Depolarisation auf direktem elektrischem Wege hat den gleichen Effekt, den man durch Blockieren des Nervenimpulses durch TTX demonstrieren kann. Die Ausbreitung des Impulses zur Nervenendigung ist jedoch wichtig, weil andernfalls, wie in Abb. II 7E gezeigt, die Kabeleigenschaften der feinen Nervenendigung nicht ausreichen, um eine wirksame Depolarisation weiter als einige Zehntel Mikron über einen blockierten Impuls hinauszutragen.

Man hat bereits in Abb. II 6 gesehen, daß die Synapsenübertragung weitgehend eingeschränkt wird, wenn man der umgebenden Flüssigkeit Calcium entzieht. In der obersten Kurve von Abb. II 8A beispielsweise erregt der Stimulus die Nervenfaser (siehe Schema darunter), aber von der Muskelfaser (m) wird nichts abgeleitet. Injiziert man elektrophoretisch ein wenig Calcium durch die registrierende Mikropipette, die Calcium enthält, so bleibt der Nervenimpuls unverändert, setzt nun aber in der zweiten Kurve ACh-Quanten frei und erzeugt damit das kleine EPP, das extrazellulär als eine negative Welle registriert wird, genau wie in den Abb. II 6C, II 7D–F. Eine weitere Calciuminjektion führt zu dem größeren EPP der dritten Kurve von A. In B zeigen die Durchschnittsergebnisse von 600 aufeinanderfolgenden Kurven das schrittweise Anwachsen des EPP vom anfänglichen Null und auch, daß die Amplitude des Nervenimpulses (die anfängliche diphasische Welle ist durch Punkte angezeigt) von den Calciumveränderungen nicht berührt wird.

Dagegen ist Calcium absolut notwendig für die Freisetzung von Überträgersubstanz aus den Nervenendigungen, sogar wenn keine Nervenimpulse vorhanden sind. In Abb. II 8C wurde der Nervenimpuls durch TTX blockiert. Ein depolarisierender Impuls durch die Elektrode D (siehe Einsatzfigur darunter) war im oberen Kurvenausschnitt wirkungslos. Im zweiten Ausschnitt stellte die elektrophoretische Injektion von Ca^{2+} (siehe Elektrode Ca in der Einsatzfigur) die Transmitterfreisetzung wieder her, aber mit einem Quantenäquivalent in der Größenordnung der intrazellulär registrierten EPPs (darüberliegende Kurven). Die restaurative Wirkung der Ca^{2+}-Injektion zwischen den beiden Pfeilen kann man im untersten Kurvenausschnitt von C in einer viel langsameren Zeiteinheit sehen, wo die Impulse an den Punkten in Intervallen von 0,5 sec. abgegeben wurden und die aufeinander folgenden EPPs als vertikale Linien erscheinen.

Bisher haben wir uns auf die Aktion einzelner Impulse an der neuromuskulären Synapse konzentriert. Bewegungen jedoch werden durch wiederholte Impulsentladung auf Muskeln wie in Abb. I 8 B hervorgebracht. Diese rasche, repetitive Aktivierung wirft viele neue Probleme auf, von denen zwei in den Abb. II 8D und E, wo die Aufzeichnung von der Endplattenzone eines intakten Muskels festgehalten ist, verdeutlicht sind. In Abb. II 8D wurde ein curarisiertes Nervenmuskelpräparat vom Frosch mit einer Frequenz von 100/sec tetanisiert. Die aufeinanderfolgenden EPPs wuchsen zuerst an und nahmen dann wieder ab. Ursache für die Vergrößerung scheint zu sein, daß Calcium bei jedem Impuls im Zuge der Überträgerfreisetzung durch diesen Impuls durch die Membran der Nervenendigungen eingeströmt ist (Abb. II 10), im Inneren verblieb und so die Überträgerfreisetzung des nächsten Impulses verstärkte, und so weiter für mehrere aufeinanderfolgende Impulse zu Beginn. Aber dann nahmen die EPPs ab – ein Effekt, der der Erschöpfung des Transmitters oder wenigstens jener synaptischen Vesikel zugeschrieben wird, die unmittelbar zur Verfügung standen, um ihren Inhalt in den Synapsenspalt auszustoßen.

In dem curarisierten Säugetierpräparat der Abb. II 8E kam es wie gewöhnlich zu einer sofortigen Abschwächung ohne eine anfängliche Phase von Calciumpotenzierung. Offensichtlich ist die Transmitterverarmung hier vorrangig, aber man sollte darauf hinweisen, daß die Stimulationsfrequenz (200/sec) höher ist als die höchsten Entladungsfrequenzen von Motoneuronen auf Gliedmaßenmuskeln bei Säugetieren. Man hat nachgewiesen, daß die Rate der ACh-Freisetzung oberhalb eines bestimmten Wertes (etwa 100/sec) konstant ist – die Menge pro Impuls ist umgekehrt proportional zur Frequenz.

Bisher wurde die Wirkung von Acetylcholin anhand der Membrandepolarisation untersucht, die entweder durch die elektrophoretische Applikation beträchtlicher Zahlen von Acetylcholinmolekülen – etwa 20 Millionen in Abb. II 4 – oder durch die Quantenausschüttung einiger Tausend Moleküle, wie in den Abb. II 5 und II 6 zustande kam. Kürzlich haben Katz und Miledi einen ungeheuren Schritt – bis an die Grenze des Erreichbaren – getan, indem sie Ausmaß und Zeitverlauf der durch einzelne Acetylcholinmoleküle erzeugten Depolarisationen bestimmten. Diese Messung wird durch Spektralfrequenzanalysen des elektrischen »Lärms« vervollständigt, den die Applikation von Acetylcholin an der postsynaptischen Membran hervorruft (Abb. II 9A und B). Die Computeranalyse des »Lärms« enthüllt, daß er aus einer zufälligen Häufung von extrem winzigen Elementen von etwa 0,3 µV besteht und von sehr kurzer Dauer ist, etwa 1 msec. Man wird sehen, daß dieser »Lärm« mindestens tausendmal kleiner als der »biologische Lärm« ist, den Fatt und Katz entdeckten und der sich als Miniatur-EPPs entpuppte. Hochempfindliche Prüfverfahren und strenge Kontrollen zeigen, daß diese winzigen Potentiale von einzelnen Acetylcholinmolekülen erzeugt werden, die sich kurzfristig (etwa 1 msec) an Rezeptoren auf der postsynaptischen Membran anheften und, vermutlich durch eine kurze Änderung der Anordnung in der Proteinstruktur der Pore, Ionenschleusen öffnen (vgl. Abb. I 12). Da das durchschnittliche Miniatur-EPP des Froschmuskels etwa 1500mal größer ist, konnte man schließen, daß etwa 1500 Acetylcholinmoleküle an der Erzeugung eines Miniatur-EPP beteiligt sind und daß daher etwa 1500 Acetylcholinmoleküle in einem Quant (oder Synapsenbläschen) enthalten sind. Dies wäre jedoch eine Minimalzahl, weil ein beträchtlicher Anteil, wenigstens 30 Prozent des Quanteninhalts, durch Cholinesterase hydrolysiert wird, bevor er einen Rezeptor erreichen kann, wie die ACh-AChE-Wechselwirkung in Abb. II 10B erkennen läßt.

Diese hochinteressante und wichtige Frage, die Molekülzahl pro Quant, wurde von Kuffler und Yoshikami auf eine ganz unterschiedliche Weise untersucht. Entblößte »Krater« an neuromuskulären Verbindungen der Schlange wurden elektrophoretisch applizierten Jets (mit einer Dauer von 1 msec) von Acetylcholin ausgesetzt. Bei extrem genauer Applikation rief die Injektion eine Depolarisation von bemerkenswerter Ähnlichkeit mit einem Miniatur-EPP, wie in Abb. II 9C dargestellt, hervor. Sie bedienten sich einer weiterentwickelten biologischen Methode zur Schätzung der Zahl von Acetylcholinmolekülen, die tatsächlich elektrophoretisch injiziert wurden, und kamen zu einer Zahl von 10000 pro Quant. Sie halten dies jedoch für eine zu hohe Schätzung, weil die Injektionsstelle über dem »Krater« notwendigerweise nicht so eng korrespondieren kann wie die Nervenendigung. Ein möglicher Wert von 5000 Molekülen für die Schlange ist von dem Minimum von 1500 Molekülen, wie es sich aus Katz und Miledis Ergebnissen für den Frosch ableitet, nicht so weit entfernt. Auf der Basis einer Zahl von 5000 pro Quant und der Durchschnittsgröße eines Miniatur-EPPs (1,5 mV) kann man errechnen, daß ein einzelnes Acetylcholinmolekül die Öffnung eines Ionenkanals bewirkt, den in 1 msec 6000 univalente Kationen passieren. Katz und Miledi errechneten einen viel höheren Wert, 50000 für den Frosch, doch dies beruht auf der sehr niedrigen Schätzung von 1000 für die Molekülzahl pro Quant.

Ich habe diese neuere Arbeit im Detail geschildert, weil sie den Schritt von der Neurobiologie zur Molekularneurobiologie so gut illustriert. Es ist erst 40 Jahre her, daß Dale und Mitarbeiter die aufsehenerregende Vermutung äußerten, daß die neuromuskuläre Übertragung durch die Sekretion von Acetylcholin aus den Nervenendigungen bewirkt wird. Außer zu den oben beschriebenen Entdeckungen hat dieser Molekularsektor der Forschung zu einer detaillierten Studie der Schleusenöffnungszeiten von Analoga von Acetylcholin, der Temperatureffekte, der blockierenden Substanzen und der Anticholinesterasen

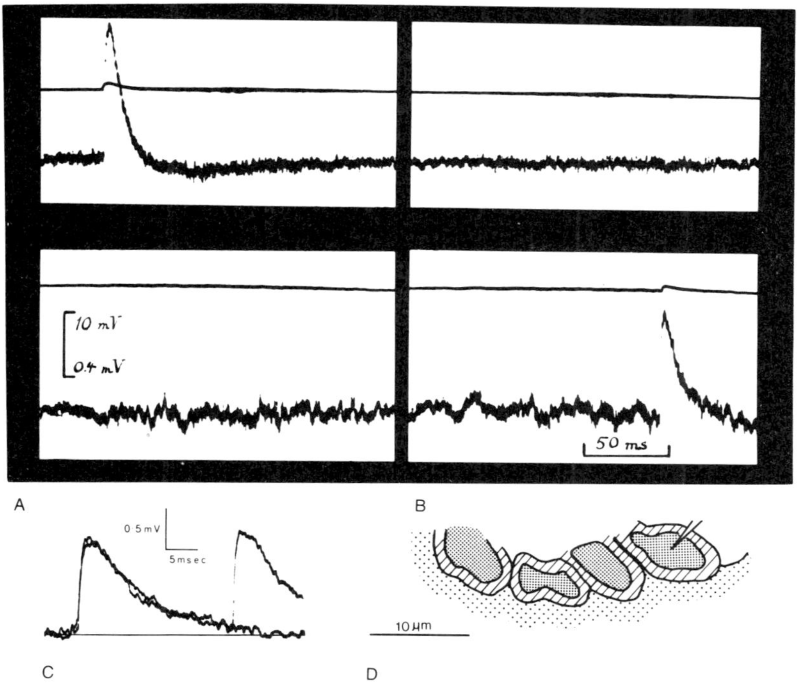

Abb. II 9. A und B. Intrazelluläre Ableitung von einer Endplatte im Sartoriusmuskel des Frosches bei 21° C. In jedem Abschnitt wurde die obere Kurve auf einem niederempfindlichen gleichstromgekoppelten Kanal (Skala 10 mV) und die untere Kurve simultan auf einem hochempfindlichen wechselstromgekoppelten Kanal (Skala 0,4 mV) aufgezeichnet. Die obere Reihe zeigt Kontrollen (kein Acetylcholin), die untere Reihe zeigt Membranlärm während Acetylcholinapplikation durch Diffusion aus einer Mikropipette. In der unteren Reihe ist der größere Abstand zwischen den niederempfindlichen und hochempfindlichen Kurven durch die Verschiebung der Gleichstromkurve nach oben wegen einer acetylcholininduzierten Depolarisation verursacht. Zwei spontane Miniatur-EPPs sind ebenfalls zu sehen (*Katz und Miledi, 1972*). C und D. Vergleich von einem pipettenevozierten Acetylcholin-Potential mit einem Miniatur-EPP in einer Muskelfaser der Schlange. Stöße von einer msec wurden durch eine Acetylcholinpipette verabfolgt. In D zeigt die Pipette rechts die Injektionsstelle, nachdem die Endkolben entfernt worden waren und die Krater freiliegen. Zwei iontophoretisch erzeugte Antworten (links) sind überlagert; während einer von ihnen kam es zu einem spontanen Miniatur-EPP (rechts). Die Anstiegszeit (10 bis 90 Prozent) der Antwort auf das mit der Pipette applizierte Acetylcholin beträgt etwa 1,1 msec, und diejenige des Miniatur-EPP etwa 0,75 msec. Das Präparat war leicht mit Kollagenase behandelt worden. Diese Behandlung entfernt einen Teil, jedoch nicht alles von der Acetylcholinesterase. Dies ist die Erklärung für den gegenüber dem normalen Zeitverlauf geringfügig langsameren Ablauf der beiden Potentiale, obwohl keine Anticholinesterase verwandt wurde (*Kuffler und Yoshikami, 1975b*).

geführt. Ein nicht unerwarteter Befund war, daß zum Beispiel Curare und Prostigmin keine Wirkung auf die einheitliche Acetylcholinaktion haben. Diejenigen Rezeptoren, die nicht von Curare besetzt waren, verhielten sich gegenüber Acetylcholinmolekülen ganz normal.

6. Schematische Darstellung von neuromuskulären Synapsen

Die Abb. II 10A bringt ein imaginäres Schema, das ich vor vielen Jahren gezeichnet habe; das Elektronenmikroskop mußte allerdings noch um den Faktor 10 verbessert werden, um Details wie die hier gezeigten erkennen zu lassen. Mittlerweile steht dieses Schema nicht mehr im Widerspruch zu den besten elektronenmikroskopischen Bildern.

Da sind einmal die Synapsenbläschen, von einer Membran umgeben und im Inneren vollgepackt mit Acetylcholin-(ACh)-Molekülen, etwa 5000 pro Bläschen. Ein Bläschen gibt gerade seinen Transmitter in den Synapsenspalt ab – eine Quantenausschüttung. Wir wissen nicht, wie diese Quantenausschüttung zustande kommt, nur, daß sie den Einstrom von Calciumionen voraussetzt. Natürlich wird das Bläschen nicht selbst in den Synapsenspalt ausgestoßen, nur sein Inhalt. Man nimmt an, daß es dann wieder mit Acetylcholin aufgefüllt wird und so zum erneuten Gebrauch zur Verfügung steht. Links ist schematisch ein Vesikel zu sehen, das zuvor ausgepreßt worden ist und nun wieder mit ACh beladen wird. Eine annähernde Schätzung für neuromuskuläre Synapsen ergibt, daß die Reserve an Synapsenbläschen nur für 2000 bis 5000 Impulse ausreicht; dies entspricht bei normaler Muskelaktivität einem Vorrat für nur wenige Minuten. Offensichtlich ist eine wirksame und schnelle Wiederauffüllung wichtig. Die örtliche Neubildung von synaptischen Vesikeln oder ihr Antransport von Produktionsstätten im motoneuronalen Soma würde viel zu langsam erfolgen.

Auf der postsynaptischen Membran von Abb. 10A sind außerdem zwei Arten von Rezeptoren gezeigt, die verschiedene Molekularkonfigurationen aufweisen. Der eine Typ steht in Beziehung zu transmembranösen Ionenkanälen, deren Öffnung gezeigt wird, sobald sich ein ACh-Molekül anheftet. Der andere Typ ist Sitz von Acetylcholinesterase (AChE), die das anhaftende Acetylcholin zerstört. De Robertis veröffentlichte kürzlich ein noch detaillierteres und ausgeklügelteres Schema dieser beiden Rezeptorentypen, das in Abb. I 12 skizziert ist.

Ein bedeutender neuer technologischer Fortschritt von De Robertis, Changeux, Barnard und ihren Mitarbeitern hat zu der Identifizierung und sogar zu der Aminosäurensequenz der Proteinmoleküle, die spezi-

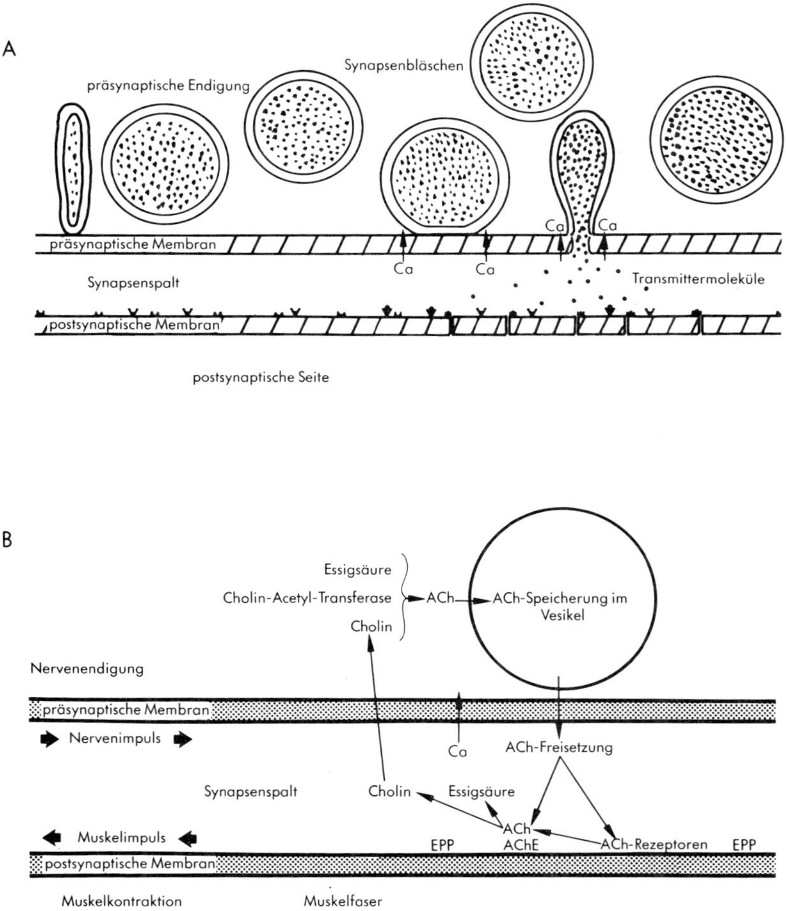

Abb. II 10. Schemata grundlegender Elemente der neuromuskulären Übertragung. A zeigt einen Teil des Synapsenspaltes mit Synapsenbläschen dicht an der präsynaptischen Membran, von denen eines gerade Transmittermoleküle (ACh) in den Synapsenspalt absetzt. Einige Moleküle sind mit Rezeptoren auf dem subsynaptischen Teil der postsynaptischen Membran verbunden. Dies führt zu der Öffnung von Poren durch die Membran. Die mit Ca beschrifteten Pfeile deuten die Bewegung von Ca durch die präsynaptische Membran an, wenn sie depolarisiert ist. Das Enzym Cholinesterase ist an die dem Spalt zugewandte Seite der postsynaptischen Membran geheftet zu sehen. B bringt eine schematische Darstellung der Ereignisfolge bei der neuromuskulären Übertragung. Ausführliche Beschreibung im Text.

fisch als Acetylcholinrezeptoren wirken, geführt. Außerdem ist in einer Studie, in der die Rezeptoren durch Beschickung mit der radioaktiven blockierenden Substanz Bungarotoxin radioaktiv markiert wurden, die Oberflächendichte dieser Rezeptoren geschätzt worden. Die Dichte ist mit 7000 bis 30000 Rezeptoren pro μm^2 erstaunlich hoch. So scheint es, daß sich auf 1 μm^2 der postsynaptischen Membran genügend Rezeptoren für alle Acetylcholinmoleküle in einem Quant befinden.

Abb. II 10B veranschaulicht noch andere Eigenschaften der neuromuskulären Synapse. Da ist einmal das Vesikel mit dem gespeicherten ACh, dessen Freisetzung und weiteres Schicksal Pfeile veranschaulichen. Ein Teil gelangt zu der Acetylcholinesterase und wird sehr rasch zu Cholin und Essigsäure gespalten, ein Teil geht weiter zu den Rezeptoren auf der postsynaptischen Membran und bleibt dort kurze Zeit um die Ionenschleusen zu öffnen und so das Endplattenpotential (EPP) aufzubauen. Innerhalb von 1 bis 2 Millisekunden verläßt es diese Plätze und wird rasch durch die AChE zerstört. Abb. II 3F, G, wo die Inaktivierung der AChE in dem starken Anwachsen der curarisierten EPP von F nach G resultierte, verdeutlicht die Wirksamkeit dieser Zerstörung. Sie wird ebenso in Abb. II 5D demonstriert, wo die schnell wirkende Anticholinesterase Edrophonium eine starke Zunahme der Depolarisation verursachte, sowohl wenn ACh injiziert, als auch wenn es in Quanten freigesetzt wird. Abb. II 10B erklärt darüber hinaus, wie dieser Vorgang abläuft: ACh an den Rezeptoren; das Endplattenpotential, EPP; die Erzeugung eines Muskelimpulses; die Muskelkontraktion. Selbstverständlich zeigt das Schema nur die Oberflächenmembran an einer Seite der Muskelfaser.

Abb. II 10B zeigt außerdem den Kreislauf von Cholin nach seiner Entstehung durch die Hydrolyse von ACh. Es diffundiert in die Nervenendigung, wo *Cholin-Acetyl-Transferase* es mit Essigsäure verbindet, um im Zytoplasma von neuem ACh zu synthetisieren. Anschließend wird es in die Synapsenbläschen gepumpt, um ihre ACh-Speicher wiederaufzufüllen, und vollendet so den Kreislauf.

Schlüsselfaktor für die ACh-Ausschüttung durch die Vesikel ist das Einströmen von Calcium in die präsynaptische Endigung (Abb. II 10A). Da die Freisetzung von ACh in Quanten annähernd proportional der vierten Potenz der extrazellulären Ca^{2+}-Konzentration ist, hat man postuliert, daß zur Entleerung eines Vesikels vier Ca^{2+}-Ionen erforderlich sind. Um diese Konzentration von Ca^{2+}-Ionen in der Nähe eines Bläschens zu gewährleisten, ist ein enormer Überschuß von einströmendem Calcium erforderlich – tatsächlich etwa das 10000fache. Sogar bei diesem großen Überschuß kommt es häufig zu einer geringen Verzögerung bei der Bereitstellung der nötigen vier Ca^{2+}-Ionen, die vermutlich für die Schwankung im zeitlichen Ablauf der Quantenausschüttung in den Abb. II 6C, D und II 8A verantwortlich ist.

Abb. II 11 gibt ein detaillierteres Schema der Vorgänge bei der neuromuskulären Übertragung mit spezieller Bezugnahme auf die Ionenmechanismen wieder. A zeigt eine Nervenendigung mit der Anordnung der Bläschen, dem Synapsenspalt und der postsynaptischen Membran. B bringt den von der gepunkteten Linie eingerahmten Teil vergrößert und zeigt die verschiedenen Arten von Ionenkanälen mit ihren Schleusen, ähnlich wie bei der Nervenimpulsausbreitung in Abb. I 15. Na_D und K_D bezeichnen die Natrium- und Kalium-Kanäle für den Impuls; die Appendix D bedeutet, daß die Depolarisation die jeweiligen Schleusen öffnet. Na_D und K_D sind entlang der gesamten Länge der Nervenendigung gezeichnet, weil die Impulsausbreitung in diesen Endfasern in Abb. II 7B, C gezeigt worden ist. Daneben befinden sich in der Nervenendigung auch eigene Ca_D-Kanäle mit Schleusen, ebenfalls mit der Appendix D. Um die Öffnung einer Na_D-Schleuse zu veranlassen (Abb. I 14), ist eine Depolarisation von etwa 30 mV erforderlich, und für eine Ca_D-Schleuse ungefähr ebensoviel. Trotz dieser Ähnlichkeit weisen diese Schleusen große Unterschiede auf, wie sich zum Beispiel an der Wirkung von TTX zeigt, das Na_D blockiert und Ca_D nicht beeinträchtigt. Bei Öffnung der Ca_D-Schleuse strömen Ca^{2+}-Ionen entlang ihrem elektrochemischen Gefälle, das sehr groß (fast 200 mV) ist, rasch ein und können so die Ausschüttung aus den Vesikeln verursachen.

Abb. II 11B veranschaulicht weiterhin den Ionenmechanismus der postsynaptischen Membran. Der Transmitter wirkt auf die in Abb. II 10A dargestellten Rezeptoren. In Abb. II 11B finden sich besondere Schleusen für Kalium- und Natrium-Ionen, als K_T und Na_T bezeichnet. Die Appendix T bedeutet ihre Öffnung durch den Transmitter. Die Depolarisation hat auf ihre Öffnung keine Wirkung. Die Existenz dieser zwei Arten von Ionenschleusen und der damit verbundenen Kanäle als getrennte Einheiten wurde untermauert durch Experimente der Forscher Takeuchi über Modifikationen, die an dem EPP durch Veränderung sowohl der extrazellulären Ionenzusammensetzung als auch des Potentials an der postsynaptischen Membran erzeugt werden. Wahrscheinlich gebührt diesen Kanälen Priorität und nicht Ausschließlichkeit wie abgebildet. Die elektrischen Ströme durch die Na_T und K_T Kanäle pendeln sich normalerweise bei einem Membranpotential von -15 mV, dem Gleichgewichtspotential für das EPP, ein (Abb. II 3B). Dieser Wert ergibt sich aus einem Kompromiß zwischen einem Wert von -50 mV für den Na_T-Kanal und -99 mV für den K_T-Kanal an der neuromuskulären Synapse des Frosches. Man wird bemerken, daß die Na_T- und K_T-Kanäle in Abb. II 11B in Übereinstimmung mit Experimenten

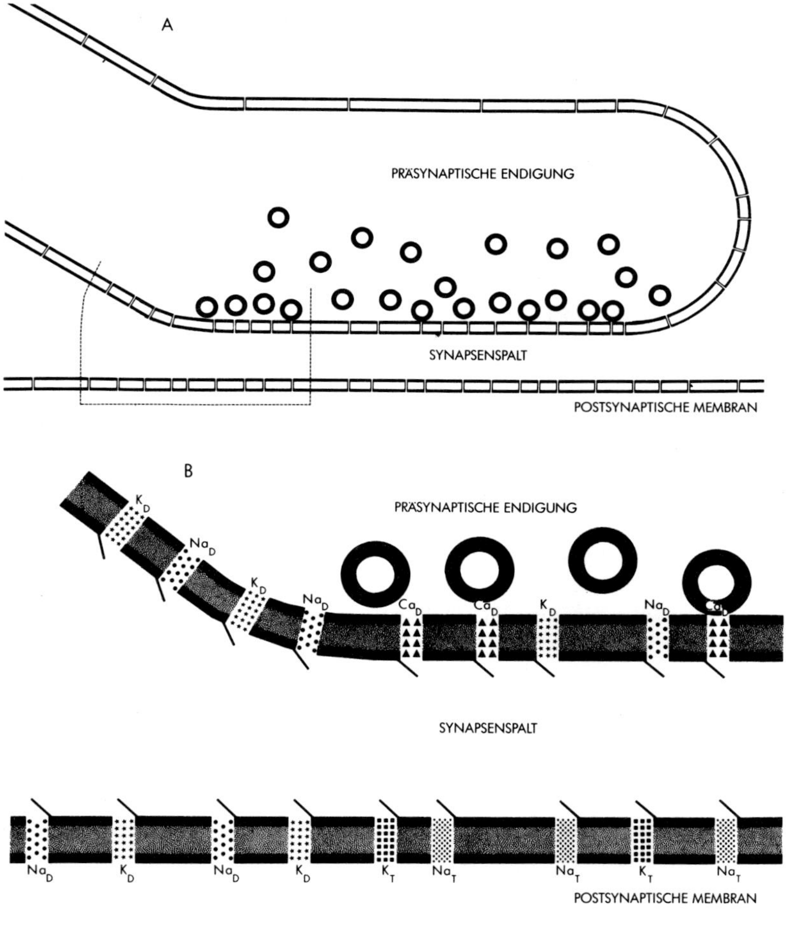

Abb. II 11. Schemata einer chemisch übertragenden Synapse. A zeigt die durch den Synapsenspalt von der postsynaptischen Membran getrennte präsynaptische Endigung, die viele sphärische Synapsenbläschen enthält, von denen einige nahe an der den Synapsenspalt begrenzenden Membran liegen. Beachte die verschiedenen Kanäle durch die Membran. In B ist der in A von der gestrichelten Linie begrenzte Ausschnitt vergrößert, um weitere Einzelheiten erkennen zu lassen. Beachte, daß alle Kanäle eine Schleusenkontrolle besitzen und daß Symbole in den Kanälen fünf verschiedene Arten von chemischer Konstitution für Trägermoleküle bezeichnen: Na_D, K_D, Ca_D, Na_T, K_T. Die Appendices D und T drücken eine Schleusenöffnung durch Depolarisation bzw. durch die Überträgersubstanz aus.

wie dem in Abb II 4 dargestellten genau auf die postsynaptische Membran beschränkt sind. Jenseits dieser Zone befinden sich die Na_D- und K_D-Kanäle, die denen im Nerven ähneln und ebenfalls für die Ausbreitung des Impulses entlang der Muskelfaser nach seiner Abgabe durch das EPP zuständig sind.

Zusammenfassend kann man feststellen, daß die Abb. II 10 und II 11 die wesentlichen Charakteristika der neuromuskulären Übertragung, wie sie gegenwärtig verstanden wird, bildhaft wiedergeben. Ferner wird sich zeigen, daß diese Schemata auch helfen, die Mechanismen der synaptischen Übertragung im Gehirn, soweit sie grundlegende Arbeitsabläufe betreffen, zu verstehen, obwohl es sich dort natürlich um andere Transmitter handelt.

B. Die Übertragung an der Riesensynapse im Ganglion stellatum des Tintenfisches

In Kapitel I waren Untersuchungen am Tintenfisch-Riesenaxon von fundamentaler Bedeutung. Nun werden Experimente an der Riesensynapse im Ganglion stellatum, von dem die Riesenfaser ausgeht, beschrieben (Abb. I 10A). Das Schema von Abb. II 12H zeigt die große synaptische Faser (prä), die einen ungeheuer großen synaptischen Kontakt mit der postsynaptischen Faser (post) herstellt: mit jener Riesenfaser, die in den im ersten Kapitel beschriebenen Experimenten verwendet wurde. Der Vorteil dieser Synapse liegt darin, daß sie sehr groß ist. Die präsynaptischen und postsynaptischen Fasern liegen einige hundert Mikron auseinander, und der Bezirk des synaptischen Kontaktes ist einen Millimeter lang, wobei die tatsächlichen Synapsenkontakte fleckförmig sind. Diese Synapse bietet einzigartige Gelegenheit für Untersuchungen. Zum Beispiel können Elektroden zur direkten Ableitung ihres Membranpotentials und ihres Aktionspotentials oder zur Änderung des Membranpotentials durch elektrische Ströme in die präsynaptische Faser eingestochen werden – ein Vorteil, den es bei der neuromuskulären Synapse nicht gibt, weil die präsynaptische Nervenendigung viel zu klein ist.

Die Riesensynapse erweist sich bei allen Untersuchungen als chemische Synapse. Da gibt es eine Synapsenverzögerung von etwa 1 Millisekunde – ein Wert, der dem der neuromuskulären Synapse sehr ähnlich ist. Da sind typische Synapsenbläschen, ein Synapsenspalt und die spontane Quantenausschüttung, welche Miniatur-Synapsenpotentiale erzeugt. Der Transmitter ist nicht Acetylcholin. Er ist wahrscheinlich Glutamat oder ein naher chemischer Verwandter.

Synapsenübertragung am Ganglion stellatum

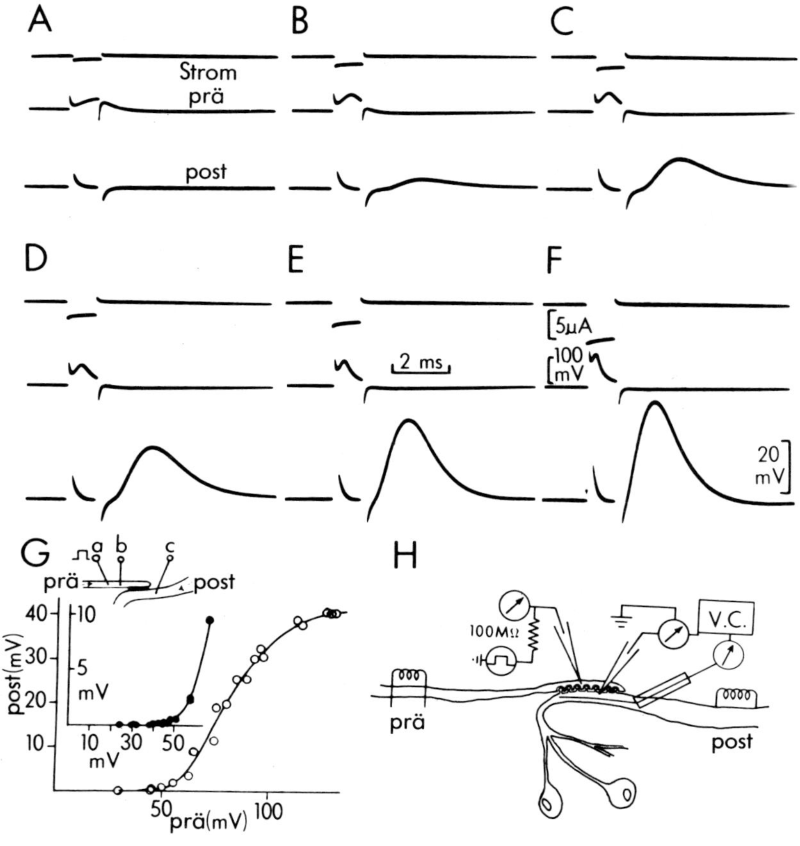

Abb. II 12. Präsynaptische Depolarisation und Transmitterfreisetzung unter Ausschaltung von Impulsen durch TTX. H ist eine Zeichnung der gesamten Synapsenstruktur des Ganglion stellatum des Tintenfisches (vgl. Abb. I 9) mit der Versuchsanordnung. Prä = präsynaptische Endigung. Post = postsynaptisches Riesenaxon. Das obere Schema von G zeigt die spezielle Anordnung für dieses Experiment. Länge des Synapsenkontaktes, 0,8 mm. a = stromgebende Elektrode; b = »prä«-ableitende Elektrode; c = »post«-ableitende Elektrode. A–F Beispiele von Registrierungen in sechs Kurvenausschnitten; obere Kurve: verabfolgter Stromstoß, mittlere und untere Kurve: präsynaptische und postsynaptische Potentiale, durch die Elektroden b bzw. c abgeleitet. G Erreichte Input-Output Relation bei Stromstößen von 1 msec. Abszisse: Gipfel der präsynaptischen Depolarisation; Ordinate: Größe der postsynaptischen Antwort. Einsatzdiagramm: Anfangsteil der Kurve im Detail. Die Temperatur in diesen Experimenten lag bei 10° C; die Tetrodotoxinkonzentration betrug 2 × 10^{-7} g/ml (*B. Katz und R. Miledi, Nature 212, 1242, 1966*).

Die Abb. II 12 illustriert ein bedeutendes Experiment von Katz und Miledi, das zeigt, wie die Größe dieser Riesenfaser dazu dienen kann, Besonderheiten der chemischen Synapsenübertragung aufzuklären. Sie blockierten die Impulsübertragung durch TTX und erzeugten präsynaptische Depolarisation durch einen intrazellulär verabreichten kurzen Stromstoß (siehe *a* in Einsatzfigur von G), wie in den oberen Kurven der Ausschnitt-Serien A–F dargestellt ist. Darunter sind die präsynaptischen (prä) und postsynaptischen (post) Membranpotentiale angegeben. In A hatte die präsynaptische Depolarisation keinen postsynaptischen Effekt, man sah nur kurze on- und off-Artefakte.* In B bestand eine leichte depolarisierende Wirkung, die in C bis F mehr und mehr zum Tragen kam. Die aufgetragenen Punkte in G lassen deutlich erkennen, daß um so mehr Überträgersubstanz freigesetzt wird, je stärker man die Endigung (aufgetragen als Abszissen) depolarisiert, wie durch die postsynaptische Depolarisation (Ordinaten) zum Ausdruck kommt. Es muß jedoch eine präsynaptische Depolarisation von fast 40 mV erfolgen, bevor überhaupt Transmitter freigesetzt wurde, man beachte die genaue Auftragung in dem Einsatzdiagramm von G.

Abb. II 13 illustriert im großen und ganzen die gleichen Ergebnisse unter Bedingungen, bei denen präsynaptische Ströme angewandt wurden, um die Größe des präsynaptischen Impulses in einem nicht durch TTX vergifteten Präparat zu verändern. In dem mit 0 beschrifteten Kurvenausschnitt wurde kein Strom abgegeben, und das große präsynaptische Aktionspotential (obere Kurve) rief ein späteres postsynaptisches Potential, einem Endplattenpotential entsprechend, hervor. Es wird synaptisches Potential genannt, oder in der üblichen Terminologie, exzitatorisches postsynaptisches Potential, EPSP. Nahm der präsynaptische Impuls durch Vergrößerung des Membranpotentials zu, so nahm auch die Transmitterausschüttung zu, wie an den EPSPs in den mit +3 bis +8 beschrifteten Kurvenausschnitten zu erkennen ist. Wurde auf der anderen Seite der präsynaptische Impuls durch Reduktion des Membranpotentials (Ausschnitte −3 bis −9) vermindert, so lassen die EPSPs erkennen, daß die Transmitterfreisetzung sogar bis auf Null absank.

In den Abb. II 12 und II 13 fällt auf, daß eine Schwellendepolarisation von etwa 40 mV für die Transmitterfreisetzung aus der präsynaptischen Endigung unerläßlich ist. Dies kann als die Schwelle für die Öffnung der Calciumschleusen an der präsynaptischen Endigung angesehen werden, so daß Ca^{2+} in die präsynaptische Endigung einströmen

* Effekte beim Ein- und Ausschalten des Stromes, Anm. d. Übers.

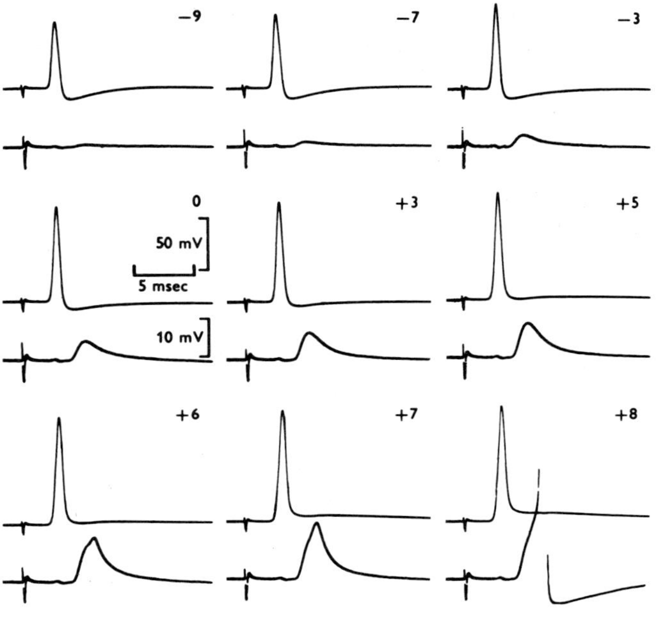

Abb. II 13. Präsynaptische Depolarisation und Transmitterfreisetzung. Die Versuchsanordnung ist wie in Abb. II 11 H abgebildet. Anhaltende Ströme von den für jedes Bild in relativen Einheiten angegebenen Stärken wurden durch die in das präsynaptische Element eingesetzte Elektrode abgegeben. Diese Elektrode wurde außerdem für die Ableitung der durch einen präsynaptischen Stimulus ausgelösten präsynaptischen Aktionspotentiale (obere Kurven jedes Bildes) benutzt (beachte Stimulusartefakt). Die unteren Kurven entsprechen den simultan registrierten postsynaptischen Antworten (*R. Miledi und C. R. Slater, J. Physiol. 184, 473, 1966*).

kann (vgl. die Ca_D-Schleusen in Abb. II 11). Genau wie bei den neuromuskulären Synapsen gibt es direkte experimentelle Anhaltspunkte dafür, daß der Einstrom von Ca^{2+}-Ionen die Voraussetzung für die Quantenfreisetzung des Transmitters bildet, wie in den Abb. II 10A, 11B zu erkennen ist. Verminderte man das Calcium der umgebenden Flüssigkeit weitgehend, so wurde die synaptische Übertragung genau wie bei der neuromuskulären Synapse blockiert (Abb. II 8A, B, C). Sie wird durch Injektion von Ca^{2+}-Ionen in der Nähe der äußeren Oberfläche der Synapse sogar mit einer so niedrigen Rate wie 10^{-14} bis 10^{-15} Mol Ca^{2+}-Ionen binnen einer Sekunde wiederhergestellt. Die Rolle der Ca^{2+}-Ionen bei der Auslösung der Transmitterausschüttung wurde kürzlich von Miledi elegant nachgewiesen, der Ca^{2+}-Ionen in einem mit TTX vorbehandelten Präparat elektrophoretisch in die präsynaptische Endigung injiziert hat. Die Ca^{2+} Injektion führt zu einer enormen Transmitterausschüttung, die in Form einer Quantenfreisetzung erfolgt.

Wir können nun, indem wir uns noch einmal der Abb. II 11 zuwenden, die Befunde der Riesensynapse zusammenfassen. Die Ca^{2+}-Schleusen beginnen sich erst zu öffnen, wenn eine Depolarisation von etwa 40 mV vorhanden ist, aber bei 80 oder 100 mV müssen sie noch viel weiter geöffnet sein. Unter solchen Bedingungen findet ein Einstrom von mehr Calcium statt, und deshalb entleeren sich mehr Vesikel. Die Kurve von Abb. II 12G zeigt, daß die Transmitterfreisetzung mit Membranpotentialveränderungen bis zu 150 mV, d. h. bei einer starken Umkehr des Membranpotentials, noch weiter ansteigt. Ein anderes Charakteristikum der Tintenfisch-Riesensynapse besteht darin, daß die Transmitterwirkung auf die postsynaptische Membran fast ausschließlich in der Öffnung der Na_T-Kanäle besteht. So fanden Gage und Moore, daß das Gleichgewichtspotential für das EPSP fast so positiv wie für Na^+-Ionen war. Sollte die Abb. II 11B eine Tintenfisch-Riesensynapse darstellen, so müßte man die meisten der K_T-Kanäle wegstreichen.

C. Die Übertragung an Synapsen von Ganglienzellen im Froschherzen

Diese Untersuchung von Kuffler und Mitarbeitern ist von großer Bedeutung, denn zum erstenmal gelang es, exakte Untersuchungen an Synapsen vorzunehmen, die in lebendem Zustand sichtbar gemacht werden konnten. Das Einsatzschema in Abb. II 14 zeigt eine einzelne Ganglienzelle GC mit ihrem Kern (Nucleus) und Kernkörperchen (Nucleolus). Die Vagusfaser (V) tritt ein, windet sich spiralförmig um das Axon der Zelle und bildet auf dem Zellkörper Synapsen, die als kleine dunkle Knöpfchen erscheinen. Es sind keine Dendriten vorhanden. Das Zellaxon läuft zu Herzmuskelfasern, M, und hemmt sie. Sowohl die vagalen Synapsen auf der Zelle als auch das Zellaxon auf dem Herzmuskel verwenden Acetylcholin als Überträgersubstanz. Letzteres war der chemische Überträgervorgang, den Loewi bereits in den 20er Jahren entdeckt hatte.

Abb. II 14A bringt eine starke Vergrößerung einer solchen Ganglienzelle, wie sie sich im optischen Schnitt durch die hohe Auflösung der Nomarskischen Interferenzmikroskopie darstellt. Der größte Teil derselben Ganglienzelle ist in der gleich starken Vergrößerung in B zu sehen, Nucleus und Nucleolus dienen als Orientierung. C schließlich zeigt eine starke Vergrößerung der elektronenmikroskopischen Auf-

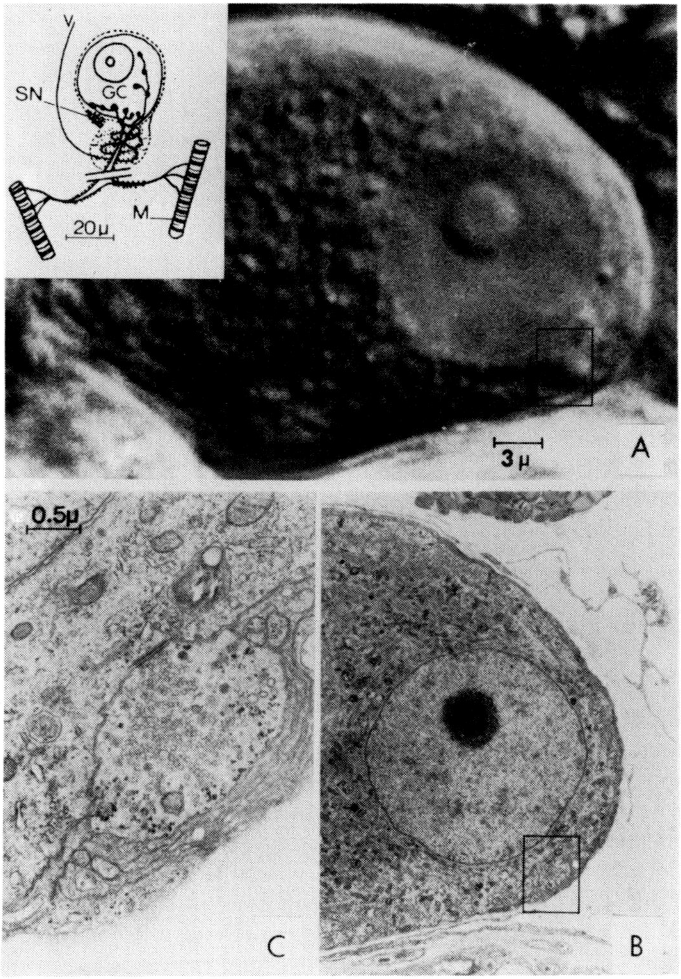

Abb. II 14. Synapsen in einer Ganglienzelle im Herzohr des Frosches. Vergleich von Beobachtungen an lebenden Zellen mit Hilfe der Elektronenmikroskopie. Die Einsatzfigur zeigt eine Ganglienzelle, GC, deren Axon sich auf cardialen Muskelfasern, M, aufzweigt, und eine präsynaptische vagale Faser, V, die sich der Zelle spiralförmig nähert. A. Lebender Nervenzellkörper und Umriß eines synaptischen Endkolbens (eingerahmt) mit Nomarski-Optik gesehen. B. Das gleiche Neuron in einer elektronenmikroskopischen Präparation und einem Serienschnitt durch die zum Vergleich mit korrespondierenden Strukturen, die in A in der gleichen Vergrößerung zu sehen sind, geeignete Ebene. C. Eine stärkere elektronenmikroskopische Vergrößerung der Synapsenregion deckt für chemische Synapsen typische Strukturen auf, synaptische Vesikel und einen Bereich stärker angefärbter Membranen auf jeder Seite des Synapsenspalts (*U. J. McMahan und S. W. Kuffler, 1971*).

nahme von B. Sie ist eine gute Wiedergabe eines mit Bläschen gefüllten synaptischen Endkolbens und eines Synapsenspalts, der einen sich stärker anfärbenden aktiven Bezirk besitzt (vgl. Abb. I 4B). Diese Synapse kann als die undeutlich erkennbare, von dem Rechteck in A eingerahmte Struktur definiert werden. Das Rechteck ist entsprechend in B eingezeichnet. Mit vielen Versuchen und Nachprüfungen durch elektronenmikroskopische Aufnahmen, wie in B und C, oder durch gefärbte Präparate war es möglich, Synapsen in lebendem Zustand mit Sicherheit zu identifizieren.

Abb. II 15 veranschaulicht ein elegantes Experiment, das mit dieser isolierten Ganglienzelle möglich ist. Eine höchst eindrucksvolle Demonstration, auf welche Weise elektrophoretisch verabreichtes ACh die Erregung durch eine Synapse, an der ACh als Transmitter wirkt, vortäuschen kann. In der linken Spalte von Abb. II 15 finden sich die Antworten auf drei verschiedene elektrophoretische ACh-Gaben dicht an eine Synapse, wie in Abb. II 4. Die oberen Kurven zeigen die intrazelluläre Registrierung der Zellantwort, die untere die kurzen Ströme (einer durch einen Pfeil markiert), die das ACh elektrophoretisch an die Synapse heranbringen. In C wurde dadurch, ähnlich wie in Abb. II 4C, nur eine synaptische Depolarisation hervorgerufen, doch die größeren ACh-Gaben in A und B führten zu größeren Synapsenpotentialen, die eine Impulsentladung hervorriefen. Die rechte Spalte enthält die Antworten auf einen Impuls in der vagalen Faser (V in der Einsatzfigur von II 14). D zeigt die Antwort unter Ruhebedingungen. Das exzitatorische postsynaptische Potential (EPSP) war so groß, daß es mit der unmittelbar erzeugten Impulsentladung verschmolz. Es fand eine länger anhaltende Depolarisation statt, die der fortgesetzten Transmitterwirkung zugeschrieben werden kann, genau wie der Höcker im Aktionspotential der Abb. II 3B an der Endplattenregion. Dies wird durch die größte ACh-Injektion (A) weitgehend nachgeahmt. Mit anhaltender Nervenstimulation kam es zu einer Verarmung an Überträgersubstanz (vgl. Abb. II 8D, E), aber in E war noch genügend davon vorhanden, um ein EPSP hervorzurufen, das eine Impulsentladung erzeugte, wenngleich nur eine kleine Depolarisation anschließend folgte. Der Nervenimpuls ahmt hier die durch die ACh-Injektion in B ausgelöste Antwort nach. Nach weiterer Transmitterverarmung rief ein Nervenimpuls ein EPSP hervor, das zu klein war, um einen Impuls auszulösen (F, sehr ähnlich wie C). Die enge Übereinstimmung der beiden Serien zeigt in schöner Anschaulichkeit, wie die elektrophoretische Acetylcholinverabreichung der neuralen entspricht, wenn auch ein annähernd 10facher Unterschied der erforderlichen Mengen besteht.

Die Abb. II 16 gibt eine Darstellung der Möglichkeiten dieser eindrucksvollen Präparation. Alle Kurven stammen von intrazellulärer Ableitungen aus der gleichen Ganglienzelle. Die unterste zeigt bei normalem Membranpotential die Antworten auf eine elektrophoretische Verabreichung von ACh sowie die auf eine Nervenstimulation, die, wie

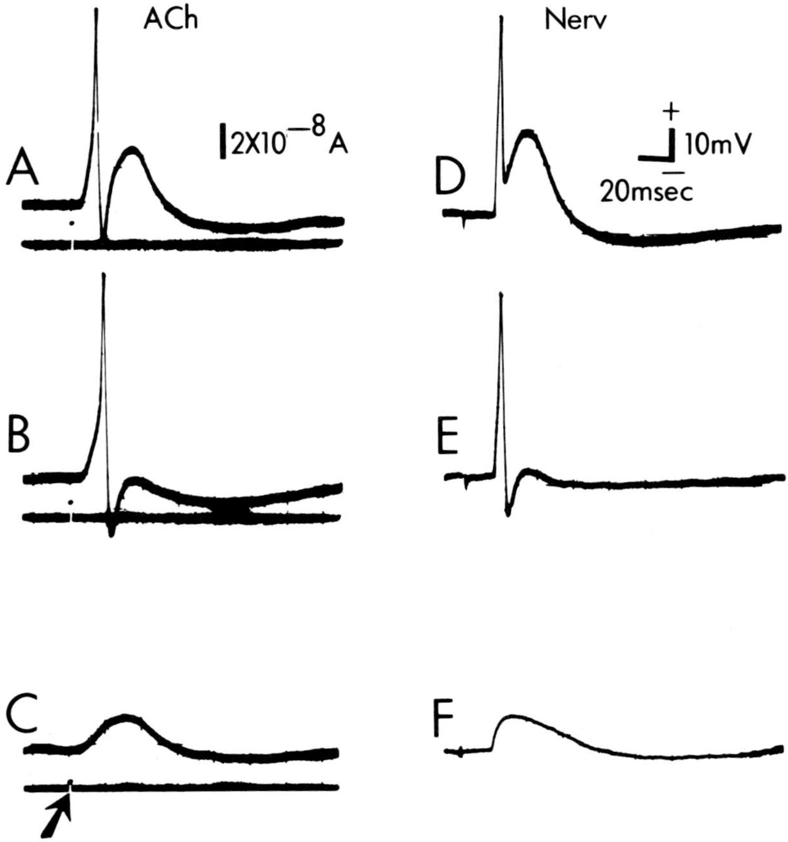

Abb. II 15. Intrazellulär abgeleitete und durch elektrophoretische ACh-Gabe sowie durch Nervenstimulation ausgelöste Antworten von einer Ganglienzelle des Frosches (Abb. II 13). A, B und C sind durch zunehmend kleinere Stromstöße (1 msec Dauer) über die mit einer konzentrierten ACh-Lösung gefüllte Mikropipette ausgelöst. D, E und F sind durch einen einzelnen Nervenimpuls vom Präganglion synaptisch evoziert (beachte die zeitliche Beziehung der Stimulusartefakte). D ist die anfängliche Antwort auf eine Reihe wiederholter Stimuli, E und F zeigen die Situation später, bei zunehmender ACh-Reduktion der Ausschüttung (*Dennis, Harris und Kuffler, 1971*).

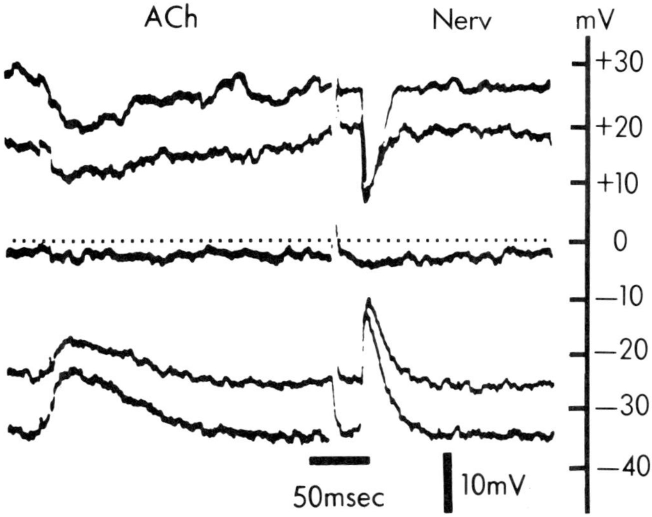

Abb. II 16. Durch elektrophoretische ACh-Gabe und durch Synapsenübertragung ausgelöste Potentialumkehr. Gleiches Präparat wie in Abb. II 14, aber das Membranpotential der Ganglienzelle wurde durch allmählich zunehmende, auswärts gerichtete Ströme verändert. Es war möglich, das Membranpotential umzukehren, worauf die evozierten Antworten ebenfalls umschlugen (oberste Kurven) und dadurch echte Spiegelbilder der Antworten bei dem Ruhepotential (unterste Kurve) wurden (*Dennis, Harris und Kuffler, 1971*).

in Abb. II 15F, so weit reduziert war, daß sie nur zu einem Synapsenpotential führte. Im Rest der Serie wurde das Membranpotential durch einen auswärts gerichteten gleichmäßigen elektrischen Strom verändert, und zwar in vier verschiedenen Intensitätsgraden. Die Ordinatenskala gibt das Membranpotential an. Man kann sehen, daß die durch die Acetylcholin-Gaben, sowohl die elektrophoretischen als auch die neuralen, erzeugten Potentiale zuerst reduziert wurden, dann verschwanden, dann schließlich umkehrten. Auf allen Niveaus des Membranpotentials bestand eine auffällige Parallele und beim Auftragen der gesamten Serie ergab sich für beide (Membran- und Aktionspotential) ein Umkehrungspotential von − 2 mV.

D. Abschließende Feststellungen

Wir sind am Ende unseres Berichts über die Erforschung der peripheren Synapsen. Im Hauptbeispiel breitet sich ein Nervenimpuls bis zu den Nervenendigungen einer Synapse aus und wirkt dort mit außerordentlicher Durchschlagskraft und Geschwindigkeit, indem er Acetylcholin in den äußerst engen Spalt zwischen der Nervenfaser und der Muskelfaser injiziert. Die elektrische Aktivität des Nervenimpulses ist in eine chemische Injektion umgewandelt worden. Der chemische Transmitter öffnet seinerseits nun für kurze Zeit Ionenschleusen auf der postsynaptischen Membran und stellt so auf der Gegenseite der Synapse wiederum einen elektrischen Prozeß her – ein Endplattenpotential, das zu einem Muskelimpuls führt. Man mag fragen: Welchen Sinn hat diese doppelte Transformation? Könnte die elektrische Energie des Nervenimpulses nicht genützt werden, um die Muskelfaser direkt zu erregen? Die Antwort ist einfach und offensichtlich. Erstens besteht ein großes elektrisches Mißverhältnis zwischen der sehr zarten Nervenfaser und der dicken Muskelfaser; das bedeutet, daß die für die Ausbreitung des Nervenimpulses verantwortlichen Ströme (Abb. I 16) viel zu klein wären, um die Muskelfaser zu erregen, unabhängig davon, wie wirksam die Nerven-Muskelverbindung gestaltet ist. Der chemische Transmittermechanismus setzt sich über diesen extrem ungünstigen Tatbestand durch Einführen einer Vervielfältigung von mehr als hundertfach höherer Größenordnung hinweg. Tatsächlich besteht bei der Übertragung von Nervenimpulsen auf Muskelfasern ein Sicherheitsfaktor von etwa 5. Dies ist eine sehr wichtige Schutzvorrichtung für unsere Muskelfunktion auch unter extremen Bedingungen, zum Beispiel wenn sich der Vorrat an Überträgersubstanz erschöpft. Der Muskel bleibt ein verläßlicher Diener im Ausführen der Kommandos des Nervensystems, wie in Abb. II 1 dargestellt ist.

Die vitale Bedeutung dieser Zuverlässigkeit wird offenkundig, wenn ein Versagen droht. Bei einer *Myasthenia gravis* genannten Krankheit sind die produzierten Acetylcholinmengen geringer, und die Wiederauffüllung erfolgt nicht schnell genug. So wird der Patient bei geringer Anstrengung stark geschwächt oder sogar gelähmt. Aus diesem Grund handelt es sich um eine sehr ernste und unter Umständen tödliche Erkrankung. Die Behandlung ist noch nicht zufriedenstellend, doch durch Gaben von Anticholinesterasen wie Prostigmin erhalten die Patienten die optimalen Bedingungen, das Acetylcholin, das sie herstellen können, maximal zu nutzen. Aber natürlich ist die eigentliche Aufgabe bei der Bekämpfung dieser Krankheit, die Faktoren zu entdecken, die zu dem Mangel an ACh-Produktion führen.

Die Abschwächung der neuromuskulären Erregungsübertragung durch Curare wurde bereits als wertvolle Hilfe in der Chirurgie erwähnt. Die Erholung nach der Operation wird durch Injektion einer Anticholinesterase beschleunigt, welche verhindert, daß der Transmitter (ACh) durch AChE zerstört wird. Es steht dann also mehr ACh zur Verfügung, um die anhaltende Curareblockade zu überwinden.

Es ist interessant, daß die neuromuskulären Synapsen gegen eine der als am giftigsten bekannten Substanzen besonders empfindlich sind, das Botulinustoxin.* Das Botulinustoxin hindert die Nervenendigungen besonders wirksam daran, Acetylcholin freizusetzen, und tötet so durch Muskelparalyse – das Atmen wird unmöglich.

Diese Beispiele dienen dazu, zu zeigen, daß die chemische Synapsenübertragung, obwohl sie ein wohlkonstruierter biologischer Mechanismus ist, inhärente Fehlfunktionen und Gefahren aufweist. Das nächste Kapitel wird über die chemischen Synapsen im Gehirn berichten. Dort werden wir sehen, daß sie Voraussetzung für die Arbeit der komplexen nervösen Systeme sind. Der alternative Synapsenmechanismus, der mit elektrischer Übertragung arbeitet, wird offensichtlich nur an bestimmten Stellen in den Gehirnen niederer Tiere verwandt (wo genaues Timing wichtig ist), im Säugetiergehirn jedoch in nicht nennenswertem Ausmaß.

Literatur

Dale, H. H. (1938): Acetylcholine as a Chemical Transmitter Substance of the Effects of Nerve Impulses, *The William Henry Welch Lectures*, 1937, *J. Mt. Sinai Hosp.*, *4*: 401–429.

Dennis, M. J., A. J. Harris und S. W. Kuffler (1971): Synaptic Transmission and Its Duplication by Focally Applied Acetylcholine in Parasympathetic Neurons in the Heart of the Frog, *Proc. Roy. Soc, B*, 177: 509–539.

De Robertis, E. (1975): *Synaptic Receptors, Isolation and Molecular Biology*; Marcel Dekker, New York.

Eccles, J. C. (1964): *The Physiology of Synapses*, Springer, Berlin, Göttingen und Heidelberg.

Eccles, J. C. (1966): The Ionic Mechanisms of Excitatory and Inhibitory Synaptic Action, *Ann. N. Y. Acad. Sci.*, 137: 473–495.

Gage, P. W.., und J. W. Moore (1969): Synaptic Current at the Squid Giant Synapse, *Science*, 160: 510–512.

* Das Botulinustoxin ist in mit Clostridium botulinum vergifteten Konserven enthalten und führt beim Genuß des Konserveninhalts zu dem häufig tödlich endenden Botulismus. Anm. d. Übers.

HUBBARD, J. I. (1970): Mechanism of Transmitter Release, *Progr. Biophy*– *Mol. Biol.*, 21: 33–124.
HUBBARD, J. I. (Hrsg.) (1974): *The Peripheral Nervous System*; Plenum, Ne– York.
KATZ, B. (1962): The Transmission of Impulses from Nerve to Muscle, and th– Subcellular Unit of Synaptic Action, *Proc. Roy. Soc. B, 155*: 455–479.
KATZ, B. (1966): *Nerve, Muscle and Synapse*, McGraw-Hill, New York.
KATZ, B. (1969): *The Relase of Neural Transmitter Substances*, Liverpool University Press, Liverpool.
KATZ, B. und R. MILEDI (1972): The Statistical Nature of the Acetylcholine Potential and Its Molecular Components; *J. Physiol., 224*: 665–699.
KATZ, B. und R. MILEDI (1973): The Binding of Acetylcholine to Receptors and Its Removal from the Synaptic Cleft; *J. Physiol., 231*: 549–574.
KUFFLER, S. W. und D. YOSHIKAMI (1975a): The Distribution of Acetylcholine Sensitivity at the Postsynaptic Membrane of Vertebral Skeletal Twitch Muscels: Iontophoretic Mapping in the Micron Range; *J. Physiol., 244*: 703–730.
KUFFLER, S. W. und D. YOSHIKAMI (1975b): The Number of Tranmitter Molecules in a Quantum: An Estimate from Ionthphoretic Application of Acetylcholine at the Neuromuscular Synapse; *J. Physiol., 251*: 465–482.
MCMAHAN, U. J. und S. W. KUFFLER (1971): Visual Identification of Synaptic Boutons on Living Ganglion Cells and of Varicosities in Postganglionic Axons in the Heart of the Frog, *Proc. Roy. Soc. B, 177*: 485–508.
MCMAHAN, U. J., N. C. SPITZER und K. PEPPER (1972): Visual Identification of Nerve Terminals in Living Isolated Skeletal Muscle, *Proc. Roy. Soc. B, 181*: 421–430.
MARTIN, A. R. (1966): Quantal Nature of Synaptic Transmission, *Physiol. Rev., 46*: 51–66.
MILEDI, D.und C. R. SLATER (1966): The Action of Calcium on Neuronal Synapses in the Squid, *J. Physiol. 184*: 473–498.
MILEDI, D. (1973): Transmitter Release Induced by Injection of Calcium Ions into Nerve Terminals; *Proc. Roy. Soc. B, 183*: 421–425.
PEPPER, K.,und U. J. MCMAHAN (1972): Distribution of Acetylcholine Receptors in the Vicinity of Nerve Terminals on Skeletal Muscle of the Frog., *Proc. Roy. Soc. B, 181*: 431–440.

Kapitel III

Synapsenübertragung und Leitungsbahnen im Gehirn

A. Synaptische Leitungsbahnen und synaptische Struktur

Die Abb. II 1 stellt das Problem dieses Kapitels vor. Das erste Kapitel berichtete über die Leitung des Nervenimpulses, das zweite über die Übertragung an der neuromuskulären Verbindung und über das Konzept der motorischen Einheit. Motoneurone sind die exekutiven Einheiten, die dem Gehirn Ausdruck in der Bewegung verleihen. Wie ich in Kapitel II erklärt habe, werden all unsere Handlungen dadurch bewirkt, daß die Motoneurone Impulse feuern. Wenn dieses Feuern als Antwort auf Instruktionen vom Gehirn erfolgt, handelt die motorische Einheit als ein perfekter Diener des Gehirns.

Die erste Frage dieses Kapitels ist: Was veranlaßt das Motoneuron zu feuern? Lassen Sie uns mit zwei einfachen Reflexbahnen beginnen (Abb. I 6), die Ramón y Cajal vor langer Zeit gezeichnet hat und die wir in Kapitel I kurz betrachtet haben. Der einfachste Reflexbogen, wie er in Abb. I 6A gezeigt ist, war von großer Bedeutung für die Erforschung des Zentralnervensystems. Im Muskel ist ein Dehnungsrezeptor (vgl. Abb. I 8A) auf einen speziellen Typ von Muskelfaser lokalisiert (vgl. Abb. IV 7), der wegen seiner Gestalt, die (AS) in den Einsatzbildern der Abb. III 1A zu sehen ist, annulospirale Endigung genannt wird. In einem großen Muskel befinden sich natürlich Hunderte von Muskelspindeln mit annulospiralen Endigungen, deren jede eine große afferente Faser eines speziellen Typs – Gruppe Ia – besitzt. Dehnt man den Muskel durch einen kurzen Schlag auf die Sehne am Kniegelenk, so laufen Impulse die Ia afferenten Fasern zum Rückenmark hinauf und so direkt zu den Motoneuronen (Abb. III 1A). Diese werden dadurch erregt, Impulse zu dem Muskel auszusenden, damit er sich zusammenzieht. Das ist ein Patellarsehnenreflex. Dehnt man andererseits den Muskel langsam und hält ihn in diesem Zustand, so werden die annulospiralen Endigungen anhaltend Impulse entladen, wie in Abb. I 8A dargestellt ist,

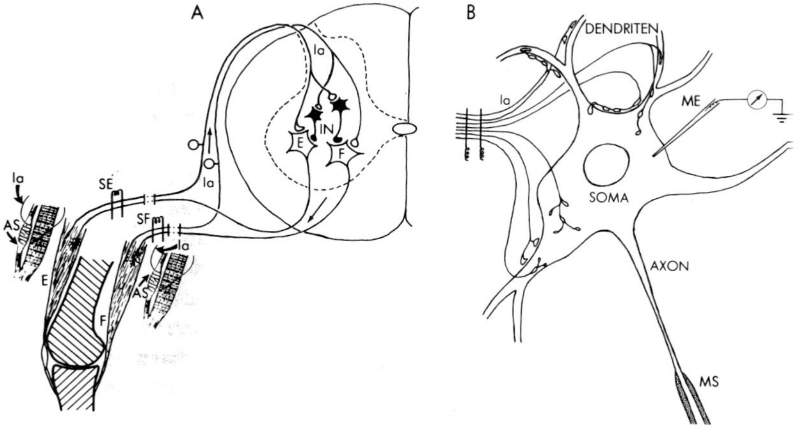

Abb. III1. **Einfache Reflexbahnen und Antworten. A ist eine schematische Darstellung der Bahnen von und zu den Extensoren (E) und Flexoren (F) des Kniegelenkes. Die kleinen Einsatzbilder zeigen die Details des Ursprungs der Ia afferenten Fasern von den annulospiralen Endigungen (AS) der Muskelspindeln. B ist ein Detail von Ia Synapsen auf dem Motoneuron. Ausführliche Beschreibung im Text.**

und der Muskel wird eine langsame Stellungskontraktion oder tonische Kontraktion bewirken.

Die Abb. I 6B zeigt eine kompliziertere Reflexbahn. Rechts ist ein Hautrezeptor abgebildet, dessen Antworten auf eine Stimulation durch Berührung oder Druck auf die Haut in Kapitel I (Abb. I 7A) dargestellt worden sind. Die afferente Faser läuft genau wie in A ins Rückenmark, aber sie zweigt sich stark auf. Die Bahn zu Motoneuronen nimmt ihren Weg immer über Interneurone, von denen nur eines abgebildet ist. Tatsächlich sind sie in ungeheurer Anzahl vorhanden, viele parallel geschaltet, aber auch reihenweise, so daß der Reflex eine sehr weitläufige und prolongierte Antwort der Muskel darstellt. Ein einfaches Beispiel: Ein solcher Reflex läuft ab, wenn man etwas unerwartet Heißes berührt. Man wird bemerken, daß man seine Hand zurückzieht, bevor man den Schmerz spürt. Das gleiche ist der Fall, wenn man auf einen scharfen Gegenstand tritt. Man wird das Bein zurückziehen, indem man alle seine Flexoren (Beugemuskel) kontrahiert, die – wie durch die drei in Abb. I 6B gezeichneten Muskelgruppen dargestellt – auf die verschiedenen Gelenke wirken. Dieses rasche, unbewußte Zurückziehen wird von Rückenmarksbahnen ausgeführt. Gleichzeitig laufen Impulse das Rückenmark hinauf zu den höheren Ebenen des Gehirns (vgl. Abb.

III 13) und berichten, was vor sich geht, aber natürlich wird diese Information erst erfahren, nachdem das reflektorische Zurückziehen erfolgt ist.

Sherringtons klassisches Buch ›The Integrative Action of the Nervous System‹ handelt von Systemen wie diesem und von einigen komplizierteren. Tatsächlich leitet sich die gesamte Basis für unser Verständnis der neuronalen Maschinerie des Gehirns von seinen klassischen Beiträgen und Entdeckungen ab, für die er 1932 den Nobelpreis erhielt. Ich will zwei seiner wichtigen Konzepte kurz beschreiben. Das erste ist das *Prinzip der Divergenz*. Eine afferente Faser, die in das Rükkenmark eintritt und ihre eigene spezifische Nachricht befördert, divergiert in viele Seitenlinien, die viele Nervenzellen aktivieren, wie in Abb. I 6A, B gezeichnet ist. Das zweite ist das komplementäre *Prinzip der Konvergenz*. Es gibt nicht nur dieses breite Ausstreuen von Information, sondern es kommt an jeder Nervenzelle im Gehirn zu einer Konvergenz von vielen Einzellinien des Impulsverkehrs. Als einfaches Beispiel soll im Schema von Abb. III 1A gezeigt werden, daß die Ia Fasern von vielen anderen Dehnungsrezeptoren des Muskels auf jedem der diesen Muskel innervierenden Motoneurone zusammenlaufen. Das gleiche ist bei allen anderen Reflexbahnen der Fall. Alle setzen sich aus solchen divergierenden und konvergierenden Bahnen zusammen, die nicht nur auf der Endstrecke vom Motoneuron zum Muskel vorhanden sind, sondern auch unterwegs an den verschiedenen Interneuronen. Die Abb. I 3A zeigt schematisch die Konvergenz auf ein Neuron für einen Standardtyp von Neuron mit Soma, den Dendritenstümpfen und dem Axon.

In Abb. III 1A tritt die afferente Faser (Ia) von der annulospiralen Endigung, AS, im Extensor (Streckermuskel) (E) des Knies in eine dorsale Rückenmarkswurzel ein und wirkt direkt auf ein Motoneuron (E) dieses Muskels. *Man muß sich darüber im klaren sein, daß viele Hunderte von Seitenlinien parallel zu der einen gezeichneten existieren und somit einen immensen Spielraum für Divergenz und Konvergenz ergeben.*

Der antagonistische Muskel ist der Flexor (F), der das Bein im Kniegelenk beugt. In diesem Muskel befinden sich die gleichen anulospiralen Rezeptoren (AS) und die von der motorischen Nervenfaser gebildete motorische Endplatte. Impulse vom Dehnungsrezeptor AS des Flexors treten ebenfalls durch die dorsale Wurzel in das Rückenmark ein und erregen das Motoneuron, F, das den Flexor innerviert, direkt. So besitzen die Extensoren und Flexoren zentrale Bahnen, die sich komplementär zueinander verhalten.

In Abb. III 1A ist eine weitere reziproke Anordnung wiedergegeben.

Die afferente Faser aus dem Extensor, E, zweigt sich im Rückenmark auf, so daß sie nicht nur ihr eigenes Motoneuron erregt, sondern auch einen Zweig zur Erregung eines Interneurons (IN) ausschickt. Dieses Neuron ist schwarz dargestellt. Es sendet sein Axon zu dem antagonistischen Motoneuron (F) und bildet auf ihm inhibitorische Synapsen. Im gesamten Buch werde ich in den Schemata die Symbole schwarz für Inhibition und weiß für Exzitation verwenden. Die reziproke Anordnung findet sich ebenso für die afferenten Fasern von den Flexoren, die auf die hemmenden Neurone zu den Motoneuronen der Extensoren wirken.

Diese sehr einfache reziproke Anordnung hat eine funktionelle Bedeutung. Wenn man mit leicht gebeugten Knien dasteht, dehnt das Gewicht den Knieextensor, E, so daß die AS-Dehnungsrezeptoren zum Rückenmark feuern, um die Knieextensormotoneurone zur Impulsabgabe zu stimulieren, damit sich der Extensor kontrahiert und das Gewicht hält. Reicht diese Muskelkontraktion nicht aus, so gibt das Kniegelenk ein wenig nach, dehnt somit den Extensor mehr, dadurch kommt es zu stärkerem Feuern aus seinen AS-Rezeptoren mit erhöhter Reflexentladung zum Muskel, der dadurch genau berichtigt wird, um eine stabile Stellung zu gewährleisten. Gleichzeitig hält die reziproke inhibitorische Bahn die antagonistischen Motoneurone, F, davon ab, durch Feuern die antagonistischen Flexoren zu kontrahieren (F). Eine solche Kontraktion würde den Extensoren entgegenwirken, die mit der wichtigen Aufgabe beschäftigt sind, das Gewicht zu halten. Diese Beschreibung der Aktionsweise der Bahnen in Abb. III 1A verdeutlicht einen einfachen Reflexablauf.

B. Die exzitatorische Synapsenaktion

Abb. III 1B ist eine Zeichnung eines Motoneurons im Katzenrückenmark, dessen Axon eine Myelinscheide (MS), wie in Abb. I 4A, erhält. Die Dendriten sind gestutzt, und es sind mehrere synaptische Endkolben dargestellt. Zusätzlich sieht man rechts eine Mikroelektrode (ME) in das Soma eingepflanzt. Dies praktizierten wir erstmals 1951 und folgten dabei dem Vorgehen von Fatt und Katz bei ihrer klassischen Untersuchung der neuromuskulären Synapse (Abb. II 3A, B, C) im Jahr zuvor. Ein Motoneuron wie dasjenige in Abb. III 1B hat einen Durchmesser von etwa 70 Mikron. Die als Mikroelektrode benutzte feine Glasröhre war an ihrer Spitze nur ein halbes Mikron (0,0005 mm) dick und mit einer leitenden Salzlösung (3m KCl) gefüllt. Sie ist, im Vergleich zu dem Neuron, in etwa 5facher Vergrößerung gezeichnet.

Es war eine schöne Entdeckung, daß sich solche zarten, sehr allmählich spitz zulaufenden Glasröhren, wenn man damit die Zellmembran durchdringt und sie sorgfältig vor mechanischen Erschütterungen schützt, in der Membran selbst verankern und daß sie eine gleichmäßige und zuverlässige Ableitungsmethode vom Zellinneren gegen die Umgebung, in die die indifferente oder Grundelektrode plaziert wird, ermöglichen. Auf diese Weise werden alle Potentialveränderungen an der Oberflächenmembran des Neurons nach entsprechender Verstärkung auf dem Oszilloskop wiedergegeben. So erhält man eine direkte Registrierung der Synapsenaktion auf der Oberflächenmembran, genau wie bei den einfacheren Gegebenheiten der neuromuskulären Verbindung, der Tintenfischsynapse und der Ganglienzelle des Frosches in Kapitel II.

In Abb. III 1B ist eine Anzahl von afferenten Ia-Fasern aus annulospiralen Endigungen gezeichnet. Diese bilden die monosynaptischen Verbindungen, wie wir sagen, weil nur eine Synapse auf dem Weg von den Muskelrezeptoren zu dem den Muskel innervierenden Motoneuron liegt. Links auf den sieben Ia-Fasern sieht man eine stimulierende Elektrode, aber in unseren Experimenten (Abb. III 2) befand sie sich auf dem Nerv, der zu dem vom Motoneuron innervierten Muskel verläuft, in dem etwa 100 solcher Fasern zusammengefaßt sind. Indem man schrittweise die Stärke der Nervenstimulation erhöht, veranlaßt man mehr und mehr Nervenfasern, einzelne Impulse zum Rückenmark und so zu den Synapsen auf diesem Motoneuron abzufeuern.

Die oberen Kurven der Ausschnitte A bis I in Abb. III 2 zeigen die Aktionspotentiale dieser afferenten Ia-Fasern mit der zunehmenden Amplitude, wenn der Stimulus verstärkt wurde und mehrere von ihnen erregte. Entsprechend findet sich in den unteren Kurven jedes Ausschnittes ein fortschreitender Zuwachs an verlängerten Potentialen, die wie die von den neuromuskulären Synapsen hervorgerufenen Endplattenpotentiale (Abb. II 3C, F, G) aussehen, wenn die Übertragung durch Curare oder Calciumverarmung unterdrückt wird. Diese Potentiale in depolarisierender Richtung werden von exzitatorischen Synapsen erzeugt und *exzitatorische postsynaptische Potentiale (EPSP)* genannt. Die Amplitudenzunahme von A bis F beruht auf Konvergenz von zunehmend mehr Ia-Impulsen mit ihren exzitatorischen Synapsen auf dieses Motoneuron. In Grenzen handelt es sich um eine lineare Summation der durch jede Synapse erzeugten EPSPs. J, K und L zum Beispiel zeigen EPSPs von drei unabhängigen Gruppen exzitatorischer Synapsen auf einem Motoneuron, und in M resultiert die Überlagerung in einem EPSP, das fast genau die Summe dieser drei einzelnen ist. Diese sogenannte *räumliche Summation* (spatial summation) ent-

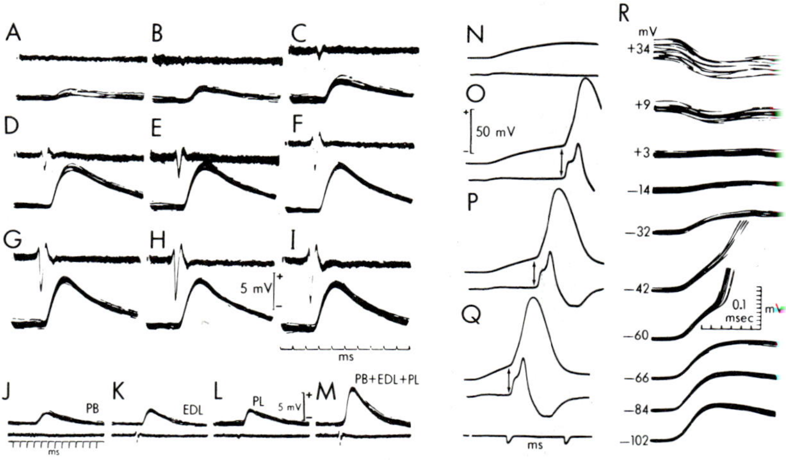

Abb. III 2. Monosynaptische Erregung von Motoneuronen durch die afferente Bahn der Gruppe Ia. In A bis I zeigen die oberen Kurven die Größe der afferenten Salve beim Eintritt in das Rückenmark und die unteren die simultan registrierten EPSPs. Alle Registrierungen ergeben sich aus der Überlagerung von etwa 25 schwachen Kurven. In J–L werden die EPSPs in einem anderen Motoneuron (peroneus longus) als Antwort auf maximale Salven der Gruppe I in den Nerven zu den drei Muskeln Peroneus brevis, Extensor digitorum longus und Peroneus longus und in M zu allen drei kombiniert, abgeleitet (*J. C. Eccles, R. M. Eccles und A. Lundberg, J. Physiol. 136, 527, 1957*). N bis Q veranschaulichen abgestufte Antworten in einem anderen Motoneuron mit der Erzeugung einer Impulsentladung zu O bis Q. Die differenzierten Registrierungen in der unteren Kurve zeigen ihre doppelte Zusammensetzung, der Impuls wird zuerst in der schraffierten Region der Abb. III 1B erzeugt. In R ist eine Serie von EPSPs (übereinandergelagerte schwache Kurven) aufgezeichnet, wobei das Membranpotential des Motoneurons (anfänglich 66 mV) durch Verabfolgung eines gleichmäßigen Stromes durch die intrazelluläre Mikroelektrode auf die angegebenen Spiegel verschoben wurde (*J. C. Coombs, J. C. Eccles und P. Fatt, J. Physiol. 130, 174, 1955*).

spricht dem, was man theoretisch erwarten würde. Konvergieren viele Synapsen auf einem Neuron, so führt jedes von ihnen seine synaptische Aktion, Ladung von der Membran abzubauen und dadurch das Neuron zu erregen, aus.

In Abb. III 2A–M reichen die EPSPs nicht aus, um das Neuron zur Impulsabgabe zu veranlassen. In einem anderen Experiment jedoch (Abb. III 2N–Q) kam es dazu. Die Millisekundenskala zeigt, daß die Papiergeschwindigkeit etwa 5mal höher war, und die Verstärkung etwa ein Siebtel betrug. Berücksichtigt man diese unterschiedlichen Registrierungsbedingungen, so ist erkennbar, daß das EPSP in Abb. III 2N den größeren EPSPs von D–I ziemlich ähnelt. Bei einer geringen Verstärkung des Nervenstimulus in O erreichte das EPSP einen kritischen Spiegel und feuerte einen Impuls, genau wie das EPP in Abb. II 3B einen Muskelimpuls abfeuerte. Bei den noch größeren EPSPs in P und Q kam es zu einem früheren Feuern an der von den Doppelpfeilen bezeichneten Stelle. Die Abgabe eines Impulses kann als erfolgreiches Resultat einer exzitatorischen Synapsenaktion betrachtet werden. Wenn die EPSPs versäumen, das Neuron zum Feuern zu veranlassen, sind sie umsonst aufgebaut worden. Ist aber die Konvergenz des exzitatorischen Inputs ausreichend, um ein Neuron zum Feuern zu veranlassen, dann läuft der von diesem Neuron entladene Impuls in alle Axonaufzweigungen. Handelt es sich zum Beispiel um ein Motoneuron, so wird der Impuls alle Äste zu den Synapsen auf den Muskelfasern (vgl. Abb. II 1) durchlaufen. Dies ist ein Beispiel für das Prinzip der Divergenz. Bei anderen als Motoneuronen wird sich die Divergenz auf die nachgeschalteten Neuronen in all den komplexen Gehirnbahnen richten.

Obwohl die Summation einzelner EPSPs der normale Operationsmodus ist, um den Schwellenwert für das Abfeuern eines Impulses zu erreichen, kann dieses gleiche Resultat durch jeglichen depolarisierenden Prozeß erreicht werden. Wenn zum Beispiel ein gleichmäßiger Strom auf das Neuron gelenkt wird und dieses auf ein Niveau nahe dem Schwellenwert depolarisiert, so ist es für ein darübergesetztes EPSP entsprechend leichter, einen Impuls zu erzeugen. In den Abb. III 2O–Q betrug das Membranpotential −70 mV und der Schwellenwert für die Impulsauslösung −52 mV, was von den EPSPs oder von irgendeiner Kombination von Background-Depolarisation und EPSP herrühren konnte.

In Abb. I 4A (Riesenboutons) und B sind links Beispiele großer exzitatorischer Synapsen von solcher Art wie die, die in Abb. III 1 und IV 7 vermutlich von den Dehnungsrezeptoren eines Muskels aktiviert werden. In Abb. I 4B weist der Pfeil auf den engen *Synapsenspalt* zwischen dem synaptischen Endkolben und der Neuronoberfläche, auf der dieser endigt. Zahlreiche sphärische Synapsenbläschen sind zu erkennen und ebenso das Mitochondrium – sehr ähnlich wie bei der größeren neuromuskulären Synapse (Abb. II 2B). An der neuromuskulären Synapse muß die einzelne Synapse einen Muskelimpuls abfeuern oder sie hat in ihrer Aufgabe versagt. Andererseits existieren Hunderte und sogar Tausende von Synapsen für die konvergierenden Bahnen, die auf ein einzelnes Neuron zulaufen. In der Tat verfügt ein Neurontyp, die Purkinjezelle (Abb. IV 11), über etwa 80000 dieser exzitatorischen synaptischen Endigungen, aber sie sind klein. In Abb. I 4B und I 5 drängen sich die Vesikel auf dem größten Teil der Synapsenoberfläche, und man sieht die charakteristische Dichte der Membranen auf jeder Seite des Spaltes.

Diese Synapse von Abb. I4B und I5 liefert ein gutes Bild der strukturellen Grundlage des chemischen Transmittermechanismus, der genauso funktioniert wie im vorhergehenden Kapitel beschrieben wurde. Ein Impuls breitet sich bis zu dem synaptischen Endkolben aus und setzt die in den Vesikeln enthaltene Überträgersubstanz frei. Doch die Situation ist numerisch gesehen ganz anders. Kuno hat genaue Quantenuntersuchungen an diesen exzitatorischen Synapsen von Motoneuronen vorgenommen, genau wie es bei der neuromuskulären Synapse geschah, als man die Zahl der durch einen Impuls freigesetzten Vesikel oder Transmitterquanten entdeckte. Die durchschnittliche Quantenzahl beläuft sich auf nur etwa 1, im Gegensatz zu den 100 oder 200 an der neuromuskulären Synapse, wie in Kapitel II beschrieben. Diese durchschnittliche Quantenzahl pro Synapse ist deshalb niedrig, weil sich auf der Nervenzelle die vielen Synapsen der konvergierenden Bahnen befinden, und hier ist eine sehr wirksame Summation der einzelnen exzitatorischen Synapsenaktionen, wie sie in Abb. III 2J–M stattfindet.

Genau wie bei der neuromuskulären Synapse kann man annehmen, daß die Vesikel nach Entladung ihres Transmitterinhaltes zum weiteren Gebrauch wieder aufgeladen werden. Der sehr enge Synapsenspalt in Abb. I 4 B und I 5 ist nur etwa 200 bis 300 Å breit. Dennoch ist er entscheidend für die Funktion der Synapse. Gibt ein Vesikel seinen Transmitter in den Spalt und damit auf die postsynaptische Membran ab, so öffnet diese Membran Ionenschleusen und läßt Ionen hindurchpassieren. Die Synapsenübertragung ist nur wirksam, wenn Strom extrazellulär entlang dem Synapsenspalt und so zu extrasynaptischen Bezirken der postsynaptischen Membran fließen kann, die dann depolarisiert werden (vgl. Abb. III 3A). Berechnungen an Synapsenmodellen haben gezeigt, daß eine Spaltbreite von 200 bis 300 Å annähernd optimal für die übliche Synapsengröße von 1–2 µm ist. Der synaptische Endkolben darf nicht zu weit entfernt sein, anderenfalls wird die Transmitterapplikation auf die postsynaptische Membran ineffizient sein, und es kommt aufgrund der Diffusionszeit zu einer unnötigen Verzögerung im Ablauf. Er darf auch nicht zu nahe sein, sonst würde er dem Fluß postsynaptischer Ströme einen zu hohen Widerstand entgegensetzen. Es ist besonders interessant, daß der Spalt bei Synapsen, die mittels elektrischer Übertragung arbeiten, geschlossen ist oder doch meistens (die sogenannte tight junction [enge Verbindung]). Wie schon gesagt, werden diese Synapsen im vorliegenden Buch nicht behandelt,

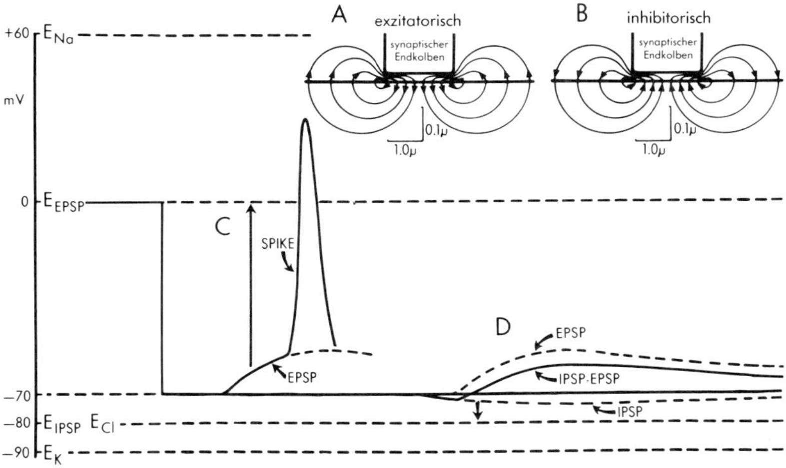

Abb. III 3. Schemata exzitatorischer und inhibitorischer Synapsenaktion. Ausführliche Erklärung im Text.

weil sie im Säugetiergehirn offensichtlich nicht in nennenswertem Umfang vorkommen.

Die Abb. III 3A, C bringen eine Zusammenfassung exzitatorischer Synapsenaktion. A ist ein Schema einer exzitatorischen Synapse mit dem synaptischen Endkolben und dem 10fach vergrößerten Synapsenspalt (siehe Skala). Erreicht ein Impuls den synaptischen Endkolben, so kommt es zu einer Ausschüttung von Überträgersubstanz, genau wie an der neuromuskulären Synapse. Der Transmitter ist noch nicht identifiziert worden, aber man hält Glutamat oder einen nahen Verwandten für wahrscheinlich. Der Transmitter wirkt auf die postsynaptische Membran und verursacht, wie dargestellt, einen Stromfluß nach innen und dann einen Stromkreis nach auswärts durch die Zellmembran und durch den Synapsenspalt wieder nach innen. Auf diese Weise wird die Membran genau wie beim Endplattenpotential depolarisiert. In Abb. III 3C beträgt das Ruhepotential −70 mV. Wird die Mikroelektrode durch die Membran gestochen, so geht das Potential von 0 auf −70 mV, wie die durchgezogene Linie anzeigt, und hält sich dort, wie in Abb. I 11. Daraufhin verursacht die exzitatorische Synapsenaktion die Ausbildung des EPSP, wie dargestellt, so daß es, wie in den Abb. 2O–Q, einen Impuls abgibt, wenn die Depolarisation den Schwellenwert erreicht.

Jetzt aber stellt sich die Frage: Was ist das für ein Mechanismus, durch den der synaptische Transmitter betrieben wird und der in A den Stromfluß durch die postsynaptische Membran nach innen bewirkt? Man hat herausgefunden, daß wenn das Membranpotential auf ein anderes Niveau verschoben wird (Abb. III 2R), wie man es beim Endplattenpotential gemacht hat, das EPSP sich parallel zur Abnahme des Membranpotentials von −70 mV auf 0 zunehmend gegen Null verminderte und umschlägt, sobald sich das Membranpotential umgekehrt hat. Genau dies würde geschehen, wenn das EPSP der Ionendiffusion zuzuschreiben wäre. In Abb. III 2R liegt der Umschlagspiegel bei etwa Null, d. h. das Gleichgewichtspotential für den Ionenmechnismus, E_{EPSP}, ist Null, wie in Abb. III 3C gezeigt. Auf die Frage, welche Ionenschleusen durch diesen unbekannten Transmitter geöffnet werden, kann man antworten, daß analog zu den neuromuskulären Synapsen sowohl Natrium- als auch Kaliumschleusen angenommen werden. Das EPSP wäre, wie in Abb. III 3C gezeigt, ein Kompromißwert zwischen dem Gleichgewichtspotential für Natrium, E_{Na}, bei +60 mV und für Kalium, E_K, bei 90 mV (vgl. Abb. I 13).

Bei der normalen Operation von Hirnsynapsen findet sich selten eine scharf umrissene Einzelaktion aufgrund einer synchronisierten Impulssalve, wie in Abb. III 2, statt dessen gibt es anhaltende, repetitive Inputs. Daher nun die Frage: Wie effektiv ist eine lang anhaltende Membrandepolarisation hinsichtlich der Auslösung einer anhaltenden Impulsentladung? Diese Frage kann man sehr direkt beantworten, indem man anstelle der Synapsen die Wirkung gleichmäßiger depolarisierender Ströme auf das Feuern eines Neurons untersucht. In Abb. III 4A wird eine Mikroelektrode in ein Motoneuron eingepflanzt und anschließend werden gleichmäßige Ströme verabfolgt, um von der Oberflächenmembran Ladung abzubauen, während gleichzeitig die Antworten des Neurons registriert werden. Man sieht, daß ein Strom von 7 nA das Neuron gerade zum Feuern veranlaßte, aber nur langsam und unregelmäßig. Wurde der gleichmäßige Strom zunehmend verstärkt, bewirkte er eine immer stärkere Depolarisation auf der Oberfläche und ein immer schnelleres Feuern der Zelle. Bei dem schließlich vierfachen Schwellenstrom feuerte das Neuron anfänglich mit der sehr hohen Rate von mindestens 200 in der Sekunde. In allen Fällen verlangsamte sich während der Applikation des gleichmäßigen Stromes die anfängliche Frequenz. Jedenfalls läßt dieses Experiment über anhaltende Impulsentladung die immense Skala der Antworten von Neuronen erkennen. Kontinuierliches synaptisches Bombardement wirkt in gleicher Weise. Im Zentralnervensystem gibt es viele Arten von Neuronen, die durch intensives synaptisches Bombardement veranlaßt werden kön-

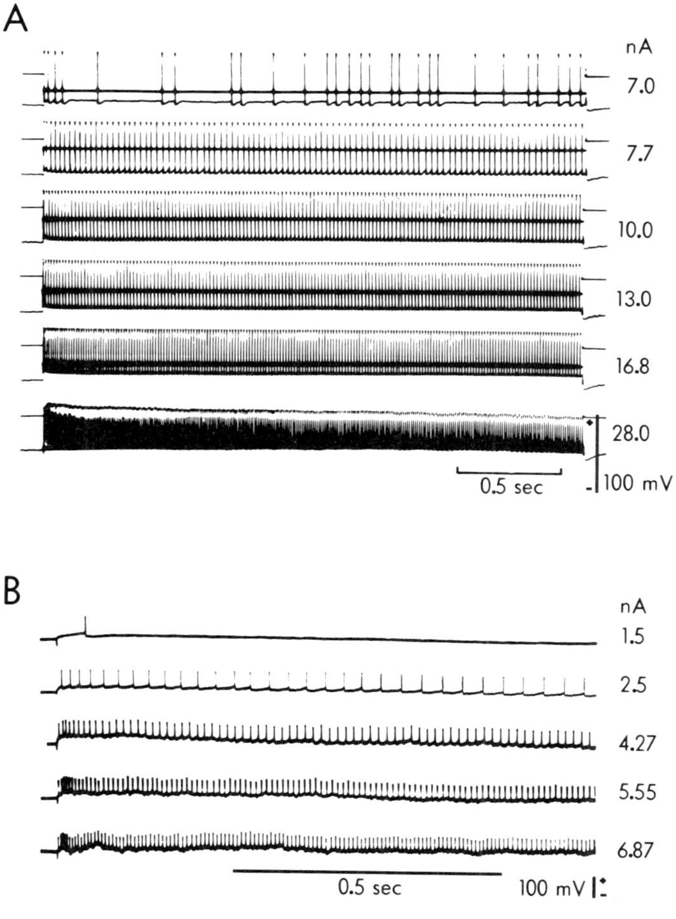

Abb. III 4. Erzeugung von Impulsentladungen in Neuronen durch anhaltende depolarisierende Ströme. A sind intrazelluläre Antworten eines Rattenmotoneurons auf anhaltende (2,5 sec), depolarisierende Rechtecksströme, die durch die gleiche Elektrode verabfolgt wurden. Die Stromstärken werden rechts als Vielfache von 10^{-9} A angegeben (*R. Granit, D. Kernell und G. K. Shortess, J. Physiol. 168, 911, 1963*). B zeigt intrazelluläre Antworten einer Zelle aus der Pyramidenbahn in der motorischen Rinde auf Ströme, die für jede Kurve in 10^{-9} A angegeben sind (*K. Oshima, Studies auf Pyramidal Tract Cells in Basis Mechanisms of the Epilepsies, Hrsg. H. H. Jasper, A. A. Ward und A. Pope, Little, Brown, S. 253, 1969*).

nen, mit 500 bis 1000/sec zu feuern. Dies ist ein Ausdruck intensiver synaptischer Wirkung, und entsprechend üben diese Neurone große synaptische Wirkung auf ihre Synapsen aus.

In Abb. III 4B gibt eine Zelle in der Hirnrinde ähnliche Antworten. Wiederum nahm die Antwortfrequenz mit der Intensität eindeutig zu, und bei einem mehr als vierfachen Schwellenstrom lag die Anfangsfrequenz bei über 200 in der Sekunde.

Es ist belanglos, ob die Depolarisation auf einem gleichmäßigen synaptischen Bombardement oder auf einem von außen zugeführten Strom beruht. Es kommt im Prinzip zur gleichen Antwort; die Depolarisation erzeugt eine Impulsentladung in einer Weise, die verdeutlicht, daß Intensität durch Frequenz codiert wird, wie man es bei den Rezeptoren in den Abb. I 7, I 8A sehen konnte. Die Synapsen und Neurone des Zentralnervensystems sind metabolisch gut darauf eingerichtet, kontinuierlich mit so hohen Frequenzen wie 100/Sekunde und Spitzenwerten von 500/Sekunde zu antworten. Dies ist eine Leistung, die neuromuskulären Synapsen weit überlegen ist (vgl. Abb. II 8D, E). Man war früher der Meinung, eines der charakteristischen Merkmale von Synapsen sei Ermüdung, aber dies wird durch den Ablauf von synaptischen Mechanismen in der normalen Gehirnfunktion widerlegt.

Abb. III 5 zeigt in Form eines Diagramms, wie die Codierung von Intensität durch Frequenz an einem Synapsenrelais durch die EPSPs in kumulative Depolarisation transformiert wird und wie diese wiederum in Entladungsfrequenz codiert wird. In A zum Beispiel ergibt ein angenommener Zeit-Intensitätsverlauf für eine Muskeldehnung die Entladung von Impulsen der Gruppe Ia in B, und dies wiederum erzeugt auf einem Motoneuron die summierten EPSPs (C). Man nimmt ferner an, daß in etwa das gleiche Bombardement dieses Motoneurons durch Impulse in verschiedenen anderen afferenten Fasern der Gruppe Ia, die auf ihm zusammenlaufen, stattfindet. Dadurch kommt es zu den gehäuften EPSPs von D, das in seinem Intensitäts-Zeitverlauf eine nicht wesentlich verzerrte Ähnlichkeit mit A besitzt. Ist D intensiv genug, so wird es seinerseits Motoneuronenentladungen wie in E erzeugen und diese ihrerseits die Muskelkontraktion F bewirken, die in ihrem Intensitäts-Zeitverlauf annähernd mit der Dehnung A, die sie hervorrief, korreliert.

Man kann die Bedeutung der Umwandlung von Intensität in Frequenz und umgekehrt nur würdigen, wenn man die integrative Funktion des Nervensystems in Rechnung zieht. Das elementarste Integrationsniveau ist in Abb. III 5 veranschaulicht, in der sich das Stadium D aus C durch die Summation von EPSPs, die von aus mehreren verschiedenen Rezeptoren zusammenlaufenden Impulsen stammten, herleiten ließ. Auf diese Weise wird Intensität sowohl durch räumliche als auch

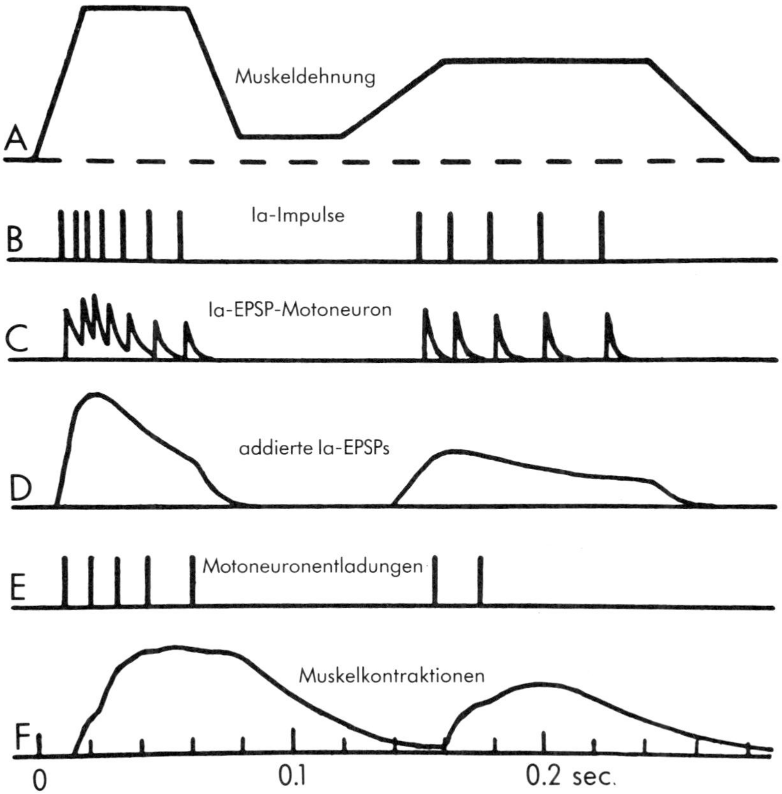

Abb. III 5. Schema der Transformation von Intensität und Frequenz in einfachsten Reflexbahnen (*Eccles, 1953*).

durch zeitliche Summation übertragen. Fortschreitende Zunahme in der Intensität eines gegebenen Stimulus wird nicht nur die Entladungsfrequenz eines einzelnen Rezeptor-Organs wie in Abb. I 7 erhöhen, sondern wird auch andere Rezeptoren zur Entladung veranlassen und ihre Entladungsfrequenz erhöhen.

C. Die inhibitorische Synapsenaktion

Die Abb. III 1A zeigt, daß die einfachste inhibitorische Bahn im Rükkenmark über einen Typ von Neuron verläuft, der darauf spezialisiert ist, eine inhibitorische Synapsenaktion auszuüben und sonst nichts. 1946 entdeckte Lloyd, daß die afferenten Ia-Fasern eines Muskels Motoneurone des antagonistischen Muskels hemmten. Aber weder der Mechanismus dieser Aktion noch die inhibitorische Bahn, wie sie in Abb. III 1A schematisch dargestellt ist, waren bekannt. Ich hatte eine elektrische Theorie der inhibitorischen Synapsenaktion entwickelt, und 1951 schließlich testeten meine Mitarbeiter und ich die Theorie, indem wir eine Mikroelektrode in das Innere des Motoneurons einpflanzten (Abb. III 1B), um zu sehen, was Inhibition für einen Einfluß auf das Membranpotential hatte. Die elektrische Theorie erwies sich als falsch durch unsere Entdeckung, daß die inhibitorischen Synapsen auf der Neuronenmembran eine generalisierte Ladungszunahme bewirkten, ein Effekt, der *Hyperpolarisation* genannt wird.

Die Abb. III 6A–C zeigen eine abgestufte Stimulation von Fasern der Gruppe Ia des zum antagonistischen Muskel führenden Nervs (vgl. Abb. III 1A), die oberen Kurven zeigen das Aktionspotential dieser Fasern, genau wie in Abb. III 2A–I. Die damit verbundene, mit der Größe des Aktionspotentials zunehmende Membranhyperpolarisation ist in den unteren Kurven aufgezeichnet. Diese Hyperpolarisation wird als *inhibitorisches postsynaptisches Potential, IPSP,* bezeichnet. Seine Größe hängt genau wie bei den exzitatorischen Synapsen und den EPSPs in den Abb. III 2A–F von der Zahl der konvergierenden inhibitorischen Synapsen ab. Die Abb. III 6D, E zeigen, daß die EPSP und IPSP des gleichen Motoneurons nahezu Spiegelbilder sind. In beiden Fällen findet für etwa 1 Millisekunde ein kurzer synaptischer Stromzufluß statt, der die Membranpotentialänderung bewirkt. In der Folge wird das Membranpotential durch Ionenflüsse über die Motoneuronmembran im allgemeinen (Abb. I 13B) wieder auf das anfängliche Niveau gebracht. Dies erklärt die Ähnlichkeit der Zeitverläufe des EPSP und IPSP. Ein regelmäßig vorhandenes Merkmal ist auch, daß das IPSP eine um etwa 1 Millisekunde längere zentrale Latenz als das EPSP besitzt. Dies entspricht der Zeit, die zum Durchlaufen des inhibitorischen Interneurons, das in die Bahn eingeschaltet ist, erforderlich ist (Abb. III 1A).

Die hemmende Wirkung von Ia-Impulsen von einem Muskel auf das Motoneuron eines antagonistischen Muskels war das erste Beispiel eines inhibitorischen Mechanismus, der durch intrazelluläre Ableitung im Zentralnervensystem untersucht wurde. Es hat sich herausgestellt,

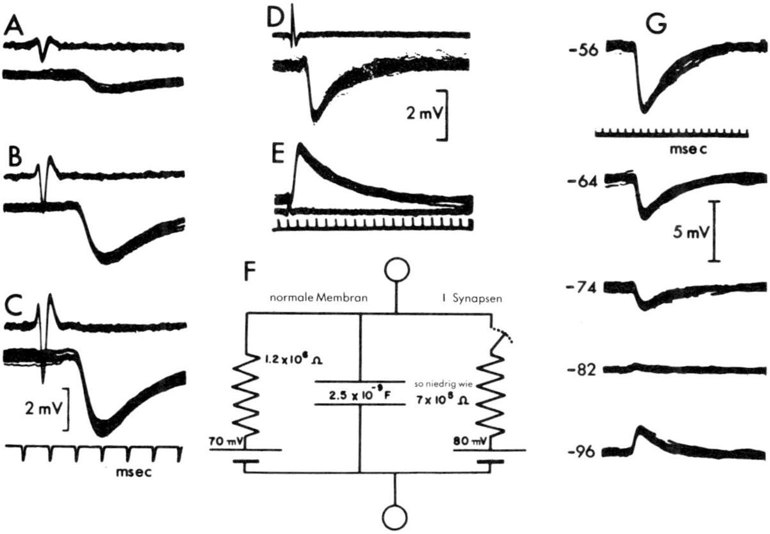

Abb. III 6. Inhibitorische postsynaptische Potentiale eines Motoneurons. A bis C sind abgestufte Antworten, wie im Text beschrieben. D, E zeigen den Vergleich von EPSP und IPSP (Zeit unter E in msec) *(D. R. Curtis und J. C. Eccles, J. Physiol. 145, 529, 1959*). F ist der Schaltplan der Membran eines Motoneurons (vgl. Abb. I 12B), rechts ist die Arbeitsweise inhibitorischer Synapsen durch den Kontaktschluß symbolisiert. G zeigt ähnlich wie Abb. III 2R den Effekt sich ändernder Membranpotentiale auf das IPSP (*J. S. Coombs, J. C. Eccles und P. Fatt. J. Physiol. 130, 326, 1955*).

daß die gleichen allgemeinen Prinzipien für fast alle inhibitorischen Aktionen im Gehirn zutreffen. Eine Ausnahme stellt die präsynaptische Hemmung dar [die später besprochen wird (Abb. III 12)]. Die beim Rückenmark angewendeten Techniken sind auf allen Ebenen des Zentralnervensystems benutzt worden. In vielen Labors laufen jetzt umfangreiche Untersuchungen an, die exzitatorischen und inhibitorischen Neurone in allen Hirnregionen zu identifizieren und die Art ihrer Wechselwirkung in komplexen Schaltkreisen zu definieren. Wir müssen auf allen diesen Ebenen nicht nur die neuronalen Bahnen entdecken, sondern auch die Mechanismen an allen Synapsenrelais, insbesondere die synaptischen Überträgersubstanzen an diesen Relais und die Ionenschleusen, die die verschiedenen postsynaptischen Aktionen verursachen, usw. Es ist bemerkenswert, daß wir bei der Beantwortung dieser Fragen hinsichtlich der Inhibition weiter fortgeschritten sind als hinsichtlich der Exzitation.

Abb. III 7 gibt eine Art Übersicht von exzitatorischer und inhibitorischer Synapsenaktion, wie wir sie bis jetzt verstehen. Das Neuron in C ist mit einer intrazellulären Mikroelektrode abgebildet. Man hat entdeckt, daß die exzitatorischen Synapsen (E) sich – wie hier gezeichnet – außen an den Dendriten zu befinden pflegen, während die inhibitorischen Synapsen (I) vorzugsweise auf dem Soma konzentriert sind. Darüber hinaus bestehen strukturelle Unterschiede, wie schon in den zwei Synapsen von Abb. I 4B veranschaulicht, in der, bei Glutaraldehydfixation, die Synapsenbläschen der inhibitorischen Synapse rechts eine ellipsoide Gestalt haben, während sie links in der exzitatorischen sphärisch sind. Außerdem sind die Membranen auf jeder Seite des Synapsenspaltes bei den inhibitorischen Synapsen weniger stark angefärbt als bei den exzitatorischen. In den grundsätzlichen strukturellen Zügen jedoch sind die beiden Synapsenarten ähnlich.

Die Abb. III 7A zeigt Registrierungen reiner IPSPs und EPSPs. Bei den erstgenannten wird die Membran aufgeladen und dadurch das Membranpotential von −70 auf etwa −73 mV erhöht. Das EPSP hat eine antagonistische Wirkung, es vermindert die Ladung an der Membran. Überlagert man das IPSP dem EPSP, wie im vierten Ausschnitt, so sieht man, daß das IPSP dem EPSP, das, um den Vergleich zu erleichtern, im gleichen Ausschnitt allein gezeigt ist, sehr kräftig entgegenwirkt. Im dritten Ausschnitt von Abb. III 7B unterdrückt das IPSP die von dem im letzten Ausschnitt dargestellten EPSP allein erzeugte Impulsentladung sehr wirkungsvoll.

Die Abb. III 7D illustriert gut, wie das EPSP eine Impulsentladung erzeugt (vgl. Abb. III 2O–Q), die das Axon hinabläuft und als der kurze spike in der unteren Kurve registriert werden kann. In E reduziert eine anfängliche hemmende Aktion das EPSP, so daß es keinen Impuls mehr erzeugt, und der spike im Axon wird ebenfalls unterdrückt. Offensichtlich erreichen hemmende Synapsen ihre Wirkung dadurch, daß sie das IPSP erzeugen, das der depolarisierenden Aktion der EPSPs direkt entgegenwirkt. So haben wir die Frage: Was tun die inhibitorischen Synapsen? auf dieser Ebene gelöst. Es gibt jedoch noch viel mehr Fragen zu beantworten.

Wir kehren nun zu der Abb. III 3B zurück, in der der inhibitorische synaptische Endkolben mittels eines durch die geöffneten Ionenschleusen über die subsynaptische Membran nach außen fließenden Stromes die Membran auflädt. Entlang der angezeigten Stromflußlinien wird die Ladung an der neuronalen Membran im allgemeinen erhöht. Wir können nun fragen: Worin besteht der Ionenmechanismus, der für den über die subsynaptische Membran nach außen fließenden Strom verantwortlich ist? Ein erster Schritt ist die Bestimmung des Gleichge-

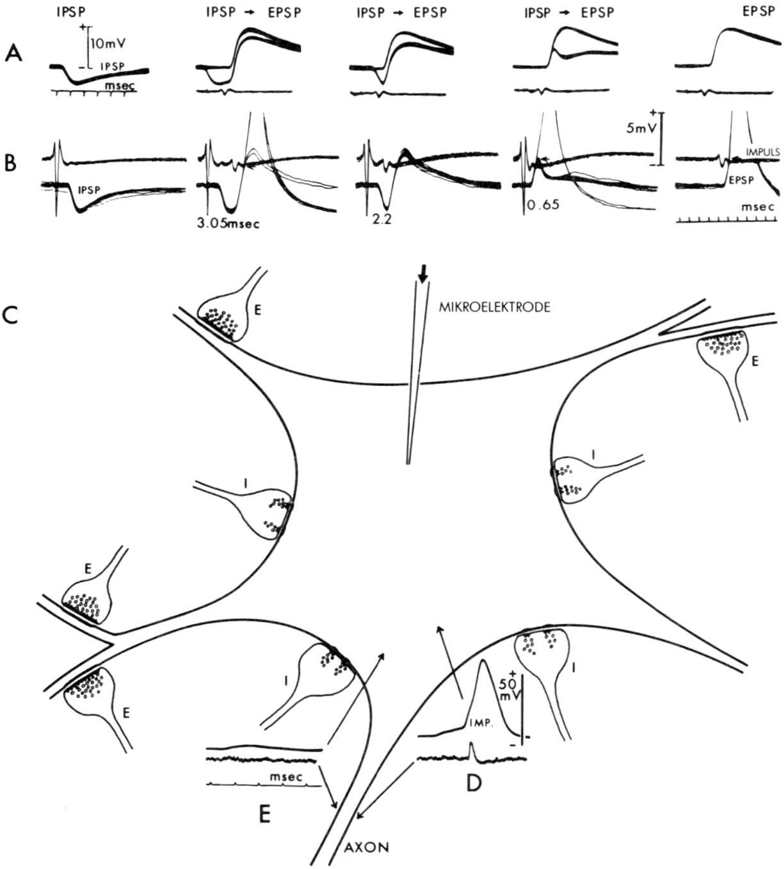

Abb. III 7. Zusammenfassendes Schema exzitatorischer und inhibitorischer Synapsenaktion. In C sind die exzitatorischen (E) und inhibitorischen (I) Synapsen mit charakteristischen histologischen Eigenschaften abgebildet (vgl. Abb. I 4B). Ausführliche Beschreibung im Text.

wichtspotentials in der in Abb. III 6 G illustrierten Weise. Das bei dem Ruhemembranpotential (– 74 mV) beobachtete IPSP wurde durch Depolarisation der Membran (–64 mV und –56 mV) erhöht und schlug bei Hyperpolarisation der Membran auf –82 mV und noch mehr bei –96 mV um. Auf diese Art kann man den Punkt bestimmen, an dem der Ionenfluß während des IPSP Null ist. Dies ist das Gleichgewichtspotential E_{IPSP}, das etwa –80 mV (Abb. III 3C, D) beträgt. Die Ionenschleusen sind offen, aber die Ionenflüsse tragen unter diesen Bedingungen eine Netto-Null-Ladung.

Wir fragen nun: Um was für Ionen handelt es sich? Betrachtet man Abb. III 3C und D, so scheint es wahrscheinlich, daß es Chlor- und Kalium-Ionen sind. Das Gleichgewichtspotential für das IPSP pendelt sich gerade in der Mitte zwischen den betreffenden Gleichgewichtspotentialen von etwa – 70 mV für E_{Cl} und – 90 mV für E_K ein. Da das Gleichgewichtspotential für Natrium bei + 60 mV liegt, ist es offensichtlich daß sogar eine minimale Öffnung der Natriumschleusen das E_{IPSP} nach oben verschieben und so die hyperpolarisierende Wirkung der Flußkombination von K^+- und Cl^--Ionen verhindern würde. Die Rolle der Chlorionen wurde geklärt, indem man Cl-Ionen in das Neuron injizierte und beobachtete, daß die Verschiebung des E_{IPSP} mit der Vorhersage übereinstimmt und reversibel ist.

Lux hat Anhalte dafür geliefert, daß es eine nach außen gerichtete Cl^- Pumpe an der neuronalen Membran gibt. Als Folge davon könnte der Wert des Cl^- Gleichgewichtspotentials −80 mV betragen und nicht bei demjenigen des Ruhemembranpotentials von −70 mV liegen, wie in Abb. I 13. Lux war so imstande, die Hyperpolarisation des IPSP als ausschließlich auf der Öffnung der Cl^- Schleusen beruhend zu erklären, wobei K^+ Ionen keine wesentliche Rolle spielen. Meine Kollegen und ich haben jedoch kürzlich gefunden, daß Lux' experimenteller Anhalt bei Motoneuronen bei den sehr großen IPSPs des Hippokampus nicht einmal andeutungsweise gewonnen werden kann (vgl. Abb. III 10A, B, C). Bei den Pyramidenzellen des Hippokampus gibt es keinen Anhalt für eine nach außen gerichtete Cl^- Pumpe, die von der inneren Konzentration von Cl^- abhängig ist, wie von Lux postuliert. Daher gelten die gekoppelten Chlorid-Kalium-Ionenflüsse wahrscheinlich weiterhin für die sehr wichtigen inhibitorischen Synapsen auf den höheren Hirnebenen.

Die Abb. III 8 zeigt Modelle von inhibitorischer Synapsenaktion. In A und B sind zwei Ionenkanäle durch das bimolekulare Blättchen der Oberflächenmembran, wie in Abb. I 12 illustriert, zu sehen. Eine Schleuse ist geschlossen und eine durch die sterischen Aktionen des Transmittermoleküles, das sich an den Rezeptor angeheftet hat, geöffnet. Es ist nachgewiesen worden, daß es sich bei den inhibitorischen Transmittern der inhibitorischen Aktion im Zentralnervensystem der Säugetiere um Aminosäuren handelt, bei einigen Synapsen um Glycin und bei anderen um *Gammaaminobuttersäure* (GABA). Man glaubt außerdem, daß diese Transmitter in die synaptischen Vesikel in den synaptischen Endkolben »verpackt« sind (vgl. Abb. I 4B) und quantenweise in den Synapsenspalt freigesetzt werden.

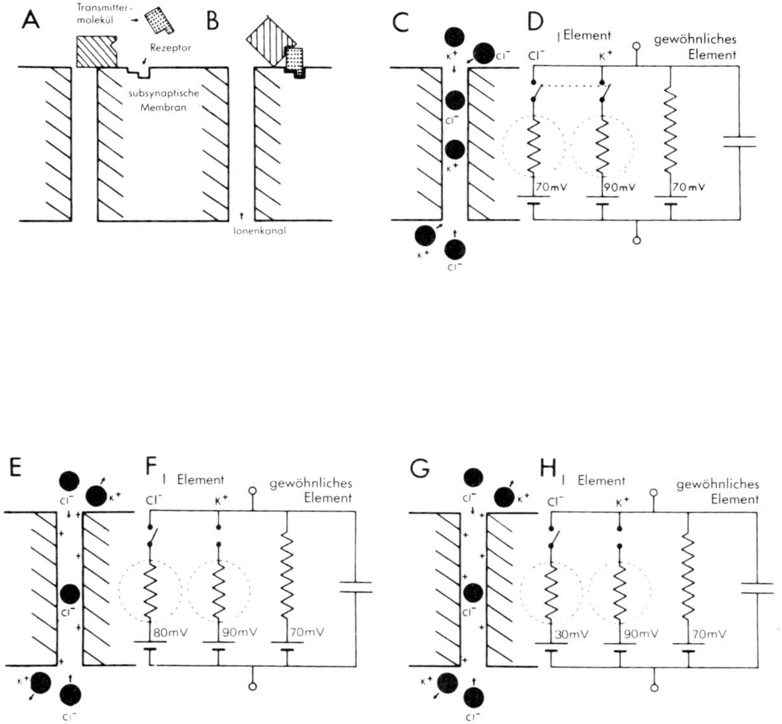

Abb. III 8. Schemata, die die Hypothesen über die von einer Vielzahl von inhibitorischen Synapsen bei der Erzeugung der IPSPs verwendeten Ionenmechanismen zusammenfassen. Ausführliche Beschreibung im Text.

Durch Diffusion findet ein Transmittermolekül einen sterischen Rezeptor, wie in Abb. III 8B und ist dadurch in der Lage, die Schleuse für etwa 1 ms zu öffnen. Nun können Cl^- Ionen aufgrund von Diffusion durch den so geöffneten Ionenkanal strömen (Abb. III 8D), und das ergibt den subsynaptischen Strom, der das inhibitorische postsynaptische Potential erzeugt.

Die Ionenkanäle für die inhibitorische Aktion scheinen keine chemische Spezifizierung zu besitzen. Sie verfügen nur über ein Unterscheidungsvermögen für Größe. Man hat zum Beispiel gezeigt, daß alle 11 Arten von Anionen, die im hydratisierten Zustand unter einer kritischen Größe (2,9 Å) liegen, die Kanäle ungeachtet ihrer chemischen Eigenschaften durchqueren, während alle, die eine kritische Größe überschreiten, zurückgehalten werden. So wirkt die aktivierte inhibitorische postsynaptische Membran lediglich als ein Sieb mit einer kritschen Porengröße, wie in Abb. III 8C schematisch dargestellt. D zeigt ein elektrisches Modell, das die Gleichgewichtspotentiale für die Cl^- Ionen, wie in Abb. III 3C wiedergegeben, sowie das normale Membranmodell von Abb. I 13B enthält.

Der Ionenmechanismus zur Erzeugung motoneuraler IPSPs gemäß der Hypothese von Lux ist in Abb. III 8E und F abgebildet, in der die Batterie auf dem Cl^- Kanal in F bei -80 mV in Übereinstimmung mit dem für E_{Cl} als Folge der nach außen gerichteten Cl^- Pumpe postulierten Wert dargestellt ist. Der Ionenkanal zeigt sich für K^+ undurchlässig. Abb. III 8G und H zeigen in derselben Anordnung die Aktionsweise des präsynaptischen inhibitorischen Transmitters (ebenfalls GABA) bei der Erzeugung einer Depolarisation (vgl. Abb. III 12). Eine weitere Beschreibung erfolgt später. In Abb. III 8 nicht dargestellt sind viele inhibitorische Synapsen bei Wirbellosen, bei denen die Öffnung der Ionenschleusen zu keiner Veränderung des normalen Membranruhepotentials führt. Fehlt ein Cl^- Pumpenmechanismus, so besteht ein Cl^- Gleichgewicht, doch die Hemmung wird weiter ausgeführt, weil der Depolarisation exzitatorischer Synapsen ein Ionenmechanismus entgegenwirkt, der dafür sorgt, das Membranpotential auf dem Ruhespiegel zu halten. Es wurde angenommen, daß die Anionen einen Kanal passieren und die Kationen abgestoßen werden, wenn auf dem Kanal positive Ladungen fixiert sind (Abb. III 8E und G) und umgekehrt, wenn negative Ladungen fixiert sind. Dies ist die gebräuchliche Theorie der inhibitorischen Synapsenaktion. Ich denke, sie ist noch zu einfach, doch hält sie einer großen Vielfalt von Nachprüfungen bemerkenswert gut stand.

D. Allgemeine Kennzeichen der Synapsenübertragung im Gehirn

Kehren wir nun zu dem allgemeinen Schema chemisch übertragender Synapsen in Abb. II 11A zurück. Der wundervolle Evolutionsprozeß bewirkte nicht immer nur Neuerungen. Waren gute Lösungen entwickelt, so wurden sie durch natürliche Selektion beibehalten. Sie hatten Überlebenswert, und sicherlich besaß die chemische Synapsenübertragung einen hohen Überlebenswert. Sie wurde vor langer Zeit bei vergleichsweise primitiven Wirbellosen erfunden. Und sogar die Überträgersubstanzen an Säugetiersynapsen haben größtenteils

Verwandte bei den Wirbellosen. Die detaillierten Charakteristika von Abb. II 11A treffen sowohl auf exzitatorische als auch auf inhibitorische Synapsen des Zentralnervensystems zu (Abb. I 3B, I 4B). Da finden sich die Vesikel in den präsynaptischen Endigungen, ein Synapsenspalt von ähnlicher Dimension und eine postsynaptische Membran mit Empfindlichkeit gegenüber der Transmittersubstanz, die die Ionenschleusen öffnet, wie in der Vergrößerung in Abb. II 11B dargestellt ist.

An den exzitatorischen Synapsen im Zentralnervensystem spielen sich im wesentlichen die gleichen Vorgänge wie an der neuromuskulären Verbindung ab. Der Alles-oder-Nichts-Prozeß breitet sich zu der Endigung hin aus, an der sich die Natrium(Na_D)- und Kalium(K_D)-Schleusen bei einem kritischen Depolarisationsspiegel öffnen. An der Endigung kommt es zusätzlich zu einer Öffnung von Ca_D-Schleusen, so daß Calciumionen eintreten und an dem Prozeß teilhaben, durch den die Vesikel ihren Quanteninhalt an Transmitter in den Synapsenspalt entladen. Dieser Transmitter diffundiert dann zu der subsynaptischen Membran, wie in Abb. II 10A, und bleibt vorübergehend an den sterischen Rezeptorstellen (vgl. Abb. I 12) haften, die ihm erlauben, die in Abb. II 11B gezeigten Natrium (Na_T)- und Kalium(K_T)-Schleusen zu öffnen. Unglücklicherweise sind die exzitatorischen Überträgersubstanzen an Hirnsynapsen immer noch weitgehend unbekannt. In einigen Fällen ist es Acetylcholin, in vielen könnte es Glutamat oder Aspartat sein, und wahrscheinlich gibt es noch andere Substanzen, wie die Katecholamine.

Die Ionenflüsse durch die Na_T- und K_T-Kanäle depolarisieren die postsynaptische Membran ausreichend, um die für die Impulsübertragung zuständigen Natrium- und Kaliumschleusen, d. h. die in Abb. II 11B offen gezeigten Na_D- und K_D-Schleusen zu öffnen. Die Na_D-Schleusen für die Impulsübertragung im Gehirn werden in der gleichen Weise durch Tetrodotoxin (TTX) blockiert, und man nimmt an, daß die Kaliumschleusen (K_D) analog durch intrazelluläres Tetraäthylammonium (TEA) blockiert werden. Es spricht alles dafür, daß die Impulsübertragung im Zentralnervensystem im Prinzip die gleiche wie in peripheren Nerven ist. Ebenso nimmt man an, daß die zentral dämpfenden Effekte von Mangan und Magnesium auf deren Wirkung beruhen, Ca^{2+}-Ionen an ihrer Passage durch die Ca_D-Kanäle zu hindern.

Der einzige Unterschied bei zentralen inhibitorischen Synapsen ist, daß die Aminosäuren Glycin oder Gammaaminobuttersäure (GABA) sind und daß diese Transmitter die Kanäle über die subsynaptische Membran für Chlorid oder für Chlorid und Kalium und grundsätzlich nicht für Natrium öffnen. Dennoch ist es im wesentlichen der gleiche Vorgang. Der präsynaptische Impuls öffnet bei einem bestimmten Depolarisationsspiegel die Calciumschleusen, und der Einstrom von Ca^{2+} Ionen setzt den Transmitter quantenweise frei. Der Transmitter diffundiert über den Synapsenspalt und öffnet mit den nachfolgenden Ionenströmen Ionenschleusen, welche die Ladung an der subsynaptischen Membran erhöhen, und verursacht so den Stromfluß (Abb. III 3B), der die postsynaptische Membran hyperpolarisiert.

E. Einfache neuronale Bahnen im Gehirn

Wir kommen nun zu den neuronalen Bahnen im Gehirn. Viele Fragen sind zu beantworten. Wie wirken sich die Eigenschaften einzelner Synapsenaktionen in der Verknüpfung neuronaler Verbände zu einem sinnvollen Funktionsablauf aus? Welche Prinzipien neuronaler Organisation können wir definieren? Wie wird Information von den Rezeptoren zu höheren Hirnzentren weitergeleitet? In Kapitel IV werden wir das komplementräre Problem behandeln, wie höhere Hirnzentren auf niedrigere Zentren wirken, um schließlich motoneuronale Entladung und auf diese Weise Bewegung zustande zu bringen.

1. Die Bahnen für Ia-Impulse

Die Abb. III 1A zeigt eine sehr einfache Bahn, in der eine afferente Ia-Faser von einem Muskel in das Rückenmark eintritt und sich aufzweigt, so daß die Entladungen von diesem annulospiralen Rezeptor sowohl eine exzitatorische als auch eine inhibitorische Aktion ausüben können. Die inhibitorische Bahn muß an einem Interneuron umgeschaltet werden, weil das afferente Neuron selbst nur exzitatorisch wirken kann, vermutlich, weil es nur die exzitatorische Überträgersubstanz herstellen kann. So kommt die Umwandlung über ein Interneuron zustande, das eine andere biochemische Kompetenz hat, einen andersartigen Transmitter zu produzieren, der eine inhibitorische Synapsenwirkung besitzt. Es ist anzunehmen, daß das Interneuron speziell für diesen Zweck über einen genetischen Code verfügt, der aus einer differenzierenden Mitose hervorgegangen ist, wie in Kapitel V diskutiert werden soll. So weit wir wissen, sind alle afferenten Fasern, die in das Rückenmark einlaufen, exzitatorisch in ihrer Wirkung.

Damit eine zentrale inhibitorische Aktion zustande kommt, muß die Transformation über auf Hemmung spezialisierte Interneurone stattfinden, wie für den Ia Input in Abb. III 1A gezeigt wird. Diese Forderung erklärt viele der Konstruktionsmerkmale im Gehirn. Abb. III 1A ist ein Beispiel für die einfachste Bahn, die Exzitation und reziproke Inhibition über eine inhibitorische feed-forward-Bahn bewirkt.

2. *Die Renshaw-Zellbahn*

In Abb. III 9 sieht man ein einfaches Beispiel einer inhibitorischen feedback-Bahn. A zeigt ein Motoneuron mit seinem Axon, das, wie schon in Abb. II 1 gezeichnet, bis zum Muskel verläuft und dort über den Transmitter, Acetylcholin, wirkt. Die gestrichelten Linien des Axons deuten an, daß es viele Zentimeter verläuft, nachdem es das Rückenmark verlassen hat und bevor es den Muskel erreicht. Aber dieses motoneuronale Axon sendet im Rückenmark Kollaterale aus, die Synapsen auf speziellen Neuronen bilden, *Renshaw-Zellen*, wie ich sie nach Birdsey Renshaw benannte, einem hervorragenden amerikanischen Neurobiologen, der an Poliomyelitis starb, als er noch sehr jung war. Er entdeckte diese Zellen und zeichnete ihre einzigartigen Antworten auf, aber er lebte nicht lange genug, um ihre Operationsweise aufzuklären. Meine Mitarbeiter Fatt und Koketsu und ich hatten das Glück, dieses Ergebnis später wieder aufgreifen zu können, wobei wir dieser bemerkenswerten Spezies von Neuron ihren Namen gaben.

Leider wurde sogar die Existenz dieser Neurone abgestritten. Es sind Neurone mit einer wunderbaren und interessanten Funktion, doch sie wurden nicht als solche gewertet, und der neuronale Status wurde ihnen abgesprochen, indem man den absurden Namen Renshaw-Elemente für sie erfand und annahm, sie seien lediglich Kollaterale des motorischen Axons, die vermutlich direkt auf den Motoneuronen Synapsen bildeten! Ich freue mich, sagen zu können, daß diese gesamte Opposition vor wenigen Jahren wirkungsvoll bekämpft worden ist. Jankowska in Schweden und Voorhoeve in Amsterdam und ihre Mitarbeiter haben in diese Zellen feine, mit Prociongelb gefüllte Mikropipetten eingesetzt. Erst wiesen sie durch elektrische Ableitung nach, daß sich die Mikropipette in einer Renshaw-Zelle befand, dann spritzten sie die gelbe Farbe ein, die sich über die gesamte verzweigte Struktur der Zelle

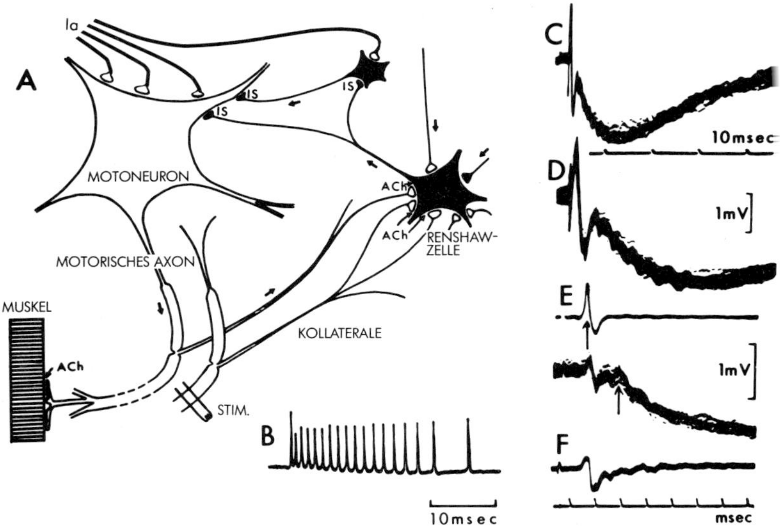

Abb. III 9. Feedback-Inhibition über Renshawzellen. Ausführliche Beschreibung im Text. I. S. bezeichnet inhibitorische Synapsen und ACh exzitatorische Synapsen, die mit Acetylcholin als Transmitter arbeiten (*J. C. Eccles, P. Fatt und K. Koketsu, J. Physiol. 126, 524, 1954*).

ausbreitete und so in einem histologischen Präparat das Soma, die Dendriten und das Axon erkennen ließ, genau wie wir sie die ganze Zeit über aufgrund unserer elektrophysiologischen Analysen gezeichnet hatten.

Werden durch elektrische Stimulation Impulse in den motorischen Axonen erzeugt, so feuern die Renshaw-Zellen in einem langen Ausbruch, oft mit einer extrem hohen Frequenz wie auf Abb. III 9B! Verschiedenste pharmakologische Experimente haben nachgewiesen, daß der exzitatorische Transmitter Acetylcholin ist, genau wie an den neuromuskulären Synapsen, die von den gleichen motorischen Axonen gebildet werden. Dies geschieht in genauer Übereinstimmung mit Dales Prinzip, das – in meiner Definition – nachgewiesen hat, daß an all den Synapsen, die von einem Neuron gebildet werden, der gleiche Transmitter wirksam ist. Zum Beispiel haben alle Synapsen, die von einem Motoneuron gebildet werden, Acetylcholin als Transmitter, trotz großer Verschiedenheit der Lokalisation (zentral oder peripher), der Endigungsweise und der Zielzellen. Die Renshaw-Zelle sendet ihr Axon zur Bildung inhibitorischer Synapsen auf Motoneuronen aus. Abb. III 9C und D zeigen das große IPSP (bei zwei verschiedenen Papiergeschwindigkeiten), das durch die rasche Entladung der Renshaw-Zelle (B) in dem Motoneuron erzeugt wurde. Die Latenzperiode für das IPSP ist durch Vergleich der extrazellulären Ableitung des Motoneurons (F) mit der intrazellulären (untere Kurve von E) zu erkennen. Dabei sieht man, daß das IPSP bei dem Pfeil beginnt, nur 1,1 msec nach der Salve in den motorischen Axonen, die durch den Pfeil in der oberen Kurve von E markiert ist (beachte die schnellere Zeiteinheit für E und F). Diese Latenz zeigt, daß gerade genug Zeit für die Bahn über die Renshaw-Zellen zum Motoneuron, das in Abb. III 9A abgebildet ist, vorhanden ist.

Weiterhin sieht man in A, daß die Renshaw-Zelle auch inhibitorische Synapsen auf einem inhibitorischen Interneuron bildet. Dies ist in vielen Fällen das gleiche inhibitorische Interneuron, das sich auf den inhibitorischen Ia-Bahnen zu den Motoneuronen befindet (Abb. III 1A). Die Wirkung der Renshaw-Zelle auf dieses inhibitorische Interneuron besteht darin, eine Hemmwirkung auf seine hemmende Aktion auszuüben, d. h. seine hemmende Aktion zu verringern, als ein Äquivalent von Exzitation. Beseitigung von Hemmung verursacht so Exzitation durch einen Prozeß, der *Disinhibition* genannt wird.

Man kann in diesem Umkreis eine Menge hübscher, trickreicher Physiologie finden, aber ich möchte mich auf die feedback-Operation konzentrieren. Was ist der springende Punkt dabei? Je intensiver das Motoneuron in Abb. III 9A Impulse feuert, desto mehr schaltet es sich selbst durch den negativen feedback über die Renshaw-Zellen aus. Man könnte vielleicht sagen, das dies ein Beispiel für schlechte Konstruktion und Verschwendung neuronaler Aktivität sei. Aber es ist nicht so leicht zu verstehen, wie es in dem stark vereinfachten Schema der Abb. III 9A aussieht. Die Motoneurone aktivieren viele Renshaw-Zellen über ihre Axonkollaterale, und jede dieser Renshaw-Zellen hemmt viele Motoneurone. Dies ist ein sehr gutes Beispiel für die Prinzipien von Divergenz und Konvergenz, die früher in diesem Kapitel erwähnt worden sind. Jede Renshaw-Zelle hemmt eine Schar von Motoneuronen, weitgehend ungeachtet der Funktion. Feuert eine Gruppe von Motoneuronen heftig, so wird sie über die Renshaw-Zellen eine starke feedback-Hemmung auf den gesamten Motoneuronverband in ihrer Nachbarschaft ausüben – egal, was diese gerade tun. Als Folge davon kommt es zu einer Unterdrückung aller schwachen Entladungen. Nur die stark erregten Neurone durchbrechen dieses inhibitorische Sperrfeuer. Auf diese Weise wird der eigentliche motorische Ablauf durch die Ausschaltung verstreuter, schwach antwortender Motoneurone, die häufig einige Unordnung in der Bewegung verursachen würden, über den negativen feedback viel selektiver gestaltet.

3. Die Hippocampus-Korbzellenbahn

Die Abb. III 10 bringt ein weiteres Beispiel einer feedback-Bahn zu einer Pyramidenzelle im Hippokampus (Ammonshorn), der ein primitiver Teil der Hirnrinde ist. Das mit p bezeichnete Neuron in F ist die gleiche Art von Neuron wie dasjenige in Abb. I 3B, aber es ist umgekehrt, mit nach unten zeigenden apikalen Dendriten und nach oben zeigendem Axon abgebildet. Von dem Axon geht eine Kollaterale genau wie diejenige des Motoneurons in Abb. III 9A aus und bildet eine exzitatorische Synapse auf einem Neuron (b), das wir mit einer Renshaw-Zelle vergleichen können, weil sein Axon (ba) sich vielfach aufzweigt und inhibitorische Synapsen auf den Somata dieser und in der Nähe liegender Pyramidenzellen bildet. Dies ist ein weiteres Beispiel für feedback-Hemmung. Je mehr diese Pyramidenzelle feuert, desto mehr aktiviert sie die feedback-Hemmung.

Ramón y Cajal nannte diese inhibitorischen Neurone (b) Korbzellen, weil sie die Somata der Pyramidenzellen korbartig umfassen. Er war der Ansicht, sie seien exzitatorisch. Doch 1963 wiesen meine Mitarbeiter und ich, frühere Untersuchungen von Spencer und Kandel fortsetzend, mit einer Reihe von Experimenten, die zum Teil in Abb. III 10 dargestellt sind, nach, daß sie inhibitorisch sind. In den unteren Kurven, A, B und C, kann man die von den Korbzellsynapsen in einer Hippocampus-Pyramidenzelle hervorgerufenen, sehr großen IPSPs sehen. Die oberen Kurven sind die Kontrollableitungen, bloß außerhalb der Zelle. COM, SEPT und LOC bezeichnen drei verschiedene Lokalisationen der Stimulation zur Erregung der Korbzellen. Extrazelluläre Ableitung in der dargestellten Tiefe bildet das Profil des Feldpotentials in D und E, das anzeigt, daß das IPSP auf der Ebene der Somata erzeugt wird. Die Auftragungen in E zeigen die Feldpotentiale, wie sie in den der in F gezeichneten Pyramidenzelle entsprechenden Tiefen abgeleitet und zu dem der senkrechten gestrichelten Linie in D entsprechenden Zeitpunkt gemessen wurden. Die maximale Positivität ist in der Tiefe der Somata in F vorhanden. Dies zeigt an, daß die inhibitorischen Synapsen dort lokalisiert sind. Ein Blick auf die Abb. III 3B läßt erkennen, daß die inhibitorische Synapse die Quelle des Stromflusses zur übrigen Zelle ist, wie die Vektoren in Abb. III 10F andeuten.

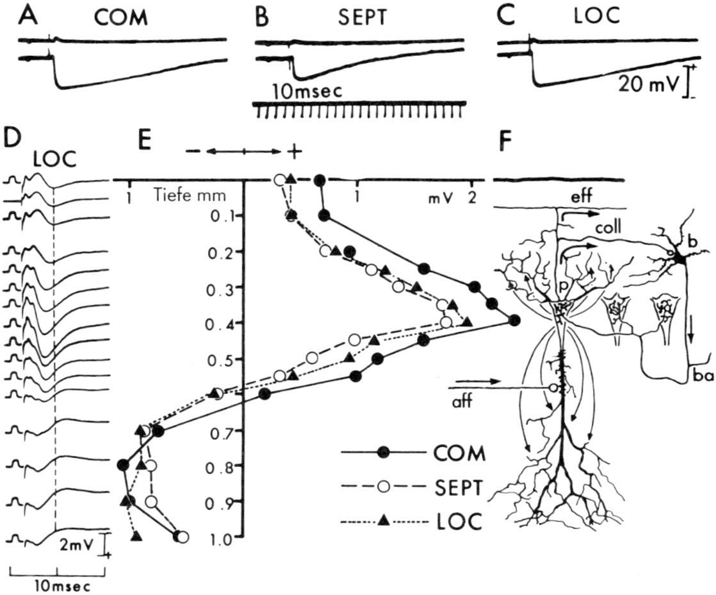

Abb. III 10. Feedback-Inhibition über Korbzellen im Hippocampus. Ausführliche Beschreibung im Text (*P. Andersen, J. C. Eccles und Y. Løyning, J. Neurophysiol. 27, 592, 608, 1964*).

Auf diese Weise gelang auch der Nachweis, daß die Korbzellen Ramón y Cajals inhibitorisch sind, und so wurde die Lokalisation inhibitorischer Synapsen zum erstenmal definiert (Abb. III 10F). Ihre Anhäufung auf dem Soma der Hippokampus-Pyramidenzelle ist ein strategisch ausgezeichneter Platz, weil ihre Funktion darin besteht, das Feuern der Zelle zu beenden. Diese Lokalisation auf dem Soma machte es möglich, inhibitorische Synapsen in elektronenmikroskopischen Bildern zu identifizieren und ihre Morphologie zu definieren, wie schon in Abb. I 3B (e, f, g) gezeigt worden ist.

Andersen und Mitarbeiter haben auch gezeigt, daß die zahlreichen Synapsen mit Spine-Apparaten auf den Dendriten, die Typen a bis d in Abb. I 3B, exzitatorisch sind. Diese Synapsen sind sehr leistungsfähig und können Impulsentladungen erzeugen, die sich den apikalen Dendriten hinab zum Soma und weiter das Axon hinunter ausbreiten. Die inhibitorischen Synapsen jedoch sind ebenfalls sehr leistungsfähig, wie man an den großen IPSPs der Abb. III 10A, B, C sehen kann. Ihre Lokalisation auf dem Soma am Axonursprung entscheidet endgültig, ob sich der Impuls das Axon hinab ausbreiten darf. Es ist eine gute strategische Anordnung, die inhibitorischen Synapsen an der optimalen Stelle zu lokalisieren. Befänden sie sich zum Beispiel auf den Dendriten, so wären näher am Soma erzeugte Impulse imstande, unbeeinträchtigt durch inhibitorische Impulse das Axon hinab zu feuern. Mit seltenen Ausnahmen sind inhibitorische Synapsen bei allen Arten von Neuronen auf oder nahe dem Soma angeordnet.

4. Allgemeines über inhibitorische Bahnen

Abb. III 11A ist ein allgemeines Schema der feedback-Bahnen, deren Operationen in den Abb. III 9 und 10 illustriert wurden. Abb. III 11B zeigt die feed-forward-Bahn, die für die Ia afferenten Fasern aus Muskelrezeptoren gezeichnet worden ist (Abb. III 1A), wo kollaterale Äste der exzitatorischen afferenten Fasern inhibitorische Interneurone erregen, die Neurone in der Vorwärtsrichtung hemmen. Von diesen beiden inhibitorischen Bahnen ist jetzt bekannt, daß ihr allgemeiner Wert nicht nur darin liegt, den Erregungsspiegel zu dämpfen und so Entladungen von allen schwach erregten Neuronen zu unterdrücken. Zusätzlich nehmen sie sehr wirkungsvoll an der neuronalen Integration teil, indem sie die Muster neuronaler Antworten prägen und modifizieren. Ich bin der Meinung, daß Inhibition ein formgebender Prozeß ist. Die Hemmung meißelt an der diffusen und ziemlich amorphen Masse exzitatorischer Aktion und verleiht dem neuronalen Geschehen in jedem Stadium von Synapsenübertragung eine spezifischere Form. Diese unterdrückende Aktion der Hemmung kann man in höheren Hirnebenen sehr klar erkennen – besonders im Cerebellum (Kleinhirn), wie wir in Kapitel IV sehen werden.

Der andere Punkt, den ich besonders betonen möchte, ist, daß die inhibitorischen Zellen ungewöhnlich spezifizierte Zellen sind, wie schon festgestellt worden ist. Sie wirken über besondere Transmittersubstanzen, die im Rückenmark fast immer in Glycin, in den supraspinalen Ebenen, den höheren Bereichen des Gehirns, dagegen fast immer in Gammaaminobuttersäure (GABA) bestehen. Diese beiden Überträgersubstanzen sind sehr ähnlich in ihrer Wirkung, sie öffnen die gleichen Ionenschleusen, d. h. die Schleusen für Kalium- und Chlorid-Ionen, wie in Abb. III 8C, D. Es ist zu erwarten, daß Substanzen, die mit der inhibitorischen Synapsenaktion interferieren, ungezügelte exzitatorische Aktion von Neuron zu Neuron verursachen und so zu Konvulsionen führen. Dies ist tatsächlich der Fall. Es gibt, wie Curtis und seine Mitarbeiter zeigten, zwei Klassen von Konvulsiva, solche wie Strych-

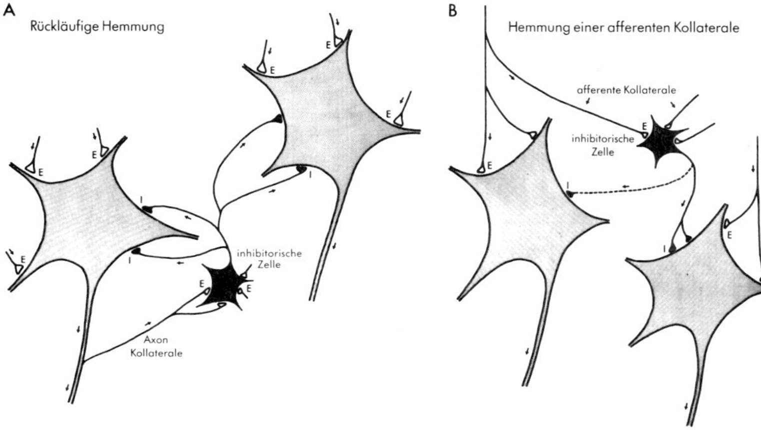

Abb. III 11. **Schema der zwei Typen inhibitorischer Bahnen, feedback in A, feedforward in B, wie im Text beschrieben.**

nin, die selektiv die Glycinübertragung blockieren, und solche wie Bicucullin und Pikrotoxin, die selektiv die GABA-Übertragung blokkieren.

Die Aufklärung der zentralen inhibitorischen Geschehnisse des Gehirns war ein großer Erfolg. Wir begreifen sie jetzt besser als die zentralen exzitatorischen Vorgänge. Von wenigstens zehn supraspinalen inhibitorischen Bahnen ist jetzt bekannt, daß sie mit GABA arbeiten, und bei fast ebenso vielen spinalen Bahnen wurde als Transmitter Glycin nachgewiesen. Eine sehr wichtige Feststellung ist, daß die Neurone des Säugetiergehirns entweder exzitatorisch oder inhibitorisch sind – niemals beides. Meine Mitarbeiter und ich veröffentlichten dieses Postulat erstmals 1954. Es ist seither heftig attackiert worden. Anfänglich hatten wir nur vier Arten inhibitorischer Neurone als Grundlage für diese Behauptung. Wegen der Einzigartigkeit inhibitorischer chemischer Transmitteroperationen und des spezifischen Antagonismus durch Strychnin schien sie aber doch richtig. Das Postulat stand in Beziehung zu Dales Prinzip, weil inhibitorische Synapsenaktion durch auf diesen Zweck spezialisierte Transmittersubstanzen bewirkt werden müßte. Jetzt ist es möglich, über dreißig Arten inhibitorischer Neurone in verschiedenen Teilen des Säugetiergehirns aufzuzählen, die nichts anderes als Hemmung bewirken und vermutlich entweder mit GABA oder mit Glycin arbeiten. Außerdem wurde eine sogar noch größere Zahl von Arten rein exzitatorischer Neurone identifiziert. Ambivalente Neurone sind im Gehirn von Säugetieren nicht bekannt. Bei den Versuchen, die neuronalen Bahnen im Gehirn zu enträtseln, ist die Erkenntnis hilfreich, daß der erste große Schritt in der Identifizierung der exzitatorischen und inhibitorischen Neurone besteht. Dieses Kriterium einer scharfen Klassifizierung ist von ausschlaggebender Bedeutung für den Versuch, die Arbeitsweise von Zellverbänden in den Kern- und Rindenstrukturen des Gehirns zu entdecken, denn man braucht sich nicht damit zu plagen, die eher verwirrende Frage zu stellen, ob manche Arten von Neuronen sowohl inhibitorisch als auch exzitatorisch sind. Allerdings muß die Möglichkeit einer exzeptionellen neuronalen Funktionsweise immer im Auge behalten werden. Wir kommen nun zu der weitestgehenden Annäherung an eine solche Ausnahme. Sie findet sich bei den speziellen Synapsenmechanismen, die das bewirken, was präsynaptische Inhibition genannt wird.

F. Präsynaptische Inhibition

Der Einfallsreichtum des Evolutionsprozesses wird durch einen ganz andersartigen neuronalen Mechanismus zur Unterdrückung exzitatorischer Synapsenaktion gut illustriert. Wie ihr Name besagt, wird die inhibitorische Aktion bei der *präsynaptischen Inhibition* durch Unterdrückung der Ausschüttung exzitatorischen Transmitters aus den präsynaptischen Endigungen und nicht durch Antagonisierung der postsynaptischen Wirkung dieses Transmitters, wie zum Beispiel in den Abb. III 7A, B, erzeugt. Die präsynaptische Hemmung ist in niedrigeren Hirnebenen sehr verbreitet und mächtig. Man studiert sie am besten an den Synapsenrelais primärer afferenter Fasern im Rückenmark, wie sie in Abb. I 6 oder III 1A schematisch dargestellt sind, oder an deren Relais in den *Hinterstrangkernen*, wie in Abb. III 13 (Nucleus cuneatus). Alle Impulse in großen afferenten Fasern üben eine präsynaptische inhibitorische Wirkung an den zentralen Endigungen afferenter Fasern aus.

Die Abb. III 12 ist ein zusammengesetztes Bild, das die grundlegende Synapsenstruktur und die Aktionsweise der präsynaptischen Inhibition illustriert. Wie schon im Zusammenhang mit Abb. I 4A erwähnt, beobachtet man das Vorkommen von Synapsenendigungen auf präsynaptischen terminalen Fasern, wie in Abb. III 12 gezeigt. Diese axo-axonischen Synapsen werden von präsynaptischen inhibitorischen Fasern, den Axonästen spezieller Interneurone im Rückenmark, gebildet. So läuft die Bahn, genau wie bei der postsynaptischen Hemmung (Abb. III 1A) über Interneurone, aber es handelt sich um andersartige Interneurone.

Die präsynaptische Hemmung wird durch den folgenden Geschehensablauf erklärt. Impulse auf der präsynaptischen inhibitorischen Faser depolarisieren die präsynaptische Endigung, wie man an den intrazellulären Ableitungen von dort für 1, 2 oder 4 Stimuli auf den präsynaptischen inhibitorischen Input in Abb. III 12C sehen kann. Als Konsequenz dieser Depolarisation verkleinert sich das Aktionspotential der Impulse in der präsynaptischen Endigung. Dies hat einen verminderten Transmitter-Output zur Folge, genau wie man es an peripheren Synapsen beobachtet hat (Abb. II 13). Das wird durch die im Vergleich zur Kontrolle (CON) verminderten EPSPs in Abb. III 12, A, B demonstriert. Diese Verminderung ist für die inhibitorische Depression der durch die Synapsenerregung ausgelösten Reflexentladung verantwortlich. In Abb. III 12D beispielsweise zeigen die zweite und dritte Kurve die Reflexhemmung, die erste Kurve stammt vom Kontrollreflex.

Es ist wichtig, scharf zwischen den Arbeitsweisen präsynaptischer und postsynaptischer Inhibition zu unterscheiden. Bei der präsynaptischen Hemmung ist der Transmitter-Output reduziert, während die elektrischen Eigenschaften der postsynaptischen Membran nicht beeinträchtigt sind (wie es sich an den im Vergleich zur Kontrolle in E unveränderten, durch rechteckige Stromstöße erzeugten Potentialen in Abb. III 12F, G erweist). Die EPSPs darunter zeigen die Wirksamkeit der präsynaptischen Hemmung. Bei der postsynaptischen Hemmung sind die präsynaptischen Endigungen nicht betroffen. Die inhibitorische Aktion wird ausschließlich auf die postsynaptische Membran ausgeübt, die hyperpolarisiert wird (Abb. III 6, 7). Ich möchte vor Versuchen warnen, wie sie immer noch unternommen werden, präsynaptische Inhibition als eine postsynaptische inhibitorische Aktion weit draußen an den neuronalen Dendriten als sogenannte »entfernte Inhibition« (»remote inhibition«) zu deuten. Eine andere Schwierigkeit ergibt sich bei den Versuchen, den präsynaptischen inhibitorischen Effekt durch die extrazelluläre Anhäufung von Kalium zu erklären, die natürlich bei intensiver neuronaler Aktivität entsteht.

Präsynaptische Hemmung. Man verfügt nunmehr über klare Anhalte dafür, daß es sich bei den präsynaptischen inhibitorischen Transmittern um GABA handelt. GABA ähnelt präsynaptischen inhibitorischen Synapsen insofern, als sie ebenfalls eine Depolarisation der präsynaptischen Endigungen von primären afferenten Fasern bewirkt. Beide Wirkungen (sowohl von GABA als auch der präsynaptischen Synapsen) werden selektiv durch Bikukullin und Pikrotoxin unterdrückt. Außerdem bewerkstelligt GABA die Depolarisation der präsynaptischen Endigungen weitgehend durch eine Öffnung der Cl-Schleusen (Nicoll, Nishi), wie in Abb. III 8 G und H dargestellt. Das Gleichgewichtspo-

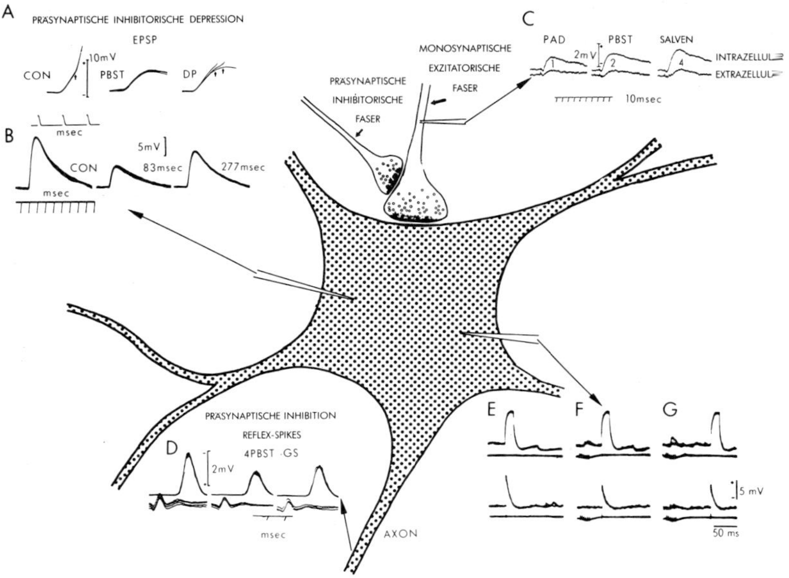

Abb. III 12. Präsynaptische Hemmung, Strukturen und verschiedene Typen von damit verbundenen Antworten. Ausführliche Diskussion im Text. A zeigt den Effekt einer kurzen repetitiven Stimulation der präsynaptischen inhibitorischen Fasern zweier Muskelnerven (PBST und DP), die Größe eines monosynaptischen EPSP unter den Kontrollspiegel (CON) zu reduzieren. In B findet eine viel größere Reduktion des EPSP zu den angegebenen Zeiten nach einer anhaltenden präsynaptischen inhibitorischen Aktivation statt (*J. C. Eccles. Progr. Br. Res. 12, 65, 1965*). D zeigt die Verminderung monosynaptischer Reflexsalven von Wadenmuskelmotoneuronen (siehe Text). E und G sind im Text erläutert (*E. Eide, I. Jurna und A. Lundberg, Conductance Measurements from Motoneurones during Presynaptic Inhibition, in: Structure and Function of Inhibitory Neuronal Mechanisms, S. 215, hrsg. von C. von Euler, S. Skoglund und V. Söderberg, Pergamon Press. 1968 entnommen*).

tential für diesen Ionenmechanismus liegt bei etwa – 30 mV, was anzeigt, daß in den präsynaptischen Fasern eine nach innen gerichtete Cl^- Pumpe vorhanden ist, die bewirkt, daß das E_{Cl} etwa 40 mV in der depolarisierenden Richtung vom Membranruhepotential beträgt. Beim Frosch gilt dieser Wert sogar peripher bis zu den Ganglienzellen der Dorsalwurzeln. Es ist von Interesse, daß der Transmitter GABA die Cl^- Schleusen bei seiner Tätigkeit sowohl in der postsynaptischen als auch der präsynaptischen Hemmung öffnet.

Allgemein kann man über die präsynaptische Inhibition sagen, daß sie keine klare Topographie besitzt. Sie ist über die Afferenzen einer Extremität weit verstreut, mit nur geringer Neigung zu fokaler Applikation. Präsynaptische inhibitorische Aktion durch die afferenten Fasern eines Muskels zum Beispiel wirkt auf die Afferenzen aus allen Muskeln dieser Extremität, ungeachtet der Funktion. Sie bezieht sich nicht selektiv auf eine Muskelklasse oder auf die Muskeln, die an irgendeinem Gelenk eines Gliedes ansetzen. Dieser weitgestreute, unspezifische Charakter ist genau das, was man für den allgemeinen, dämpfenden Einfluß des negativen feedback erwarten würde. Immerhin ist so etwas wie Organisation oder ein Muster in der Verteilung präsynaptischer Inhibition vorhanden. Dieses Muster hängt von der Klasse oder Beschaffenheit ab, auf die die präsynaptische Hemmung fällt, wobei afferente Hautfasern am stärksten betroffen sind.

Eine andere Regel ist, daß präsynaptische Hemmung auf der primären afferenten Ebene viel effektiver ist als auf den höheren Hirnebenen. Es hat sich jedoch gezeigt, daß sie einen wichtigen hemmenden Einfluß auf Bahnen durch den Thalamus und das laterale Corpus geniculatum ausübt, und sie wird von vom Gehirn absteigenden Bahnen für inhibitorische Aktion an Synapsen, die durch afferente Fasern entweder im Rückenmark oder in den Hinterstrangkernen entstanden sind, verwendet, wie in Abb. III 13. Bisher hat sich kein Anhaltspunkt für präsynaptische Inhibition auf den höchsten Ebenen des Säugetiergehirns, der Kleinhirnrinde und den Großhirnrinden, sowohl des Neocortex als auch des Hippokampus, ergeben. Diese Verwerfung präsynaptischer Inhibition stellt ein interessantes evolutionäres Problem auf höheren Hirnebenen zugunsten postsynaptischer Inhibition dar.

G. Die afferente Bahn für den Hautsinn

Die Abb. III 13 zeigt ein Schema der einfachsten Bahn von den Rezeptoren in der Haut zur Hirnrinde. Eine Berührung der Haut zum Beispiel veranlaßt einen Rezeptor, Impulse zu feuern, wie in Abb. I 7A dargestellt. Diese laufen direkt die Hinterstränge des Rückenmarks hinauf (den Tractus cuneatus für Hand und Arm), und nach einer synaptischen Umschaltung im Nucleus cuneatus und einer weiteren im Thalamus erreicht die Bahn dann die Hirnrinde. Auf dem Weg liegen also nur zwei Synapsen, und man mag fragen: Warum gibt es hier überhaupt welche? Warum gibt es keine direkte Linie? Der springende Punkt ist, daß jedes dieser Relais eine hemmende Aktion ermöglicht, welche die neuronalen Signale dadurch filtert, daß sie alle schwächeren exzitatorischen Aktionen, wie sie am unscharfen Rand jeder Berührung auftreten, ausschaltet. Auf diese Weise kommt am Ende ein viel klarer definiertes Signal in der Hirnrinde an, und dort findet dann das gleiche inhibitorische Meißeln an dem Signal wiederum statt. Als Konsequenz können Berührungsstimuli präziser lokalisiert und bewertet werden. Wegen dieser Hemmung ist ein starker Hautreiz oft von einem Bezirk reduzierter Empfindlichkeit umgeben. In dem Schema kommt nicht zum Ausdruck, daß im Nucleus cuneatus und im Thalamus sowohl präsynaptische als auch postsynaptische Hemmung vorkommen.

In Abb. III 13 sind auch die Bahnen von der Hirnrinde abwärts zu diesen beiden synaptischen Relais auf der Hautbahn gezeichnet. Auf diese Weise, durch Ausübung präsynaptischer und postsynaptischer Hemmung, ist die Hirnrinde imstande, diese Synapsen zu blockieren und sich so vor der Störung durch Hautreize, die vernachlässigt werden können, zu schützen. Dies geschieht beispielsweise, wenn man sehr intensiv beschäftigt ist, zum Beispiel mit der Ausführung einer Handlung oder beim Erleben oder Denken. Unter solchen Umständen kann man selbst starke Reize nicht wahrnehmen. In der Hitze eines Gefechts zum Beispiel können sogar schwere Verletzungen ignoriert werden. Auf einer weniger ernsten Ebene praktiziert man schon lange Schmerzlinderung durch Gegenreiz. Vermutlich wird inhibitorische Unterdrückung der Schmerzbahn zum Gehirn auf diese Weise zustandegebracht. Wenn ich eine Erklärung für Akupunktur geben sollte, so würde sie in ähnlichen Vorstellungen erfolgen. Die Nadelreize verursachen eine Stimulation von Hautbahnen, die die Schmerzbahnen durch inhibitorische Aktion an den verschiedenen Relais auf dem Weg zur Hirnrinde abschwächen, genau wie bei dem Gegenreiz. Ferner können wir die afferente Anästhesie, die Hypnose oder Yoga bewirken, durch die Hirnbahnen erklären, die die Hautbahnen zum Gehirn hemmen. In all diesen Fällen üben Entladungen von der Hirnrinde die Pyramidenbahn und andere Bahnen hinunter eine inhibitorische Blockade an den Relais in den spinocorticalen Bahnen, wie den in Abb. III 13 dargestellten, aus. Diese Fähigkeit der Hirnrinde ist wichtig, denn es ist unerwünscht, daß sich alle Entladungen der Rezeptoren ständig von unserem Körper in unser Gehirn ergießen. Das Konstruktionsmuster aufeinanderfolgender Synapsenrelais, von denen jedes verschiedene zentrale und periphere Inputs erhält, macht es möglich, Inputs auszuschalten, je nachdem, wie es die Situation erfordert.

Abb. 1 7A illustriert das Feuern eines dieser Hautrezeptoren als Antwort auf einen abgestuften Druck, der die in Mikron angegebenen Eindrücke bewirkt. In Grenzen gilt:

Je stärker die Einkerbung, desto schneller die Feuerrate. Es ist ein

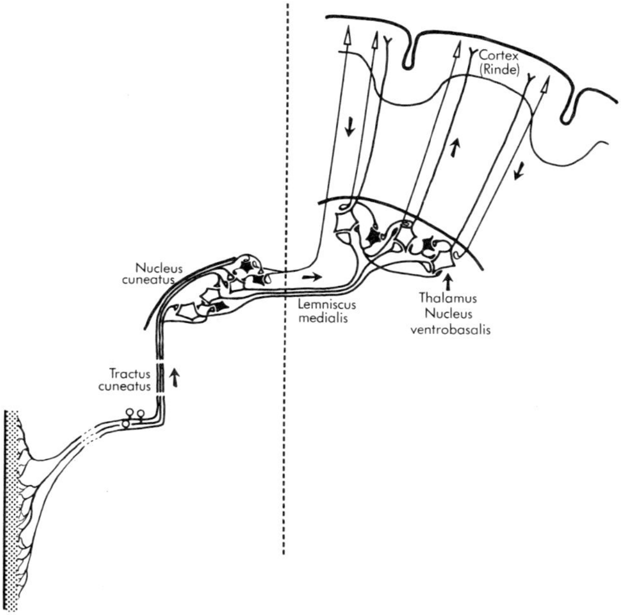

Abb. III 13. Schema der Bahn für Hautfasern von der oberen Extremität zur sensorisch-motorischen Rinde. Beachte die schwarz gezeichneten inhibitorischen Zellen, sowohl im Nucleus cuneatus als auch im ventrobasalen Thalamuskern. Die inhibitorische Bahn im Nucleus cuneatus ist vom feed-forward Typ, die im Thalamus ist vom feed-back Typ. Ebenfalls gezeigt ist eine präsynaptische inhibitorische zu einer exzitatorischen Synapse einer Faser des Tractus cuneatus. Efferente Bahnen von der sensorisch-motorischen Rinde sind bei der Erregung der thalamo-corticalen Relaiszellen und beider Typen inhibitorischer Neurone im Nucleus cuneatus dargestellt.

sehr gutes Beispiel dafür, wie Intensität durch Frequenz codiert wird. Diese gleiche Codierung ist entlang der gesamten Bahn zur Hirnrinde wirksam, die auf diese Weise das codierte Signal erhält. Das Schema der Hirnrinde von Abb. III 14 zeigt zwei afferente Fasern, die vom Thalamus herauflaufen und dann über exzitatorische und inhibitorische Neurone (E und I Sternzellen) geschaltet werden, so daß sowohl eine exzitatorische als auch eine inhibitorische Aktion auf die Pyramidenzellen ausgeübt wird.

Abb. III 14 zeigt ein sehr vereinfachtes Bild der tatsächlichen Lage der Dinge. Ein wichtiges Kennzeichen des Aufbaus der Hirnrinde ist, daß die gesamte neuronale Maschinerie, die durch viele ähnliche Fasern aus einem spezifischen Haut-Input aktiviert wird, in einer Säule angeordnet ist, die sich vertikal zur Rindenoberfläche orientiert, wie später im Vergleich mit Abb. IV 6 diskutiert werden soll. So können wir als erste Annäherung sagen, daß alle diese Neurone in Abb. III 14 in eine integrierte Operation verwickelt sind. Die gleiche Art von Hautsinn (Modalität) aus dem Hautbezirk liefert den Input zu einer Säule, in der gegenseitige Unterstützung bei der neuronalen Aktivierung stattfindet. Man kann den Sinn dieser Säulenordnung in Frage stellen: Ist es nicht genug für jede afferente Faser, ihre eigene ablaufende Aktivität isoliert zu registrieren? Der springende Punkt ist, daß Impulse in einer Faser und Entladungen von einem Neuron oder ein paar Neuronen auf der nächsten Stufe der synaptischen Umschaltung praktisch unwirksam sind. Es müssen viele Linien parallel geschaltet sein, weil der Input aus einer afferenten Faser in dem ganzen unaufhörlichen »Lärm« des Background-Feuerns, das der Zustand der Neurone einer Hirnrinde »in Ruhe« tatsächlich darstellt, verlorengeht (Abb. IV 4B, VI 5B). Hat man aber 100 oder vielleicht sogar 200 Fasern, die mit annähernd gleichzeitigen Impulsausbrüchen ankommen, so wird das gesamte Zellenensemble in der Säule in höchst signifikanter Art und Weise aufgestachelt. Dies wiederum ruft eine weit und selektiv wirkende Ausbreitung durchschlagender Signale in der Hirnrinde hervor, die eventuell zu einer bewußten Erfahrung führen kann, wie in Kapitel VI diskutiert werden soll.

Im nächsten Kapitel (Abb. IV 5) wird sich zeigen, daß die Säulenanordnung in der Hirnrinde eine weitere Funktion hat: nämlich daß sie Unterscheidungsfähigkeit ermöglicht. Die inhibitorischen Neurone in jeder Säule neigen dazu, ihre Axone nicht auf die Säule, wie in Abb. III 14 dargestellt, sondern auch seitlich davon (Abb. IV 6) zu verteilen. Auf diese Weise veranlaßt die Aktivierung einer Säule Hemmung in der unmittelbar umgebenden Rinde, und dies ist selbstverständlich ein reziprokes Phänomen. Es ist wieder ein Beispiel von Integration durch Widerstreit. Die intensivsten Inputs setzen sich aufgrund ihrer Wirkung, die schwächeren Inputs in ihrer Umgebung zu unterdrücken, durch. Diese Umgebungshemmung dient auch dazu, die durch Inputs entstandenen cerebralen Muster klarer zu gestalten. Eine solche Filterung erhöht zum Beispiel die Fähigkeit, zwischen zwei sehr nahe beisammen gelegenen Hautstimuli zu unterscheiden: die sogenannte Zwei-Punkt-Unterscheidung. Die Topologie der Körperprojektion in der somatischen afferenten Bahn ist von Werner gut beschrieben worden.

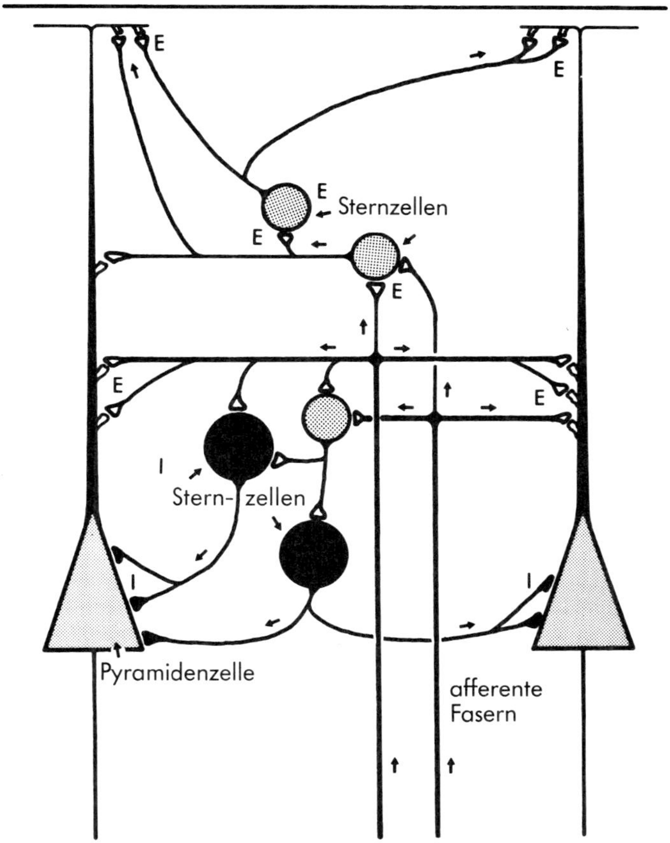

Abb. III 14. Das Schema zeigt postulierte Verbindungen spezifischer afferenter Fasern (vgl. Abb. III 13) zu neocorticalen Pyramidenzellen. Beachte, daß die inhibitorische Bahn über inhibitorische Zellen verläuft, die entweder direkt durch die afferenten Fasern oder durch Vermittlung exzitatorischer Interneurone aktiviert werden. Beachte außerdem die verschiedenen Grade von Komplexität der exzitatorischen Bahnen zu den Pyramidenzellen. Vektoren zeigen die Richtung der Impulsausbreitung an.

H. Inhibition durch reziproke Synapsen

In den Schemata von Abb. III 11 wird angenommen, daß synaptische Exzitation der inhibitorischen Neurone Impulsentladungen erzeugt (Abb. III 9B) und daß die inhibitorische Aktion Folge der Passage dieser Impulse zu den inhibitorischen Synapsen und der Transmitterfreisetzung von dort ist, wie sie im Detail in Kapitel II beschrieben wurde. Dort wurde jedoch gezeigt, daß für die Transmitterfreisetzung aus einer präsynaptischen Endigung ein präsynaptischer Impuls nicht unerläßlich ist. Es reichte aus, durch Stromanwendung lediglich eine äquivalente Depolarisation der Endigung herzustellen (Abb. II 8C, II 11), so daß die Ca_D-Schleusen geöffnet und Transmitterquanten abgegeben wurden. Man hat jetzt gezeigt, daß die Transmitterfreisetzung in einigen inhibitorischen Neuronen auf ähnliche Weise durch eine sich elektrotonisch ausbreitende Depolarisation und nicht durch die Depolarisation mittels eines Impulses erreicht wird.

Rall, Shepherd und Mitarbeiter wiesen sowohl histologisch als auch physiologisch überzeugend nach, daß dieser Synapsenmechanismus auf der Riechbahn von den Geruchsrezeptoren zum Gehirn, die in Abb. III 15 schematisch dargestellt ist, eine wichtige Rolle spielt. In A haben die Mitralzellen (m) auf der Bahn große sekundäre Dendriten (SD), die mit Auswüchsen auf den seltsamen dendritenartigen Ästen der Granulazellen (g) Synapsen bilden. Bei der elektronenmikroskopischen Untersuchung zeigen diese Synapsen eine reziproke Struktur, wie in B, der Vergrößerung einer solchen Synapse. In der Synapse (E) links in B, die eine typische exzitatorische Synapsenstruktur besitzt (Abb. I 4B links), ist der Dendrit der Mitralzelle (SD) präsynaptisch zu der Knospe.

Dagegen ist in der rechts gelegenen Synapse (I) der Dendrit der Mitralzelle postsynaptisch zu der Knospe (G), und die Synapse ist eindeutig vom inhibitorischen Typ (Abb. I 4B rechts).

Die Arbeitsweise dieser reziproken Synapsenanordnung kommt in dem in Abb. III 3A, B gezeichneten Stromflußdiagramm zum Ausdruck. Depolarisation des sekundären Dendriten durch einen Impuls in der Mitralzelle (m) verursacht die Ausschüttung von exzitatorischem Transmitter und die Depolarisation der Knospensynapse auf die übliche Art exzitatorischer Synapsenaktion, wie für die Synapse links in B gezeigt ist. Diese Depolarisation der Knospe ist ausreichend für die Aktivierung ihrer inhibitorischen Synapse (I) auf dem sekundären Dendriten ohne die Intervention eines Impulses, und es kommt in der Folge zu einem Stromfluß, der diesen Dendrit, wie in Abb. III 3B dargestellt, hyperpolarisiert. So läuft die vermutliche inhibitorische Bahn von Mitralzelle zu Mitralzelle über eine sehr kurze Verbindung vermittels der inhibitorischen Granulazellen. Diese Verbindung kann sogar innerhalb einer einzelnen Knospe erfolgen wie in Abb. III 15B. Man nimmt jedoch an, daß die elektrotonische Depolarisationsausbreitung in dem Dendriten der Granulazelle dafür ausreicht, daß sich die Depolarisation einer Knospe auf andere ausbreitet, die ihrerseits oft von vielen Mitralzellen stammende sekundäre Dendriten hemmen, wie in A gezeigt. Die physiologische Bedeutung dieses reziproken Synapsenmechanismus kann man verstehen, wenn man sich klarmacht, daß von den mit Knospen besetzten Ästen der Granulazellen und den sekundären Dendriten der Mitralzellen ein dichtes Maschenwerk gebildet wird. So ist es den Mitralzellen möglich, sich über die reziproken Synapsen sehr wirksam gegenseitig zu hemmen.

Diese bemerkenswerte neue Entwicklung zeigt eine zusätzliche Wirkungsweise auf, wie inhibitorische Interneurone postsynaptische Hemmung erreichen können. Dowling und seine Mitarbeiter haben außerdem gezeigt, daß ähnliche reziproke Synapsen, die ebenfalls inhibitorisch sind, an Horizontal- und Amakrinzellen in der Retina vorkommen. Möglicherweise existieren noch andere Beispiele solcher reziproker Synapsen in den Hirnrindensystemen, in denen Powell und Mitarbeiter zahlreiche dendrodendritische Synapsen gefunden haben.

I. Prinzipien neuronaler Arbeitsweise

Was können wir nun als Ergebnis dieser Untersuchung einzelner Nervenzellen im Gehirn und einiger ihrer einfachsten Organisationsformen aussagen? Weitere Beispiele werden wir in den Kapiteln IV und VI finden. Können wir Prinzipien der Arbeitsweise definieren? Ich glaube, daß wir im Verständnis des Gehirns nun soweit Fortschritte gemacht haben, daß wir eine Anzahl von Prinzipien auf ganz dogmatische Weise verkünden können. Ich will dies nun Punkt für Punkt tun, weil es die weitere Vorgehensweise in unseren folgenden Versuchen, das Gehirn zu verstehen, in den restlichen drei Kapiteln klären wird.

(1) Im Gehirn findet jede Übertragung über eine Entfernung hinweg durch die Ausbreitung von Nervenimpulsen statt. Diese sind die Alles-oder-Nichts-Nachrichten, welche Nervenfasern entlang laufen; sie bildeten das Hauptthema von Kapitel I. Es gibt einen Vorbehalt hinsichtlich von Synapsenaktionen mit kurzer Reichweite des in Abb. III 15 dargestellten Typs, denn hier kann die Übertragung kabelartig erfolgen (d. h. durch unmittelbare elektrische Leitung). Es versteht sich, daß sich dieses Ausschlußprinzip nicht auf den chemischen Transport von

Makromolekülen entlang Nervenfasern bezieht, der in Kapitel V betrachtet werden soll.

(2) Zweitens haben wir das Prinzip der Divergenz, wie es bereits definiert worden ist. Es existieren zahlreiche Verzweigungen aller Axone mit einer entsprechend großen Möglichkeit zur weiten Verbreitung, da die von einem Neuron entladenen Impulse all seine Axonäste entlanglaufen und die auf diesen liegenden Synapsen aktivieren. Die Divergenz kann so niedrig wie 10 sein, aber Werte können in die Hunderte gehen, wie in Kapitel IV beschrieben wird.

(3) Drittens haben wir das komplementäre Prinzip der Konvergenz. Alle Neurone nehmen Synapsen von vielen Neuronen auf, gewöhnlich von mehreren verschiedenen Arten, wie für die Hippokampus-Pyramidenzelle in Abb. I 3B gezeigt wird, und außerdem nehmen sie sowohl exzitatorische als auch inhibitorische Synapsen auf. Es ist zweifelhaft, ob irgendein Neuron im Gehirn nur Exzitation empfängt, und ganz sicher existiert kein Beispiel eines rein inhibitorischen Empfangs. Die Zahlen von Synapsen auf einzelnen Neuronen werden gewöhnlich in Hunderten und Tausenden gemessen, die höchste, die aufgezeichnet wurde, beläuft sich auf rund 80000.

(4) Viertens gibt es bei jeder synaptischen Übertragung die aufeinanderfolgende Umwandlung von elektrisch in chemisch und zurück in elektrisch. Von diesem Prozeß leiten sich die Fähigkeiten des Nervensystems zur Integration ab. Es besteht die Notwendigkeit der Konvergenz vieler synaptischer Erregungen, bevor eine neuronale Entladung ausgelöst wird, und es besteht zusätzlich die Möglichkeit synaptischer inhibitorischer Aktion, um diese Entladung zu verhindern.

Kapitel II und der erste Teil von III waren den Prinzipien chemischer Synapsenübertragung gewidmet: dem präsynaptischen Impuls, den chemischen Überträgersubstanzen; ihrer quantenweisen Freisetzung durch Impulse; ihrem Einwirken auf die postsynaptische Membran, um die Ionenschleusen zu öffnen mit der folgenden Umwandlung in ein elektrisches Geschehen. Das ist das grundlegende Kommunikationsprinzip im Gehirn. Ich betone es, denn heutzutage ist bei Psychologen die Behauptung in Mode, daß eine andere Art von Kommunikation aufgrund von etwas, das sie »Mikrostruktur langsamer Potentiale« nennen, stattfindet. Sie verleihen diesen Potentialfeldern von sich aus integrative oder synthetisierende Eigenschaften, während wir ihre Entstehung mit Sicherheit den durch Synapsenaktion im gewöhnlichen Prozeß synaptischer Übertragung erzeugten Stromflüssen zuschreiben können, wie in Abb. III 3A, B schematisch dargestellt und in der Tiefenansicht der Hippokampusrinde (Abb. III 10D, E) zu erkennen ist. Es findet sich kein neurobiologischer Anhaltspunkt dafür, daß diese

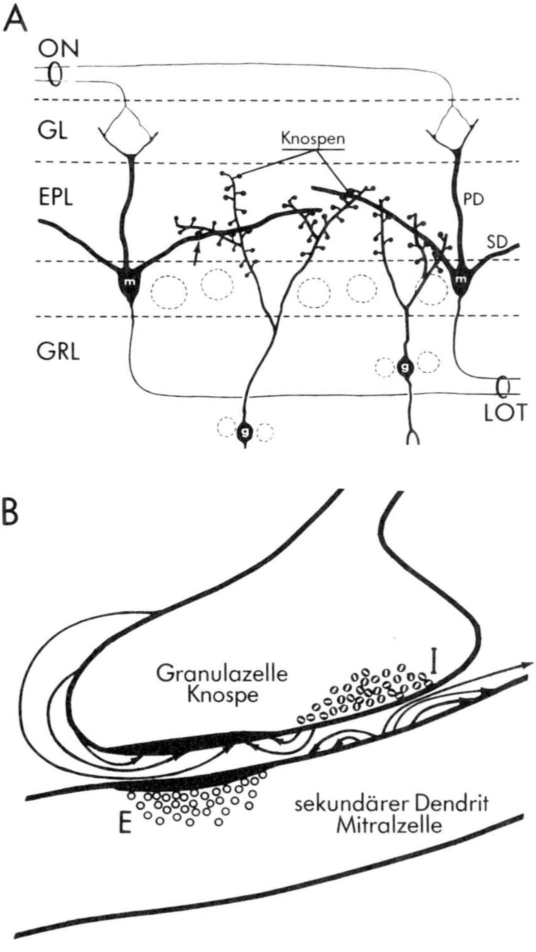

Abb. III 15. A. Schichten und Verbindungen im Bulbus olfactorius (*abgewandelt von Ramón y Cajal, Histologie du Système Nerveux, 1911*). GL = glomeruläre Schicht ; EPL = externe plexiforme Schicht; GRL = Granulazellschicht; ON = Nervus olfactorius; LOT = Tractus olfactorius lateralis; g = Granulazelle ; m = Mitralzelle ; PD = Primärer Dendrit einer Mitralzelle; SD = Sekundärer Dendrit einer Mitralzelle. B zeigt schematisch die Vergrößerung der in A durch den Pfeil markierten Synapse.

Ströme irgend etwas anderes als ein »spin-off« der chemischen Synapsenübertragung sind. Ohne Zweifel würden elektrische Felder, wären sie groß genug, das Zustandekommen einer Impulsentladung durch Synapsenaktion geringfügig modifizieren. Aber diese wären diffus und würden keinerlei wichtige Information mit sich bringen. Neurophysiologische Untersuchungen beweisen die beinahe exklusive Rolle von Impulsen bei der Codierung von Informationsübertragung sowohl im peripheren Nervensystem als auch im Gehirn, bei der Intensität durch Impulsfrequenz codiert wird. Abb. III 15 stellt die seltenen Ausnahmen dar. Die Abb. III 5 bietet die schematische Darstellung eines sehr einfachen Beispiels. Aber dieses Beispiel kann unbegrenzt auf jede Folge synaptischer Übertragungen ausgedehnt werden.

(5) Im Gehirn findet fast ständig ein background-Feuern von Neuronen statt. Erfolgt Codierung durch Impulsfrequenz, so muß man wissen, daß diese Codierung einen Hintergrund unablässiger und irregulärer Entladung überlagert. Sogar wenn man schläft, feuern die Neurone der Hirnrinde Impulse. Tatsächlich feuern manche sogar im Schlaf schneller als im Wachen. Wenn man berücksichtigt, daß sich soviel background-Lärm in ihm abspielt, so ist das Problem, dem Nervensystem eine verläßliche Leistung abzugewinnen. Dies wird durch viele Parallellinien erreicht, die im großen und ganzen alle die gleichen Signale befördern. Die Säulenanordnung der Input-Bezirke im Cerebrum (Abb. III 14; IV 6; VI 5) erreicht genau dies, und es sind gerade jetzt Beispiele entdeckt worden, wo Neurone ähnlicher Zusammengehörigkeit in Haufen angeordnet sind, wie zum Beispiel in der Kleinhirnrinde und in den Kernen (Kapitel IV). Gleiche Arten von Neuronen sind organisatorisch zusammengeschlossen, sie empfangen alles in allem die gleichen Arten von Nachrichten und übertragen die gleiche Art codierten Outputs auf andere Neuronenanhäufungen. Wegen des unaufhörlichen background-Lärms gehen die Antworten eines Neurons verloren. Die Neurone müssen »gemeinsam schießen«, um die Nachricht befördern und so trotz all des background-Lärms ein verläßliches Signal geben zu können. Dies wird eines unserer Probleme in den Kapiteln IV und VI sein, nämlich zu sehen, wie Signale durch das Zusammenwirken vieler, in Haufen beisammen liegender und parallel arbeitender Zellen aus dem geräuschvollen Hintergrund herausgehoben werden.

(6) Hinzu kommt der gesamte Fragenkomplex der Inhibition, der Schärfung von Signalen und der Kontrolle neuronaler Entladung sowohl durch die feed-forward- als auch die feedback-Regelkreise, die in diesem Kapitel ausführlich beschrieben worden sind.

(7) Schließlich möchte ich betonen, daß alles, was in unserem Gehirn

vor sich geht, seine Grundlage in neuronalen Vorgängen hat und in Signalbegriffen, die über synaptische Vorgänge Neurone feuern, gemessen werden kann, und so weiter, in höchst komplexen Organisationsmustern. Kapitel IV wird eine Einführung zu einigen Versuchen sein, ein paar einfachere Ebenen auszuleuchten, die für die Bewegungskontrolle zuständig sind. Wir versuchen, einige einfachere Niveaus zu verstehen, einige der einfacheren Puzzleplättchen des immensen Komplexitätsverbandes, und so schrittweise zum Verständnis immer komplexerer Ebenen der Hirnaktion zu gelangen. In Kapitel VI schließlich werden wir uns mit dem wichtigsten und am meisten herausfordernden Problem von allen befassen, nämlich mit den Vorgängen in der Hirnrinde, der höchsten Hirnebene, die wieder als das Weben komplexer Raum-Zeit-Muster durch Impulse verstanden werden müssen, was Sherrington mit dem Weben eines Zaubergewebes verglichen hat. Aber wieder ist alles, was wir auf der neuronalen Ebene postulieren werden, Impulsübertragung, und wir haben es wiederum mit den für die Impulsentladungen verantwortlichen Synapsenmechanismen zu tun.

Literatur

ALLEN, G. I., J. C. ECCLES, R. A. NICOLL, T. OSHIMA und F. J. RUBIA (1976): The Ionic Mechanisms Concerned in Generating the IPSPs of Hippocampal Pyramidal Cells; *J. Physiol.*

CURTIS, D. R. (1969a): The Pharmacology of Spinal Postsynaptic Inhibition; in: K. Akert und P. G. Waser (Hrsg.), *Progress in Brain Research*, Bd. 31, Elsevier, Amsterdam, S. 171–189.

CURTIS, D. R. (1969b): Central Synaptic Transmitters; in: H. H. Jasper, A. A. Ward und A. Pope, *Basic Mechanisms of the Epilepsies*, Little, Brown, Boston, S. 105–129.

CURTIS, D. R. und D. FELIX (1971): The Effect of Bicuculline upon Synaptic Inhibition in the Cerebral and Cerebellar Cortices of the Cat, *Brain Res.*, *34*: 301–321.

ECCLES, J. C. (1957): *The Physiology of Nerve Cells*, The John Hopkins Press, Baltimore.

ECCLES, J. C. (1964): *The Physiology of Synapses*, Springer, Berlin, Göttingen und Heidelberg.

ECCLES, J. C. (1965): The Synapse, *Sci. Amer.*, *1965*; wiederabgedruckt in: *Physiological Psychology*, Freeman, San Francisco, 1971, S. 136–146.

ECCLES, J. C. (1966): The Ionic Mechanisms of Excitatory and Inhibitory Synaptic Action, *Ann. N. Y. Acad. Sci.*, *137*: 473–495.

ECCLES, J. C. (1969a): Excitatory and Inhibitory Mechanism in the Brain; in:

H. H. Jasper, A. A. Ward und A. Pope, *Basic Mechanisms of the Epilepsies* Little, Brown, Boston, S. 229–252.

ECCLES, J. C. (1969b): *The Inhibitory Pathways of the Cental Nervous System* Sherrington Lectures, Liverpool University Press, Liverpool.

GRANIT, R. (1966): Effects of Stretch and Contraction on the Membrane of Motoneurones, Nobel Symposium I, *Muscular Afferents and Motor Control*, Almqvist & Wiksells, Stockholm, S. 37–50.

GRAY, E. G. (1970): The Fine Structure of Nerve, *Comp. Biochem. Physiol. 36*: 419–448.

ITO, M. (1976): Roles of GABA Neurons in Integrated Functions of the Vertebrate CNS; in: E. Roberts, T. W. Chase und D. B. Tower (Hrsg.), *GABA in Nervous System Function*, Raven, New York, S. 427–448.

KRNJEVIĆ, K. (1974): Chemical Nature of Synaptic Transmission in Vertebrates; *Physiol. Rev., 54*: 418–540.

KUNO, M. (1971): Quantum Aspects of Central and Ganglionic Synaptic Transmission in Vertebrates, *Physiol. Rev. 51*: 647–678.

LUX, H. D. (1971): Ammonium and Chloride Extrusion: Hyperpolarizing Synaptic Inhibition in Spinal Motoneurones; *Science, 173*: 555–557.

MCLENNAN, H. (1969): *Synaptic Transmission*, Saunders, Philadelphia und London.

MOUNTCASTLE, V. B. (1966): The Neural Replication of Sensory Events in the Somatic Afferent System; in: J. C. Eccles (Hrsg.), *Brain and Conscious Experience*, Springer, New York, S. 85–115.

MOUNTCASTLE, V. B. (1975): The View from Within: Pathways to the Study of Perception; *The John Hopkins Medical Journal, 136*: 109–131.

RALL, W. (1970): Dendritic Neuron Theory and Dendrodendritic Synapses in a Simple Cortical System: in: F. O. Schmitt (Hrsg.), *The Neurosciences*, Rockefeller University Press, New York, S. 552–565.

REESE, T. S. und G. M. SHEPHERD (1972): Dendro-dendritic Synapses in the Central Nervous System; in: G. D. Pappas und D. P. Purpura (Hrsg.), *The Structure and Function of Synapses*, Raven, New York, S. 121–136.

SCHMIDT, R. F. (1971): Presynaptic Inhibition in the Vertebrate Central Nervous System, *Ergebn. Physiol., 63*: 21–108.

WERNER, G. (1970): The Topology of the Body Representation in the Somatic Afferent Pathway; in: F. O. Schmitt (Hrsg.), *The Neurosciences*, Rockefeller University Press, New York, S. 605–617.

Kapitel IV

Die Kontrolle von Bewegungen durch das Gehirn

Einführung

In den ersten drei Kapiteln habe ich grundlegende Probleme neuraler Kommunikation behandelt: erstens Impulsübertragung im Nerven, das Signal, das einzelne Nervenfasern entlangläuft; zweitens Übertragung an den einfachsten peripheren Synapsen, wie der neuromuskulären Verbindung, wo eine chemische Übertragung zwischen den Impulsübertragungen vermittelt; drittens Übertragung an den einfachsten exzitatorischen und inhibitorischen Synapsen im Zentralnervensystem, von Neuron zu Neuron. Ich habe außerdem die einfachsten Bahnen im Zentralnervensystem, Reflexe und elementare Operationen wie Transport und negativen feedback behandelt. All dies ist Voraussetzung für die Betrachtung einiger bedeutsamer Reaktionen des Nervensystems, die das Thema dieses Kapitels bilden werden.

Bei dem Versuch zu erklären, wie wir uns bewegen können, tauchen sehr wichtige Probleme auf. Wie können wir unsere Muskulatur beherrschen, damit sie Handlungen in Übereinstimmung mit den Situationen ausführt, in denen wir uns befinden? Wie kann ich zum Beispiel meinen Arm so bewegen, daß ich mit geschlossenen Augen sicher meine Nasenspitze treffe? Aber wir alle können uns viel kompliziertere Bewegungen denken in dem immensen Repertoire von Fertigkeiten, das wir im Sport, in der Technik, beim Spielen von Musikinstrumenten und – besonders wichtig und sehr komplex – in Rede, Gesang und Gestik besitzen, so daß sich unsere gesamte Persönlichkeit darin ausdrükken kann. Und dieser Ausdruck vollzieht sich schlicht durch Bewegungen infolge von Muskelkontraktionen, wie zum Beispiel bei der Mimik des Gesichts und bei den Bewegungen der Augen. Erscheint jemand starr wie eine Leiche, mit einem maskenartigen Gesicht, enthüllt er keine Persönlichkeit, er ist so gut wie tot!

A. Die motorische Kontrolle durch die Großhirnrinde

1. *Die motorische Rinde*

Nach dieser Einführung ist es angebracht, daß ich mit der willkürlichen Kontrolle beginne, im Gegensatz zu der üblichen Gepflogenheit, bei der mit einfachen Reflexen begonnen und allmählich auf die komplexeren hingearbeitet wird. Ich möchte mich zuerst mit der willkürlichen Kontrolle befassen, weil ich auf diese Weise meinen Bericht in Beziehung zu unseren Erfahrungen bringen kann. Die Abb. IV 1 zeigt die Lage der linken motorischen Rinde als Band quer über die Großhirnhemisphäre. Sie liegt genau vor der zentralen Fissur * und viele der Nervenzellen, aus denen sie besteht, sind Pyramidenzellen (vgl. Abb. I 2B), deren Axone die Nervenfasern sind, welche die Pyramidenbahn hinablaufen. Die *motorische Rinde* ist eine ungeheuer wichtige Struktur, aber sie ist nicht der primäre Initiator einer Bewegung, etwa eines willkürlichen Beugens der Finger. Sie ist nur die letzte Relaisstation für das, was sich in den weit verstreut liegenden Gebieten der Großhirnrinde abgespielt hat, wie Abb. IV 3 zeigen wird. Die Pyramidenzellen der motorischen Rinde mit ihren Axonen, die die *Pyramidenbahn* hinunterlaufen, sind wichtig, weil sie einen direkten Kanal vom Gehirn zu den Motoneuronen (Abb. IV 2) herstellen, welche ihrerseits die Muskelkontraktionen veranlassen, wie in den früheren Kapiteln beschrieben und in Abb. II 1 dargestellt ist.

Werden über Elektroden, die auf der Oberfläche der motorischen Rinde angebracht sind, kurze stimulierende Ströme verabreicht, so kommt es zu Kontraktionen lokalisierter Muskelgruppen. Auf diese Weise hat man entdeckt, daß all die verschiedenen Teile des Körpers in einer streifenförmigen Landkarte, die in Abb. IV 1 zu sehen ist, vertreten sind. ** Dies wurde zuerst an Affen und anthropoiden Affen nachgewiesen, doch die Landkarte wurde mittlerweile auch für Menschen vollständig festgelegt, besonders durch Penfield und Mitarbeiter, da es während hirnchirurgischer Eingriffe oft wichtig ist, Teile der motorischen Landkarte zu bestimmen, wobei man die übliche Stimulationstechnik verwendet. In Abb. IV 1 sind entlang dem streifenförmigen Bezirk der motorischen Rinde, in der Mittellinie beginnend und nach un-

* Im deutschen Sprachgebrauch sulcus centralis, auch Rolandische Fissur (f. Rol.) genannt. Anm. d. Übers.

** Somatotopische Gliederung. Anm. d. Übers.

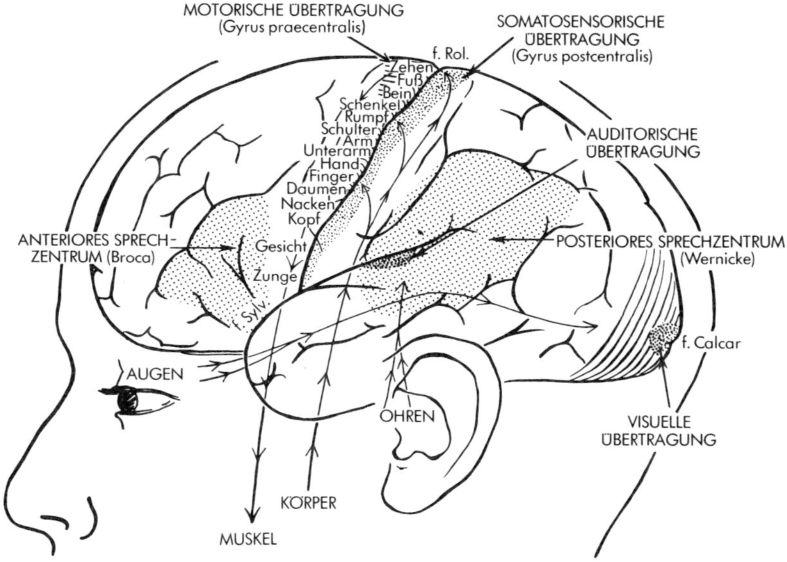

Abb. IV 1. Die motorischen und sensorischen Übertragungsbezirke der Großhirnrinde. Die ungefähre Landkarte der motorischen Übertragungsbezirke wird im Gyrus präcentralis gezeigt, während die Bezirke für den somatisch sensorischen Input (Abb. III 13) sich in Form einer ähnlichen Landkarte im Gyrus postcentralis befinden. Von anderen primär sensorischen Bezirken sind der visuelle und auditorische gezeigt, aber sie befinden sich weitgehend in Regionen, die in dieser Seitenansicht nicht zu sehen sind.

ten über die Oberfläche fortschreitend, die Bezirke für Zehen, Fuß, Bein, Oberschenkel, Rumpf, Schulter, Arm, Hand, Finger und Daumen, Hals, Kopf, Gesicht etc. bezeichnet. Man bemerkt, daß eine umfangreiche Repräsentation für Hand, Finger und Daumen und ein noch größerer Bezirk für Gesicht und Zunge vorhanden ist. So sieht man, daß die motorische Rinde nicht gleichmäßig in Proportion zur Muskelgröße aufgeteilt ist – weit davon entfernt. Die Muskeln, die den Daumen dirigieren, besitzen eine große Repräsentation, so daß wir sie für viele Feinbewegungen einsetzen können; noch wichtiger sind die Bezirke für die Bewegung von Zunge, Lippe und Larynx, die für all die Feinheiten des Ausdrucks beim Reden und Singen gebraucht werden. Geschicklichkeit und Feinheit spiegeln sich in dieser Repräsentation wider.

Abb. IV 2 zeigt schematisch den Verlauf der Pyramidenbahn von der motorischen Rinde zum Rückenmark. Nachdem sie durch den Hirnstamm abgestiegen sind und viele Seitenzweige abgegeben haben, kreuzen die Pyramidenbahnen in der Medulla (verlängertes Mark) und laufen anschließend das Rückenmark hinab, wo sie in verschiedener Höhe enden und bei Primaten auf Motoneuronen starke monosynaptische Verbindungen eingehen. Die große Bedeutung dieser sehr direk-

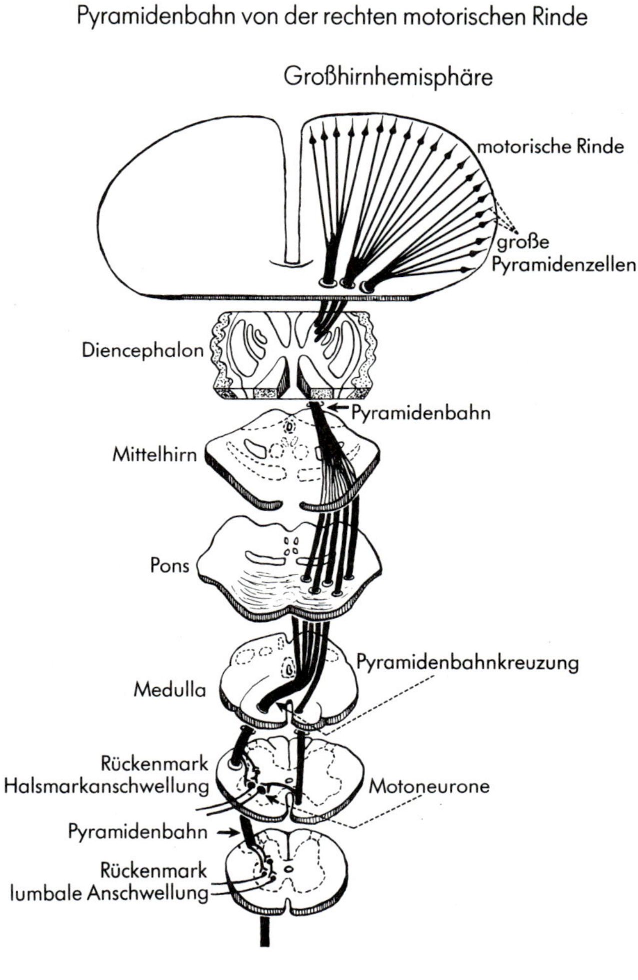

Abb. IV 2. Schematische Darstellung der von der linken motorischen Rinde ausgehenden Pyramidenbahn. Sie hat ihren Ursprung in den großen Pyramidenzellen, und in der Medulla kreuzt sie mit ihrem größten Anteil, um in der dorsolateralen Säule des Rückenmarks der entgegengesetzten Seite abzusteigen.

ten Verbindung der motorischen Rinde mit Motoneuronen liegt darin, daß sie sicherstellt, daß die Großhirnrinde über die motorische Rinde die erwünschte Bewegung sehr wirksam und rasch zustandebringen kann. Dennoch bleiben zwei fundamentale Probleme offen. Wie kann der Wille zu einer Muskelbewegung neurale Abläufe in Gang setzen, die zur Entladung von Pyramidenzellen führen? Auf welche Weise trägt das Kleinhirn (Cerebellum) zur Feinheit und Geschicklichkeit der Bewegung bei? Die erste Frage wird im sechsten Kapitel philosophisch betrachtet werden, die zweite im letzten Teil dieses Kapitels.

2. *Die Kontrolle der motorischen Rinde durch die Großhirnrinde*

Die erste Frage ist physiologisch untersucht worden, indem man nach Anzeichen neuronaler Aktivität im Großhirn vor der Entladung über die Pyramidenbahn suchte. In einer frühen Untersuchung durch Grey Walter wurde das Subjekt trainiert, auf einen Doppelstimulus hin – einen konditionierenden und anschließend einen auslösenden Stimulus – eine Bewegung auszuführen. Man beobachtete eine »*Erwartungswelle*« in Form von Negativität über der Großhirnrinde vor dem auslösenden Stimulus. Diese Welle wird durch die konditionierte Erwartung des auslösenden Stimulus und nicht durch einen willkürlichen Befehl zur Bewegung erzeugt. Das Problem ist, eine Bewegung zu erhalten, die vom Subjekt gänzlich aus eigenem Entschluß ausgeführt wird, und doch eine exakte Zeitbestimmung zu haben, um den Durchschnitt der sehr kleinen, von der Schädeloberfläche abgeleiteten Potentiale beurteilen zu können. Dies wurde durch Kornhuber und Mitarbeiter gelöst, die den Beginn einer Bewegung als Auslöser für eine rückläufige Auswertung der Potentiale bis zu zwei Sekunden vor Einsetzen der Bewegung verwendeten. Das Subjekt setzt diese Bewegungen »nach Belieben« in unregelmäßigen Intervallen von vielen Sekunden in Gang. Auf diese Weise war es möglich, einen Durchschnitt aus 250 Registrierungen der an verschiedenen Stellen der Schädeloberfläche evozierten Potentiale zu erhalten, wie die Zahlen und die entsprechenden Kurven in Abb. IV 3 zeigen. Das sich langsam aufbauende negative Potential, *Bereitschaftspotential* genannt, wurde als negative Welle über einem großen Bezirk der Großhirnoberfläche beobachtet, aber es waren auch kleine positive Potentiale mit einem ähnlichen Zeitverlauf an den vordersten und basalen Regionen vorhanden. Gewöhnlich begann das Bereitschaftspotential fast 0,8 Sekunden vor Einsetzen der Bewegung und leitete zu ausgeprägteren, positiven oder negativen Potentialen, weniger

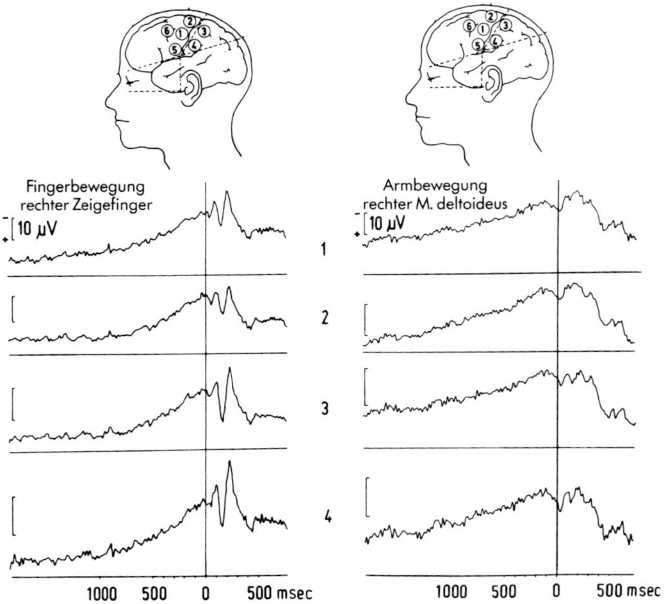

Abb. IV 3. **Bereitschaftspotentiale als Antwort auf willkürliche Finger- oder Armbewegungen, die an den angegebenen Stellen von der Kopfhaut abgeleitet wurden. Der Zeitpunkt Null ist beim Einsetzen der Bewegung, die vorausgehenden Potentiale wurden mittels Rückrechnung unter Mittelung von 250 Antworten abgeleitet (*L. Deecke, P. Scheid und H. H. Kornhuber, Exp. Br. Res. 7, 158, 1969*).**

als 100 msec vor der Bewegung, über, die spezifischer über dem für die Bewegung zuständigen Gebiet der motorischen Rinde lokalisiert waren. Wir können annehmen, daß das Bereitschaftspotential durch komplexe Muster neuronaler Entladungen erzeugt wird, die schließlich zu den Pyramidenzellen der motorischen Rinde laufen, sie synaptisch zur Entladung veranlassen und so die Wellen erzeugen, die der Bewegung unmittelbar vorangehen. Die großen Wellen nach dem Nullzeitpunkt sind auf die Aktionspotentiale der Muskel, die die Bewegung verursachen, zurückzuführen.

Diese Experimente geben wenigstens teilweise Antwort auf die Frage: Was geschieht in meinem Gehirn zu dem Zeitpunkt, an dem ich mich zu einem motorischen Akt entschließe? Man kann annehmen, daß sich während des Bereitschaftspotentials eine Spezifität der Impulsentladungsmuster in den Neuronen ausbildet, so daß am Ende die richtigen Pyramidenzellen aktiviert werden, um die verlangte Bewegung zu liefern. Dies kann als neuronales Gegenstück des willkürlichen Befehls betrachtet werden. Die Erkundung der cerebralen Vorgänge bei willkürlicher Bewegung wird in Kapitel VI fortgeführt werden.

3. Die Entladung motorischer Pyramidenzellen

Wir wollen nun mehr im Detail untersuchen, wie das Feuern der Pyramidenzellen in der motorischen Rinde zu einer von der Rinde veranlaßten Bewegung in Beziehung steht. Zu diesem Zweck muß eine Mikroelektrode in die motorische Rinde eingepflanzt werden, so daß Impulsentladungen von einzelnen Pyramidenzellen registriert werden. Diese Bedingung schließt Experimente am Menschen aus, und ich werde mich speziell auf die von Evarts an Affen durchgeführten Experimente beziehen. In einer vorausgehenden Operation wird dem Affen in Abb. IV 4A eine Elektrode in die motorische Rinde eingepflanzt, und zwar genau an der richtigen Stelle zur Ableitung von Pyramidenzellen, die für eine Bewegung zuständig sind, die er vorher trainiert hat. Während einer Versuchsfolge wird er bequem in einen Käfig (A) gesetzt und muß den Prüfstab von einem Stop zum anderen schieben, wie in A im

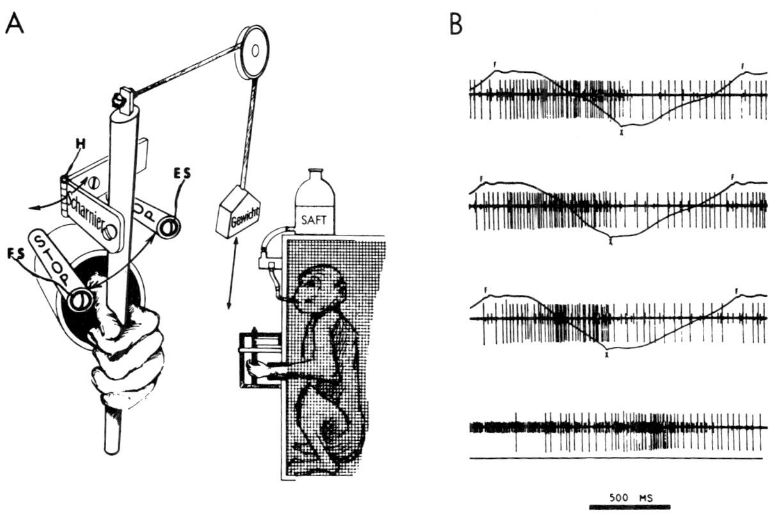

Abb. IV 4. Pyramidenzellentladung während Bewegungen. Ausführliche Beschreibung im Text (*Evarts, 1967*).

Detail gezeigt, rückwärts und vorwärts in einer Zeit, die zwischen 0,4 und 0,7 Sekunden liegen muß, sonst wird er nicht mit Traubensaft belohnt. Als Modifikation kann das der Bewegung entgegengesetzte Gewicht variiert werden.

In Abb. IV 4B sind die Bewegungskurven und das Feuern der Pyramidenzelle zu sehen, das in einer eindeutigen Beziehung zu der Abwärtsbewegung steht, die er ausführt. Genau genommen handelt es sich um zwei Pyramidenzellen – eine befindet sich sehr nahe bei der Elektrode und liefert daher große Aktionspotentiale, die andere ist weiter entfernt und gibt deshalb kleinere Antworten. Wir können annehmen, daß die Amplitude nur eine Sache der Nähe zur Elektrode und nicht der tatsächlichen Zellgröße ist. Die Aktivitäten der beiden Zellen sind genau mit der Abwärtsbewegung gekoppelt. Es besteht kein Zweifel, daß diese bestimmten Pyramidenzellen für eine bestimmte Bewegung zuständig sind, nämlich für Flexion und nicht für Extension. Führt aber, wie in der untersten Kurve, der Affe eine ganz andere Bewegung aus, etwa eine Bewegung der Schulter, so sind die Entladungen der beiden Einheiten nicht länger gekoppelt, sondern sie feuern, ganz unabhängig voneinander, schnell und langsam. Die beiden Pyramidenzellen sind nur gekoppelt, wenn sie die spezifischen Aktionen ausführen, die ihrer Lokalisation auf der motorischen Landkarte entsprechen. Ohne Zweifel feuern viel mehr Pyramidenzellen, die dort lokalisiert sind, gleichfalls in wirksamer Beziehung zur Bewegung.

Ich halte dies für ein sehr wichtiges Ergebnis, das genau das bietet, was wir bei der funktionellen Leistung der motorischen Rinde, wenn sie eine spezifische Aktion ausführt, erwarten würden. In enger Nachbarschaft befindet sich eine Gruppe oder Kolonie von Pyramidenzellen, deren Aufgabe es ist, während einer rhythmisch wiederholten Bewegung fortlaufend abwechselnd zu feuern und zu pausieren. Außerdem gibt es noch Kolonien, die spezifisch mit andern Bewegungen verbunden sind, und so fort über die gesamte Ausdehnung der motorischen Rinde hinweg, wie sie in Abb. IV 1 dargestellt ist. In Abb. IV 4B fällt auf, daß die beiden Zellen während der umgekehrten Bewegungsphase nicht ganz schweigen, sondern nur verlangsamt arbeiten. Sie sind sozusagen in ihrer Frequenz moduliert. Wie ich in vorangehenden Kapiteln erwähnt habe, haben alle Zellen die grundsätzliche Tendenz, die ganze Zeit über zu feuern. Ihre Antworten stufen sich hinsichtlich der Frequenz ab und codieren so Aktionsintensität in Form von Frequenz. Die Abb. IV 4 ist ein schönes Beispiel dieser Codierung.

4. *Die Anordnung von Pyramidenzellen in Kolonien*

Die Anordnung von Pyramidenzellen in Kolonien mit ähnlichen Aktionen ist schon lange von Phillips postuliert worden, weil man erkannt hat, daß die durch Stimulation definierte, detaillierte Rindenlandkarte (Abb. IV 1) nur so erklärt werden kann. Dennoch war die Geometrie dieser Kolonien unbekannt. Sie ist nun durch Asanuma und Mitarbeiter unter Berücksichtigung der Mikrostimulation der motorischen Rinde des Affen, wie in Abb. IV 5 illustriert, untersucht worden. Die Mi-

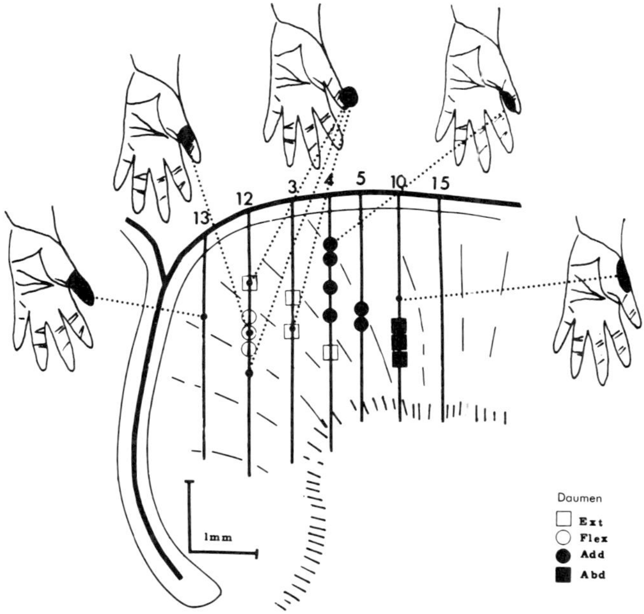

Abb. IV 5. Rekonstruktion von Elektroden-Stichkanälen und Zellokalisationen in einem Schnitt durch die rechte motorische Rinde eines Affen. Die Punktionsstellen sind mit Zahlen versehen und die Elektroden werden durch efferente Zonen gebohrt, die sich auf verschiedene Daumenmuskel projizieren. Die peripheren motorischen Effekte auf den Daumen, die durch intracorticale Mikrostimulationen einer Stärke von 5 μA an verschiedenen Lokalisationen erzeugt wurden, sind durch Symbole gekennzeichnet, die in der rechten unteren Ecke erklärt sind. Positionen von Zellen, die entlang dem Stichkanal angetroffen wurden, sind mit Punkten bezeichnet, und gepunktete Linien verbinden diese Punkte mit den kleinen Bildern von der Affenhand, auf denen die rezeptiven Felder, wie sie durch geeignete Stimulation determiniert wurden, gezeichnet sind (*H. Asanuman und I. Rosén, Exp. Br. Res. 14, 243, 1972; I. Rosén und H. Asanuma, Exp. Br. Res. 14, 257, 1972*).

kroelektrode wurde in 7 numerierte Kanäle eingestochen, und es wurden verschiedene Stellen gekennzeichnet, an denen die eine oder andere Daumenbewegung durch schwache elektrische Stimulation ausgelöst wurde. Die Wirkungsorte sind festgelegt und durch die Symbole bezeichnet. Man wird sehen, daß – wie diese Stimulation erkennen läßt – diejenigen Zellen, die eine bestimmte Aktion bewirken, vorzugsweise in Säulen angeordnet sind, deren Begrenzungen durch die gebogenen Linien rechtwinklig zur Rindenoberfläche angedeutet sind. In Abb. IV 5 ist diese Anordnung besonders gut für Daumenextension (leere Quadrate) und Daumenadduktion (ausgefüllte Kreise) gezeigt, die in der Umgebung von mehr als einem Stichkanal ausgelöst werden. In einer solchen Säule befinden sich viele Hunderte von Pyramidenbahnzellen, die wahrscheinlich alle das gleiche tun. All dies ist ein Teil der motorischen Landkarte von Abb. IV 1.

Der andere interessante Punkt an Abb. IV 5 ist, daß man bei Stimulation der Daumenhaut an den verschiedenen, in den kleinen Abbildungen bezeichneten Stellen sieht, daß der afferente Input Pyramidenzellen gewöhnlich in genau dem Bezirk erregt, von dem die Erregung ausgeht, welche den Daumen in Richtung auf die Hautstimulation hin bewegt. Das bedeutet, daß die Bewegung zum Zweck der Exploration auf einen engeren Kontakt mit der stimulierenden Stelle hin verläuft. Möglicherweise ist dies auch für den Greifreflex verantwortlich. Ein Gegenstand, zum Beispiel, der in eine Babyhand gelegt wird, wird so festgehalten, daß das Baby Schwierigkeiten hat, ihn wieder loszulassen. Ich führe diese Beispiele an, um den einfachsten Weg zu zeigen, auf dem die motorische Hirnrinde aktiviert werden kann, nämlich über afferente Bahnen, die über drei synaptische Relais (Abb. III 13) und weiter zu denjenigen Pyramidenzellen in der motorischen Rinde führen, die die Ausgangspunkte für die Kontraktion sind. Es ist so etwas wie eine *selbst-stimulierende Regelkreisanordnung* mit *positiver feedback-Kontrolle*.

Wir können nun die Frage stellen: Warum tun die motorischen Zellen in Säulen alle annähernd das gleiche? Der Grund dafür ist zu erkennen, wenn die synaptischen Verbindungen im Datail untersucht werden. In Abb. IV 6 sind in einer Säule zwei Pyramidenzellen mit dendritischen spines gezeichnet. Wenn dieser Ausschnitt zum motorischen Bezirk der Großhirnrinde gehörte, würden die Axone als Pyramidenbahnfasern abwärtslaufen. In jeder der Säulen von Abb. IV 5 befinden sich Hunderte solcher Pyramidenzellen. Was ist der Grund für diesen offensichtlichen Überfluß? Sehen wir uns die Bahn an, die in Abb. IV 6 für eine *spezifische Afferenz* (Spec. Aff.) gezeichnet ist. Diese ist eine afferente Faser aus dem Thalamus und könnte Information von dem

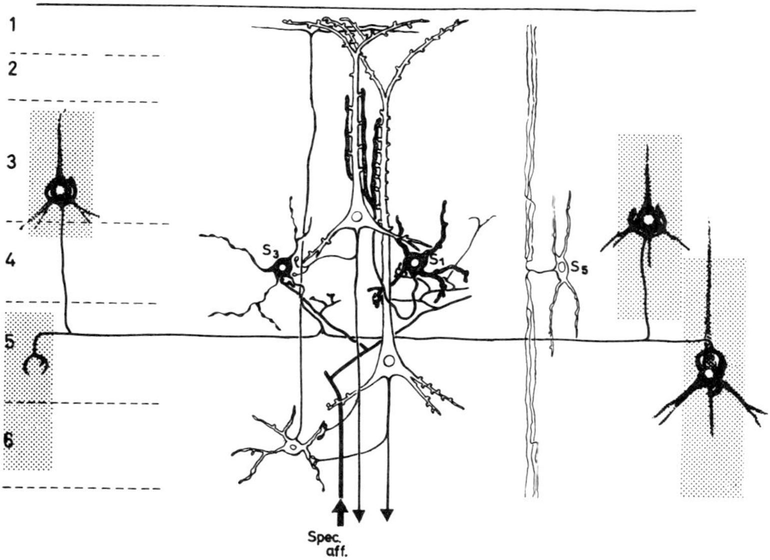

Abb. IV 6. Halbschematische Zeichnung einiger Zelltypen der Großhirnrinde mit ihren Verbindungen untereinander, wie im Text besprochen. Im Zentrum sind zwei Pyramidenzellen in den Schichten 3 und 5 zu sehen. Die spezifische afferente Faser erregt ein Sternzelleninterneuron S_1 (schraffiert), dessen Axon auf den apikalen Dendriten Synapsen vom Patronengurttyp bildet. Die spezifische afferente Faser erregt auch ein Sternzellinterneuron vom Korbzelltyp S_3, das die Pyramidenzellen in den angrenzenden Säulen hemmt, wie durch die Schattierung angedeutet. Ein anderes Neuron mit einem aufsteigenden Axon ist in Schicht 6 gezeigt und S_5 ist ein Interneuron, das wahrscheinlich auch für die vertikale Erregungsausbreitung durch die gesamte Tiefe der Rinde zuständig ist (*modifiziert nach Szentágothai, 1969*).

Daumen in Abb. IV 5 übertragen. Sie zweigt sich auf und erregt synaptisch einen speziellen Typ von Interneuron (S_1), das die Pyramidenzelldendriten über eine *Synapse vom Patronengurttyp* – so von Szentágothai benannt – stark erregt. In dieser Säule gibt es also so etwas wie einen Verstärkereffekt. Die Inputs über spezifische Afferenzen werden von diesen leistungsfähigen Zellen, die die Synapsen vom Patronengurttyp auf den Pyramidenzellen bilden, verstärkt. So stellt die Säule eine ökonomische Anordnung dar, weil der Input zur Erregung vieler Pyramidenzellen benutzt wird: Daher kommt ein großer Output zustande, bei dem viele Pyramidenzellen gemeinsam feuern. Auf diese Weise wird wirkungsvolle Aktion erreicht. Eine Zelle, die allein feuert, ist wirkungslos. Die experimentelle Erforschung der motorischen Rindenstimulation läßt vermuten, daß bis zu hundert Pyramidenzellen Impulse feuern müssen, um eine Bewegung hervorzurufen. Es muß Konvergenz vieler Pyramidenbahnfasern auf die Motoneurone vorhanden sein, um sie zu veranlassen, Impulse an den Muskel abzugeben.

Die andere funktionelle Bedeutung der Säulenanordnung kann bei Betrachtung der übrigen Interneurone in der Säule (Abb. IV 6) beurteilt werden. Einige sind exzitatorisch (S_4, S_5), so daß alle Arten von exzitatorischen Regelkreisen mittels *selbst-wieder-erregender-Schleifen* aktiviert werden und somit über einen *positiven feedback* eine starke Erregung in der Säule erzeugen. Gleichzeitig besitzen die inhibitorischen Neurone (S_3) der Säule eine inhibitorische Wirkung auf die Zellen angrenzender Säulen, von denen drei durch die schraffierten Bezirke, welche Hemmung bedeuten, gekennzeichnet sind. So ist die Säule selbst-exzitatorisch, mit eingebauten Verstärkerregelkreisen, aber sie geht so vor, daß sie, um zu dominieren, auch die umliegenden Säulen hemmt, eine Aktion, die an Säulen zum Tragen kommen kann, die die entgegengesetzte Wirkung auf den Daumen haben – zum Beispiel Extension entgegen der Flexion.

Es ist ein allgemeines Arbeitsprinzip des Nervensystems, daß Zellgruppen, wenn sie aktiviert werden, versuchen, ihre Wirksamkeit durch Hemmung der anderen Gruppen in der Umgebung zu erhöhen. Aber natürlich handeln diese anderen Gruppen ebenso. Es kommt zu einer reziproken Hemmung mit einem ständigen Kampf um Vorherrschaft. Als Ergebnis stellt die zu einem bestimmten Zeitpunkt ablaufende Bewegung eine integrierte Antwort dar, und das ist diejenige, die durch die am stärksten erregten Bahnen bewirkt wird.

5. Alpha- und Gamma-Motoneurone und Gammaschleife

Ich möchte mich nun wieder auf eine frühere Illustration, Abb. II 1, beziehen, die ein Motoneuron zeigt. Bei Primaten veranlassen Pyramidenbahnfasern ein solches Motoneuron direkt, Impulse zu feuern und so den Muskel zur Kontraktion zu bringen. B stellt einen Querschnitt eines Muskelnervs dar, der nur motorische Nervenfasern enthält, da alle afferenten Fasern durch Entfernung der Hinterwurzelganglien drei Wochen zuvor zerstört worden sind. Man kann leicht sehen, daß neben den großen, für die Muskelkontraktion verantwortlichen Fasern auch kleine Fasern vorhanden sind. Tatsächlich handelt es sich um zwei ganz unterschiedliche Populationen. Ich war der erste, der (1929) bei einer Untersuchung, bei der ich Sir Charles Sherrington assistierte, dieses

Bild sah. Wir waren uns dessen bewußt, daß wir etwas Interessantes und Unerwartetes vor uns hatten, aber wir erklärten es falsch! Dies stellte sich 1945 heraus, als neue Experimente einen der Schüler Granits in Schweden die richtige Erklärung finden ließen. Wir zeigten, daß die kleinen motorischen Fasern keinerlei nennenswerte Muskelkontraktion verursachten, aber uns entging die wichtige Entdeckung, daß sie zur motorischen Innervation der Muskelfasern in den *Muskelspindeln* dienen – parallel, wie man in dem Schema von Abb. IV 7 sehen kann, zu den für die Kontraktion verantwortlichen Muskelfasern, den sogenannten *extrafusalen Fasern*. Die kleinen motorischen Nervenfasern kommen von kleinen Motoneuronen, die zwischen den großen Motoneuronen für den gleichen Muskel eingestreut liegen. Die großen Motoneurone werden *Alpha* (α) und die kleinen *Gamma* (γ) genannt, und ihre Axone (γ-Fasern) innervieren ausschließlich die Muskelspindeln, die parallel zu den extrafusalen Fasern liegen, die ausschließlich α-innerviert werden. Diese α-Innervation extrafusaler Fasern war das Thema eines großen Teiles von Kapitel II.

Auf dem vereinfachten Schema der Abb. IV 7 kann man sehen, daß eine um die Muskelfasern der Spindel geschlungene annulospirale Endigung sich über eine afferente Faser der Gruppe Ia entlädt, wie schon in Kapitel III (Abb. III 1A) beschrieben. Die vielen *intrafusalen Fasern*, die in einer Spindel zusammengebündelt sind, gehören zu zwei unterschiedlichen Arten, und es gibt auch *sekundäre Endigungen* mit kleineren afferenten Fasern (Gruppe II), die kleiner sind als die großen afferenten Ia-Fasern der annulospiralen Endigung. Dennoch reicht für unseren gegenwärtigen Zweck das vereinfachte Schema von Abb. IV 7 aus. Es ist die Ia-Faser, die die monosynaptische Innervation von Motoneuronen ausführt. Sie war das Thema eines großen Teiles von Kapitel III.

Zieht man an der Muskelsehne, wie durch den Pfeil links angedeutet, so erregt man die Spindel, die dann die Ia-Faser (Abb. I 8A) hinauf Impulse entlädt. Werden die intrafusalen Fasern durch γ-motorische Impulse zur Kontraktion veranlaßt, so kommt es zu einer starken Erregung der annulospiralen Endigungen (wie in c zu b zu a in Abb. I 8A dargestellt), und damit zu einer Intensivierung der monosynaptischen Aktivierung der α-Motoneurone. Bringt hingegen die Entladung von α-Motoneuronen die extrafusalen Muskelfasern zur Kontraktion, so wird die parallel geschaltete Muskelspindel entspannt, und die annulospirale Endigung entlädt sich weniger oder überhaupt nicht. Werden aber die γ-Motoneurone gleichzeitig mit den α-Motoneuronen gefeuert, so wird sich die Muskelspindel zusammenziehen und nicht erschlaffen. Man sieht, daß diese Anordnung einen schönen *Servo-*

mechanismus ergibt. Je mehr die α-Motoneurone, zum Teil als Antwort auf den Ia-Input, feuern, desto kräftiger ist die extrafusale Kontraktion und desto geringer die Ia-Aktivierung des α-Motoneurons über die sogenannte γ-*Schleife*. Doch die Aktion dieser Schleife kann durch die

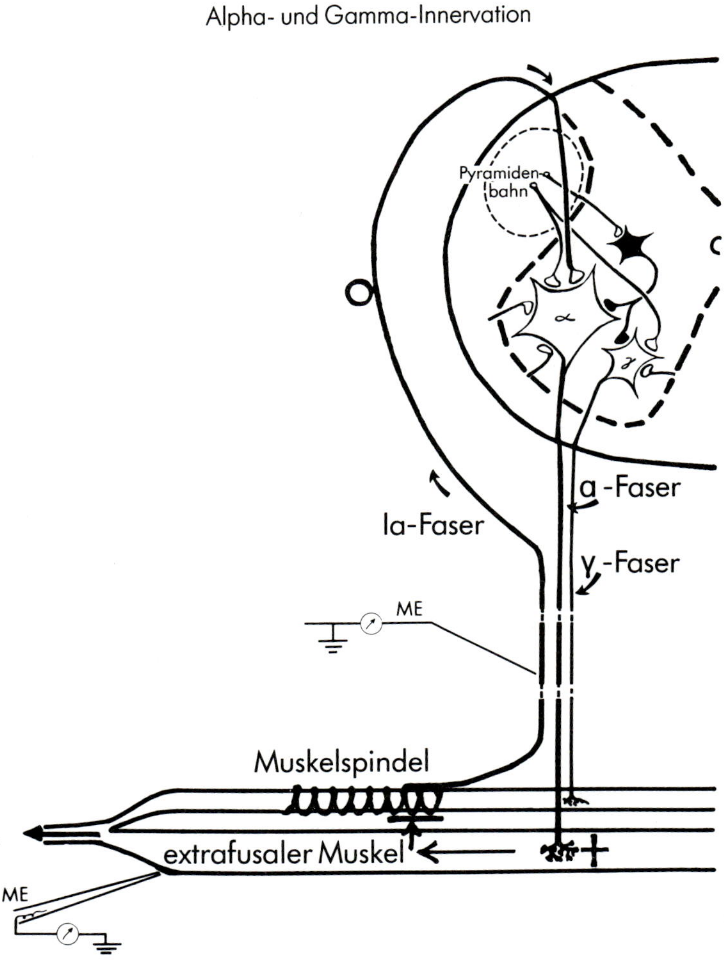

Abb. IV 7. Schema der Nervenbahnen zum und vom Rückenmark, das die wesentlichen Charakteristika der Alpha-(α) und Gamma-(γ) Motoneuronwirkung und -wechselwirkung zeigt. Ausführliche Beschreibung im Text.

Entladung von γ-Motoneuronen über einen weiten Bereich von Ebenen beeinflußt werden. So gibt es hier eine anpassungsfähige *Servo-Schleifen-Kontrolle* der Muskelkontraktion in Übereinstimmung mit der Beeinflussung durch γ-Motoneuronenentladung.

6. *Die Pyramidenbahninnervation von Alpha- und Gamma-Motoneuronen*

In Abb. IV 7 wird gezeigt, daß die gleichen schnellen Pyramidenbahnfasern sowohl α- als auch γ-Motoneurone monosynaptisch erregen. Es besteht auch hemmende Aktion über Interneurone. Bei der Ausführung einer willkürlichen Bewegung werden sowohl α- als auch γ-Motoneurone von der Pyramidenbahn zur Entladung veranlaßt. Der nächste Punkt ist eine sehr herausfordende Theorie von Merton, der mutmaßte, daß der gewöhnliche Ablauf so aussähe, daß zuerst die γ-Motoneurone zur Entladung gebracht werden und die daraus resultierende Spindelkontraktion eine mächtige Ia-Entladung aktiviert, welche rückwirkend die α-Motoneurone zur Entladung veranlaßt, mit dem Ergebnis der Muskelkontraktion. Dieser komplexe Ablauf, der eine γ-Schleifenoperation beinhaltet, besäße insofern einige Vorteile, als der Servomechanismus arbeitet, bevor die Kontraktion beginnt. Ich werde nun eine strenge Prüfung dieser Theorie und ihre Widerlegung beschreiben.

Hagbarth und Vallbo zeigten in schönen Experimenten, daß bei der willkürlichen Erregung die Pyramidenbahnimpulse sowohl α- als auch γ-Motoneurone erregen (*Coactivierung*); dabei wird der gesamte α-γ-Komplex in einer annähernd synchronen Weise zur Aktion gebracht. Die α-Motoneurone werden zur Impulsentladung veranlaßt, um die Muskelkontraktion zu bewirken. Etwa zur gleichen Zeit entladen sich die γ-Motoneurone, erregen so die Muskelspindeln und setzen die γ-Schleife in Funktion. Wegen der Zeit, die zum Durchlaufen der γ-Schleife benötigt wird, kommt es nicht vor Beginn der Muskelkontraktion zu der durch die Ia-Impulse erzeugten α-Motoneuronenentladung, d. h. also genau im richtigen Augenblick für das Einsetzen der Servomechanismus-Kontrolle.

Wie kamen sie zu dieser Entdeckung? Sie führten einen sehr eleganten Versuch durch, zunächst an sich selbst und dann an Freiwilligen. Sie bewegten ihren Finger oder ihr Handgelenk willkürlich und leiteten dabei sowohl vom sich kontrahierenden Muskel als auch von einzelnen Nervenfasern des diesen Muskel innervierenden Nervs ab (vgl. das obere ME in Abb. IV 7). Hierfür verwendeten sie feine Drahtelektroden, die mit Ausnahme ihrer Spitze, die einen Durchmesser von etwa 10 µm hatte, isoliert waren. Diese Drähte brachten sie mit Hilfe einer sehr sorgfältigen Einpflanzungstechnik in ihre Muskelnerven ein. Dann spielten sie mit der Drahtspitze in den Nerven. Mit Glück und etwas Mut gelang es ihnen häufig, über diese Drahtelektrode von einer einzelnen Ia-Faser abzuleiten, die mit Hilfe ganz zuverlässiger Tests identifiziert werden konnte.

Die Abb. IV 8A zeigt ein solches Experiment. Die untere Kurve stellt Aufzeichnungen zweier willkürlicher Bewegungen des Handgelenks dar, die sehr schnell sind, wie man anhand der in halben Sekunden angegebenen Skala sehen kann. Darüber sind die Aktionspotentiale von der Oberfläche der sich kontrahierenden Muskeln (EMG) und die Impulse in der einzelnen Ia-Faser des diesen Muskel innervierenden Nervs (Ia) gezeigt. Man kann sehen, daß die Impulse in der Faser etwa später als die Muskelaktionspotentiale für die beiden Kontraktionen beginnen. Vallbo hat dieses Experiment mehrere hundert Male mit 16 Ia-Fasern ausgeführt und die Ergebnisse in graphischer Form zusammengestellt (Abb. IV 8B). Diese Darstellung zeigt ganz klar, daß die Ia-Fasern fast immer später als die Muskelkontraktion aktiviert werden. Tatsächlich entspricht, wenn man die drei untengenannten Faktoren in Betracht zieht, das Zeitdifferential ziemlich genau dem, was man für eine Coactivierung der α- und γ-Motoneurone durch die Pyramidenbahnentladung und sogar durch die gleichen schnellen Pyramidenbahnfasern erwarten würde. Da die γ-motorischen Fasern Impulse langsamer als die α-motorischen leiten, beginnt die Muskelspindelkontraktion später als die extrafusale Kontraktion. Zweitens kommt die Zeit für die Übertragung von der Muskelspindelkontraktion zur Ia-Impulsentladung hinzu und drittens die Leitungszeit von Ia-Impulsen zum Ableitungspunkt.

Die Abb. IV 8C illustriert den gleichen Ableitungstyp bei einer langsamen, anhaltenden Bewegung des Handgelenks. In beiden Serien feuert die Ia-Einheit eine ganze Zeit lang nach dem Beginn der Muskelaktionspotentiale nicht. Man sollte beachten, daß die Einheit während der gesamten Dauer der Kontraktion fortfährt zu feuern. Die Abb. IV 8D zeigt eine Zusammenfassung der Gesamtbeobachtungen (viele Hunderte) an den 27 so untersuchten Ia-Fasern. Bei diesen langsamen, sachten Bewegungen ist es außerdem sicher, daß die α-Motoneurone fast immer die Muskelkontraktion in Gang setzen und daß der γΩ-Schleifen-Servomechanismus erst später hinzukommt. Dies erklärt sich durch Coactivierung von α- und γ-Motoneuronen, wenn man die gleichen Faktoren wie für Abb. IV 8A, B berücksichtigt.

Diese Experimente haben ganz eindeutig gezeigt, daß willkürliche

Bewegungen nicht durch eine vorausgehende Aktivierung der γ-Motoneurone mit *darauf folgender* γ-Schleifen-Aktivierung der α-Motoneurone ausgelöst werden. Sie zeigen im Gegenteil, daß die γ-Schlei-

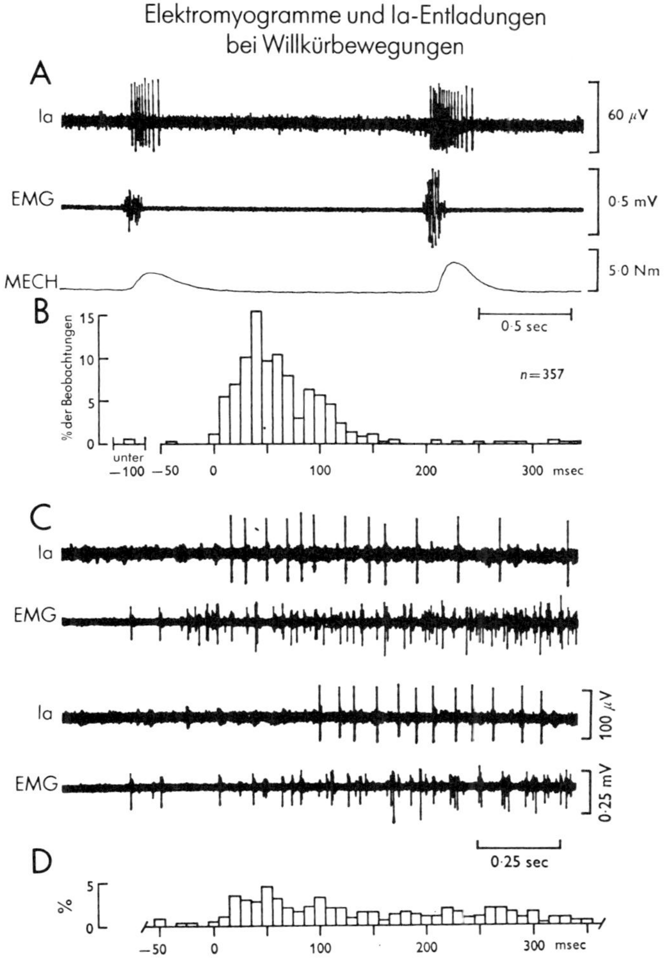

Abb. IV 8. Elektromyogramme, Mechanogramme und Ia-Entladungen bei Willkürbewegungen. A zeigt zwei Handgelenksbeugungen und in B zeigt das Histogramm, daß der Beginn des Elektromyogramms der Ia-Entladung vorausgeht, der Zeitpunkt Null läßt die Gleichzeitigkeit erkennen. C und D zeigen langsamere Handgelenksbewegungen, wie im Text beschrieben (*Vallbo, 1971*).

fen-Kontrolle dicht auf die anfängliche α-Kontraktion folgt. Erwägt man die Bedeutung dieser physiologischen Anordnung, so ist die Erkenntnis, daß bei den meisten willkürlichen Bewegungen die der Bewegung entgegenwirkende Kraft nur annähernd antizipiert werden kann daher ist es notwendig, nach oben oder unten mit äußerster Geschwindigkeit zu korrigieren. Der über die γ-Schleife operierende Servomechanismus ist somit für eine automatische Korrektur auf der Spinalebene von Bedeutung, ebenso wie auch Kontrollen auf einer höheren Ebene sehr wichtig sind, wie weiter unten diskutiert wird.

7. Die Projektion der Ia-Fasern zur Großhirnrinde

Neuere Experimente haben Anhaltspunkte dafür geliefert, daß die afferenten Fasern der Gruppe Ia trotz ihrer Unfähigkeit, eine spezifische Empfindung von Muskellänge oder -spannung zu vermitteln, der Großhirnrinde dennoch wesentliche Information über den Ablauf der Bewegungen, die sie auslöst, liefern. Man war gemeinhin der Ansicht, daß die Information über die Bewegungen des Gliedes in Bezug auf Lage und Schwere durch Rezeptoren, wie z. B. in den Gelenken der Faszie und vielleicht sogar der Haut signalisiert wird und daß die Muskelrezeptoren wie die annulospiralen Endigungen mit ihren Ia-Fasern keinerlei Information an die Hirnrinde abgeben, die zur Bestimmung der Lage und Bewegung des Gliedes dienen könnte. Oscarsson, Landgren und Mitarbeiter haben vor mehreren Jahren erkannt, daß Fasern der Gruppe Ia über mehrere synaptische Relais zur Großhirnrinde laufen, aber erst kürzlich zeigten Matthews und Mitarbeiter, daß sie der Hirnrinde wichtige Information über Bewegung und Lage der Extremität übermitteln. Tatsächlich könnte ihre Hauptfunktion darin bestehen, der Hirnrinde den Bewegungsablauf, den sie gerade zuvor programmiert hat, zu signalisieren. Dies soll nicht die Bedeutung der anderen sensorischen Inputs von der Extremität zur Rinde schmälern, sondern lediglich diesen zusätzlichen Informations-Input zur Rinde berücksichtigen.

Nach einer eindringlichen Analyse dieser Probleme schließt Granit, »daß coactivierte Spindeln, die die einzigen Endorgane sind, welche die Forderung und Ausführung widerspiegeln, eine sehr wesentliche Rolle in der Beurteilung unserer Muskelanstrengung spielen, obwohl es schwierig ist, die propriozeptive Erfahrung auf die Art und Weise zu formulieren, in der wir gesehene und gehörte Dinge beschreiben«. Darüber hinaus hat Granit gezeigt, wie verschiedene Illusionen über Muskelbewegungen, die kinästhetischen Illusionen, erklärt werden können. Zum Beispiel jene Illusionen, die in Beziehung stehen zu stellungsbedingten Nachkontraktionen oder zu Muskelkontraktionen, welche durch vibratorische Stimulation seiner Sehne erzeugt werden. Die vorgeschlagene Erklärung ist, daß die Illusion aus einem wahrgenommenen Mißverhältnis zwischen der gewollten Bewegung und dem feedback von Information zur Rinde über Afferenzen der Gruppe Ia resultiert. Nur das Unerwartete wird mit solcher Lebendigkeit empfunden, daß eine Illusion daraus wird. Auf dieser Basis war Granit imstande, viele kinästhetische Illusionen zu erklären, die in der klassischen Literatur beschrieben sind.

Ich halte es für wichtig, sich darüber klarzuwerden, daß vieles von der Information, die von den Rezeptoren an die Großhirnrinde geht, nicht unmittelbar zu einer spezifischen Sensation führt, wie es beim Hören oder Sehen der Fall ist, sondern eher zu etwas so viel weniger Lebendigem, daß es normalerweise gar nicht wahrgenommen wird. Die vestibulären Rezeptoren des Innenohres zum Beispiel geben uns ein Gefühl der Richtigkeit der Lage. Die Welt ist, wie sie sein sollte. Ich drehe meinen Kopf, während die Umgebung stehenbleibt. Funktioniert dieser vestibuläre Sinn falsch, so empfinden wir Schwindel, bei dem sich die Umgebung bewegt, obwohl unser Kopf stillhält. Dies zeigt, daß die vestibulären Rezeptoren tatsächlich zum Bewußtsein signalisieren. Das gleiche geschieht bei den Ia-Rezeptoren des Muskels. Eine ganze Menge des Ia-Inputs zum Gehirn wird normalerweise nicht zur Kenntnis genommen, aber wenn er in Unordnung geraten ist, wenn ein Mißverhältnis besteht, wie bei den Illusionen, dann weiß man, daß er bis zum Bewußtsein vordringt.

B. Die motorische Kontrolle durch das Kleinhirn

1. *Einführung*

Ich komme nun zum Kleinhirn (cerebellum), das das wichtigste für die Kontrolle der Bewegung zuständige Organ ist. Es war das Gebiet meines wissenschaftlichen Interesses in den letzten 12 Jahren. Die Abb. IV 9A zeigt die Lage des Kleinhirns hinter und unterhalb des Großhirns (cerebrum) in einem von der linken Seite gesehenen Gehirn. In B sieht man nach Entfernung des Großhirns das Kleinhirn von oben. Drei Hauptbestandteile sind von medial nach lateral zu sehen: Der *Wurm* (vermis, V), die *pars intermedia* (PI) und die *Hemisphären* (H). Man kann sehen, daß das Kleinhirn aus einer Vielzahl *quer gefalteter Blätter* aufgebaut ist. Auf dem Sagittalschnitt von Abb. IV 9C sieht man diese

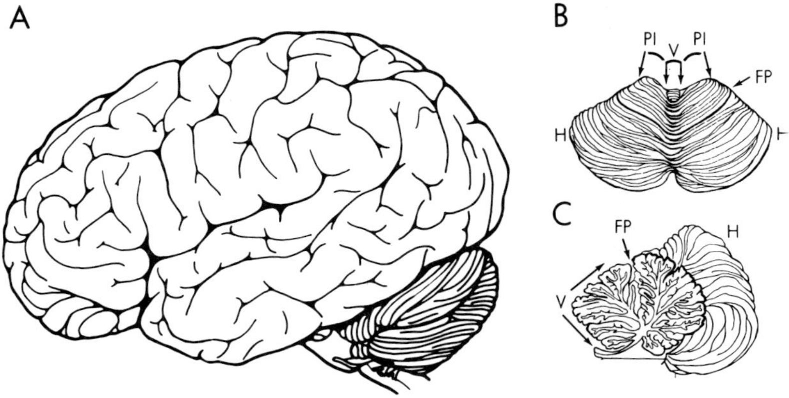

Abb. IV 9.. Menschliches Großhirn und Kleinhirn. In B und C ist das Kleinhirn in der gleichen Größenordnung von dorsal und in der Mittellinie sagittal aufgeschnitten gezeigt.

im Schnitt, der zudem erkennen läßt, wie die kompliziert gefaltete Anordnung, die Oberfläche der Kleinhirnrinde, die in dem begrenzten Raum unterhalb der Großhirnhemisphären Platz finden kann, so groß wie möglich gestaltet ist. Man beachte auch die *fissura prima* (FP), die tiefe Fissur, die den Vorder- vom Hinterlappen trennt.

Als das Hirn sich während der gesamten Wirbeltierevolution vergrößerte, vergrößerte sich das Kleinhirn im gleichen Maße, wie man in Abb. I 1 sehen kann. Wir müssen uns vorstellen, daß es als Teil des Gehirns konstruiert wurde, um als Computer bei der Behandlung all der komplexen Inputs von Rezeptoren oder von anderen Teilen des Gehirns zu fungieren. Es ist ein Computer, der ursprünglich in Beziehung zum Schwimmen der Fische gebaut wurde, von denen er Daten von Rezeptoren, und zwar von ihren Seitenlinien und ihren vestibulären Mechanismen verwendete. Aber im Evolutionsprozeß hat sich herausgestellt, daß er für eine Vielfalt von Datenverarbeitungen verwendet werden kann, besonders für all die komplexen Mechanismen, die bei Feinbewegungen eine Rolle spielen, zum Beispiel beim Flug der Vögel. Ein einfacher klinischer Test ist das vertraute Placieren des Fingers auf der Nasenspitze. Es ist seit langem bekannt, daß das Kleinhirn tatsächlich sehr wichtig für die Kontrolle aller komplexen und feinen Bewegungen ist, wie sie zum Beispiel beim Spielen von Musikinstrumenten erforderlich sind. Diese Beziehung zwischen Kleinhirn und motorischer

Kontrolle wurde bereits im letzten Jahrhundert als Ergebnis chirurgischer Läsionen bei Tieren und klinischer Läsionen beim Menschen erkannt. Ungeschicklichkeit und alle Arten schwer gestörter Bewegungen waren die Folge von derartigen Läsionen. Mit der starken Entwicklung des Kleinhirns in der Evolution des Menschen (vgl. Abb. I 1) kam es zu all unseren motorischen Fertigkeiten. Wir sind gewohnt, zu denken, daß diese Geschicklichkeit des Menschen vor allem in der Herstellung und Verwendung von Werkzeugen ihren Ausdruck gefunden hat, die sich schließlich bis zu unserer Technik und Zivilisation weiterentwickelte. Aber eine vielleicht noch wichtigere motorische Geschicklichkeit liegt in der Sprachfähigkeit. Es war diese Entwicklung des Kleinhirns zusammen mit dem Großhirn als gekoppelter Evolutionsprozeß, die dem Menschen seine ungeheure Überlegenheit im Überleben verlieh.

2. *Symptome von Kleinhirnläsionen*

Die besten Untersuchungen, die jemals über Kleinhirnläsionen beim Menschen durchgeführt worden sind, wurden in den frühen zwanziger Jahren von Gordon Holmes an Patienten mit Verletzungen aus dem Ersten Weltkrieg vorgenommen, deren Kleinhirn durch Schußverletzungen auf einer Seite zerstört worden war, während die andere Seite erhalten geblieben war und so als Kontrolle zur Verfügung stand. Die Abb. IV 10 bietet ein schönes Beispiel für eine einfache Technik, die er entwickelt hat. Er brachte eine kleine elektrische Birne auf dem Finger dieser Versuchsperson an und ließ sie 25mal in der Sekunde aufleuchten. Die Versuchsperson hatte zwei Säulen mit je drei roten Lichtern vor sich und wurde angewiesen, mit dem ausgestreckten Arm so schnell wie möglich auf die Folge der roten Lichter von der einen und der anderen Säule zu deuten. Währenddessen wurde die Bewegung, die mit Hilfe des aufleuchtenden Lichtes zu verfolgen war, von einer fixierten Kamera aufgezeichnet. In Abb. IV 10A kann man sehen, daß auf der normalen Seite eine flüssige und exakte Bewegung von einer Seite zur anderen bei jedem abwechselnd roten Licht erfolgte. Im Gegensatz dazu zeigte die Versuchsperson auf der Seite der Kleinhirnläsion, in B, eine unregelmäßige und ungeschickte Bewegung, wenn sie sich einem Zielpunkt nach dem anderen näherte, wie man in den Kurven sehen kann, besonders an den beiden untersten, wo es zu einem weitgehenden Versagen mit unregelmäßigem Tremor kam.

So ist jede Seite des Kleinhirns ganz offensichtlich für die flüssige und zuverlässige Bewegungskontrolle des Armes dieser Seite verant-

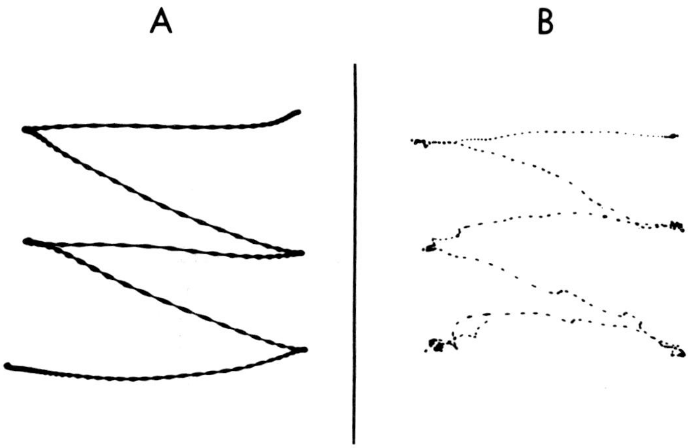

Abb. IV 10. Normale (A) und dysmetrische (B) Bewegungen, die wie im Text beschrieben abgeleitet wurden. Das Ausmaß der Fingerbewegung betrug etwa 75 cm (*Holmes, 1939*).

wortlich. Eine weitere Unfähigkeit, an der diese Kleinhirnpatienten litten, bestand darin, daß sie keine Bewegung, die mehrere Gelenke des Armes beanspruchte, flüssig ausführen konnten. Sie mußten sie Gelenk für Gelenk bewerkstelligen. Diese Unfähigkeit wird *Dekomposition der Bewegung* genannt. Einer von Holmes' Patienten beschrieb dies sehr zutreffend, indem er sagte: »Die Bewegungen meiner linken Hand erfolgen unbewußt, aber über jede einzelne Bewegung meines rechten Armes muß ich nachdenken. Ich komme beim Drehen zu einem plötzlichen Stopp und muß überlegen, bevor es weitergeht.« Dies zeigt, wie weitgehend uns diese geistige Konzentration durch das Kleinhirn erspart wird. Bei gewöhnlichen Bewegungen gibt man nicht mehr als einen allgemeinen Befehl, etwa: Lege den Finger auf die Nase, oder: Schreibe deinen Namen, oder: Nimm ein Glas in die Hand, und der gesamte motorische Ablauf geht automatisch vonstatten. Zum Beispiel malt man seinen Namen beim Schreiben der Unterschrift nicht Buchstabe für Buchstabe – täte man es, so würde der Bankangestellte sie nicht erkennen. Man gibt nur den generellen Befehl vom Großhirn und überläßt es dem cerebro-cerebellaren Kreislauf, für die feinen charakteristischen Details zu sorgen.

Zusammenfassend kann man sagen, daß unsere komplexesten Muskelbewegungen normalerweise unbewußt und mit vollendeter Geschicklichkeit ausgeführt werden. Je unbewußter man einen Golfball schlägt, desto besser ist der Schlag, und das gleiche gilt für Tennis, Skifahren, Schlittschuhlaufen oder irgendeine andere Fertigkeit. Bei all diesen Tätigkeiten haben wir keine Vorstellung von der Komplexität der Muskelkontraktionen und Gelenkbewegungen. Alles, dessen wir uns willentlich bewußt sind, ist eine grundsätzliche Direktive, die von dem, was wir unser willkürliches Kommandosystem nennen könnten, ausgegeben wird. All die Feinheit und Geschicklichkeit scheint natürlich und automatisch von dort auszugehen. Meine These ist, daß das Kleinhirn für diese ganze ungeheuer komplexe Organisation und Bewegungskontrolle zuständig ist und daß wir unser ganzes Leben hindurch, besonders in den frühen Jahren, mit einem unablässigen Lernprogramm für das Kleinhirn beschäftigt sind. In der Folge kann es all diese bemerkenswerten Aufgaben erledigen, zu denen wir es im gesamten Repertoire unserer Feinbewegungen beim Sport, in der Technik, beim Musizieren, beim Sprechen, Tanzen, Singen usw. einsetzen. Tanzen und Singen sind die phantastischsten Anforderungen an unser System. Wie kommt das zustande, was Margot Fonteyn, Maria Callas und Joan Sutherland können? Dies erfordert die äußerste Feinheit motorischer Kontrolle. Man wird wundervoll belohnt, wenn man sie besitzt!

3. *Die neuronale Struktur des Kleinhirns*

Bei dem Versuch, zu verstehen, wie das Kleinhirn diese erstaunliche Aktion als software-Computer ausführt, verfügen wir zum Glück über ein präzises Bild seiner neuronalen Struktur, das wir in erster Linie dem Genius von Ramón y Cajal verdanken. Es ist eine überraschend uniforme, stereotype Struktur, die, wie man bei einem Computer erwartet, mit geometrischer Präzision angelegt ist. Es ist ein rechteckiges, geschichtetes Gitterwerk, wie man in Abb. IV 11 sehen kann, in der ein kleines Teilstück einer Windung perspektivisch gezeichnet ist. Die Hauptneurone sind die Purkinjezellen (PC), die die einzigen Output-Bahnen bilden und deren Axone in den *Kleinhirnkernen* (CN) endigen, das bedeutet, daß diese Axone alle Computernachrichten von der Kleinhirnrinde weiterleiten. Information kommt ausschließlich über zwei Typen afferenter Fasern in die Kleinhirnrinde – die *Kletterfasern* (CF), die sich um die Dendriten der Purkinjezellen winden, und die *Moosfasern* (MF), die sich vielfach aufzweigen und Synapsen auf kleine *Körnerzellen* (*Granulazellen*, GrC) in der Körnerschicht (GrL) bilden, de-

Perspektivische Zeichnung eines Schnittes durch eine Kleinhirnwindung

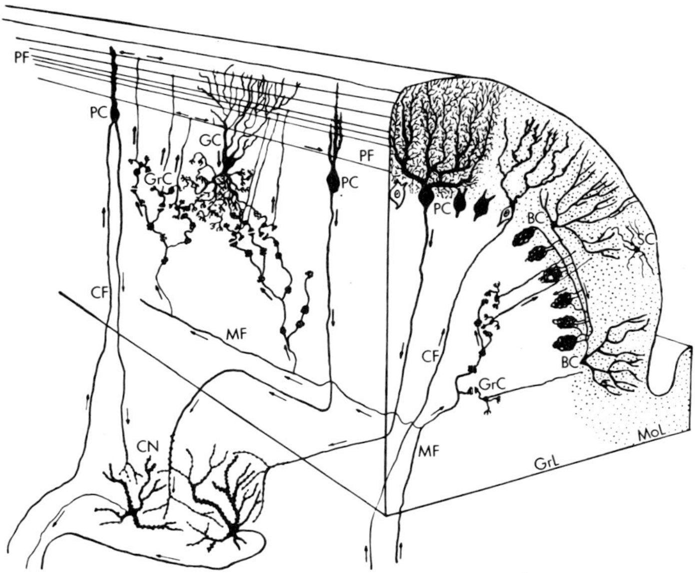

Abb. IV 11. Schematische Zeichnung eines Segmentes einer Kleinhirnwindung. Ausführliche Beschreibung im Text (*C. A. Fox, The Structure of the Cerebellar Cortex in Correlative Anatomy of the Nervous System, S. 193, MacMillan Co., New York, 1962*).

ren Axone zur Molekularschicht (MoL) hinauflaufen, um sich T-förmig aufzuzweigen und als *Parallelfasern* (PF) etwa 3 mm entlang der Windung zu verlaufen. So sind sie rechtwinklig zu den spalierartigen Dendritenbäumen der *Purkinje- (PC), Korb- (BC) und Sternzellen* (SC), mit denen sie zahlreiche Synapsen bilden, die sogenannten crossing-over-Synapsen. Die Korbzellaxone verlaufen ebenfalls quer zu den Windungen, etwa 0,6 mm in jeder Richtung, und stellen Synapsen auf den Somata der Purkinjezellen her. Schließlich sind noch die *Golgi-Zellen* (GC) vorhanden, von denen eine in Abb. IV 11 gezeigt ist. Sie erhalten ebenfalls Synapsen von den Parallelfasern und besitzen weitverzweigte Axone, die auf den Körnerzelldendriten endigen.

Die Zahl der Neurone ist ungeheuer groß. Es gibt zum Beispiel im menschlichen Kleinhirn etwa 30000 Millionen Körnerzellen, 30 Millionen Purkinjezellen und 200 Millionen Korb- und Sternzellen. Jede Purkinjezelle nimmt etwa 80000 Parallelfasersynapsen auf ihren Dendritenspines auf. Dies ist ihr Moosfaser-Input. Im Gegensatz dazu kommt nur eine Kletterfaser zu ihr, aber diese stellt eine große Zahl von Synapsen auf den Dendriten der Purkinjezelle her.

4. Die neuronalen Funktionen

In den letzten Jahren (von 1963 an) gab es eine intensive Forschung über die Arbeitsweisen der vielen synaptischen Verbindungen in der Kleinhirnrinde, deren Ergebnisse in Abb. IV 12 sehr vereinfacht zusammengefaßt sind. Sie soll exzitatorische oder inhibitorische Funktion der verschiedenen Elemente aufzeigen, die nur als einzelne Einheiten abgebildet sind. Alle inhibitorischen Neurone sind schwarz gezeichnet. Es zeigt sich in A, daß die Kletterfaser (CF) eine ungeheuer starke exzitatorische Synapse bildet, die Purkinjezelle (PC) feuert mehrere Male auf einen einzigen Impuls der Kletterfaser hin. Bei der Moosfaser (MF) dagegen verhält es sich ganz anders, jede ihrer Aufzweigungen erregt (C) etwa 400 Körnerzellen; und 80000 Körnerzellen tragen über ihre Parallelfasern (PF) zur Erregung jeder Purkinjezelle bei. Die Korbzellen (BC) werden ebenfalls durch Parallelfasern (C) erregt, und ihre Axone verlaufen quer und enden als inhibitorische Synapsen auf den Somata der Purkinjezellen, die dadurch in eine korbartige Struktur (Abb. IV 11) eingeschlossen werden. Die Golgi-Zellen (GoC) werden durch Parallelfasern (B) und auch durch Moosfasern erregt, und ihre inhibitorischen Synapsen auf den Körnerzellen vervollständigen eine einfache negative feedback-Schleife (Abb. III 11A). D ist eine Zusammensetzung aus A, B und C.

Wir verfügen nun über grundlegende Informationen, auf denen wir Vorstellungen davon aufbauen können, wie die neuronale Maschinerie der Kleinhirnrinde eine Computerisierung durchführen kann. Zwei Eingänge kommen herein: einer, die Moosfaser, ist verstreut und mächtig und vollzieht sowohl Erregung als auch Hemmung. Der andere, die Kletterfaser, transportiert eine direkte, monosynaptische Ein- und Aus-Exzitation. Der einzige Output von der Kleinhirnrinde erfolgt über Purkinjezellen, die, wie in Abb. IV 12D dargestellt, die Zellen der intracerebellaren Kerne (ICNC) hemmen. Tatsächlich sind alle Neurone der Rinde, mit Ausnahme der Körnerzellen, inhibitorisch. Nirgendwo sonst im Gehirn ist uns ein solches Überwiegen der Hemmung bekannt.

Man nimmt an, daß diese Dominanz von großem Wert für die computerartige Arbeitsweise der Kleinhirnrinde ist. Da alle Inputs innerhalb von höchstens zwei Relais in inhibitorische Aktion umgewandelt

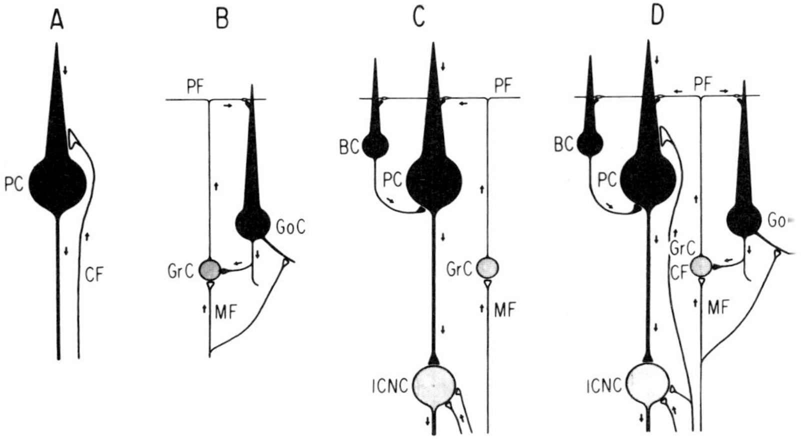

Abb. IV 12. Schemata der wichtigsten Zellen und ihrer Synapsenverbindungen in der Kleinhirnrinde. Die einzelnen Regelkreise von A, B und C sind in D zusammengefaßt. Vektoren zeigen die Operationswege. Inhibitorische Zellen sind schwarz gezeichnet. PC, Purkinjezelle; CF, Kletterfaser; GrC, Körnerzelle; PF, Parallelfaser; GoC, Golgizelle; MF, Moosfaser; BC, Korbzelle; ICNC, Zelle aus einem intracerebellaren Nucleus.

werden, kann es zu keiner anhaltenden Kettenreaktion exzitatorischer Neurone kommen, wie es durch die Axonkollateralen der Purkinjezellen geschehen würde, wenn diese exzitatorisch wären. Als Folge davon ist das Gebiet der Kleinhirnrinde innerhalb von 0,1 sec nach einer Computeraktion »sauber« und bereit für die nächste Computerisierung. Diese automatische »Reinigung« ist sehr wichtig, um eine verläßliche Durchführung schneller Bewegungen zu gewährleisten. Wir können die Anordnung mit dem einzigen Output über die inhibitorischen Purkinjezellen als eine sehr raffinierte, evolutionäre Konstruktion ansehen.

Bisher haben wir die exzitatorischen und inhibitorischen Aktionen in der Kleinhirnrinde diskutiert, als wären sie ohne irgendein Muster übereinandergesetzt. Doch bereits in Abb. IV 11 haben wir gesehen, daß die Konstruktion ein rechteckiges Gitterwerk ist. Das grundlegende Muster ist in den Abb. IV 13A, B schematisch dargestellt, die einen Querschnitt einer Windung (A) wiedergibt, ähnlich wie rechts in Abb. IV 11. B zeigt die gleiche Windung von oben, als eine Art Plan gesehen. In A wird angenommen, daß ein Input von Moosfaserimpulsen eine große Gruppe von Körnerzellen (GrC) erregt. In B laufen ihre Axone als Parallelfasern (PF) etwa 2 mm entlang der Windung und erregen die Purkinjezellen

(PC), die schematisch durch einen Kreis über einem Rechteck dargestellt sind. Schwarz gezeichnet sind die Korbzellen (BC), deren Axone (BA) nach jeder Seite inhibitorisch auf Purkinjezellen wirken, wie durch die dunkle Schraffierung, genau wie in der Großhirnrinde (Abb. IV 6), symbolisiert wird. So haben wir hier, voll entwickelt, eine starke inhibitori-

Muster inhibitorischer Aktion auf Purkinjezellen

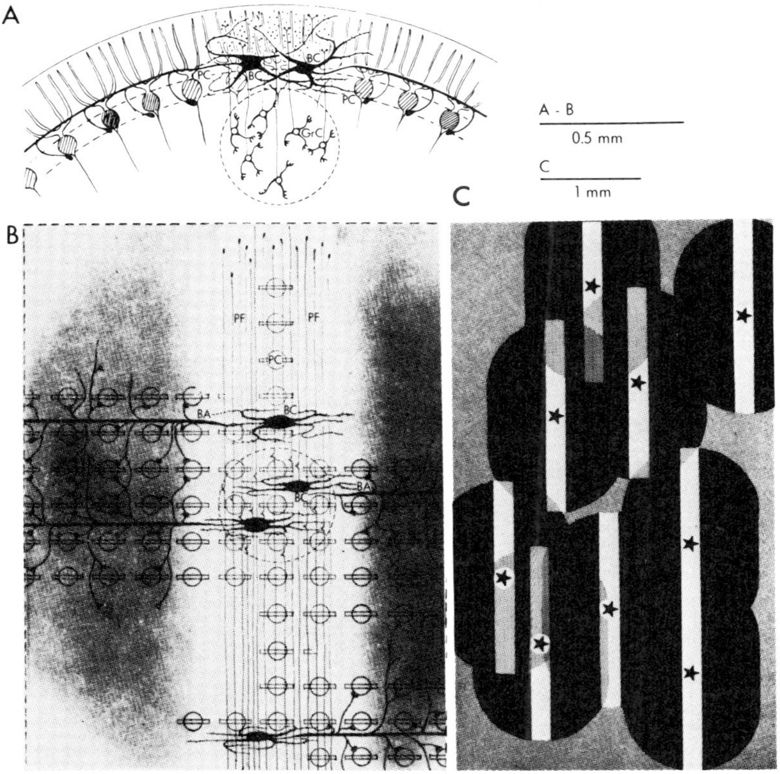

Abb. IV 13. Schematische Darstellung des Konzeptes der integrativen Einheit höherer Ordnung der neuronalen Kette von Moosfaserafferenz zu Parallelfaser. Die Neuronmatrix ist im Querschnitt (A) und von der Oberfläche (B) gesehen, unter besonderer Berücksichtigung der Korbzellen (BC) und der durch deren Axone hergestellten inhibitorischen Umgebung (BA) (*Eccles, Ito und Szentágothai, 1967*). In C ist die Wechselwirkung von Exzitation durch die Parallelfasern und von Inhibition durch die laterale Inhibition von Korbzellen auf Purkinjezellen für 9 herausgegriffene Moosfaserinputs dargestellt. Weitere Beschreibung im Text.

sche Umgebung auf jeder Seite des Bündels erregter Purkinjezellen. Ein Moosfaser-Input erregt also auf diese Weise ein Bündel von Parallelfasern, das die Purkinjezellen auf jeder Seite in Richtung auf das Bündel zu erregt und in Richtung vom Bündel fort hemmt. Aber dies gilt natürlich nur für einen einzelnen, sozusagen avisierten Moosfaser-Input, durch den negativen feedback der Golgi-Zellen.

Bei der normalen Arbeit des Kleinhirns ist eine Vielzahl von solchen Moosfaser-Inputs vorhanden, die antagonistische exzitatorische und inhibitorische Aktionen zur Folge haben, wie in Abb. IV 13C – in kleinerem Maßstab gezeichnet – für 9 Inputs (Sterne) schematisch dargestellt ist. Das Überlappen exzitatorischer Zonen mit inhibitorischer Umgebung läßt ein Muster verschiedener Grade von Erregung der Purkinjezellen entstehen, wie durch die Schattierung angedeutet ist. Es liefert eine Vorstellung des Kampfes zwischen exzitatorischer und inhibitorischer Einwirkung auf die Purkinjezellen, der die ganze Zeit über, in jedem Augenblick und jedem Teil des Kleinhirns, ausgefochten wird. Das ist das Wesen dieser Computerarbeit. Kein exzitatorischer Input hat die Möglichkeit, ungehindert exzitatorisch auf die Purkinjezellen einzuwirken. Er muß sich seinen Weg durch die entgegengesetzte inhibitorische Aktion erkämpfen. Man sieht, die Situation ist vergleichbar mit der in der Großhirnrinde, die in Abb. IV 6 dargestellt ist.

C. Cerebro-cerebellare Leitungsbahnen

1. Die geschlossene Schleife über die Pars intermedia der Kleinhirnrinde

Abb. IV 14 ist ein äußerst vereinfachtes Schema, das zeigen soll, wie Großhirn und Kleinhirn miteinander verbunden sind. Den Zeichnungen aller neuronalen Bahnen in Abb. IV 14 liegen gesicherte Ergebnisse anatomischer und physiologischer Untersuchungen zugrunde. Der Einfachheit halber wurden die einzelnen Zellarten auf je ein Beispiel beschränkt. Jede der gezeigten Arten jedoch ist als einzelne Zelle abgeleitet worden, und alle gezeigten Verbindungen sind durch Zeitbestimmung ihrer Entladungen in jeder der Bahnen untersucht worden. Soweit ist das Schema annähernd vollständig, aber natürlich sind alle funktionellen Charakteristika weggelassen, die sich aus den ungeheuren Mengen an parallel geschalteten Zellen mit ihrem Reichtum an Konvergenz und Divergenz, der teilweise schon erwähnt worden ist, ableiten. Deshalb sollte man die Abb. IV 14 lediglich als eine Gerüstzeichnung betrachten.

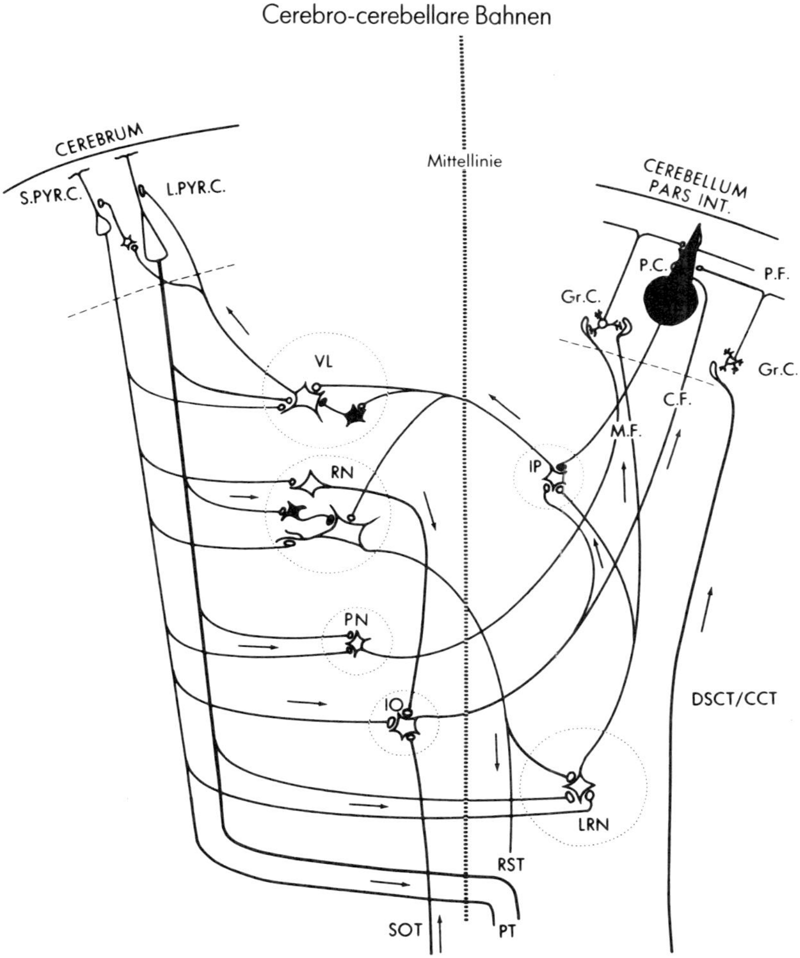

Abb. IV 14. Schema von Bahnen, die die sensori-motorischen Gebiete des Großhirns mit der Pars intermedia des Kleinhirns verbinden. Ausführliche Beschreibung im Text.

Wir wollen bei der Betrachtung der Arbeitsabläufe von Abb. IV 14 mit dem Feuern einer großen Pyramidenzelle (L. PYR. C.) der motorischen Rinde beginnen. Diese Zellen sind natürlich die Hauptursprungszellen der *Pyramidenbahn*, PT (Abb. IV 2, 5, 6). Man kann auch eine *kleine Pyramidenzelle* (S. PYR. C.) sehen. Axone dieser Zellen bilden kleine Fasern der Pyramidenbahn, aber es ist nicht bekannt, wie wirksam diese Fasern im Rückenmark sind. Aus diesem Grund sind in Abb. IV 7 nur große Pyramidenfasern gezeigt, die Kollaterale sowohl zu α- als auch zu γ-Motoneuronen senden und so verantwortlich für die Aktionspotentiale der Muskelfasern und Ia-Fasern in Abb. IV 8 sind. In Abb. IV 14 gibt die große Pyramidenbahnfaser Äste ab, die nach synaptischer Umschaltung in den Nuclei pontis (Brückenkerne, NP) und dem Nucleus reticularis lateralis (LRN) Moosfaser (MF)-Inputs zur Kleinhirnrinde schicken. So laufen Inpulse, die die Pyramidenbahn hinab gefeuert wurden, um eine Bewegung in Gang zu setzen (wie wir es bei dem Affen in Abb. IV 4 mit den Hin- und Her-Bewegungen gesehen haben), gleichzeitig zur Kleinhirnrinde, und zwar zu der der Großhirnrinde entgegengesetzten Seite und der Bewegung gleichseitigen Seite. Es existiert also ein äußerst rascher und zuverlässiger Input vom Großhirn zum Kleinhirn. Das Großhirn kann keine Aktion in Gang setzen, ohne daß das Kleinhirn sofort darüber Bescheid weiß. Es gibt, so meine ich, keinen Zweifel, daß das Großhirn das Kommandozentrum ist, aber alle Instruktionen, die es zu der motorischen Maschinerie des Rückenmarks feuert, werden unmittelbar über diese beiden Moosfaserbahnen in die ganze Computermaschinerie der Kleinhirnrinde eingegeben, die einen über die *Nuclei pontis (NP)*, die anderen über den *Nucleus reticularis lateralis (LRN)*. Zusätzlich laufen Impulse, die von den kleinen Pyramidenzellen gefeuert werden, zu diesen beiden Kernen und unterstützen sie vermutlich bei ihren Antworten. Noch wichtiger ist, daß nur Entladungen kleiner Pyramidenzellen zur *unteren Olive (IO)* gehen, die die ausschließliche Quelle für den Kletterfaser-(CF)-Input zur Kleinhirnrinde darstellt.

Nach dem Stadium der Wechselwirkung in der Kleinhirnrinde, wie zum Beispiel in Abb. IV 13C, kommt die Endphase des rückläufigen Regelkreises zur motorischen Rinde des Großhirns. In Abb. IV 14 hemmt die Purkinjezelle die Nucleuszelle im *Nucleus interpositus (IP)*, der auch durch Kollaterale von Moos- und Kletterfasern, wie jeweils für die LRN- und IO-Bahnen dargestellt, erregt wird. Dies ist ein weiterer Ort der Computeraktion im Widerstreit exzitatorischer und inhibitorischer Aktionen auf die IP-Zellen. Von dort verläuft die Bahn sehr schnell und direkt, es gibt nur ein Synapsenrelais auf dem Weg zu den Pyramidenzellen der motorischen Rinde im *ventrolateralen Thalamus (VL)*. Eine andere Aktionsbahn ist in Abb. IV 14 ebenfalls dargestellt, nämlich von IP zu RN (*der rote Nucleus*, Nucleus ruber) und dann über den *Tractus rubrospinalis (RST)* zu den Motoneuronen des Rückenmarks.

Wir können damit die Autorität des cerebellaren Einflusses in bezug auf den Verlauf aller Bewegungen, die von der motorischen Rinde veranlaßt werden, ermessen. Die gesamten Impulsentladungen, welche die Pyramidenbahn hinablaufen, werden sehr rasch und vollständig dem Kleinhirn signalisiert.

Wir dürfen annehmen, daß der Input in der Kleinhirnrinde unter Einsatz ihrer Gedächtnisspeicher verarbeitet wird und nach einer weiteren Computerisierung in den Kleinhirnkernen (IP) zur gleichen motorischen Region des Großhirns zurückgegeben wird, je nachdem, wieviel aus der Peripherie zurückgemeldet wird (Abb. IV 15). Bei der Katze beträgt die Regelkreiszeit für diese gesamte Schleife weniger als eine Hundertstelsekunde. Beim Menschen dauert es länger, etwa eine Fünfzigstelsekunde. In bezug auf die motorische Rinde arbeitet dieses System in einer Geschlossenen-Schleife-Manier.

2. *Das Offene-Schleife-System in den Kleinhirnhemisphären*

Die Kleinhirnhemisphären umfassen fast 90 Prozent des menschlichen Kleinhirns (vgl. IV 9B). Die wichtigsten cerebro-cerebellaren Regelkreise sind in Abb. IV 15 dargestellt. Im Gegensatz zur Pars intermedia erhalten die Kleinhirnhemisphären den größten Teil ihrer cerebralen Inputs aus ausgedehnten Rindenarealen, wie zum Beispiel der motorischen Assoziationsrinde, die in Abb. IV 1 vor der motorischen Rinde liegt, und in geringerem Ausmaß über Kollaterale von Pyramidenbahnfasern (gepunktete Linien in Abb. IV 15) aus der motorischen Rinde. Diese charakteristische Anordnung von Regelkreisen ist bei Primaten gut ausgebildet und sehr bedeutend beim Menschen, bei dem ausgedehnte Zonen einer Großhirnhemisphäre im Vergleich zu nur 500000 Pyramidenbahnfasern 20 Millionen Fasern liefern, die zu niedereren Ebenen hinabsteigen. In Abb. IV 15 laufen Impulse, die von den Pyramidenbahnzellen der Assoziationsrinde abgegeben wurden, über Relais in den Brückenkernen (PN) und in der unteren Olive (IO) zur kontralateralen Kleinhirnhemisphäre. Nach Verarbeitung in der Kleinhirnhemisphäre erfolgt der Rücklauf über den VL Thalamus zur motorischen Rinde und so die Pyramidenbahn (PT) hinab, um die Bewegung zu bewerkstelligen. Somit ist der cerebro-cerebellare Regelkreis im wesentlichen ein Offene-Schleife-System.

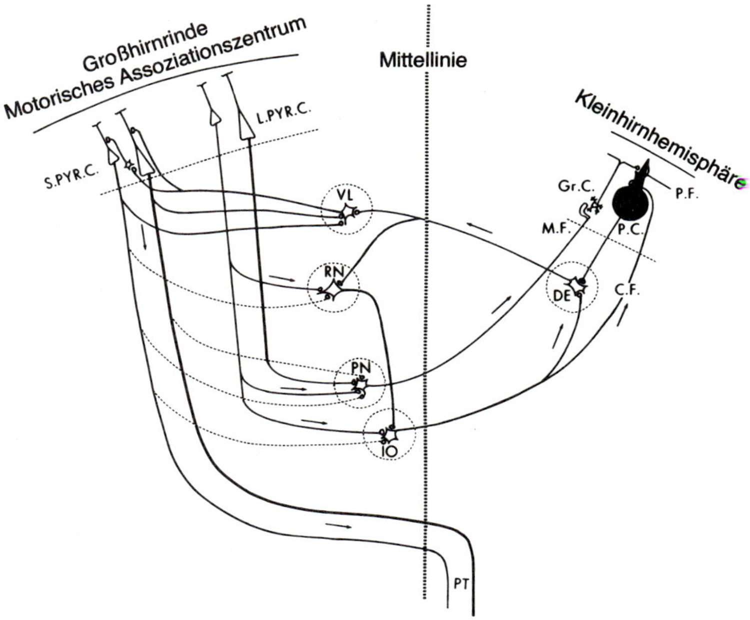

Abb. IV 15. Cerebro-cerebellare Bahnen, die die Assoziations- und die motorische Rinde mit der Kleinhirnhemisphäre verbinden. DE ist Nucleus dentatus. Die anderen Symbole sind wie in Abb. IV 14. Im Nucleus ruber ist nur eine kleine Zelle gezeigt (*Allen und Tsukahara, 1974*).

3. Die dynamische Arbeitsweise der cerebro-cerebellaren Regelkreise

Die Arbeitsweise der Regelkreise ist am besten aus den sehr vereinfachten Schemata von Abb. IV 16 zu erkennen, in denen die Kommunikationslinien durch Pfeile angezeigt sind, die für all die synaptischen Verknüpfungen der Abb. IV 14 und IV 15 stehen. Die Abb. IV 16A veranschaulicht die Arbeitsweise der Pars intermedia, die bereits in Zusammenhang mit Abb. IV 14 betrachtet worden ist, doch sie fügt die Input-Output-Komponenten der spinalen Zentren und die ablaufende Bewegung hinzu.

Wenn Pyramidenzellen der motorischen Rinde (Zone 4) über die Pyramidenbahn hinab (PT) Impulse feuern, um eine willkürliche Bewegung (ein motorisches Kommando) hervorzubringen, so werden die

Muster dieser Entladung (die ablaufende Bewegung) in allen Details über die kollateralen Aufzweigungen der Pyramidenbahnfasern dem Kleinhirn (Pars intermedia) übermittelt. Die Verarbeitung findet in der Kleinhirnrinde (PI) statt, und der resultierende Output wird zur motorischen Rinde zurückgesandt, so daß ein fortlaufender »Kommentar« vom Kleinhirn innerhalb von 10 bis 20 msec nach jedem motorischen Kommando erfolgt. Wir können diesen »Kommentar« so betrachten, daß er den Charakter einer ständig vom Kleinhirn geäußerten Korrektur hat, der unverzüglich den von der Großhirnrinde ausgegebenen modifizierten motorischen Kommandos einverleibt wird. Die Abbildungen IV 14 und IV 16A zeigen auch eine längere Rückkopplungsschleife, die im gleichen Abschnitt des Kleinhirns operiert. Wenn das motorische Kommando eine Bewegung auslöst, so erregt diese ablaufende Bewegung eine große Vielfalt von peripheren Rezeptoren in den Muskeln, der Haut, den Gelenken etc., und diese melden zu den gleichen Abschnitten der Kleinhirnrinde zurück (nach oben gerichteter Pfeil), die an der direkteren Schleife beteiligt waren. Eine Verarbeitung der beiden Gruppen von Inputformen bildet die Basis der Kleinhirnantwort. So steht den motorischen Kommandozentren ein fortlaufender Kleinhirnkommentar, der sich aus diesen beiden Schleifen zusammensetzt, zur Verfügung. Zusätzlich besitzt die Pars intermedia eine direktere Bahn zur Beeinflussung der spinalen Zentren über den Nucleus ruber (RN) und den Tractus rubrospinalis (RST), wie in Abb. IV 14 und durch den nach unten gerichteten Pfeil in Abb. IV 16A gezeigt.

Zusammenfassend können wir die Pars intermedia des Kleinhirns in ihrer Wirkungsweise so betrachten wie das Kontrollsystem eines zielsuchenden Projektils. Sie arbeitet insofern ähnlich, als sie nicht nur eine einzelne Meldung zur Korrektur einer Bewegung, die vom Ziel abkommt, gibt. Vielmehr liefert sie Folgen von korrigierenden Meldungen und damit eine fortgesetzte aktualisierende Kontrolle über geschlossene dynamische Schleifen.

Bei den Primaten gibt es keinen peripheren Input zu den Kleinhirnhemisphären wie denjenigen für die Pars intermedia (vgl. Abb. IV 16A mit B). Daher verläuft die einzige Rückkopplungsinformation in dieses Offene-Schleife-System über die sensorischen Bahnen zur Großhirnrinde von peripheren Rezeptoren in Muskeln, Haut, Gelenken etc., die zu den somästhetischen Zonen 3, 1, 2 projizieren, wie schon in Abb. III 13 gezeichnet. Wegen dieser speziellen Verknüpfungscharakteristika haben Allen und Tsukahara die Vermutung geäußert, daß die Kleinhirnhemisphäre mehr an der Planung einer Bewegung als an ihrer tatsächlichen Ausführung und Korrektur durch fortlaufende Kontrollen beteiligt ist. Ihre Funktion ist weitgehend antizipatorisch und beruht

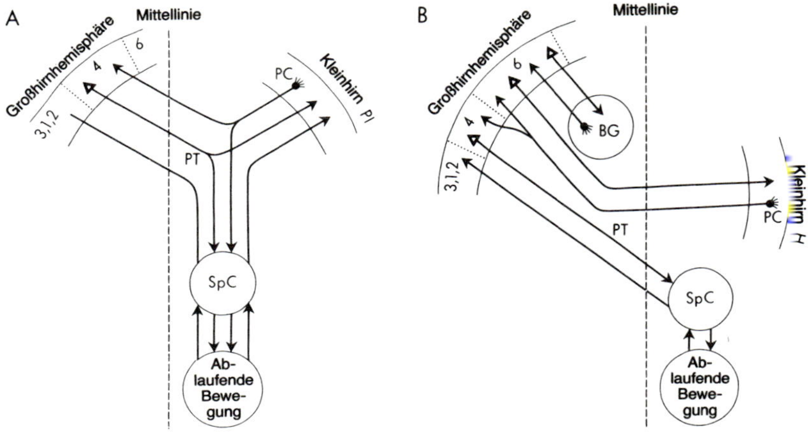

Abb. IV 16. Cerebro-cerebellare Regelkreise in der motorischen Kontrolle sind durch Weglassen der Synapsenverknüpfungen vereinfacht dargestellt. A zeigt die Regelkreise von einer Pyramidenzelle in der motorischen Rinde (4) über die Pyramidenbahn (PT) zum Rückenmark und so zur ablaufenden Bewegung mit Kollateralen zur Pars intermedia (PI) des Kleinhirns. Die Purkinjezelle (PC) in PI kommuniziert (über Synapsenrelais) zurück zur motorischen Rinde und auch das Rückenmark hinab zu den spinalen Zentren (SpC). Ebenfalls gezeigt ist die Projektion von den spinalen Zentren zu PI und zur somästhetischen Zone (3,1,2). In B sind die Regelkreise vom Großhirn (hauptsächlich Zone 6) zur Kleinhirnhemisphäre (H) zu sehen. Der rückläufige Schenkel von der Purkinjezelle, PC, läuft zurück zu den Zonen 4 und 6. Von Zone 4 gibt es eine Projektion über die Pyramidenbahn (PT) das Rückenmark hinab, wie in A und dem rückläufigen Schenkel von der ablaufenden Bewegung über die spinalen Zentren zu den Zonen 3,1,2. Zusätzlich sind der Schaltkreis von Zone 6 zu den Basalganglien (BG) und der rückläufige Schenkel zum Großhirn eingezeichnet.

auf Lernprozessen und früheren Erfahrungen und auch auf vorläufiger, stark verarbeiteter sensorischer Information, die von einem Teil der Assoziationsrinde übermittelt wurde.

In Abb. IV 16B ist ein weiteres Dynamische-Schleife-System gezeigt, das über die Basalganglien (BG) operiert, die ungeheure Ansammlungen von Nervenzellen tief in der Großhirnrinde darstellen. Die Hauptbestandteile sind in Abb. IV 17 schematisch gezeigt, der Nucleus caudatus (N. caud.), das Putamen (Put.), der Globus pallidus (Pall.). Es gibt eine Projektion von der motorischen Rinde (4) zum Nucleus caudatus und zum Putamen, doch die wichtigsten corticonucleären Bahnen kommen von anderen Rindenzonen, 6 und 3, 1, 2 in Abb. IV 17. Die weitere Projektion verläuft zum Globus pallidus und von dort zum VA und VL Thalamus. Es existieren ergänzende Regelkreisschleifen zur Substantia nigra und zum Nucleus subthalamicus. Jedoch der Hauptregelkreis ist ein weiteres Offene-Schleife-System von der Assoziationsrinde zu den Basalganglien und so über die Thalamuskerne zur motorischen Rinde. Es wird vermutet, daß dieses Offene-Schleife-System der durch die Kleinhirnhemisphären verlaufenden offenen Schleife parallel geschaltet ist. Die enge Analogie zwischen diesen beiden Offene-Schleife-Systemen ist von besonderem Interesse, weil die Bewegungskontrolle gestört ist, wenn eine von beiden nicht in Ordnung ist. Degenerationen der Basalganglien führen zum Morbus Parkinson oder zur Huntingtonschen Chorea, während Kleinhirnläsionen zu Kleinhirnataxie und Tremor führen. Die Arbeitsweise der neuralen Maschinerie wird jedoch noch wenig verstanden.

4. *Die Synthese der verschiedenen neuronalen Mechanismen, die an der Kontrolle der Willkürbewegung beteiligt sind*

Die Abb. IV 18 zeigt, wie man sich die miteinander in Wechselwirkung stehenden Schleifenkontrollen vorstellt. Wie in Zusammenhang mit Kornhubers Experimenten besprochen, findet die Idee einer Bewegung in Erregungsmustern in der Assoziationsrinde Ausdruck, die als das Bereitschaftspotential in Ableitungen über die gesamte Kopfhaut erkannt werden (Abb. IV 3). Gleichzeitig gibt es die beiden Systeme der Dynamischen Schleifen, die in Abb. IV 16B mit der Projektion über den VL Thalamus zurück zur motorischen Rinde abgebildet sind. Zusätzlich projizieren diese Schleifensysteme zurück zur Assoziationsrinde (Zone 6 in Abb. IV 16B) mit der Möglichkeit weiterer Bildung von Dynamische-Schleife-Regelkreisen. Die Synthese all dieser Schleifen-Inputs mit den ablaufenden Aktivitäten der Assoziationsrinde liefert das, was wir eine vorprogrammierte Information für die motorische Rinde nennen könnten, die als Folge davon die geeigneten Entladungen die Pyramidenbahn hinab (das motorische Kommando) erzeugt, um die gewünschte Bewegung zustande zu bringen. Dieser Vorgang ist kürzlich von Mountcastle eindrucksvoll und lebendig dargestellt worden.

Im Stadium der motorischen Entladung macht die Pars intermedia mit Hilfe der beiden in Abb. IV 16A gezeichneten geschlossenen Schleifen einen wichtigen Beitrag, indem sie die Bewegung, die auf der sensorischen Beschreibung der Extremitätenstellung und Geschwindigkeit, der die beabsichtigte Bewegung überlagert werden soll, aktualisiert. Diese Geschlossene-Schleife-Operation ist eine Art von kurzfristiger Planung im Gegensatz zu der langfristigen Planung der Assozia-

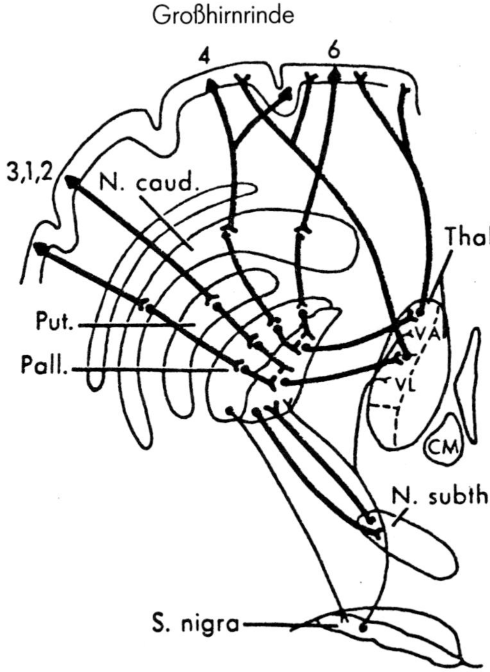

Abb. IV 17. Schaltkreise, die die Großhirnrinde und die Basalganglien verbinden. Zone 6 ist die motorische Assoziationsrinde, und die Felder 3, 1, 2 sind die somästhetische Rinde. Zone 4 ist die motorische Rinde (vgl. Abb. IV 1). Die Basalganglien setzen sich aus dem Nucleus caudatus (N. caud.), dem Putamen (Put.), dem Globus pallidus (Pall.) zusammen. VA und VL sind der ventroanteriore und der ventrolaterale Thalamuskern. Die Schaltkreise zum Nucleus subthalamicus (N.subth.) und die Substantia nigra (S. nigra) sind ebenfalls eingezeichnet (*modifiziert nach Brodal, 1969*).

tionsrinde und der Kleinhirnhemisphären. Sicherlich müssen diese beiden Kleinhirnabschnitte bei der Ausführung jeder feinen Bewegung zusammenarbeiten (Allen und Tsukahara).

Beim Erlernen der Bewegung führen wir diese zuerst sehr langsam aus, weil sie noch nicht ausreichend vorprogrammiert sein kann. Statt dessen geschieht sie weitgehend durch intensive cerebrale Konzentration sowie mit Hilfe der fortwährenden Aktualisierung über die Pars intermedia des Kleinhirns. Mit Übung und dem daraus folgenden motorischen Lernen kann ein größerer Anteil der Bewegung vorprogrammiert und diese rascher ausgeführt werden. Bei sehr raschen Bewegungen, zum Beispiel beim Klavierspielen oder Schreibmaschineschreiben können wir uns gänzlich auf die Vorprogrammierung durch die Regelkreise links in Abb. IV 18 verlassen, weil keine Zeit zu einer zielgerichteten Korrektur durch die Pars intermedia vorhanden ist, wenn eine rasche Bewegung einmal begonnen hat.

Wir können so vermuten, daß trainierte Bewegungen weitgehend vorprogrammiert sind, während erprobende Bewegungen, die einen wichtigen Anteil unseres Bewegungsrepertoires ausmachen, unvollständig vorprogrammiert und somit provisorisch und Gegenstand unablässiger Revision sind. Die Rolle des Kleinhirns, wahrscheinlich der Pars intermedia, bei untrainierten erprobenden Bewegungen wird durch die Ungelenkigkeit und Langsamkeit bestätigt, mit der sie vollführt werden, wenn das Großhirn nach Entfernung des Kleinhirns ohne die cerebellare Mitarbeit sowohl bei der Vorprogrammierung als auch der Aktualisierung (vgl. Abb. IV 10) auskommen muß. Wenn nur die Kleinhirnhemisphäre mit den Regelkreisen von Abb. IV 16B außer Aktion gesetzt wird, kommt es häufig zu einem Tremor, weil die Bewegung so wenig vorprogrammiert ist, ihre normale Funktion nur unwirksam ausüben kann, die ja darin besteht, eine Bewegung zu aktualisieren, die bereits gut angelaufen ist. Wahrscheinlich ist in den spezifischen Verknüpfungen der Pars intermedia ein ungeheurer Informationsspeicher kodiert, so daß, in Antwort auf ein beliebiges Muster eines Pyramidenbahn-Inputs, die Verarbeitung durch die Integrations-

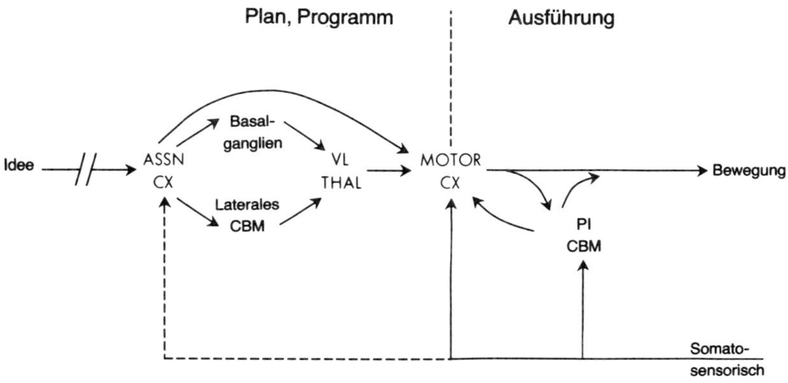

Abb. IV 18. Schema der an Planung, Ausführung und Kontrolle der Willkürbewegung beteiligten Bahnen. ASSN CX, Assoziationsrinde; laterale CBM Kleinhirnhemisphäre; PI CBM Pars intermedia des Kleinhirns. Ausführliche Beschreibung im Text (*modifiziert nach Allen und Tsukahara, 1974*).

maschinerie zu einem Output zum Kleinhirn führt, der die Pyramidenbahnentladungen in geeigneter Weise korrigiert.

Versuchen wir nun, zu veranschaulichen, was bei einer Feinbewegung, zum Beispiel einem Golfschlag oder einem Billardstoß, in den cerebro-cerebellaren Regelkreisen geschieht. Am Anfang steht ein motorisches Kommando mit einer Vorprogrammierung der Bewegung durch die Regelkreise, die links in Abb. IV 18 zu sehen sind. Diese Vorprogrammierung mobilisiert all die erlernten Fertigkeiten und führt weiter zu den Pyramidenbahnentladungen mit dem folgenden detaillierten Bericht über diese Entladung an die Pars intermedia. Im nächsten Stadium findet ein Bericht über korrigierende Information in Einklang mit den erlernten Fertigkeiten an die motorische Rinde zurück statt. In der Folge kommt es zu einer Modifikation der Pyramidenbahnentladung, die auch die Pars intermedia zur weiteren Revision erreicht. Doch mittlerweile befinden sich auch die vorprogrammierenden Regelkreise in fortgesetzter Aktion, denn die Bewegung ist nicht einfach ein Staccato-Vorgang, sondern ein glatter, hochintegrierter Ablauf mit einer Dauer von Hunderten von Millisekunden. So müssen wir uns vor Augen halten, daß bei der Ausführung einer Präzisionsbewegung eine ungeheure Integration von neuronalen Aktivitäten in Wechselbeziehung stehenden dynamischen Schleifen stattfindet.

Es ist wichtig, sich klarzumachen, daß im allgemeinen kein Teil der Kleinhirnrinde weiß, was andere Teile gerade tun. Die gesamte Integration des Inputs geht, wie in Abb. IV 13C gezeigt, in kleinen Unterabteilungen der corticalen Maschinerie vor sich. Jede kleine Zone der Kleinhirnrinde arbeitet mit einigen Untereinheiten des gesamten Informations-Inputs von beispielsweise einem Glied, wobei die Integration des ganzen Gliedes stückweise bewerkstelligt wird. Es ist einleuchtend, daß man den gesamten komplexen Input, der von der Bewegung eines Gliedes ausgeht, nicht in einem einzelnen Zentrum integrieren könnte. Wie erwartet, sehen wir, daß die ganze Information in Einzelteile zerlegt wird, so daß viele Zentren für viele verschiedene Arten von Integration vorhanden sind. Diese Computerzentren, wenn wir sie so nennen wollen, sind nicht scharf voneinander abgegrenzt. Sie sind im Gegenteil diffus organisiert, mit viel Überlappung und ganz unregelmäßiger Wiederholung. Aber diese ganze Mannigfaltigkeit der Arbeitsweise wird am Ende in die glatte Kontrolle der ablaufenden Bewegung integriert. Man muß zugeben, daß nur dieses Endresultat wichtig ist, nicht all die verwirrende Vielfalt von Abläufen, die bei den Impulsentladungen in einzelnen Einheiten in den verschiedenen Etappen der neuronalen Regelkreise stattfindet. Zusammenfassend können wir die Aktion des Kleinhirns mit derjenigen des Kontrollsystems in einem automatisch zielgesteuerten Geschoß vergleichen. Es handelt insofern ähnlich, als es anfänglich beim Programmieren der Bewegung hilft und keine einzige Nachricht zur Korrektur einer Bewegung abgibt, die sich vom Ziel entfernt. Statt dessen liefert es kontinuierliche Folgen von Korrekturen.

Wenn wir zu der Frage der Zuverlässigkeit der Kleinhirnaktion bei der Bewegungskontolle kommen, so müssen wir nicht nur den funktionellen Charakter der kontinuierlichen dynamischen Schleifenkontrolle betrachten, sondern – und das ist sehr wichtig – die enorme Zahl von beteiligten Zellen, im Gegensatz zu den einzelnen Einheiten von Abb. IV 14. In allen Etappen der synaptischen Relais besteht eine Konvergenz vieler Fasern auf die in der Reihenfolge nächste Zelle, mit der einzigen Ausnahme des einzelnen Kletterfaser-Inputs zu einer Purkinjezelle. So wird der Durchschnitt vieler einzelner Inputs erfaßt, damit die Unsicherheiten der Einheiten minimalisiert werden. Man könnte fragen, ob sich dieser ungeheuere Überfluß lohnt. Die Antwort ist, daß es sicherlich ein biologischer Vorteil ist, wenn Zuverlässigkeit dadurch abgesichert werden kann, daß man über Hunderte von parallel geschalteten Einheiten anstatt über nur eine verfügt. Darüber hinaus dürfen wir annehmen, daß die Multiplikation von Einheiten auf eine Weise, die wir noch nicht voll verstehen, zusätzlich mehr Feinheit und Flexibilität der Ausführung gewährleistet. Jedenfalls hat sich dies im Evolutionsprozeß abgespielt, und die wunderbare Kontrolle der Bewegungen, wie sie Vögel und Säugetiere zeigen, läßt erkennen, daß es sich beim cerebellaren Entwurf gelohnt hat, in solch hohe Zahlen zu gehen, um Zuverlässigkeit zu erreichen, wenn auch um den Preis der ganzen damit verbundenen Komplexität. Wir können uns die entsprechenden Zahlen der Kleinhirnzellen noch nicht erklären, besonders die enormen Zahlen der Körnerzellen – schätzungsweise 30000 Millionen im menschlichen Kleinhirn. Es scheint, daß dieser erstaunliche neurale Aufwand dazu dient, Zuverlässigkeit zu garantieren. Aber in Wirklichkeit ist der neurale Aufwand niedrig, weil der Stoffwechsel der einzelnen Zellen so gering ist. Das gesamte Gehirn verbraucht ungefähr 20 Watt für eine Gesamtzahl von mehreren Zehntausend Millionen Nervenzellen. In Begriffen der Evolution kann sich daher das Tier metabolisch den ungeheuren neuralen Aufwand, wie er hier zahlenmäßig demonstriert wurde, durchaus leisten.

Die experimentelle Untersuchung einheitlicher neuronaler Antworten auf allen Stufen des Schaltkreises läßt vermuten, daß sie im Prinzip eine zufriedenstellende Erklärung für die Ausübung der motorischen Kontrolle geben. Doch es ist noch viel mehr experimentelle Arbeit erforderlich, speziell auf dem Gebiet der Kartographie zusammenhängen-

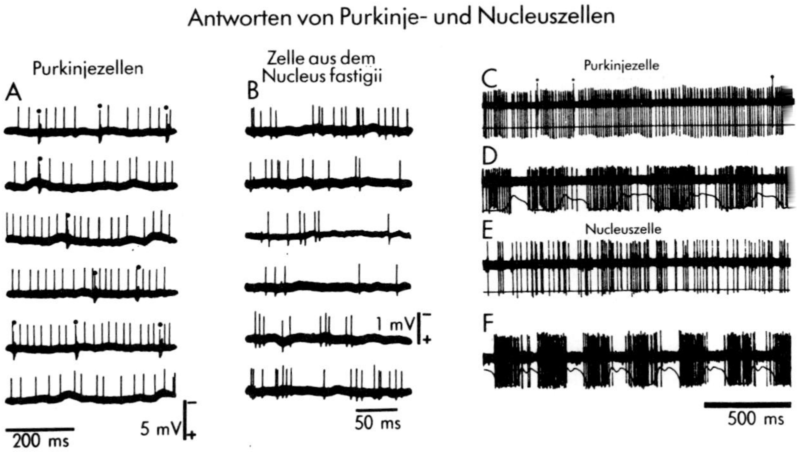

Abb. IV 19. **Antworten von Purkinje- und Nucleuszellen. A und B zeigen das normale unregelmäßige Feuern dieser Zellen. C bis F sind Ableitungen vom Affenkleinhirn, die das Feuern sowohl von Purkinje- als auch von Nucleuszellen entsprechend einem Bewegungsablauf, wie in Abb. IV 4A dargestellt, zeigen. Weitere Beschreibung im Text (*Thach, 1968*).**

der Großhirn- und Kleinhirnabschnitte. Wir müssen uns vorstellen, daß es eine Art topographischen Plans der Kleinhirnhemisphären und der Pars intermedia, etwas wie den der kortikalen topographischen Karte von Abb. IV 1, gibt. Wir wissen jedoch, daß die Karten nur teilweise kongruierend sind. Die Aufgabe des Kleinhirns ist es zum Beispiel, die Bewegungen verschiedener Gelenke einer Extremität zu einem harmonischen Ganzen zu verschmelzen, und so könnte man sich denken, daß es eine Konvergenz aus diesen verschiedenen motorischen Regionen zu spezifischen Integrationszonen der Kleinhirnrinde gibt. Diese Vermutung muß am Primatenkleinhirn noch nachgeprüft werden.

Die Abb. IV 19A und B zeigen Beispiele von Hintergrund- oder »Ruhe«-Entladungen einzelner Purkinje- und Nucleuszellen mit der charakteristischen Unregelmäßigkeit der rhythmischen Antworten. Die Punkte markieren die einmaligen Antworten der Purkinjezellen auf die Kletterfaserimpulse.

Die Abb. IV 19C–F führt uns zurück zu Affenexperimenten, ähnlich denjenigen von Abb. IV 4, bei denen es sich um die Entladung von Pyramidenbahnzellen während alternierender Bewegungen handelte. Der Affe in D führt die gleichen rhythmischen Hin-und-Her-Bewegungen aus, die in den darüber gezeichneten Kurven in D und F zu sehen sind.

Man sieht, daß die Purkinjezelle im Gegensatz zu dem ziemlich gleichmäßigen Feuern in Ruhe (in A und C) eine rhythmische Entladung aufweist, die in Übereinstimmung mit der Bewegung moduliert wird. Dies ist genau der Effekt, den man nach dem Schema der Abb. IV 14 und den rhythmischen Pyramidenbahnentladungen von Abb. IV 4B erwartet. Er erweist, daß die Purkinjezelle mit dieser Bewegung zu tun hat, und er erklärt sich aus dem Postulat, daß die Purkinjezelle von der Pyramidenbahnentladung angetrieben wird. Ähnlich zeigte die Nucleuszelle in F den Rhythmus der Bewegung, im Gegensatz zu der ziemlich gleichmäßigen Entladung in Ruhe in E. Entsprechend der inhibitorischen Aktion von Purkinjezellen auf Nucleuszellen (Abb. IV 12 und 13) ist zu erwarten, daß die rhythmische Entladung der Nucleuszelle gegenüber den auf sie feuernden Purkinjezellen um 180° phasenverschoben ist. Aber wir verfügen noch nicht über die experimentellen Techniken, diese einfache Vorstellung nachzuprüfen. Wir können schließen, daß die Abb. IV 19 einen Aspekt der cerebro-cerebellaren Verbindungen, die in Abb. IV 14 gezeichnet sind, grundsätzlich richtig wiedergibt.

5. Cerebello-spinale Leitungsbahnen

Diese Verbindungen sind bisher weit intensiver untersucht worden als die cerebro-cerebellaren Verbindungen. Sie sind speziell für Gehen, Stehen, Reaktion und Balance und für alle die Stellungskorrekturen zuständig, die auf aktive Bewegungen folgen, indem sie auf diese Weise eingenommene Stellungen stabilisieren. Im wesentlichen kann man aus Abb. IV 20 ersehen, daß die gleichen allgemeinen Regelkreise wie jene, die in Abb. IV 14 und 16A schematisch dargestellt sind, vom Rückenmark auf die Kleinhirnrinde wirken. Da sind erstens die beiden wichtigsten, das Rückenmark aufsteigenden Bahnen, die als Moosfasern (MF) enden, der *schnelle Tractus spino-cerebellaris dorsalis* (DSCT) und der langsamere (bVFRT) Tractus zum Nucleus reticularis lateralis (LRN) hinauf. Zweitens gibt es die langsamen Tractus zur unteren Olive (IO) und weiter als Kletterfasern (CF) zum Kleinhirn. Die inhibitorischen Outputs über die Purkinjezellen verlaufen zuerst zum *Nucleus fastigii (FN)* oder zum *Deitersschen Nucleus* und zweitens über FN entweder zu DN oder zum *Nucleus reticularis* (ReN) und so das Rückenmark über den *Tractus vestibulospinalis* (VST) oder *reticulospinalis (ReST)* hinab zu Motoneuronen.

Das wichtigste Kennzeichen dieser Verbindungen des Kleinhirnwurmes ist, daß es in dem dynamischen Kontrollsystem nur eine Schleife

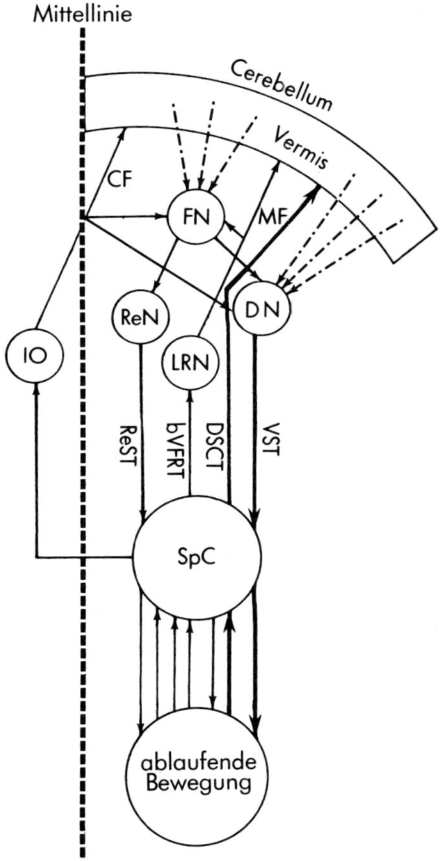

Abb. IV 20. Schema von Bahnen, die den Kleinhirnwurm mit den spinalen Zentren und so mit der ablaufenden Bewegung verbinden. Weitere Beschreibung im Text.

gibt. Die ablaufende Bewegung resultiert in der Entladung verschiedener Arten von Rezeptoren, die über die verschiedenen, zur Kleinhirnrinde aufsteigenden Bahnen senden und so den Purkinjezell-Output zu den Kleinhirnkernen und weiter über den ReST und VST zu den Motoneuronen modifizieren. Auf diese Weise ist das Kleinhirn in der Lage, Haltung und Bewegungen mit Hilfe der vereinfachten Version dynamischer Schleifenoperation zu kontrollieren. Wir haben die meisten Etappen in dem in Abb. IV 20 gezeichneten neuronalen System sorgfältig untersucht und finden dabei, daß die verschiedenen Arten von Neuronen die Antworten zeigen, die man von Inputs aus Rezeptoren von Haut und Muskeln über den DSCT und bVFRT erwartet. Es sollte erwähnt werden, daß die Abb. IV 20 ein Schema für die untere Extremität ist. Bei der oberen Extremität tritt der *Tractus cuneocerebellaris (CCT)* an die Stelle des DSCT.

In Abb. IV 12C und D ist die intrazelluläre Nukleuszelle, ICNC, mit exzitatorischen Inputs zu sehen, die den Hintergrund darstellen, gegen den die inhibitorische Aktion der Purkinjezelle gerichtet ist. In Abb. IV 20 ist zu sehen, daß dieser exzitatorische Hintergrund zum Nucleus fastigii (FN) über Kollateralen aus zwei Bahnen zum Kleinhirn geliefert wird, Kletterfasern aus der unteren Olive (IO) und Moosfasern aus dem lateralen Nucleus reticularis (LRN). Man fand experimentell, daß die rasche Moosfaserbahn (DSCT) fast keine erregende Wirkung auf den Nucleus fastigii besitzt. Abb. IV 14 zeigt eine ähnliche Gegebenheit für die kollaterale Erregung des Nucleus interpositus (IP). Diese Anordnungen wurden durch Stimulation der IO- und LRN-Kerne und die Beobachtung der monosynaptischen Erregung der Kleinhirnkerne, FN und IP, erhärtet.

Die Abb. IV 21 wurde konstruiert, um die Zeiten von Impulsentladungen und deren Ausbreitung entlang den verschiedenen Bahnen – links mit Standardnomenklatur gezeichnet – darzustellen. Auf der äußersten Linken läuft die direkte Bahn über den Tractus spino-cerebellaris dorsalis. Man beachte, daß die Kernbezirke im Hauptdiagramm durch gepunktete Zonen und die Impulsübertragung durch die schräg verlaufenden Linien gekennzeichnet sind, während die horizontale Skala die Zeit von der Abgabe des Stimulus bis zur Ankunft auf dem Hinterhandnerv in Millisekunden angibt. Nervenstimulation zum Zeitpunkt Null gipfelt in einer schnellen Moosfasersalve über den Tractus spino-cerebellaris dorsalis, der die Kleinhirnrinde in etwa 7 msec erreicht. Die Zeichnung wird durch eine gestrichelte Linie unterbrochen, die die zeitliche Verzögerung in dem langen Verlauf den peripheren Nerv und das Rückenmark hinauf anzeigt. Die langsamere Moosfaserbahn über den bVFR ist mit einer längeren Unterbrechung gezeichnet. Sie erreicht schließlich den Nucleus reticularis lateralis bei etwa 10 msec und löst dort eine Entladung zum Kleinhirn hinauf mit einer Kollaterale zum Nucleus fastigii aus. Diese Kollaterale ruft nach einer Verzögerung von etwa einer Millisekunde eine Entladung der Zelle im Nucleus fastigii hervor, die als abwärtslaufender Vektor aufgetragen ist. Mittlerweile hat der schnelle Moosfaser-Input zum Kleinhirn eine Entladung der Purkinjezelle zum Nucleus fastigii zurück bewirkt, das zeigt der durchgezogene, abwärts gerichtete Vektor. Die aufgetragenen Ent-

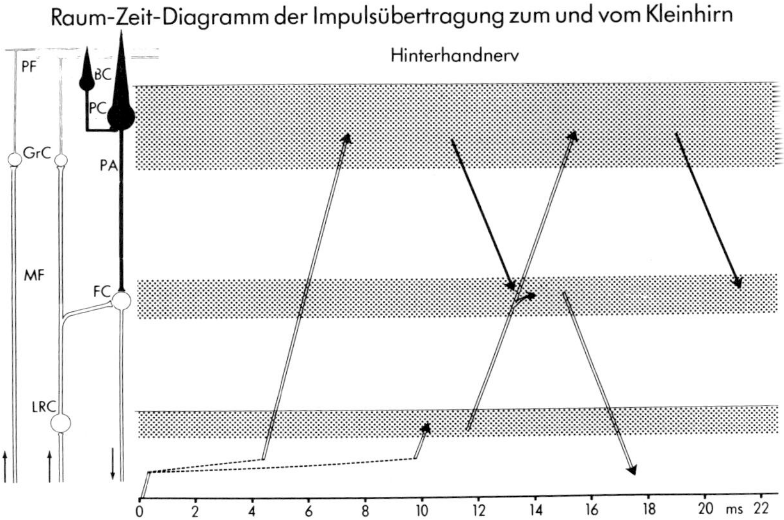

Abb. IV 21. Raum-Zeit-Diagramm der Impulsübertragung zum und vom Kleinhirn für Antworten, die durch Stimulation eines Hinterhandnervs evoziert wurden. Die horizontalen Streifen symbolisieren die Bezirke von Neuronen und Synapsen, von unten nach oben die Zellen aus dem Nucleus reticularis lateralis (LRC), die Zellen aus dem Nucleus fastigii und die Kleinhirnrinde, wie im Schema links gezeichnet. Weitere Beschreibung im Text.

ladungszeiten stimmen mit den Durchschnittswerten aus einer großen Zahl von Experimenten überein und lassen erkennen, daß die Entladung der Purkinjezelle annähernd gleichzeitig mit dem Impuls vom Nucleus reticularis lateralis am Nucleus fastigii ankommt. Das ist der optimale Zeitablauf für eine wirksame Wechselwirkung dieser zwei entgegengesetzten Synapsenaktionen. Die Abb. IV 21 stellt also eine exzellente Konstruktion des Zeitmusters dar, das der Computeroperation des Kleinhirns zugrunde liegt. Man kann feststellen, daß für die erfolgreiche Computerleistung der Nucleuszellen eine annähernde Gleichzeitigkeit der Purkinjeinhibition und der Axonkollateralenexzitation wünschenswert ist, so daß es sozusagen einen Wettlauf dieser entgegengesetzten Einflüsse gibt. Wenn die schnelle DSCT Bahn eine erhebliche exzitatorische Wirkung auf die LR Zellen hätte, so würden sie viele Millisekunden vor der Purkinje-Inhibition Impulse entladen haben; daher wäre die Verarbeitung nicht in Ordnung.

6. Allgemeines über das Kleinhirn

Eine intensive Untersuchung von etwa 1000 Purkinje- und 1000 Nucleuszellen hat eine große Vielfalt von Antworten und eine überraschende Individualität offenbart. Diese Individualität der Antwort kommt durch die in die zu diesen Zellen führenden Bahnen eingebauten Verbindungen zustande, die in den Abb. IV 14 und 20 nur als Gerüst gezeigt sind. Wir dürfen annehmen, daß diese Verbindungen zum einen Teil ein Ergebnis der anfänglichen genetischen Codierung sind und zum anderen Teil darauf aufgepfropfte »erlernte« Verbindungen, die wir in Kapitel V diskutieren werden. Alle Antworten sind erklärbar als ein Ergebnis dieser Verbindungen, zusammen mit den grundlegenden integrierten Abläufen in der Kleinhirnrinde, wie in den Abb. IV 12 und 13 dargestellt ist.

Unsere Aufzeichnungen von Purkinjezellen mittels Einpflanzungen von mehreren Mikroelektroden in das Kleinhirn bei jedem dieser Experimente bieten nur fragmentarische Einblicke in die immense Zahl von Kolonien, die sich aus Neuronen mit ähnlicher Verhaltensweise (Abb. IV 5, IV 6) zusammensetzen. Wir haben jedoch früher eine umfassende Untersuchung der einzelnen Antworten vorgenommen, die in einzelnen Purkinjezellen durch afferente Salven von vielen Nerven, sowohl aus der Haut als auch aus der Muskulatur, evoziert werden und dabei bemerkenswerte Beispiele von Konvergenz gefunden. Damit die Integration der Information, die in Kolonien mit mehr oder weniger ähnlichen Inputs erfolgt, erhalten bleibt und zur Entwicklung kommt, besteht die Tendenz – so wird postuliert – daß solche Kolonien von Purkinjezellen auf eine gemeinsame Zielgruppe von Nucleusneuronen projizieren. Diese Anordnung würde einen Durchschnitt von Inputs aus vielen Purkinjezellen liefern und so – wie bereits dargelegt – den Lärm reduzieren und Gelegenheit für weitere Integration von verschiedenen Untereinheiten des gesamten Inputs zum Kleinhirn bieten. Wäre die Aussendung wahllos, so käme es zu einem Verlust jeglicher Spezifität der Information. Es ist die unterschiedliche Konvergenz, die die Fähigkeit der neuronalen Maschinerie der Kleinhirnrinde begünstigt, Muster zu erzeugen. Dieses Postulat organisierter Projektion von Purkinjezellen zu den Nucleuszellen wird bereits durch eine systematische Studie beider, der Nucleuszellantworten und der Neuronen, zu denen diese Nucleuszellen senden, geprüft.

Die verhältnismäßig einfache Konstruktion des Kleinhirns in Verbindung mit seiner wohldefinierten Aktion bei der Bewegungskontrolle stellt sowohl in experimenteller als auch in theoretischer Hinsicht eine sehr reizvolle Herausforderung dar. Ich bin der Meinung, daß das

Kleinhirn der erste Teil des Gehirns sein wird, den man in seiner gesamten Funktion »verstehen« wird. Aus diesem Grund habe ich ziemlich eingehend über die Verknüpfung zwischen Struktur und Funktion bei spezifischen Kleinhirnvorgängen und die aus dieser Untersuchungen hervorgegangenen theoretischen Entwicklungen berichtet.

Viel von dieser Theorie ist spekulativ und geht über das hinaus, was wissenschaftlich nachgewiesen worden ist. Aber das ist das Wesen wissenschaftlichen Fortschritts, daß theoretische Überlegungen Experimente veranlassen und steuern, die im wesentlichen Nachprüfungen theoretischer Voraussagen sind.

Das vielleicht erstaunlichste Kennzeichen der Kleinhirnkonstruktion ist das Vorhandensein zweier ganz verschiedener Inputs – Moos- und Kletterfasern, die zu einem großen Teil die gleiche Information befördern. Diese beiden Inputs haben sich von den primitivsten Kleinhirnen her erhalten. Wir haben jedoch keine Theorie, die diesen gekoppelten Input zufriedenstellend erklärt. In Kapitel V werden wir noch einmal auf dieses Problem zurückkommen.

Da, wie wir gesehen haben, guter Grund für die Annahme besteht, daß das Kleinhirn als ein spezieller Computertyp funktioniert, sind viele Versuche unternommen worden, ein Computermodell des Kleinhirns zu schaffen. Leider hat diese Arbeit zu keinem weiteren Verständnis des Kleinhirns geführt. Ich glaube, sie schlug fehl, weil sie zu früh kam. Wir verfügen noch nicht über ausreichend »harte Daten« als Grundlage für ein Computermodell. Es ist noch viel mehr experimentelle Forschung unter Verwendung der Ableitungen von einzelnen Zellen, wie in der Abb. IV 19 dargestellt, erforderlich. Bei derartigen Untersuchungen belauschen wir sozusagen die als Zellentladungen codierte Datenübermittlung und versuchen, diese Codes zu entziffern. So konstruieren wir allmählich, Stück für Stück, eine zusammenhängende Story der Kleinhirnarbeit. Auf diese Weise wird man allmählich die »harten Daten« für ein brauchbares Computermodell gewinnen. Aber es ist noch viel zu vervollständigen, und allzu wenig Experimente haben ein ausreichendes Niveau.

Es ist ein bemerkenswertes und offensichtlich einzigartiges Charakteristikum der Kleinhirnrinde, daß ihr Output gänzlich über die inhibitorischen Purkinjezellen (Abb. IV 12) erfolgt. Auf den ersten Blick könnte man das für eine recht armselige neuronale Konstruktion halten. Wie kann Information auf diese negative Weise wirksam übermittelt werden? Aber man muß sich daran erinnern, daß diese inhibitorische Wirkung auf Nucleuszellen ausgeübt wird, die eine kräftige Backgroundentladung besitzen (Abb. IV 19, B, E), und daß die meisten Inputs zum Kleinhirn exzitatorische Kollateralen zu den Nucleuszellen abgeben (wie in Abb. IV 14, 15, 20, 21 gezeigt). Ich möchte darauf hinweisen, daß Analoges in der Bildhauerei geschieht. Man geht von einem Steinblock aus und erhält die gewünschte Figur, indem man mit dem Meißel Stein »wegnimmt«. Ähnlich nimmt der Purkinjezellen-Output des Kleinhirns in den Nucleuszellentladungen Form an, indem die Hintergrundentladungen durch Inhibition vermindert werden. Dieses einzigartige Konzept für den cerebellaren Output ist eine verlockende Vorstellung. Wie schon angedeutet, könnte das bemerkenswerte inhibitorische Übergewicht in der Kleinhirnkonstruktion mit dessen Computerfunktion in Zusammenhang stehen.

Literatur

ALLEN, G. I. und N. TSUKAHARA (1974): Cerbrocerebellar Communication Systems; *Physiol. Rev., 54*: 957–1006.

BRODAL, A. (1969): *Neurological Anatomy*, Oxford University Press, New York.

BROOKS, V. B. (1969): Information Processing in the Motorsensory Cortex; in: K. N. Leibovic (Hrsg.), *Information Processing in the Central Nervous System*, Springer, New York, Heidelberg und Berlin, S. 231–243.

DE LONG, M. R. (1974): Motor Functions of the Basal Ganglia: Single Unit Activity during Movement; in: F. O. Schmitt und F. G. Worden (Hrsg.): *The Neurosciences: Third Study Program*, MIT Press, Cambridge, S. 319–325.

ECCLES, J. C. (1969): The Dynamic Loop Hypothesis of Movement Control; in: K. N. Leibovic (Hrsg.), *Information Processing in the Central Nervous System*, Springer, New York, Heidelberg und Berlin, S. 245–269.

ECCLES, J. C. (1971): Functional Significance of Arrangement of Neurones in Cell Assemblies, *Arch. Psychiat. Nervenkr., 215*: 92–106.

ECCLES, J. C. (1973a): The Cerebellum as a Computer: Patterns in Space and Time, *J. Physiol., 228*: 1–32.

ECCLES, J. C. (1973b): A Re-evaluation of Cerebellar Function in Man; in: J. E. Desmedt (Hrsg.), *New Developments in Electromyography and Clinical Neurophysiology*, Bd. 3, Karger, Basel, S. 209–224.

ECCLES, J. C., M. ITO und J. SZENTÁGOTHAI (1967): *The Cerebellum as a Neuronal Machine*, Springer, Heidelberg, Berlin, Göttingen und New York.

ECCLES, J. C., N. H. SABAH, R. F. SCHMIDT und H. TÁBOŘÍKOVÁ (1972): Mode of Operation of the Cerebellum in the Dynamic Loop Control of Movement, *Brain Res. 40*: 73–80.

EVARTS, E. V. (1967): Representation of Movements and Muscles by Pyramidal Tract Neurons of the Precentral Motor Cortex; in: M. D. Yahr und D. P. Purpura (Hrsg.), *Neurophysiological Basis of Normal and Abnormal Motor Activity*, Ravens Press, Hewlett, N. Y., S. 215–253.

EVARTS, E. V. und W. T. THACH (1969): Motor Mechanisms of the CNS, Cerebro-Cerebellar Inter-relations, *Ann. Rev. Physiol.*, *31*: 451–498.

FOX, C. A., D. E. HILLMAN, K. A. SIEGESMUND und C. R. DUTTA (1966): The Primate Cerebellar Cortex: A Golgi and Electron Microscope Study; in: C. A. Fox und R. S. Snider, *Progress in Brain Research*, Bd. 25, Elsevier, Amsterdam, S. 174–225.

GRANIT, R. (1970): *The Basis of Motor Control*, Academic Press, London und New York.

GRANIT, R. (1972): Constant Errors in the Execution and Appreciation of Movement, *Brain 95*: 649–660.

HOLMES, G. (1939): The Cerebellum of Man, *Brain*, *62*: 21–30.

KORNHUBER, H. H. (1974): Cerebral Cortex, Cerebellum and Basal Ganglia: An Introduction to their Motor Functions; in: F. O. Schmitt und F. G. Worden (Hrsg.): *The Neurosciences: Third Study Program*, MIT Press, Cambridge, S. 267–280.

MATTHEWS, P. B. C. (1972): *Mammalian Muscle Receptors and Their Central Actions*, William & Wilkins, Baltimore.

PHILLIPS, C. G. (1973): Cortical Localization and Sensorimotor Processes at the ›Middle Level‹ in Primates; *Proc. Roy. Soc. Med.*, *66*: 987–1002.

POMPEIANO, O. (1967): Functional Organization of the Cerebellar Projections to the Spinal Cord; in: C. A. Fox und R. S. Snider (Hrsg.), *Progress in Brain Research*, Bd. 25, Elsevier, Amsterdam, S. 282–321.

PORTER, R. (1973): Functions of the Mammalian Cerebral Cortex in Movement; *Progr. Neurobiol.*, *1*: 1–51.

SABAH, N. H. (1973): Aspects of Cerebellar Computation; in: *Proceedings of the European Meeting on Cybernetics and Systems Research, Wien*, Transcripto, London.

SZENTÁGOTHAI, J. (1969): Architecture of the Cerebral Cortex; In: H. H. Jasper, A. A. Ward und A. Pope (Hrsg.), *Basic Mechanisms of the Epilepsies*, Little, Brown, Boston, S. 13–28.

THACH, W. T. (1968): Discharge of Purkinje and Cerebellar Nuclear Neurons during Rapidly Alternating Arm Movements in the Monkey, *J. Neurophysiol.*, *31*: 785–797.

THACH, W. T. (1972): Cerebellar Output: Properties, Synthesis and Uses, *Brain Res.*, *40*: 89–97.

VALLBO, Å. B. (1971): Muscle Spindle Responses at the Onset of Isometric Voluntary Contractions in Man: Time Difference between Fusimotor and Skeletomotor Effects, *J. Physiol.*, *218*: 405–431.

WIESENDANGER, M. (1969): The Pyramidal Tract. Recent Investigations on Its Morphology and Function; *Ergeb. Physiol. Biol. Chem. Exp. Pharmacol.*, *61*: 72–136.

Kapitel V

Der Aufbau des Gehirns (Neurogenese)

Langsame plastische Veränderungen und Lernen

A. Einführung

Nach einer detaillierten Studie neuronaler Verknüpfungen in den Kapiteln III und IV befaßt sich dieses Kapitel mit langsameren und feineren Veränderungen in Neuronen und zwischen Neuronen. Als erstes möchte ich auf den Aufbau des Gehirns eingehen. Es ist die komplexest organisierte Struktur, die existiert, nicht einmal die komplexesten von Menschen geschaffenen Gegenstände – die Computer – sind damit zu vergleichen. Es entwickelte sich in einem staunenswerten biologischen Prozeß, den ich zur Einführung kurz umreißen möchte.

In den frühen Stadien machen die *primitiven Keimzellen*, die zum Aufbau des Gehirns bestimmt sind, typische *mitotische Teilungen* durch, die eine Vielzahl von Zellgenerationen * entstehen lassen. Dabei teilt sich eine Zelle in zwei und so weiter, wie schematisch für die EC Zellen von Abb. V 1A gezeigt. Sehr bald ist eine enorme Population dieser primitiven Keimzellen vorhanden, und dann kommt diese einfache Multiplikation aufgrund von Zellteilung zum Stillstand. In einem Prozeß, der *differenzierende Mitose* genannt wird, teilt sich sodann eine Keimzelle und bringt zwei von ihr verschiedene Zellen hervor, die Neuroblasten genannt werden. Sie erscheinen in Abb. V 1A anders beschriftet (P, N) als die ursprünglichen Keimzellen (EC). Als Alternative können sich aus der differenzierenden Mitose ein Neuroblast und eine Keimzelle ergeben. Diese primitiven Neuroblasten wachsen sich am Ende zu Nervenzellen aus und teilen sich niemals wieder.

Sie haben ihre *mitotische Kompetenz* verloren, aber sie besitzen – vor allem in ihren Kernen – die genetischen Instruktionen, um sich in

* Der Autor verwendet hierfür das Wort clone, das im Deutschen in erster Linie für In-vitro-Kulturen von pflanzlichen Zellen Verwendung findet. Das Wesentliche ist, daß die gesamte Zell-»Nachkommenschaft« aus einer einzigen Mutterzelle hervorgeht. Anm. d. Übers.

die ihnen zugedachten Rollen im Nervensystem einzufügen. Sie beginnen, Sprossen wachsen zu lassen, und diese Sprossen scheinen zu wissen, wohin sie gehen sollen, als ob sie von einer Intelligenz und einem Wissen um die endgültige Konstruktion des Gehirns, bei dessen Aufbau sie gerade helfen, geleitet wären. Es ist ein wunderbarer, sich selbst organisierender und sich selbst fortentwickelnder Prozeß. Dieser biologische Prozeß liefert durch die Konstruktion des Gehirns, so meine ich eines der denkbar aufregendsten wissenschaftlichen Probleme, die sich uns stellen, nicht nur jetzt, sondern auch in Zukunft.

1970 kamen zwei gute Bücher über dieses Thema heraus: *Developmental Neurobiology* von Jacobson und *The Formation of Nerve Connections* von Gaze. Ich beziehe mich in meinen Darstellungen auf diese Bücher und auf die früheren fundamentalen Untersuchungen von Weiss und Sperry, aber zunächst berichte ich über sehr exakte Studien von Sidman, Altman, Mugnaini, Rakic und Hamori über den Aufbau des Säugetierkleinhirns.

Ich habe nun einige allgemeine Feststellungen zu treffen: (1) In keinem Entwicklungsstadium sind die Neurone des Gehirns als zufälliges Netzwerk miteinander verknüpft. (2) Nur in einigen wenigen speziellen Bereichen hat es den Beweis für einen Überschuß an unbenutzten und ungewollten Neuronen, die rasch sterben, gegeben. Man kann annehmen, daß anderswo kein Überfluß vorhanden ist. Ohne Zweifel scheint an den enormen Populationen von Neuronen in vielen Teilen des Gehirns ein Überfluß zu herrschen, aber wahrscheinlich beruht dieser Eindruck auf unserem mangelhaften Verständnis ihrer Arbeitsweisen. (3) Die Organisation des Gehirns ist höchst spezifisch – nicht nur, was die Verbindungen zwischen bestimmten Neuronen anbelangt, sondern auch in bezug auf Zahl und Lokalisation synaptischer Endkolben auf verschiedenen Teilen der gleichen Zelle (vgl. Abb. I 3B) und die genaue Verteilung der von dieser Zelle stammenden synaptischen Endkolben. (4) Die langsamen Veränderungen in der Leistung des Gehirns, insbesondere der erlernten Leistungen im Laufe eines Lebens, beruhen auf feinen Veränderungen in der Mikrostruktur und Mikrofunktion, die später in diesem Kapitel behandelt werden. Darüber hinaus ist jetzt nachgewiesen worden, daß sogar im erwachsenen Säugetiergehirn Mikrogewächse Synapsen, die durch Verletzungen zerstört wurden, ersetzen. (5) Abgesehen von diesen Mikroveränderungen ist die Struktur des Gehirns durch genetische Codierung und durch sekundäre Instruktionen, die sich sowohl von dort als auch von dem Medium, in dem das Gehirn wächst, herleiten, genau determiniert.

Man kann sehen, was für phantastische Herausforderungen die Probleme der Neurogenese darstellen. Es ist wichtig, sich vor Augen zu

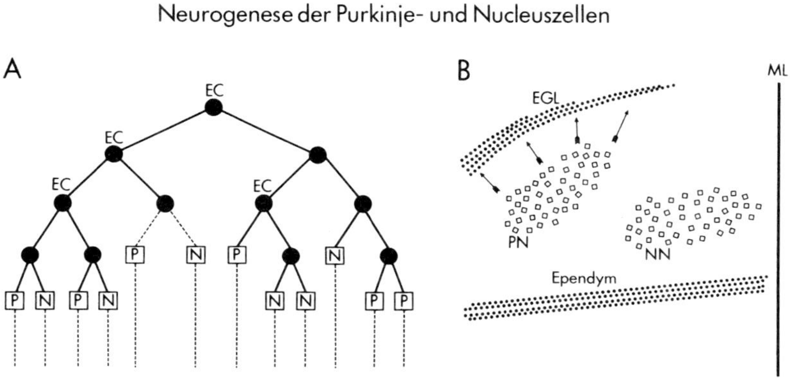

Abb. V 1. **Die Neurogenese von Purkinje- und Nucleuszellen der Maus. A ist ein Zellgenerations-Schema, das den Ursprung von Purkinje- und Nucleuszell-Neuroblasten aus den Ependymzellen vom 11. bis 13. Tag im Embryonalstadium der Maus zeigt. Das Schema von B zeigt Anhäufungen von Purkinje- und Nucleuszellneuroblasten, die durch radioaktive Markierung am 11. Tag des Embryonalstadiums definiert und 4 Tage später beobachtet wurden (*A und B stammen von I. L. Miale und R. L. Sidman, Exp. Neurol. 4, 277, 1961*).**

halten, daß das Gehirn in allen seinen Details konstruiert ist, bevor es verwendet wird. In den 30er Jahren wurde postuliert, daß das Gehirn als eine mehr oder weniger wahllos organisierte Struktur aufgebaut wird und dann durch Gebrauch zur geeigneten Form modelliert wird. Diese Hypothese ist durch die vielen experimentellen Demonstrationen, daß das Nervensystem bereits vor seiner Verwendung in seinen detaillierten Verbindungen konstruiert ist, widerlegt worden.

Wir können die Probleme der Neurogenese zusammenfassen, indem wir zur Abb. V 1A zurückkehren. Der anfängliche Prozeß der Multiplikation durch Entstehen von Zellgenerationen, der Billionen von Keimzellen schafft, spielt sich im Neuralrohr ab, das sich auf der dorsalen Oberfläche des Embryos bildet. Im Anschluß daran werden die Neuroblasten durch eine differenzierende Mitose erzeugt. Mit ihren spezifischen Genomen oder genetischen Instruktionen sind sie bereits auf dem Weg der Entwicklung zu Nervenzellen und dieses ganze Know-how von Wachstum und Entwicklung ist in ihnen bereits irgendwie enthalten. Abb. V 1B bringt die schematische Zeichnung eines Abschnittes des Neuralrohres, aus dem das Kleinhirn aufgebaut wird.

B. Der Aufbau des Kleinhirns

Es ist sinnvoll, mit der *Neurogenese* in einem bestimmten Teil des Säugetiergehirns, dem Kleinhirn, zu beginnen, weil es sich hier, wie wir in Kapitel IV gesehen haben, um eine neuronale Struktur handelt, die streng geometrisch organisiert ist. Außerdem ist unser Verständnis sowohl hinsichtlich seiner Neurogenese als auch hinsichtlich seiner neuronalen Verbindungen weiter gediehen als bei irgendeinem anderen Teil des Gehirns. Die Abb. IV 11, 13 geben eine Vorstellung von der strengen geometrischen Konstruktion. Es besteht eine ausgezeichnete Korrelation zwischen der neuronalen Struktur mit all den synaptischen Verbindungen und den physiologischen Antworten. Wir werden mit Miale und Sidmans Studie über die Neurogenese der ersten gebildeten Neurone beginnen, nämlich der Purkinjezellen und der Nucleuszellen, auf denen sie letztlich synaptisch enden (Abb. IV 11).

1. Neurogenese aus dem Ependym

Wie in Abb. V 1A gezeigt, vermehren sich die Keimzellen (EC) in dem *Ependymdach* des vierten Ventrikels, um eine Zellpopulation zu bilden, anschließend werden gleichzeitig Purkinje- und Nucleus-Neuroblasten erzeugt, doch die erstgenannten sind über 20mal zahlreicher als die letztgenannten. Diese Schätzung basiert auf den Erwachsenenzahlen von Purkinje- und Nucleuszellen und spiegelt sich in den P und N Zahlen von Abb. V 1A nur teilweise wider. Die Abb. V 1B illustriert den Beginn der Wanderung der Purkinjezellneuroblasten (PN), die sich als Haufen zu ihrer endgültigen Position in der Kleinhirnrinde hinauf bewegen und die Nucleuszell-Neuroblasten (NN) in einem Haufen in der Nähe ihrer Ursprungsregion zurücklassen. Warum wandern die Purkinje-Neuroblasten? Man könnte teleologisch sagen, daß diese Wanderung zu der in Entwicklung begriffenen Kleinhirnrinde stattfindet, damit sie am richtigen Platz sind, um die Synapsen von den Parallelfasern aufzunehmen (vgl. Abb. IV 11 und V 6). Aber das ist ein Vorgriff auf die Zukunft. Die Wanderung spielt sich vor der Genese der Neuroblasten ab, die sich zu Körnerzellen entwickeln, aus denen die Parallelfasern hervorsprießen (vgl. Abb. V 2). Außerdem wandern die Purkinje-Neuroblasten auch dann noch, wenn die Keimzellen, die die Körnerzell-Neuroblasten bilden würden, durch Strahlen oder Viren abgetötet werden, auch wenn das zwecklos ist, weil ihnen ein großer Teil der Synapsen verlorengeht. Die Dendriten dieser unglücklichen Purkinjezellen hängen schlaff herab und überleben kaum, weil sie ihre erwünschten und benötigten Synapsenkontakte nicht erreicht haben, nur ein paar Stellvertreter.

In Abb. V 1B wurden die Haufen von Purkinje- und Nucleus-Neuroblasten am elften Embryonaltag der Maus durch eine Injektion von Tritium* enthaltendem Thymidin radioaktiv markiert und sind vier Tage später als getrennte Haufen mit starker Markierung zu erkennen. Diese wertvolle Technik der radioaktiven Markierung beruht auf der Tatsache, daß es vor dem Stadium jeder mitotischen Teilung zu einer Verdoppelung der *Desoxyribonucleinsäure (DNS)* des Zellkerns kommt, und Thymidin ist einer der vier Purin- und Pyrimidinbestandteile, die beim Aufbau der DNS Verwendung finden. So wird ^{3}H-Thymidin, wenn es wenige Stunden vor dieser DNS-Synthese injiziert wird, der DNS einverleibt, und damit erhalten die beiden Tochterzellen eine radioaktive Markierung. Da eine einzelne Injektion nur während weniger Stunden zur Markierung führt, kennt man den Zeitpunkt des mitotischen Ursprungs – den Geburtstag – der markierten Zellen. Da sich Neuroblasten nicht mehr teilen, tragen sie die radioaktive Markierung während ihres ganzen Lebens in ihren Kernen. Im Gegensatz dazu wird die radioaktive Markierung von Keimzellen (EC) in einer Zellpopulation wie in Abb. V 1A nach einer kurzen Markierungsperiode bei jeder Mitose halbiert und so rasch bis zur Unkenntlichkeit verdünnt. Diese radioaktive Markierung erbringt den Nachweis, daß die Purkinjezellen und Nucleuszellen genau zum gleichen Zeitpunkt gebildet werden (dem elften bis dreizehnten Embryonaltag der Maus), und da sie an derselben Stelle hervorgebracht werden, stammen sie wahrscheinlich von denselben Mutterzellen, wie in Abb. V 1A dargestellt. Das Zellengenerations-Schema der Abb. V 1A repräsentiert also den gegenwärtigen Stand unseres Verständnisses. Es sollte auch erwähnt werden, daß die Golgizellen der Kleinhirnrinde (vgl. Abb. IV 11, 12) ebenfalls im Ependym gebildet werden, aber etwa 2 Tage später, und daß sie wie die Purkinjezellen zur Rinde hinaufwandern.

2. Neurogenese aus der äußeren Keimschicht

In Abb. V 1B sieht man von der Seite eine Zunge aus Zellen einwachsen. Starke Vergrößerung zeigt, daß diese Zellen mit mitotischen Figuren angefüllt sind, was darauf hinweist, daß sie sich sehr rasch teilen.

* Tritium (^{3}H oder T) = radioaktiver Wasserstoffisotop mit der Masse 3. Anm. d. Übers.

Bei der Maus beträgt die durchschnittliche Zeit für einen mitotischen Zyklus nur 19 Stunden. Diese sich rasch vergrößernde Zone von proliferierenden Zellen bildet die *äußere Keimschicht* (EGL), die eine bedeutende Rolle bei dem Aufbau der Kleinhirnrinde spielt. Bald ist diese *proliferative Zone* mehrere Zellagen dick, deren Zahl bei der Ratte zwischen dem nullten bis achten Tag nach der Geburt vier bis fünf beträgt (Abb. V 2, 6). Diese einfache Proliferation einer reinen Keimzellschicht kommt jedoch ein bis zwei Tage nach der Geburt mit dem Auftreten eines neuen Phänomens zum Ende. Statt der Multiplikation aufgrund einfacher Zellteilung von *Keimzellen* durchlaufen einige Keimzellen eine differenzierende Mitose mit der Produktion von Neuroblasten – primitiven Nervenzellen – als Nachkommen. Dieses Phänomen gewinnt an Intensität, so daß sich nach dem achten postnatalen Tag der Ratte mehr als die Hälfte der äußeren Keimschicht aus Neuroblasten zusammensetzt, die die *prämigratorische Schicht* (PM) in den Abb. V 2, 6 bilden. Die nun folgenden Vorgänge sind im Detail in der zusammengesetzten Zeichnung von Abb. V 2 dargestellt, die auch die Bedeutung des Ausdruckes »prämigratorisch« veranschaulicht.

Die Abb. V 2 setzt sich aus mehreren Bildern zusammen, die Ramón y Cajal nach seinen in Golgi-Technik angefärbten Präparationen (Abb. I 2B) des sich entwickelnden Kleinhirns zeichnete. Er interpretierte brillant, was dabei geschah. Die Abb. V 2 ist als perspektivische Zeichnung konstruiert, die Schnitte parallel zur Kleinhirnwindung (linker Bildausschnitt) und quer zur Kleinhirnwindung (rechter Bildausschnitt) zeigt. Sie stellt die Situation etwa am zehnten postnatalen Tag der Ratte dar. Auf der Oberfläche (MU) befinden sich etwa fünf Schichten von proliferierenden Keimzellen. Die kleinen, unregelmäßigen, dunklen Zellen (a) im linken Bildausschnitt sind die Neuroblasten (GrN), die Körnerzellen produzieren. Sie können identifiziert werden, weil sie sich unterschiedlich anfärben, und sie lassen bereits kleine Axone heraussprießen, die rasch in beide Richtungen entlang der Windung wachsen, wie man an dem Neuroblast (b) sehen kann. Dies sind die Anfänge der Parallelfasern entlang der Windung. Sie wachsen sehr rasch und sehr ordentlich parallel, wie man in der Zeichnung gut sehen kann. Was bestimmt die Wachstumsrichtung? Die Kleinhirnrinde hat sich bereits gefaltet, und ich glaube, daß die Faltung eine mechanische Behinderung des Wachstums quer zur Windung verursacht und damit die Longitudinalrichtung begünstigt. Sind einmal einige dieser Fasern gewachsen, so folgen die anderen, weil sie einander auf chemischem Wege, in einer Art, die ich später beschreiben werde, aufspüren. So wachsen sie alle mit Hilfe von chemischer Oberflächenidentifizierung (*selektive Fasciculation*) zusammen und bilden durch Abstecken der Wachstumslinien

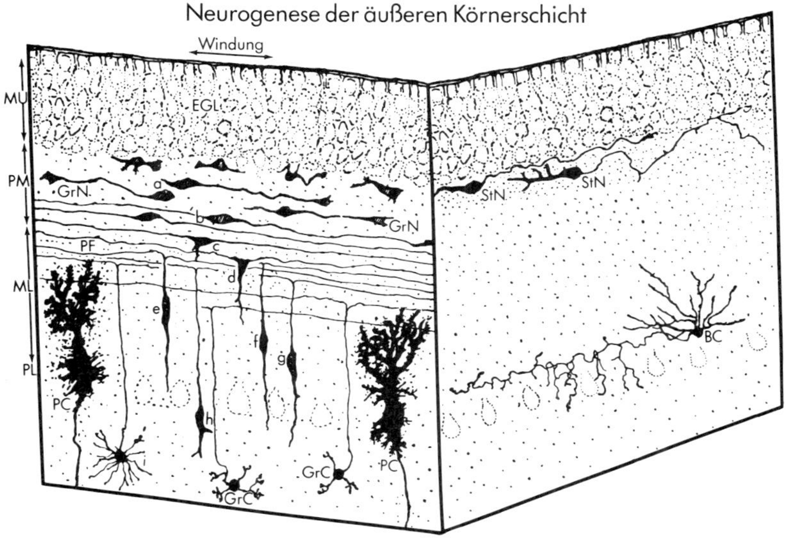

Abb. V 2. Perspektivisches, aus verschiedenen Zeichnungen von Ramón y Cajal zusammengesetztes Montageschema, das die verschiedenen Stadien der Neurogenese und Morphogenese in der Kleinhirnrinde, parallel zu einer Windung (links) und im Querschnitt dazu (rechts) zeigen soll. Es könnte annähernd dem 10. postnatalen Tag bei der Ratte entsprechen (*Eccles 1970*).

die dichten Bündel von Parallelfasern, die so charakteristisch für die Molekularschicht der Erwachsenenkleinhirnrinde sind (Abb. IV 11; V 3). Es ist wichtig, sich vor Augen zu halten, daß diese Körnerzellneuroblasten genetisch codiert sind, Sprossen in zwei Richtungen vom Zellkörper wachsen zu lassen, so daß dieser mit zwei entgegengesetzt gerichteten primitiven Nervenfasern symmetrisch wird.

Das nächste Stadium ist an den Neuroblasten c, d, e, f, g von Abb. V 2 zu sehen. Wenn die zwei Axon-Sprossen voll ausgewachsen sind, scheint der Druck im Soma anzusteigen, weil die Proteinsynthese durch den Kern sehr aktiv bleibt. So läuft ein Sproß von der Kernregion abwärts, indem er seinen Weg zwischen den tiefergelegenen Parallelfasern findet. Nach einer Weile folgt der Kern den Sproß hinab (vgl. e, f, g mit den GrNs in Abb. V 3), der mittlerweile unter die von den Purkinjezellen gebildete Schicht hinabgewachsen ist. Diese wiederum sind bereits von ihrem tieferen Ursprung (Abb. V 1B, Pfeile), von der Stelle, an der ihre Verwandten, die Nucleuszellen, bleiben, heraufgekommen.

Rakic hat den überzeugenden Beweis geliefert, daß die vertikale

Orientierung des abwärts gerichteten Wachstums der Körnerzellen durch die Führung der Fasern der Bergmanschen Glia bewirkt wird, die sich bereits in dieser Lage befinden. Gliazellen sind ein Hauptbestandteil des Zentralnervensystems, doch sind sie keine Nervenzellen. Sie üben eine Vielzahl von Hilfsfunktionen aus, einschließlich der Lenkung neuronalen Wachstums.

Wir können vermuten, daß die Körnerzell-Neuroblasten unter die Purkinjezellschicht hinabsteigen, um die Moosfasersprossen zu treffen, die ebenfalls in diese Gegend hineinwachsen. Sind sie einmal unter der Purkinjezellschicht angekommen, lassen die Körnerzell-Neuroblasten eine Menge Sprossen (i) wachsen, aber am Ende bleiben nur wenige übrig. Die Körnerzellen (GrC) sind nun voll ausgebildet. Mittlerweile kommen die Moosfasern an und bilden die Synapsen auf ihren Dendriten. Wir können annehmen, daß ihr synaptisches »Verlangen« erfüllt worden ist. Es ist ein gegenseitiges Verlangen. Sind die Körnerzellen durch Viren oder durch Röntgenstrahlen zerstört worden, so halten die Moosfasern weiterhin nach den Körnerzellen Ausschau und wachsen über die Purkinjezellschicht hinaus, wohin sie normalerweise nie kommen (Abb. IV 11) und offensichtlich, da sie keine Körnerzellen finden, bilden sie aberrierende Synapsen auf Dendriten verschiedener dort befindlicher Zellen – Purkinjezellen und Korbzellen. Wir müssen postulieren, daß alle Zellelemente die geeigneten Instruktionen für den normalen Aufbauvorgang besitzen. Narrt man sie durch Verzerrung der Situation, wie zum Beispiel durch massive Verarmung an einigen Elementen, wie etwa an Körnerzellen, so unternehmen die übrigbleibenden Elemente alles, was in ihrer Macht steht, die Aufgabe fortzusetzen und nach Mitteln zu suchen, ihr synaptisches »Verlangen« zu befriedigen. So entfaltet sich im neurogenetischen Geschehen ein wundervolles, lebendiges Schauspiel.

Wir wollen nun den rechten Bildausschnitt der perspektivischen Zeichnung von Abb. V 2 betrachten, um die Vorgänge zu sehen, die sich gleichzeitig bei der Entstehung von Zellen abspielen, die quer zur Windung orientiert sind. An der Oberfläche sind die gleichen Schichten von Keimzellen erkennbar. Darunter befinden sich die Neuroblasten von zwei Sternzellen (StN), deren Dendriten sich von einem Pol aus aufzweigen, und das Axon vom anderen. Die allgemeine Wachstumsorientierung ist quer, sowohl zur Längsrichtung der Windung als auch zu den Parallelfasern, die im linken Bildausschnitt gezeigt sind. Ganz unten im rechten Bildausschnitt ist eine Korbzelle (BC) bereits an ihrem Platz. Sie entwickelte sich viel früher, aber sie ist im wesentlichen die gleiche Zellart wie die Sternzelle mit einem vergleichbaren Genom – beide sind inhibitorisch und die Axone von beiden wachsen

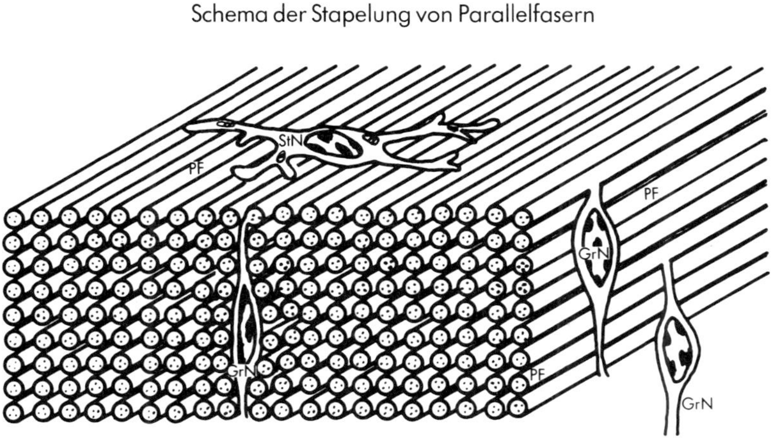

Abb. V3. Die Zeichnung zeigt die Stapelung der Parallelfasern (PF), wobei sich die älteste ganz unten befindet. Außerdem sind drei Körnerzellneuroblasten (GrN) gezeigt, die zwischen den Parallelfasern abwärts wandern, und ein Sternzellneuroblast (StN), der quer zu den Parallelfasern wächst (*Altman, 1972a*).

quer zur Windung. Man kann sehen, daß von ihrem Axon Sprossen ausgehen, die nach den Purkinjezellen, die durch gepunktete Umrisse schwach angedeutet sind, suchen. Die Sternzell-Neuroblasten im oberen Teil des rechten Bildausschnittes müssen noch reifen, bevor sie auf den Purkinjezelldendriten Synapsen bilden werden, die schließlich bis in die obere Zone der Molekularschicht wachsen (Abb. V 6).

Altmans Zeichnung in Abb. V 3 zeigt sehr hübsch die Stapelanordnung in der Molekularschicht, die in der Entwicklungsreihe von Abb. V 2 angegeben ist. Die zuerst entstandenen Parallelfasern befinden sich unten, und nachfolgende Schichten werden entsprechend ihrer Entwicklung gestapelt. In Abb. V 3 ist auch der Weg gezeichnet, auf dem die Körnerzellkerne (GrN) in Sprossen hinabsteigen, die ihren Weg durch die Phalanx gestapelter Parallelfasern suchen. Dieses Hindernis erweist sich für den neugeschaffenen Sternzell-Neuroblasten als zu groß. Er wächst aufgrund eines Prozesses, der sich aus einer Serie von Ausweichreaktionen (die StNs in Abb. V 2) zu ergeben scheint, quer zu den Parallelfasern. Offensichtlich bieten an ihrer Oberfläche fühlende Sternzell-Neuroblasten ein Muster von Attraktivität, das sehr verschieden von derjenigen der Körnerzell-Neuroblasten ist.

Ich habe schon die Methode beschrieben, mit der die Geburtsdaten von Neuroblasten durch radioaktive Markierung bestimmt werden

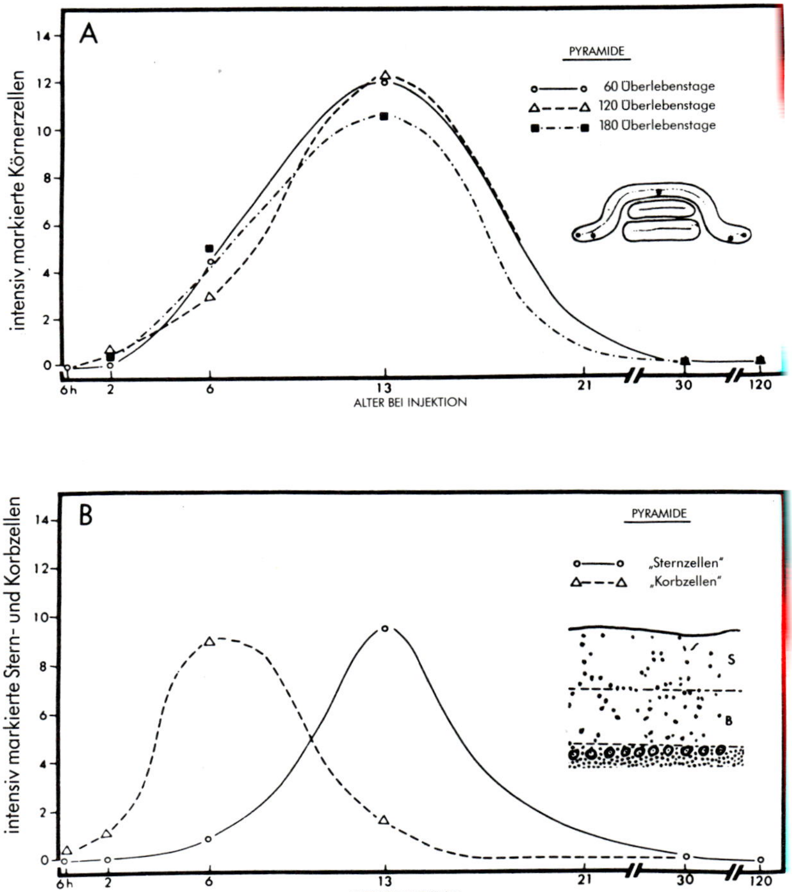

Abb. V 4. Bestimmung des Entstehungstages der in der äußeren Körnerschicht der Ratte gebildeten Kleinhirnneurone. Mittlere Zahlen intensiv markierter Neurone in der Pyramidenregion der Ratten-Kleinhirnrinde bei Tieren, denen in verschiedenen (durch die Abszisse angegebenen) Altersstufen injiziert wurde und die einige Monate später untersucht wurden. A. Körnerzellen nach den angegebenen Überlebenstagen; die Einsatzfigur zeigt die Abnahmestellen. B. Voraussichtliche Stern- und Korbzellen, wie in der Einsatzfigur angegeben, nach 120 Überlebenstagen (*J. Altman, J. Comp. Neurol., 136, 269, 1969*).

können. Dies geschieht am besten durch eine einzige intraperitoneale Injektion von ^{3}H-Thymidin, die eine »Blitz«-Markierung sämtlicher Neuroblasten bewirkt, die einige Stunden später gebildet werden. Früher gebildete Neuroblasten besitzen dann überhaupt keine Markierung und viele Stunden später gebildete haben eine verdünnte Markierung, weil sie aus einer Keimzellenpopulation hervorgehen, die sich nach der Markierung noch ein oder mehrere Male geteilt hatte, so daß diese infolgedessen verdünnt wurde. In Abb. V 4 sind die Zahlen intensiv markierter Zellen aufgetragen, wie sie bei Erwachsenen nach einer Blitz-Markierung 6 Stunden und 2, 6, 13, 30 und 120 Tage postnatal beobachtet wurden. Da sich die Neuroblasten und Nervenzellen nie mehr teilen, ist zu erwarten, daß sie ihre radioaktive Markierung während ihres ganzen Lebens behalten. Das ist an Hand der sehr ähnlichen Zahlen intensiv markierter Körnerzellen, die 60, 120 und 180 Tage postnatal beobachtet werden (Abb. V 4A), nachzuweisen.

In Abb. V 4A sind die Zahlen intensiv markierter Körnerzellen am größten bei der Injektion am 13. Tag. Dies zeigt, daß etwa um diese Zeit die maximale Generationsrate vorhanden ist. Am 2. Tag ist nur eine Spur von Zellbildung vorhanden, am 6. Tag ist sie beträchtlich, aber nach 30 Tagen hat sie aufgehört. Die Abb. V 4B zeigt den unterschiedlichen Zeitplan für die Geburtstage von Korb- und Sternzellen. Diese Zellen sind durch ihre Höhenlage in der Molekularschicht definiert (Abb. IV 11), wie in der Einschubfigur für Stern(S)- und Korb(B)-zellen gezeigt ist. Hinsichtlich ihrer radioaktiven Markierung jedoch gibt es eine überlappende Periode vom 6. bis 13. Tag. Dieses »Geburtstags«-Diagramm für die Körner-, Korb- und Sternzellen kann als Grundlage für die Konstruktion des Zellgenerationsschemas von Abb. V 5A benützt werden. Es stimmt genau mit der Zu- und Abnahme der proliferativen und prämigratorischen Zone in Abb. V 6 überein.

Die Abb. V 5A informiert in der Darstellung der Zellgenerationen über die Neurogenese in der äußeren Keimschicht des Rattenkleinhirns. Links ist die Zeit in postnatalen Tagen angegeben, aber die Zellteilungen sind mit der Hälfte ihrer normalen Frequenz gezeigt, damit das Schema nicht unhandliche Proportionen annimmt. Die Keimzellen (GC) sind mit Sternen in der Mitte gekennzeichnet und bei den frühesten Teilungen ähneln die Zellgenerationen denjenigen von Abb. V 1A. Ungefähr vom 4. Tag an entstehen die Korbzell-Neuroblasten, von denen einer durch den großen schwarzen Kreis (BN) dargestellt ist. Sie teilen sich niemals wieder, aber sie entwickeln sich, wie in Abb. V 5B gezeigt, zu Korbzellen (BC), indem an einem Pol ein sich aufzweigender Dendrit wächst und am anderen ein Axon, das im rechten Winkel zu den sich entwickelnden Parallelfasern verläuft (vgl. Abb. V 2). Das

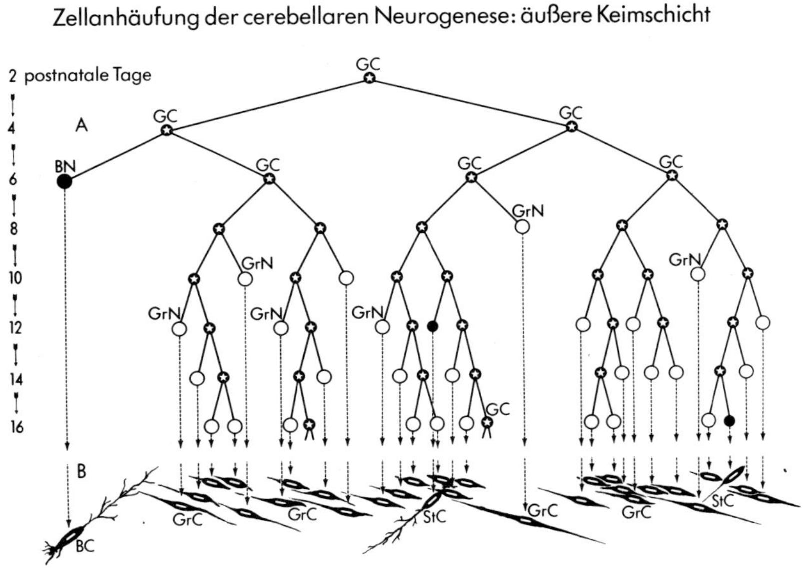

Abb. V 5. Cerebellare Neurogenese in der äußeren Körnerschicht der Ratte. A. Zellgenerationsschema, wie im Text beschrieben. B. Perspektivische Zeichnung zur Veranschaulichung der Entwicklung von Neuroblasten, die orthogonale Wachstumsmuster wie in Abb. V 2 (siehe Text) zeigen (*Eccles, 1970*).

Zellgenerationsschema zeigt, daß die Körnerzell-Neuroblasten (GrN) vom 8. bis 16. Tag produziert werden (offene Kreise). Auch sie brechen die Zellgenerationsfolge ab, indem sie sich niemals wieder teilen. Aus beiden Polen sprießen die Parallelfasern hervor, die längs der Windung wachsen (Abb. V 5B). Schließlich werden diese Neuroblasten durch Wanderung hinab zur Körnerschicht zu Körnerzellen (Abb. V 2). Weiter rechts im Zellgenerationsschema von Abb. V 5A sind auch die Ursprünge von zwei Sternzell-Neuroblasten dargestellt, die als kleine schwarze Kreise gezeichnet sind, aus denen schließlich Dendriten und Axone im rechten Winkel zu den Parallelfasern wachsen (Abb. V 2 und V 3). In diesem Zellgenerationsschema sind die Körnerzell-Neuroblasten am zahlreichsten, aber dieses Bild ist numerisch verzerrt, weil nach sehr genauen neueren Zählungen am Katzenkleinhirn durch Szentágothai die Körnerzellen die Korb- und Sternzellen zusammen in einem Zahlenverhältnis von 80:1 übertreffen und nicht ungefähr 10:1 wie in Abb. V 5A.

Berücksichtigt man, daß sich in der Zeit vom 2. bis 16. postnatalen

Tag 16 mitotische Teilungen ereignen – nicht nur 8, wie in Abb. V 5A gezeigt –, so kann diese Abbildung einen Begriff der Zellbildungsrate beim Aufbau eines Rattenkleinhirns vermitteln. Sie zeigt außerdem, wie diese intensive mitotische Aktivität in der äußeren Keimschicht etwa am 20. Tag zum Ende kommt. Die Keimzellenpopulation stirbt aus, weil zum Schluß alle durch differenzierende Mitosen in Neuroblasten umgewandelt sind. Nach 16 Tagen sind (Abb. V 5A) nur noch zwei übriggeblieben. Die andere auffallende Hypothese, die Abb. V 5A beinhaltet, ist die, daß die gleiche Keimzellenpopulation Neuroblasten für zwei ganz verschiedene Zellspezies hervorbringt – die eine ist exzitatorisch (die Körnerzelle) und die andere ist inhibitorisch (die Korb- und Sternzellen). Es ist sehr interessant, daß es bei dieser differenzierenden Mitose abwechselnd zur Erzeugung der einen, dann der anderen Spezies kommt, wobei häufig eine Keimzelle die Generationslinie fortsetzt. Weiterhin habe ich in dem Schema postuliert, daß es manchmal eine differenzierende Mitose gibt, die zur Bildung eines exzitatorischen und eines inhibitorischen Neuroblasten führt. Dies entspricht der Situation, die in Abb. V 1A für die Genese der exzitatorischen Nucleus- und der inhibitorischen Purkinjezelle illustriert ist.

In diesem Zellgenerationsschema sind viele Probleme verschlüsselt. Erstens: welcher genetische Mechanismus ist für jene Differenzierung einer gemeinsamen Mutterzelle zu exzitatorischen und inhibitorischen Neuroblasten verantwortlich? Das Schema zeigt, daß die Differenzierung auf einen Schlag stattfindet und nicht durch eine schrittweise Evolution über mehrere Mitosen. Kann dies experimentell nachgeprüft werden? Was determiniert das Ergebnis einer Keimzellmitose, als eine der gezeigten Alternativen? Was legt die Produktionsraten von exzitatorischen und inhibitorischen Neuroblasten fest? Warum lassen die Keimzellen in Abb. V 5A 80mal mehr Körnerzellen als Korb- und Sternzellen zusammen entstehen, und in Abb. V 1A 20mal mehr Purkinje- als Nucleuszellen? Warum altert der gesamte Zellgenerationsprozeß grundsätzlich? Keimzellen sehen zu Beginn aus, als ob sie eine unbegrenzte Zahl von Zellteilungen vor sich hätten, aber etwa am 4. postnatalen Tag beginnen sie, sich zu Neuroblasten zu differenzieren, und dieser Prozeß läuft mit zunehmender Wahrscheinlichkeit ab, so daß schließlich die gesamte Neurogenese ihren Abschluß findet. Alle Keimzellen sind durch mitotische Umwandlung zu Neuroblasten, die sich niemals mehr teilen, eliminiert worden. Und warum teilen sich die Neuroblasten niemals wieder? Das alles sind Probleme, die sich aus dieser frühen Forschungsarbeit über Neurogenese ergeben.

Bisher gibt es keine Antworten auf diese verschiedenen Fragen, aber es werden sehr interessante Untersuchungen durchgeführt, bei denen einige der neurogenetischen Prozesse durch Bestrahlung oder durch Einwirkung von Viren gestört werden können. Mutationen führen zu allen möglichen Störungen und Verzerrungen der Neurogenese, die erhebliche Veränderungen der Struktur und Funktion des Kleinhirns bewirken. So tauchen in dem Bereich, den wir als molekulare Neurobiologie bezeichnen könnten, grundlegende Probleme auf.

3. Die Reifung der Kleinhirnrinde

In Abb. V 2 kann man sehen, daß das Axon der beiden primitiven Purkinjezellen abwärts läuft. Tatsächlich wird es nachgezogen, wenn der Zellkörper und die Dendriten, offensichtlich auf der Suche nach synaptischen Kontakten, zur Kleinhirnrinde hinaufwandern. Aber das Axon bleibt an seinem Platz, bereit zur Bildung synaptischer Kontakte mit den Nucleuszellen (Abb. IV 11). Wir könnten dies die *Axon-schleppende Methode* der Synapsenbildung nennen. Der gleiche Axon-Schlepp-Prozeß spielt sich auch bei den wandernden Körnerzellen ab, die ihre Axone, die Parallelfasern, in der Molekularschicht zurücklassen (Abb. V 2).

In Abb. V 6 faßt Altman die Reifung der Kleinhirnrinde der Ratte durch Zeichnungen der Situationen in charakteristischen Phasen am 3., 7., 12., 15. und 21. postnatalen Tag zusammen. Auf die Zahlen von Zellschichten in der proliferativen und prämigratorischen Zone während der aufeinanderfolgenden Entwicklungsstadien wurde bereits hingewiesen. Die Abb. V 6 ist besonders informativ, was die Purkinjezellentwicklung von der Rudimentärform am 3. Tag bis zu der fast reifen Form am 21. Tag mit den reich verzweigten Dendriten betrifft. Eine merkwürdige kurzfristige Beziehung zeigen die Kletterfasersynapsen (CF) auf den somatischen Spines der Purkinjezelle am 7. Tag und die Versetzung der Kletterfasersynapsen zu den Dendriten hinauf am 12. Tag. Die somatischen Dendriten (vgl. die beiden Purkinjezellen in Abb. V 2) sind mittlerweile verschwunden, die Kletterfasersynapsen sind durch die Korbzell(B)-Synapsen auf dem Soma ersetzt. Ein anderes interessantes Charakteristikum ist das relativ späte Stadium, in dem die Parallelfasern auf Purkinjezellen Synapsen bilden. Körnerzellen, die am 7. Tag entstanden sind, haben am 12. Tag noch keine Parallelfasersynapsen auf Purkinjezellen, sondern erst am 15. Tag. Ähnlich errichten Körnerzellen vom 12. und 15. Tag am 21. Tag Parallelfasersynapsen.

Offensichtlich gibt es bei der Purkinjezellreifung viele herausfordernde Probleme. Welche Bedeutung haben die vorübergehenden so-

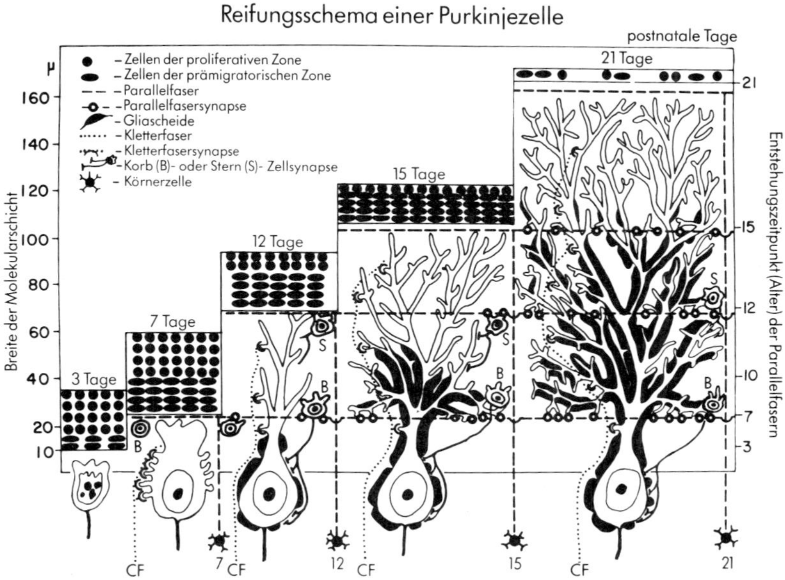

Abb. V 6. Reifungsschema einer Purkinjezelle der Ratte und der auf ihr befindlichen synaptischen Verbindungen. Fünf Entwicklungsstadien sind am 3., 7.,12., 15., 21. postnatalen Tag gezeigt, der Schlüssel für die verschiedenen Strukturen ist aus der Einsatzfigur zu ersehen. Kletterfasern (CF), Körnerzellen und Korbzellen (B) werden am 7. bis 21. Tag gezeigt. Man beachte, daß 4 Körnerzellen mit ihren Parallelfasern abgebildet sind, die ihren Entstehungstagen entsprechend übereinander gestapelt sind, wie in Abb. V 2 gezeigt. Weitere Beschreibung im Text (*geringfügig modifiziert nach Altman, 1972b*).

matischen Spines, die in der Zeichnung von Ramón y Cajal in Abb. V 2 (linker Bildausschnitt) so ins Auge stechen? Steht die Verdrängung der Kletterfasersynapsen von den somatischen Dendriten in Beziehung zur gleichzeitigen Entwicklung von Korbzellsynapsen auf dem Soma? Warum treten die Parallelfasersynapsen auf Purkinjezellen so verzögert im Vergleich zu ihren Synapsen auf Korb- und Sternzellen auf? Welche Bedeutung hat die starke Entwicklung der *Gliabedeckung* des Somas und der Hauptdendriten? Welche Ursache hat die lebhafte Proliferation der Purkinjezelldendriten am 15. und 21. Tag, obwohl auf ihnen noch keine Synapsen durch Parallelfasern gebildet werden? Offensichtlich kommt es zwischen den Parallelfasern und diesen neu gewachsenen Dendriten noch zu keinem Erkennen. Später jedoch (Abb. V 19) werden sich Anzeichen dafür ergeben, daß Kletterfasern das Wachstum der Verzweigung von Dendriten und das der dendritischen Spines induzieren und auf diesen errichten die Parallelfasern dann Synapsen.

C. Prinzipien neuronalen Erkennens und neuronaler Verbindung

1. Einführung

Bisher habe ich mich auf die Neurogenese im Säugetierkleinhirn konzentriert und die Genese der verschiedenen Zelltypen sowie die Entwicklung der Neuroblasten zu den voll ausgebildeten Neuronen beschrieben. Nun kommen wir zu zwei grundlegenden Fragen. Wie werden diese verschiedenen Neurone miteinander verknüpft? Woher wissen sie, wohin sie gehen müssen? In den 30er Jahren glaubte man, wie schon früher erwähnt, daß anfänglich so etwas wie ein ungeordnetes Arrangement bestehe und die Benutzung dann allmählich die Organisation forme. Das Gegenteil ist der Fall: Wo auch immer man die neuronalen Verbindungen untersucht hat, fand man, daß sie in ihrer endgültigen Form angelegt waren, bevor sie benutzt wurden. Diese experimentellen Befunde zeigen, daß enorme Zahlen detaillierter Spezifikationen für den Aufbau der endgültigen Struktur im in Entwicklung begriffenen Nervensystem irgendwie verschlüsselt sind. Diese Forderung ließ Sperry die äußerst provozierende Hypothese formulieren: daß der präzise Aufbau des Nervensystems von einer ungeheuren Vielfalt sowohl der chemischen Codierung von Neuronen, die Synapsen zu bilden suchen, als auch der komplementären Mechanismen zum spezifischen Erkennen durch neuronale Oberflächen, die »reif« für Synapsen sind, abhängt. Ich zitiere aus seinen ideenreichen Schriften (Sperry, 1971):

»Die komplizierten Nervenfaserregelkreise des Gehirns wachsen, sammeln und organisieren sich durch Einsatz raffinierter chemischer Codes unter genetischer Kontrolle. Früh in der Entwicklung erwerben die Nervenzellen . . . individuelle Identifizierungsmarken molekularer Natur, mittels derer sie erkannt und voneinander unterschieden werden können . . . Die wachsenden Fasern im sich entwickelnden Gehirn werden durch eine Art von sondierendem chemischen Berührungssystem geleitet . . . Durch selektive molekulare Auswahl werden die Nervenzellen an jeder der zahlreichen Gabelungen oder Entscheidungspunkte, auf die sie auf ihrer Reise durch eine Art dreidimensionales Labyrinth möglicher Kanalwahlen treffen, richtig in ihre gesonderten Kanäle gelenkt.«

Dies ist eine umfassende und herausfordernde Hypothese, der keine andere Konkurrenz macht, wenn auch natürlich detaillierte Modifikationen vorgeschlagen worden sind. Ich halte es für wichtig, die außergewöhnliche Kraft und Reichweite dieser Hypothese zu würdigen, bevor über einige der experimentellen Nachprüfungen berichtet wird, de-

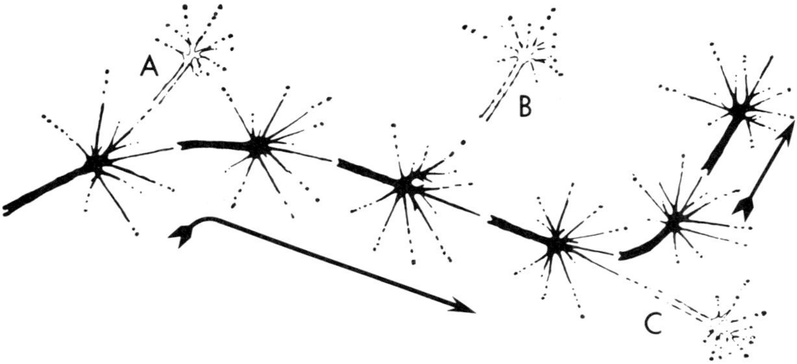

Abb. V 7. Stufenweise Darstellung aufeinanderfolgender Schritte bei der chemotaktischen Führung einer wachsenden Nervenfaser. Weitere Beschreibung im Text (*Sperry, 1963*).

nen sie unterworfen worden ist. Es ist interessant, daß, soweit wir wissen, spiegelbildliche Identität besteht. Symmetrische Zellen auf der rechten und linken Seite besitzen identische chemische Codierung.

Die Abb. V 7 veranschaulicht Sperrys Hypothese, indem sie in schematischer Form die Abläufe beim Wachstum einer Nervenfaser in Zeitraffer-Kinemikrographie wiedergibt, wie sie Pomerat so schön in Gewebekulturen von Nervenzellen aufnahm. Man kann sehen, daß die nach rechts wachsende Faser kleine Suchsonden aussendet. Diese verschiedenen Auswüchse sondieren unentwegt und halten nach der richtigen Art chemischer Oberflächen mit anziehenden Molekularkonfigurationen Ausschau. Finden sie sich nicht, so können sie zurückgehen oder weiterwachsen, wie auf der Hauptspur von Abb. V 7, wobei sie vielleicht von der allgemeinen chemischen Umgebung etwas ermutigt werden. So wächst die Nervenfaser weiter und sendet in jedem Stadium in alle Richtungen von drei Dimensionen Suchsonden und folgt dann einer Anziehung. In A, B und C von Abb. V 7 kann man »Geister« von Sprossen sehen, die, nachdem sie über einige Entfernung gewachsen waren, schließlich ihr Ziel verfehlten. Dieses Schema liefert eine ungefähre Vorstellung von dem, was bis zu einem unglaublichen Grad dem Axon jeder Nervenzelle geschehen kann, das seinen Weg zu den neuronalen Oberflächen findet, auf denen es am Ende Synapsen bildet.

Sperrys Hypothese ist an vielen Stellen untersucht worden, aber nicht im Kleinhirn, weil seine Struktur für diese Art Experiment zu komplex ist. So verlassen wir jetzt das Kleinhirn und das Säugetiergehirn überhaupt und wenden uns den einfacheren Hirnen niederer Wirbeltiere zu. Auf diesem Gebiet gibt es eine ungeheure Anzahl qualitativ hochwertiger experimenteller Arbeiten. Auf Sperrys Untersuchungen folgten viele weitere geistreiche experimentelle Untersuchungsreihen. Die beiden neuen Bücher von Gaze und Jacobson beschäftigen sich zu einem großen Teil mit der Beurteilung der Hypothese von der chemischen Spezifikation an Hand sehr ausgeklügelter Experimente. Es war sicherlich eine sehr fruchtbare Hypothese. Ich werde nun über einige der Schlüsselexperimente in den bahnbrechenden Untersuchungen berichten.

2. *Chemischer Sinn in den Sehbahnen von Fischen, Amphibien und Vögeln*

Diese Bahnen sind sehr ausführlich untersucht worden und haben sich als außerordentlich wertvoll, ja als nahezu unersetzlich erwiesen als Substrate für strenge experimentelle Untersuchungen. Die Ausgangsschemata der Verbindungen von der *Retina* zum Gehirn (*Tectum opticum*) der Amphibien sind in Abb. V 8A (von links gesehen) und in Abb. V 8B (von ventral gesehen) wiedergegeben. In Abb. V 9A kann man sehen, daß die Augen des Frosches seitwärts blicken. Die Nervi optici von jedem Auge kreuzen im optischen Chiasma vollständig (Abb. V 9A), so daß das rechte Auge zur linken Hirnseite und das linke zur rechten projiziert. Die Abb. V 8A, B zeigen die Bahn vom rechten Auge, die quer über die ventrale Hirnoberfläche zum Tectum opticum verläuft. Das linke Auge und seine Bahnen wurden entfernt, wie in Abb. V 8B, so daß die Bahn vom rechten Auge voll zu sehen ist.

Einige Wochen vor der in Abb. V 8A gezeigten Situation war der rechte Nervus opticus durchtrennt worden. Durch die Nervennarbe hindurch war es zur Regeneration und zur völligen funktionellen Wiederherstellung des Visus im rechten Auge gekommen. Die Bedeutung dieser Wiederherstellung läßt sich an Hand von Abb. V 8C erkennen, in der die normalen Raumverhältnisse der Projektion von der Retina zum Tectum opticum gezeigt sind. So projizieren sich Punkte auf der Retina entlang dem ausgefüllt gezeichneten Retina-Pfeil auf korrespondierende Punkte auf dem ausgefüllt gezeichneten Tectum-Pfeil auf der gegenüberliegenden Seite und bei den nicht ausgefüllt gezeichneten Retina- und Tectum-Pfeilen ist es ähnlich. Korrespondierende Punkte dazwischen besitzen korrespondierende Projektionen, zum Beispiel von

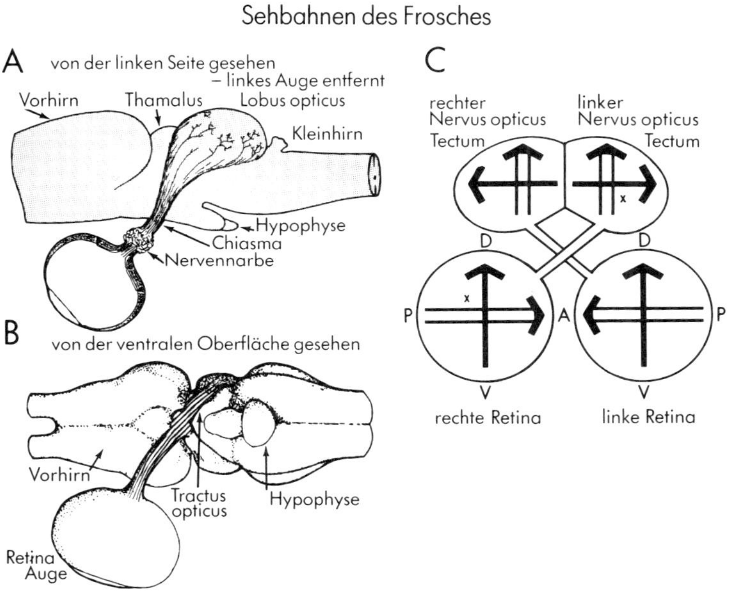

Abb. V 8. Sehbahnen der Amphibie. In A ist das rechte Auge mit dem Nervus opticus nach Durchtrennung und Regeneration gezeigt. Das linke Auge und sein Nervus opticus sind nicht dargestellt. Die rechte Sehbahn kreuzt im Chiasma opticum, um den linken Tractus opticus zu bilden, der sich auf den linken Lobus opticus oder das Tectum, wie in A und B gezeigt, aufteilt (*Sperry, 1951*). In C sind die regelmäßigen landkartenartigen Projektionen von der rechten und linken Retina auf das linke und rechte Tectum opticum schematisch gezeigt (*Modell nach von Jacobson dargestellten Beobachtungen, 1970*). P, A, D und V auf den Retinae bedeuten posterior, anterior, dorsal, ventral.

Punkt *x* auf der Retina zu Punkt *x* auf dem Tectum, d. h. es besteht eine Punkt-zu-Punkt-Verknüpfung.

Als eine Interpretation dieser funktionellen Wiederherstellung könnte man annehmen, daß die retino-tectalen Projektionen in ihrer detaillierten räumlichen Verknüpfung nachgewachsen sind. Als Alternative dazu könnte die Erholung nach der Nervendurchtrennung durch eine wahllose Wiederherstellung der *retino-tectalen Projektionen* erklärt werden, wobei der Frosch dann lernt, diese aberrierenden Verbindungen für ein zutreffendes Bild seiner Umgebung zu benutzen, ähnlich wie bei menschlichen Versuchspersonen, die die Welt tagelang durch eine Umkehrbrille betrachten.

Sperry schied diese Alternative aus, indem er zeigte, daß der Frosch niemals lernt, sich an eine Rotation des Auges zu adaptieren. Eine Rotation beider Augen um 180° ohne Durchtrennung des Nervus opticus zum Beispiel führt dazu, daß sich der Frosch beim Schnappen nach Fliegen um genau 180° irrt, wie in Abb. 10A gezeigt. Sogar nach einem Jahr oder länger kommt es zu keiner Anpassung. Der Frosch würde schnell sterben, wenn er nicht künstlich ernährt würde. Aber sobald die Augen in ihre normale Position zurückrotiert werden, gewinnt der Frosch seine alten Fertigkeiten zurück und leidet nach der langen Periode vollständiger Zusammenhanglosigkeit der Bewegung an keinerlei Störung. Ein Lernprozeß kann daher nicht zu der funktionellen Wiederherstellung nach der Durchtrennung des Nervus opticus beitragen, wie in Abb. V 8A.

Wir können mit Sperry folgern, daß die richtige Verknüpfung im Regenerationsprozeß des durchtrennten Nervus opticus wie in Abb. V 8A wiederhergestellt wurde. Es schien, als ob die normalen topographischen retino-tectalen Verbindungen genau wiederhergestellt wurden. Dieser Befund stimmt ausgezeichnet mit der Hypothese von Sperry überein. Es gibt anscheinend keinen anderen Weg, auf dem die geschädigten Fasern aus dem Nervus opticus ihre »richtigen« Ziele in den Neuronen des Tectum opticum wiedererreichen könnten. Und man fand heraus, daß dies unabhängig davon erfolgte, wie stark die beiden Enden des durchtrennten Nervus opticus gegeneinander verschoben waren. Die Abb. V 9 illustriert ein einfaches experimentelles Vorgehen, die retino-tectalen Verbindungen beim Frosch zu vertauschen. Normalerweise kreuzen die Nervi optici im Chiasma opticum vollständig, so daß das linke Auge auf das rechte Tectum und das rechte Auge auf das linke Tectum projiziert (A). In B ist das Chiasma exzidiert und der rechte Nervus opticus mit dem rechten Tractus opticus verbunden, so daß eine Verbindung zum rechten Tectum hergestellt wird und umgekehrt für den linken Nervus opticus. Nach einigen Wochen totaler Blindheit sind die funktionellen Verbindungen wieder voll hergestellt, weil, wie schon festgestellt, Spiegelbildlichkeit in der spezifischen Codierung besteht. Aber nun bekommt der Frosch Schwierigkeiten, wie in C gezeigt. Befindet sich z. B. eine Fliege bei X, so geben Instruktionen vom Sehorgan ihre Lokalisation bei X′ an, der Frosch schnappt dort zu und verfehlt sie. Befindet sie sich bei Y, schnappt er bei Y′. Nur eine Fliege in der Mittellinie wird erwischt! So zeigt das Verhaltensmuster des Frosches, daß die retinalen Verbindungen zum Tectum opticum im richtigen Muster wiederhergestellt worden sind, aber zur falschen Seite. Der Frosch lernt niemals, richtig zu schnappen – sogar nach einem Jahr von Fehlleistungen nicht, währenddessen er gefüttert werden muß! So haben wir hier den Beweis dafür, daß die retinale Spezifizie-

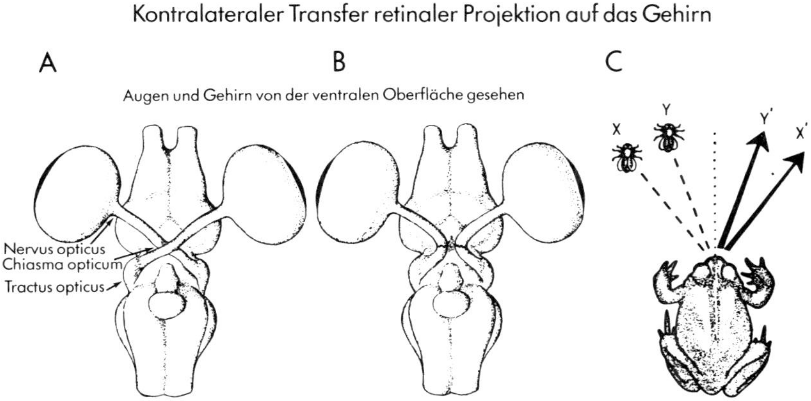

Abb. V 9. **Kontralateraler Transfer retinaler Projektion auf das Gehirn. A. Durch Exzision des Chiasma opticum und Überkreuzvereinigung der beiden Stumpfpaare des Nervus opticus, wie schematisch dargestellt, werden die zentralen Projektionen der beiden Retinae ausgetauscht. B. Nach der Erholung verhalten sich die Tiere, als ob alles, was sie durch eines von beiden Augen sehen, durch das entgegengesetzte Auge gesehen würde. Weitere Beschreibung im Text (** ***Sperry, 1951a*****).**

rung ebenfalls bestehen bleibt, aber in einer spiegelbildlichen Weise für das Tectum opticum der gleichen Seite, was anhaltend zu einem dauernden nichtangepaßten Ergebnis führt. Nach der Hypothese von Sperry besteht eine Symmetrie der molekularen Kennzeichnung der retinalen Ganglienzellen und ihrer Nervus opticus-Fasern. Retino-tectale Verbindungen werden so rasch und exakt gebildet wie nach einer einfachen Durchtrennung eines Nervus opticus (Abb. V 8A). Es gibt keine Anzeichen irgendwelcher Unterschiede zwischen den chemischen Spezifizierungen der beiden Seiten. Wir können daher fragen: Was leitet die Fasern des Nervus opticus bei ihrem ursprünglichen Wachstum, so daß es zu einer vollständigen Kreuzung im Chiasma opticum kommt? Die Antwort ist nicht gesichert, aber man nimmt an, daß es weitgehend durch mechanische Führung geschieht und durch die Tendenz von Fasern ähnlicher Funktion aufgrund eines Vorgangs, den Weiss *selektive Fasciculation* nennt, die gleiche Bahn entlang zu wachsen.

Strengere Nachprüfungen der Hypothese von Sperry sind in der Abb. V 10 dargestellt, die Ergebnisse von drei verschiedenen Transplantationen beider Augen veranschaulicht. Diese Operationen benutzen die Tatsache, daß Augen, die von einer Seite auf die andere verpflanzt werden, wieder Verbindungen zum Tectum opticum herstellen, die sich wie üblich im Chiasma opticum kreuzen. Nach einigen Wochen vollständiger Blindheit gewinnt der Frosch sein Sehvermögen zurück, aber es ist in der in den Abb. V 10A, B, C gezeigten Weise gestört.

Die Abb. V 10A zeigt die einfachste Situation. Wie in der vergrößerten Einsatzfigur des Froschkopfes gezeigt, wurde das rechte Auge nach Durchtrennung des Nervus opticus um 180° gedreht, entsprechend das linke Auge. Die Pfeile in D zeigen die normale Augenposition. Als der Frosch das Sehvermögen wiedergewann, machte er extreme Fehler beim Fliegenschnappen und zeigte so, daß er die Welt immer umgekehrt sah, und das blieb auch so. Genau das gleiche Verhalten wurde schon nach Rotation der Augen um 180° ohne Durchtrennung der Nervi optici beschrieben. Daher können wir annehmen, daß die Fasern des Nervus opticus nach der Nervendurchtrennung und Augenrotation in das Tectum opticum einwuchsen und ihre ursprünglichen Verbindun-

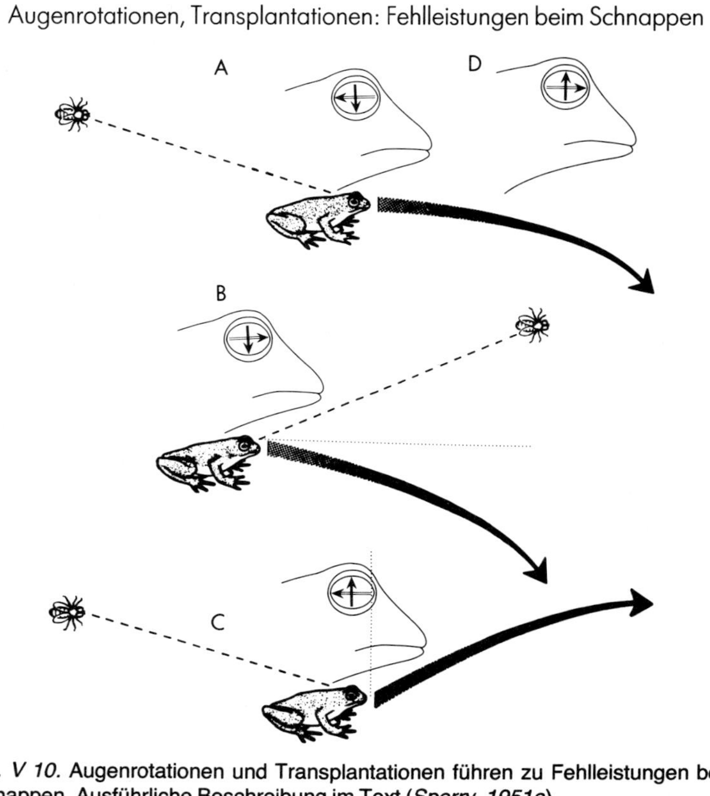

Abb. V 10. Augenrotationen und Transplantationen führen zu Fehlleistungen beim Schnappen. Ausführliche Beschreibung im Text (*Sperry, 1951a*).

gen zu den tectalen Neuronen ungeachtet der Augenrotation wiederherstellten. Dieses Ergebnis kann nach der Hypothese von Sperry genau vorhergesagt werden.

Die Abb. V 10B stellt eine kompliziertere Situation dar, weil, wie die Einsatzfigur zeigt, das linke Auge im Kaulquappenstadium exzidiert und nach der Rotation anstelle des rechten Auges eingesetzt wurde. Dabei wurde sein Nervus opticus mit dem rechten Nervus opticus durch eine Naht verbunden. Das Umgekehrte geschah mit dem rechten Auge. Wiederum kehrte das Sehvermögen nach mehreren Wochen zurück, aber der erwachsene Frosch sah die Welt nun auf dem Kopf stehen, da eine Drehung in der Vertikalebene stattgefunden hatte (siehe Einsatzfigur). Er konnte nur in der Horizontalebene (die gepunktete Linie) erfolgreich nach Fliegen schnappen. Nach denen, die sich darüber befanden, schnappte er unterhalb, wie in der Abbildung gezeichnet. Die Einsatzfigur zeigt die tatsächliche Position der Augenachsen, und dieser systematische Fehler stimmt wieder mit der Voraussage überein, daß die retinalen Landkarten in ihrer tectalen Projektion genau wiederhergestellt sind, ohne Rücksicht darauf, daß die Augen versetzt worden sind.

Die Abb. V 10C zeigt ein anderes Experiment von Augentransplantation. Hier leidet der Frosch nach Wiederherstellung des Sehvermögens an einer anterior-posterioren Inversion seines Gesichtsfeldes, wie in der Abbildung und ihrer Einsatzfigur gezeigt. Das Schnappen gelingt ihm nun nur in der Vertikalebene (gepunktete Linie). Genau das ist es, was man für eine Rekonstruktion der retino-tectalen Verbindungen in Übereinstimmung mit den ursprünglichen räumlichen Beziehungen erwartet. In keinem dieser Fälle lernen die unglücklichen Frösche jemals, ihre Fehler zu korrigieren, und werden durch künstliche Ernährung am Leben gehalten.

Diese Verhaltensexperimente sind durch viele Untersucher bestätigt und an verschiedenen Arten von Amphibien und Fischen mit grundsätzlich den gleichen Ergebnissen ausgeführt worden. Sperry hat auch viele feinere Varianten versucht, zum Beispiel die Exzision kleiner Stücke des Tectum opticum nach der Regeneration. Diese lokalisierten Läsionen verursachten einen lokalisierten blinden Fleck im korrespondierenden Teil des Gesichtsfeldes, genau, wie das normalerweise auch geschieht. Offensichtlich bestand nach der Regeneration eine ordentliche, landkartenähnliche Projektion der regenerierten Fasern auf das Tectum, die die normale Punkt-auf-Punkt-Projektion, wie sie in Abb. V 8C zu sehen ist, wiederherstellte.

Zum Nachweis genauerer Details ist es jedoch wichtig, strengere Untersuchungstechniken zu verwenden. Beim Goldfisch exzidierte Sperry

Regenerationsmuster von Retinahälften zum Tractus opticus und Tectum

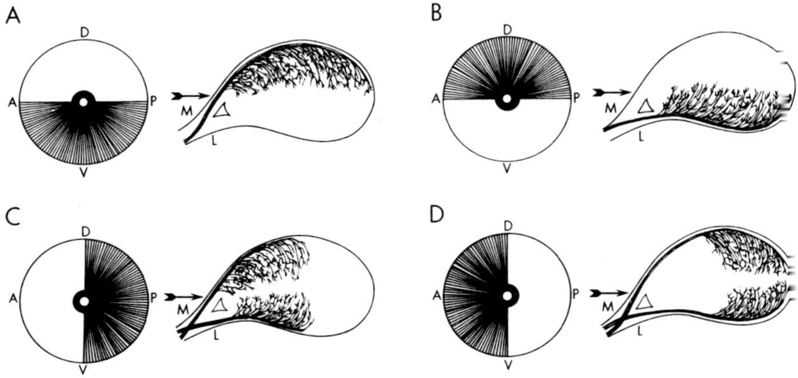

Abb. V 11. **Regenerationsmuster von Retinahälften zum Tractus opticus und Tectum opticum. Wie in Abb. V 8 bedeuten P, A, D und V posterior, anterior, dorsal, ventral auf der Retina. M und L bedeuten mediale und laterale Ansicht des Tectum. Weitere Beschreibungen im Text (*D. Attardi und R. W. Sperry, Exp. Neurol. 7, 46, 1963*).**

verschiedene Segmente der Retina und durchtrennte dann den Nervus opticus. Dieser regenerierte in der medialen Zone des Tectum, wenn der dorsale Teil der Retina entfernt war (Abb. V 11A), und in der lateralen Zone nach Abtragung der ventralen Retina (Abb. V 11B). So kann man histologisch sehen, daß die Fasern die richtigen Stellen im Tectum opticum finden. In Abb. V 11C regenerierte der posteriore Teil der Retina selektiv in den anterioren Teil des Tectums. Besonders interessant war die Regeneration nach Exzision des posterioren Teils der Retina. Die Retina regenerierte richtig zum posterioren Tectum (Abb. V 11D) und wuchs auf dem Weg über alle Zellen des anterioren Tectums hinaus, obwohl diese aufgrund der Tatsache, daß sie wie alle tectalen Zellen ihrer Verbindungen beraubt worden waren, Bereitschaft zur Synapsenbildung zeigten. Dennoch liefen die anterioren retinalen Fasern an ihnen vorbei und bildeten ihre Endigungen genau am richtigen Platz. Wir müssen daraus schließen, daß diese Fasern, die aus der Retina hinauswachsen, durch einen spezifischen Fühler-Mechanismus geleitet werden, der präzise Information über die richtigen neuronalen Oberflächen, auf denen synaptische Kontakte zu errichten sind, liefert. Die aussprießenden Fasern wachsen in einem Band über die Tectum-Oberfläche und tauchen in die Tiefe, sobald sie sich in der richtigen Zone befinden, wie in Abb. V 11D dargestellt. Cowan hat ähnliche Experimente über die Regeneration der retino-tectalen Verbindungen des

Huhns angestellt. Untersuchungen mit Hilfe radioaktiver Markierung zeigten, daß sie in genauer Übereinstimmung mit Sperrys Hypothese zu den richtigen tectalen Orten wiederhergestellt werden.

Gaze und Jacobson haben die elektrophysiologische Feldanalyse verwendet, um die Beziehung zwischen Retina und Tectum topographisch festzulegen. Man leitete mittels Mikroelektroden von einem Raster von tectalen Orten ab und bestimmte für jeden durch Abtasten der Retina mit einem Lichtpunkt den korrespondierenden Ort auf der Retina. Die in Abb. V 8C gezeigten retino-tectalen Beziehungen wurden auf diese Weise topographisch ausgemacht. Diese Technik ist verwendet worden, um die retino-tectalen Projektionen, die nach verschiedenen operativen Eingriffen, wie in den Abb. V 9 und V 10, wiedergebildet wurden, zu überprüfen. Im allgemeinen wurden die Regenerationsmuster, wie sie sich aus den ursprünglichen Verhaltensexperimenten ergeben hatten, bestätigt. Es gab unbedeutende Abweichungen. Zusammenfassend kann man sagen, je länger für die Regeneration Zeit gelassen wurde, desto eher wurde das »richtige« Muster wiederhergestellt. Sorgfältige Untersuchungen verschiedener Regenerationsprozesse haben gezeigt, daß es eine Verdrängung von Synapsen gibt, wobei die »richtigen« Synapsen den Platz der zuerst gebildeten, weniger »richtigen« einnehmen.

Weitere Forschungen haben interessante Fragen aufgeworfen. Jacobson hat entdeckt, daß, wenn man die Augen der Amphibie Xenopus in einem frühen Embryonalstadium, bevor irgendwelche retino-tectalen Verbindungen hergestellt worden sind, um 180° rotiert, die Retinafasern zu den richtigen Stellen auf dem Tectum opticum wachsen, so daß die Kröte trotz der Rotation ein normales Sehvermögen entwickelt. Damit dies zustande kommt, muß die Rotation vor einem kritischen Embryonalalter ausgeführt werden. Jacobson hat die kritische Phase auf 10 Stunden begrenzt. Findet sie später statt, so drückt sich die Rotation um 180° in einem Wachstum von der Retina zum Tectum genau wie in Abb. V 10A aus. Besonders interessant war die Entdeckung, daß diese kritische Phase den Zeitraum der differenzierenden Mitose der Neuroblasten, die sich zu retinalen Ganglienzellen entwickeln, umfaßt. Solange sich nur Keimzellen in der embryonalen Retina befinden, bleibt jede Rotation, die sie durchmacht, ohne Einfluß auf die Spezifizierung von retinalen Neuroblasten, die in späteren Mitosen gebildet werden. Aber in der Phase der differenzierenden Mitose, die zur Bildung von retinalen Ganglienzellen führt, verändert sich die Situation. Die Ganglienzellneuroblasten erhalten nun ihren chemischen Code, der ihnen präzise Anweisungen für die tectale Lokalisation gibt, zu der sie hinwachsen müssen. Dies geschieht natürlich vor dem Einsetzen des tatsächlichen Faserwachstums von den retinalen Ganglienzellen zum Tectum. Es ist sicher eine bemerkenswerte Entdeckung, daß die vollständige Codierung der retinalen Neuroblasten während der 10 Stunden der letzten Neurogenese erstellt wird und daß diese Codierung entsprechend der Orientierung des Auges im Kopf zu diesem Zeitpunkt abläuft.

Man muß darauf hinweisen, daß wir keine Ahnung davon haben, wie die Position des Auges im Kopf in der Spezifizierung der retinalen Ganglienzellen resultieren kann. Wieder gibt es keine Antwort auf die Frage: Wie kommt es, daß hier eine komplementäre Spezifizierung der tectalen Neurone vorliegt, die zu derjenigen der aus der Retina herauswachsenden Fasern paßt? Yoon hat nachgewiesen, daß diese komplementäre Spezifizierung unverändert bleibt, wenn rechteckige Platten aus dem Tectum des Goldfisches exzidiert, rotiert oder seitengedreht und dann reinnerviert werden. Auch hier muß, wie schon erwähnt, mechanische Führung eine wichtige Rolle bei der starken Kontrolle spielen, die notwendig ist, um eine vollständige Kreuzung im Chiasma opticum und den grundsätzlichen Aufbau der gesamten Bahn von der Retina zum Tectum zu gewährleisten. Chemische Spezifizierung muß nur im letzten Wachstumsstadium wirksam werden, um die Herstellung der »richtigen« synaptischen Verbindungen zu sichern.

3. Neuronale Verknüpfungen bei Säugetieren

Ich habe mich entschlossen, die Sehbahnen von Amphibien und Fischen ausführlich abzuhandeln, weil sie die besten Untersuchungsobjekte für die Faktoren sind, die die Errichtung neuronaler Verbindungen im Gehirn determinieren. Es hat eine ungeheure Reihe derartiger Untersuchungen gegeben, die Techniken wie Extremitätentransplantation, Hauttransplantation und Über-Kreuz-Vereinigung von verschiedenen Nerven, die Extremitätenmuskeln versorgen, mit Hilfe einer ähnlichen Technik wie derjenigen von Abb. V9 einsetzten. Viele dieser Experimente sind an Säugetieren ausgeführt worden. Man hat immer die Hoffnung, daß operative Eingriffe behinderten Patienten helfen könnten, einen oder mehrere Nerven zur Reinnervation von Muskeln, die ihrer normalen Innervation verlustig gegangen waren, zu verwenden. Es gibt bei der Innervation von Muskeln fast keine Spezifizierung. Jede Gruppe von Motoneuronen kann über ihre motorischen Axone (Abb. III 1) funktionelle Endplatten auf denervierten Muskelfasern errichten und diese wirksam erregen. Bei Säugetieren jedoch führt diese Innervation eines fremden Muskels zu keiner Veränderung der zentralen Verbindungen zu diesen Motoneuronen. Wir führten Über-Kreuz-Verbindungen von Nerven an Kätzchen wenige Tage nach der Geburt durch, aber auch viele Monate später fanden wir sehr wenig signifikante Veränderungen der monosynaptischen Verbindungen zu den Motoneuronen (Abb. III 1), die darauf hindeuteten, daß ihnen damit eine entgegengesetzte Funktion verliehen worden wäre.

Es ist wichtig zu wissen, daß es nach einem frühen Stadium im Säugetiergehirn keine Regeneration getrennter Bahnen gibt. Keine Spur von der unglaublichen Wiederherstellungsfähigkeit von Bahnen, wie sie bei den retino-tectalen Bahnen der Amphibien oder Fische beobachtet wird. Doch kann man annehmen, daß beim Säugetierembryo das Wachstum von Nervenfasern und die Herstellung präziser topographischer Landkarten, wie derjenigen der Projektionen von der motorischen Rinde zum Muskel (Abb. IV 1) durch chemische Spezifizierung der wachsenden Fasern der Pyramidenbahn bewirkt wurde. Die Tragödie des paraplegischen Patienten besteht darin, daß dieses ganze embryonale Know-how verloren ist und die durchtrennten Fasern seiner Pyramidenbahn (vgl. Abb. IV 2) sich nicht entlang den Rückenmarksbahnen, die beim Embryo exakt angelegt wurden, regenerieren können. Eine solche Regeneration des Rückenmarks ist bei voll ausgewachsenen Fischen und vielen Amphibien möglich. Kann dieses embryonale Know-how beim erwachsenen Säugetier und gar beim Menschen wiedererlangt werden? Eine ermutigende Antwort auf diese Frage mag sich aus intensiven und umfassenden Untersuchungen der vielen Faktoren ergeben, die zu Anfang am Aufbau des Nervensystems beteiligt waren. Zweifellos ist Sperrys Hypothese der chemischen Spezifizierung der Hauptfaktor, aber viele andere Faktoren spielen eine wichtige Rolle, wie die mechanische Führung, selektive Fasciculation, zeitliche Abläufe, Wettbewerb um Synapsenkontakte.

Die eleganten Experimente von Wiesel und Hubel an Kätzchen veranschaulichen die Komplexität der Faktoren, die für die Errichtung und Aufrechterhaltung neuronaler Verbindungen im Säugetiergehirn zuständig sind. Erst einige Tage nach der Geburt öffnen Kätzchen ihre Augen; dennoch ist in diesem Stadium die Retina topographisch detailliert mit der Sehrinde verbunden, die bereits das ausgereifte Muster besitzt, ganz ähnlich wie es bei der retino-tectalen Verbindung der Amphibien der Fall ist. Ferner kann die Orientierungsempfindlichkeit von Neuronen in ihren säulenförmigen Anordnungen wie in Abb. VI 5 für den Erwachsenen demonstriert werden. Hier haben wir eine exzellente Illustration, wie exakte Verbindungsmuster vom Auge zum Gehirn vor dem Gebrauch hergestellt werden. Wir können annehmen, daß dies zum großen Teil auf der Wirkung chemischer Spezifizierung beruht, ähnlich derjenigen bei Amphibien und Fischen. Wird aber diese schön gewachsene Struktur einige Wochen nach der Zeit, in der das Kätzchen normalerweise seine Augen öffnet, nicht benutzt, so wird sie desorganisiert und die Destruktion ist von Dauer. Für die Stabilisierung dieser zerbrechlichen Organisation retinocorticaler Verbindungen, die vermutlich weitgehend durch chemische Spezifizierung, wie bei Amphibien und Fischen entstanden ist, ist der Gebrauch durch Sehmuster unerläßlich.

In den letzten Jahren haben einige bemerkenswerte Untersuchungen zweifelsfrei erwiesen, daß es im Säugetiergehirn und sogar beim Erwachsenen eine sehr wirkungsvolle Regeneration gibt. Diese Regenerationen unterscheiden sich jedoch von den Regenerationen von Bahnen bei niedereren Wirbeltieren darin, daß die Regeneration nur über sehr kurze Strecken stattfindet – vielleicht nicht länger als 50 µm. Solche Regenerationen sind in vielen Abschnitten des Säugetiergehirns nachgewiesen worden: in den Septumkernen, dem Hippokampus, dem Nucleus ruber, dem Corpus geniculatum laterale, dem Colliculus superior, der Sehrinde.

Diese Arbeit an den höheren Hirnebenen kann am besten durch die präzise Arbeit von Raisman und Mitarbeitern an Neuronen der Septumkerne im Diencephalon veranschaulicht werden, die ideale experimentelle Bedingungen bieten (Abb. V 12). Die beiden Haupt-Inputs zu diesen Kernen sind die Fimbrienbahn vom Hippokampus und das mediale Vorhirnbündel (MFB) vom Hypothalamus. Der erstgenannte Input bildet Synapsen fast ausschließlich auf den Dendriten der Septumzellen, während der letztgenannte Input sowohl auf Dendriten als auf Somata endet (Abb. V 12A).

Nach Durchtrennung einer der beiden Bahnen bei erwachsenen Ratten zeigte sich innerhalb weniger Tage die übliche Degeneration und das Verschwinden der von der Bahn gebildeten Synapsen. Elektronenmikroskopische Beobachtungen ergaben, daß die Synapsenzahl fast auf die Hälfte abnahm, doch etwa 30 Tage später war die vollständige Population wiederhergestellt. Es wurde nachgewiesen, daß diese Wiederherstellung durch das Sprießen der Fasern der anderen Bahn zustande kam, wobei die Sprossen wuchsen, um neue Synapsen zu bilden, die die leerstehenden Synapsenstellen besetzten, wie in Abb. V 12B und C dargestellt. In den elektronenmikroskopischen Aufnahmen war zu erkennen, daß einige Wochen nach Durchtrennung der MFB die Fimbrienfasern eine beträchtliche Zahl von Synapsen auf den Somata der Septumneurone eingenommen hatten, wie in Abb. V 12C gezeichnet. Umgekehrt fand sich nach Durchtrennung der Fimbrienbahn Anhalt dafür, daß die Fasern der MFB sprossen und viele neue Synapsen bilde-

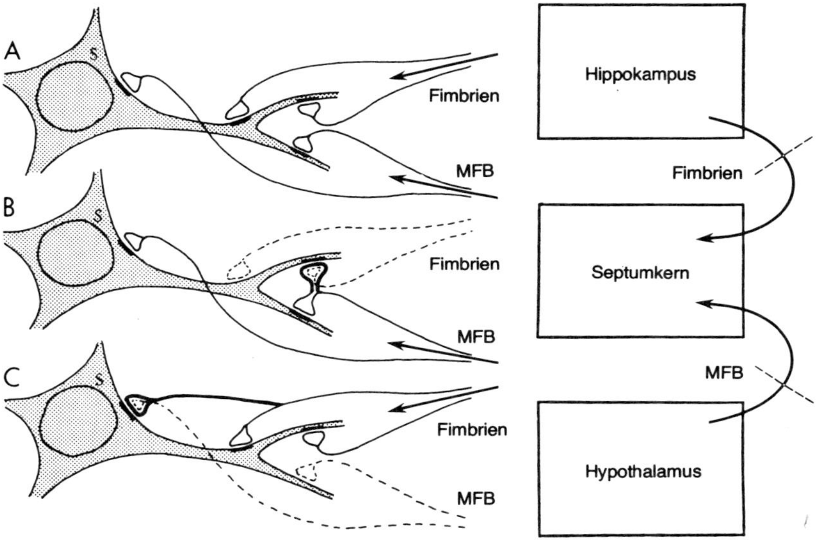

Abb. V12. Schematische Darstellungen der synaptischen Verknüpfungen mit den Septumzellen. A. In der Normalsituation enden Afferenzen aus dem medialen Vorhirnbündel (MFB) in Endkolben auf dem Zellsoma (S) und auf Dendriten, und die Fimbrienfasern (fimb) sind in ihrer Endigung auf die Dendriten beschränkt. B. Mehrere Wochen nach einer Läsion der Fimbrien erstrecken sich die Faserendigungen des medialen Vorhirnbündels über ihre eigenen Plätze hinaus, um die leerstehenden Orte zu besetzen und so doppelte Synapsen zu bilden. (Degenerierte Verknüpfungen sind durch unterbrochene Linien angedeutet, vermutete plastische Änderungen durch dicke schwarze Linien.) C. Mehrere Wochen nach einer Läsion des medialen Vorhirnbündels bringen die Fimbrienfasern nun Endigungen hervor, die Orte auf dem Soma einnehmen, die wahrscheinlich die als Folge der vorangegangenen Läsion leerstehenden sind (*modifiziert nach G. Raisman, Br. Res., 14:25, 1969*).

ten, die häufig die in Abb. V 12B gezeigte Doppelkonfiguration besaßen. Diese neuen Synapsen waren alle auf den Dendriten anzutreffen, wo sich die Stellen der leerstehenden Fimbriensynapsen befanden.

Es scheint, daß hier ein Verlust der embryonalen Wachstumsspezifität stattgefunden hat, so daß die aus den intakten Axonen herauswachsenden Kollateralen nunmehr heterotypisch Synapsenorte innervieren, die ursprünglich für einen anderen Input reserviert und durch diesen besetzt waren. Dies könnte daher zu einer funktionellen Störung führen, doch unser gegenwärtiges Anliegen ist der Nachweis, daß axonales Aussprossen und Synapsenregeneration bei der erwachsenen Ratte vorkommen kann, wenn auch wahrscheinlich nur über winzige Entfernungen von etwa 50 µm. In den verschiedenen Stadien der Synapsendegeneration verleibt sich die Astroglia die degenerierenden synaptischen Endkolben ein und besetzt vorübergehend die leerstehenden Synapsenorte, bis sie durch die neuen einwachsenden Sprossen mit ihren synaptischen Endkolben verdrängt wird. Wir können zwei Fragen stellen: Wodurch wird das Sprießen ausgelöst? Wie wird die Sprosse zu dem leerstehenden Synapsenort geleitet? Rakics Nachweis der Rolle der Glia bei der neuronalen Entwicklung macht es wahrscheinlich, daß die Astroglia für die in Abb. V 12B und C dargestellten regenerativen Wachstumsvorgänge verantwortlich ist. Die Astroglia ist mit ihrer Einverleibung der synaptischen Endkolben an dem Degenerationsprozeß beteiligt, so vermutet man, daß sie in der Lage ist, chemische Instruktionen zu liefern, die das Wachstum von Sprossen auslösen und sie zu den leerstehenden Synapsenorten geleiten.

Man hat in zahlreichen Untersuchungen gezeigt, daß die regenerierten Synapsen funktionell wirksam sind, daß sie EPSPs erzeugen und über die reinnervierten Neurone Impulse entladen. Dennoch kann diese heterotypische Regeneration keine funktionelle Kompensation für die Läsion bringen – und sogar schädlich sein. Diese Regeneration von Synapsen muß jedoch in einem Zusammenhang gesehen werden, der sich von den massiven chirurgischen Läsionen wie der in Abb. V 12 unterscheidet, bei der alle synaptischen Inputs einer Art degenerieren und so die Möglichkeit einer *homotypischen Regeneration* ausschließen. Betrachten wir statt dessen die wenigen versprengten Degenerationen, die sich aus neuronalem Tod im Zuge des Alterungsprozesses oder aus geringfügigen Großhirnläsionen ergeben. Unter solchen Bedingungen können wir annehmen, daß eine homotypische Regeneration überwiegt, wie in Abb. V 13 angedeutet. Somit würde sich die Beeinträchtigung, die das Gehirn in der Folge von neuronalem Tod erleidet, lediglich aus dem Verlust der normalen Konvergenzzahl ergeben, mit der die Zahl von Neuronen einer beliebigen Spezies gemeint ist, die synaptisch auf einem Neuron konvergieren. Dieser Verlust (von vier bis zwei in Abb. V 13) würde zu einer Vergröberung des Korns in der Kontrolle von Neuronen führen, jedoch nicht ihre gesamte Wirksamkeit beeinträchtigen.

Die Untersuchungen an vielen Orten im Säugetiergehirn zeigen sicherlich, daß es unter geeigneten Bedingungen ein wirksames neues Wachstum gibt, das den Tod von Neuronen und ihren Synapsen kompensiert. Man kann daher die oft rätselhaften und unklaren klinischen Befunde, die während Erholungsstadien bei Läsionen des menschlichen Gehirns beschrieben sind, mit Optimismus betrachten. Der eindrucksvollste Bericht darüber wurde kürzlich von Brodal, einem hervorragenden Neuroanatom, gegeben, der eine vaskuläre Läsion in seiner rechten Großhirnrinde erlitt und sich innerhalb von einem oder zwei Jahren bemerkenswert davon erholte, wie in einer Arbeit, die er veröffentlichte, ausführlich beschrieben ist. Abgesehen von solchen plötzlichen Ereignissen erleiden wir ständig wahllos verstreute neuronale Tode, und wir haben keine Möglichkeit, unsere neuronale Population zu ersetzen. Diese neue Geschichte von Synapsenregeneration zeigt jedoch, daß das Gehirn mit der Beeinträchtigung durch eine weniger feine Körnung weiterhin einigermaßen gut funktionieren kann, trotz Verlusten, die die neuronale Population sogar um die Hälfte verringern, was in der Frontalrinde bis zum Alter von 90 Jahren geschieht.

4. Chemische Spezifizierung von Neuronen

Im ersten Kapitel habe ich kurz die chemische Struktur der Oberflächenmembran von Nervenfasern besprochen, die in Abb. I 12 schematisch dargestellt wurde. Die jetzt interessierenden Charakteristika sind die dort gezeigten spezifischen Proteine oder andere Makromoleküle, die teils an der äußeren Membranoberfläche haften, teils das bimolekulare Phospholipidblättchen durchdringen. Wir können uns vorstellen, daß diese Makromoleküle für die chemische Kennzeichnung der Neurone verantwortlich sind. Wir können annehmen, daß die Spezifität den Oberflächen innewohnt, die diese Makromoleküle anderen Neuronen in der Umgebung des entsprechenden Neurons oder der entsprechenden Nervenfaser präsentieren. Diese Eigenschaft könnte ebensogut auf den einzelnen Makromolekülen oder auf dem Anordnungsmuster der Makromoleküle beruhen. Für die Mikro-Neurochemie wird es eine enorme Aufgabe sein, diese Makromoleküle zu identifizieren und aufzuklären, wie sie der Oberfläche des Neurons die chemischen Spezifizierungen verleihen, die, wie wir gesehen haben, eine so wesentliche Rolle beim Aufbau des Gehirns spielen.

Weiterhin muß geklärt werden, auf welche Weise diese spezifischen Proteine und andere Makromoleküle von den Neuronen synthetisiert werden und wie sie auf die Oberfläche von Nervenfasern, sogar weit vom neuronalen Soma, dem vermutlichen Ort ihrer Synthese entfernt, gelangen. Es wird unser allgemeines Postulat sein, daß der Neuroblast bei der differenzierenden Neurogenese einen genetischen Code erhält, der ihm die Möglichkeit gibt, diese spezifischen, kennzeichnenden Makromoleküle zu produzieren. Dies sind äußerst komplexe Probleme der molekularen Neurobiologie, die gegenwärtig nur ganz allgemein umrissen werden können. Es ist jedoch bekannt, daß genetische Defekte

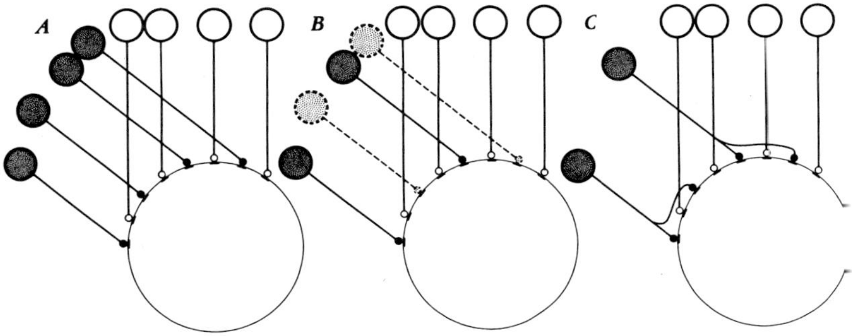

Abb. V 13. Darstellung der synaptischen Endigungen, die von zwei Gruppen afferenter Bahnen auf einem Neuron gebildet werden. In B zeigt sich eine Degeneration der Hälfte der Fasern einer Gruppe. In C erkennt man die Besetzung der leerstehenden Synapsenorte durch die verbleibenden Fasern dieser Gruppe (homotypische Regeneration) statt durch die Fasern der anderen Gruppe (heterotypische Regeneration).

Fehlleistungen der neuronalen Organisation zur Folge haben, wie Sidman bei den »Taumel«mäusen und Brenner beim Ascaris beschrieben hat. Ein sekundäres Problem ist der Weg, auf dem die von dem Neuron hergestellten Makromoleküle von ihrem vermutlichen Syntheseort im neuronalen Soma verteilt werden. Es handelt sich um das Problem, das allgemein als *Axontransport* bekannt ist.

5. Chemischer Transport entlang Nervenfasern – axoplasmatischer Fluß

Die frühen Experimente von Weiss demonstrierten einen Fluß entlang Nervenfasern durch die Beobachtung, daß sich Material proximal einer angebrachten Ligatur aufstaute. Auf diese Weise war es möglich, ungefähre Größenangaben für den Materialfluß entlang den Axonen zu erhalten und eine Rate von etwa 1 mm/Tag zu ermitteln, was durch Experimente mit radioaktiver Markierung bestätigt wurde. Durch Verbesserungen der Technik jedoch hat man jetzt viel schnellere Transportraten gemessen: besonders durch lokalisierte Injektionen mit radioaktiver Substanz in die Nähe der Nervenzellen und dadurch, daß man die Nervenfasern unter guten physiologischen Bedingungen hält. Ich will in meinem Bericht weitgehend von der äußerst reizvollen Geschichte ausgehen, die sich aus den Untersuchungen von Ochs am Säugetiernerven ergibt.

Ochs injiziert *mit Tritium markiertes Leucin* oder *Lysin* in ein Hinterwurzelganglion des Rückenmarks (Pfeil bei G in Abb. V 14B) und zeigt, daß die Ganglienzellen die Aminosäuren aufnehmen und sie in Proteine und Polypeptide einbauen. Diese tritiummarkierten Makromoleküle können durch Radiotracer-Methoden verfolgt werden und man kann zeigen, wie sie entlang den Nervenfasern vom Ganglion aus in beiden Richtungen zur Peripherie und danach zentral das Rückenmark hinauf wandern. In Abb. V 14A ist eine Serie von Experimenten aufgezeichnet, die zu den angegebenen Zeiten beendet wurden, wobei die Counts pro Minute für die 2 mm langen, aufeinanderfolgenden Stücke, in die der Nerv zerteilt worden war, gemessen und auf der logarithmischen Skala aufgetragen wurden. Die Pfeile geben die Position der Wellenfronten zu den Zeitpunkten von 2, 4, 6, 8 und 10 Stunden nach der Injektion an. Auf diese Weise beobachtete man, daß die Wellenfront erhöhter Radioaktivität mit der überraschend schnellen Geschwindigkeit von 400 mm/Tag den Nerv entlang wanderte, und diese Geschwindigkeit ist bei Säugetieren in den Größenordnungen von der Ratte bis zur Ziege gleich. Es scheint sich in diesen Axonen um eine grundlegende biologische Geschwindigkeit von außerordentlicher Leistungsfähigkeit zu handeln. So werden Proteine und andere Makromoleküle, die in der perinukleären Region des Somas synthetisiert worden sind, das Axon entlang transportiert. Wir können annehmen, daß dieser Transport bei Aufstellung und Aufrechterhaltung des chemischen Codes entlang der ganzen Nervenfaser eine Rolle spielt. Der Transport erfolgt nicht über die Räume zwischen den Nervenfasern, denn wie die Autoradiographie zeigt, befinden sich die markierten Makromoleküle innerhalb der Nervenfasern.

Das Auffallende in der Abb. V 14 ist, daß sich die Wellenfront als Körper Stunde um Stunde vorwärtsbewegt. Wenn sie einem Diffusionsprozeß zuzuschreiben wäre, würde sie sich zunehmend ausbreiten. Offensichtlich existiert hier ein bestens organisierter Transportmechanismus. Es ist seit langem bekannt, daß Nervenfasern nicht nur mit irgendeinem Proteingelee gefüllte Röhren sind, sondern daß sie viele feine Strukturen enthalten, *Neurofilamente* und *Neurotubuli*, die sie ihrer Länge nach durchlaufen (Abb. I 19A). Ochs postuliert, daß die Makromoleküle nach ihrer Synthese im Zellkörper in diese Tubuli und Filamente geladen werden und durch irgendeinen Gleitmechanismus weiterwandern, daher die einheitliche Geschwindigkeit. Der schnelle Transport von 400 mm/Tag scheint somit auf einem Förderbandmechanismus zu beruhen.

Es ist interessant, daß dieser Transport mit etwa der gleichen Geschwindigkeit zentral von den Ganglienzellen und die Fasern der Bah-

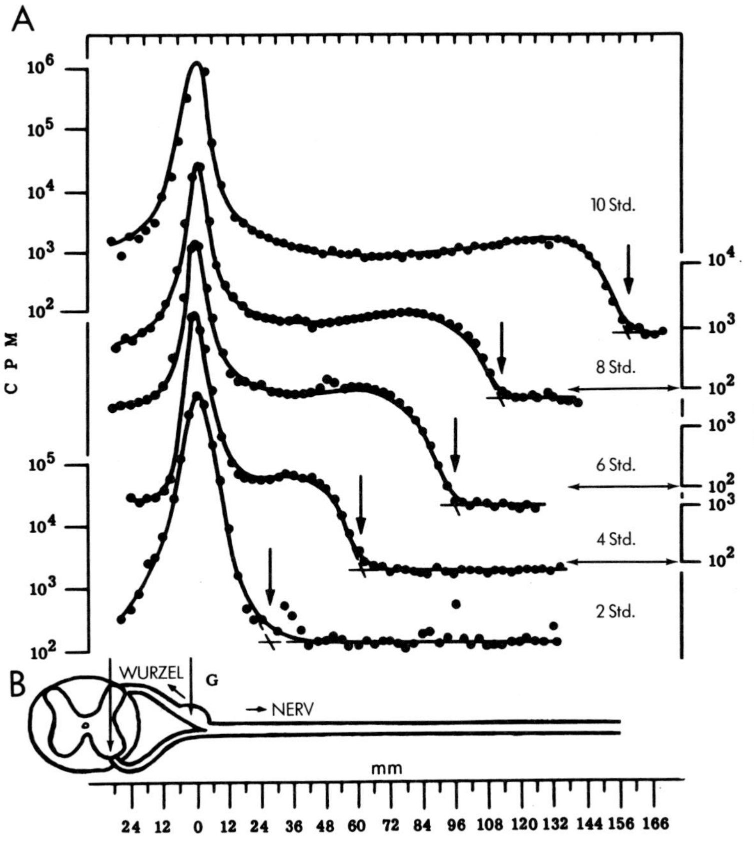

Abb. V 14. Schneller Axontransport in sensorischen Fasern. In ein lumbales Hinterwurzelganglion, G, der Katze wurde tritiummarkiertes Leucin injiziert und die Radioaktivität in getrennten Experimenten 2, 4, 6, 8 und 10 Stunden später entlang dem Nervus ischiaticus in den angegebenen Entfernungen gemessen. Die Radioaktivität ist in einer logarithmischen Skala in Counts pro Minute (CPM) aufgetragen – es sind eigene Skalen für jede der Kurven vorhanden. Weitere Beschreibung im Text (*Ochs, 1972b*).

nen hinauf vonstatten geht (Abb. I 6; III 13). Ein ähnlicher Transport existiert in motorischen Nervenfasern. Wir können voraussagen, daß er in allen Nervenfasern, sowohl zentral als auch peripher, zu finden sein wird.

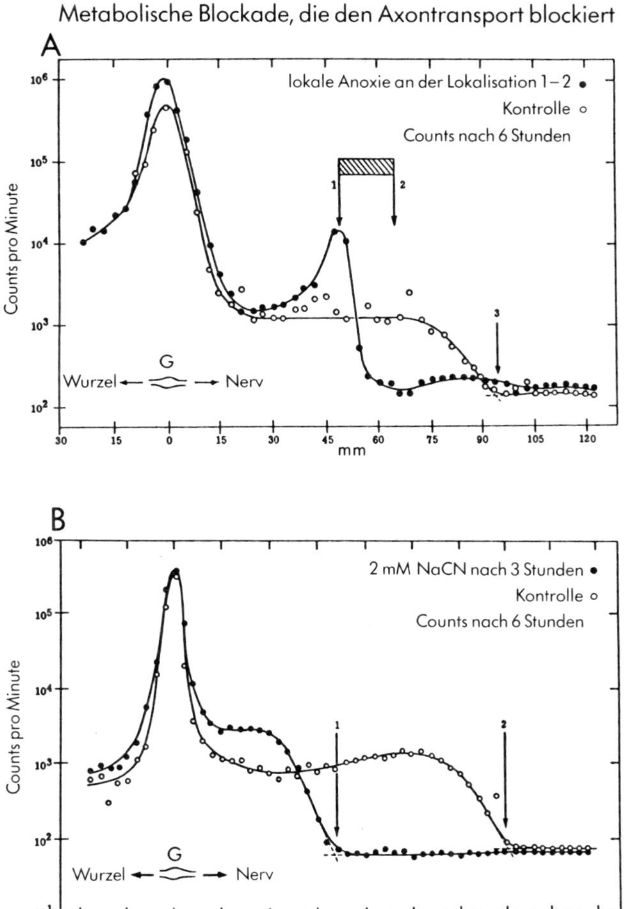

Abb. V 15. Metabolische Blockade, die den schnellen Axontransport blockiert. A. Experiment wie in Abb. V 14, aber 2 Stunden nach der Injektion, die exzidierten Wurzeln, Ganglien und Nerven beider Seiten wurden in die Feuchtigkeitskammer mit 95 % O_2, 5 % CO_2 bei 38° C eingegeben. Ein Nervus ischiaticus wurde über eine Länge von 2 cm durch Überziehen mit Petroleumgelee asphyktisch gemacht. 6 Stunden nach der Injektion wurden an beiden Nerven Counts abgenommen. Weitere Beschreibung im Text.

Eine wichtige Entdeckung war, daß dieser Transport vom Stoffwechsel des Nervs abhängt. Er beruht nicht auf einem von der Nervenzelle ausgeübten Druck, sondern wie man nach der Hypothese des Filament-Gleitmechanismus erwarten kann, muß jedes Segment des Nervs die Energie für den Transport bereitstellen. Die Abb. V 15A zeigt, daß örtliche Anoxie des Segmentes ein Versagen des Transportes und einen Aufstau in nächster Nähe des Blockes zur Folge hat. Die gleichen Enzymgifte, Cyanid, Säureacid und Dinitrophenol blockieren ebenso den Transport entlang der Faser wie die Ionenpumpe an ihrer Membran. In Abb. V 15B blockierte Vergiftung durch Cyanid 3 Stunden nach der Injektion den Transport entlang der gesamten Länge der Nervenfaser vollständig. Die Verteilung der Radioaktivität blieb in der 3-Stunden-Position eingefroren (Abb. V 14A). Eine gründliche experimentelle Untersuchung dieses schnellen Transportes zeigt, daß die Beobachtungen in allen Punkten mit der Hypothese übereinstimmen, daß der schnelle Transport auf einer aktiven Transportmaschinerie beruht, die von durch *Adenosintriphosphat* gelieferter Energie abhängt und über die gesamte Länge von Nervenfasern verteilt ist.

Die Muskel einer Extremität können im allgemeinen als sich schnell oder langsam kontrahierend klassifiziert werden. Die ersteren sind für rasche Bewegungen, die letzteren für das Beibehalten einer Stellung zuständig. Vor mehreren Jahren zeigten wir, daß, wurden die Nerven zu diesen Muskeln durchtrennt und über Kreuz wieder vereinigt, die Kontraktionen der Muskel ebenfalls über Kreuz erfolgten, wobei die schnellen langsam und die langsamen schnell wurden. Man postulierte, daß dies durch spezifische, in den Motoneuronen hergestellte Substanzen verursacht wurde, die die Axone hinab und so über die neuromuskuläre Synapse (Abb. II 1A) zur Muskelfaser wandern. Eine alternative und vielleicht supplementäre Hypothese ist, daß die Geschwindigkeit der Muskelkontraktion durch die Impulsentladungsfrequenz von den Motoneuronen modifiziert wird. Die Hypothese, daß Motoneurone die Geschwindigkeit von Muskelkontraktionen kontrollieren, kann jetzt viel präziser formuliert werden, nachdem zuerst von Buller und Mommaerts, später von Barany und Close gezeigt worden ist, daß die Über-Kreuz-Innervation zu Veränderungen des kontraktilen Proteins Myosin des reinnervierten Muskels führt. Die veränderte Geschwindigkeit der Muskelkontraktion ist eine Folge der Veränderungen der kinetischen Eigenschaften der *Adenosintriphosphatase* des Myosin. Dieser Befund ist vielleicht das am besten belegte Beispiel der transsynaptischen Auslösung von Veränderungen physiologischer und chemischer Eigenschaften. Es ist eine verlockende Hypothese, daß diese Veränderungen durch den Transport spezifischer Makromoleküle über die motorischen Axone und dann über die neuromuskulären Synapsen zu den Muskelfasern bewirkt werden. Die Identifizierung dieser spezifischen Makromoleküle wäre eine wichtige Entdeckung.

Neben den feinen Veränderungen im Myosin und den begleitenden Änderungen der Geschwindigkeit der Muskelkontraktion, besitzt die Innervation noch tiefgreifende Einflüsse auf den Muskel. Diese erweisen sich, wenn der Muskel der Innervation beraubt wird. In etwa einem Tag verändert er seine Eigenschaften, die Empfindlichkeit gegenüber Acetylcholin breitet sich von der begrenzten Lokalisation, wie sie für den normalen Muskel charakteristisch ist, über die gesamte Oberfläche aus (Abb. II 4). Zusätzlich treten krampfartige Zuckungen in den einzelnen Muskelfasern auf und der Muskel schwindet fortschreitend und wird am Ende durch Bindegewebe ersetzt. Teilweise beruhen diese Veränderungen auf dem Verlust der normalen Aktivierung durch Nervenimpulse, doch die schwereren Effekte sind der Nervendegeneration und dem darauf folgenden Versagen dessen, was man trophische Einflüsse nennt, anzulasten, die wir nun dem makromolekularen Transport entlang den motorischen Axonen und über die neuromuskulären Synapsen weiter zur Muskelfaser zuschreiben können, wie in Abb. II 1A allgemein angedeutet. Wir besitzen keine Kenntnis dieser Makromoleküle, doch es hat sich herausgestellt, daß der Transport ebenfalls schnell erfolgt, mit einer ungefähren Geschwindigkeit von 360 mm/Tag. Diese Messung stammt aus Beobachtungen von Miledi und Slater, die zeigen, daß das Einsetzen degenerativer Veränderungen an der neuromuskulären Verbindung um so verzögerter stattfindet, je weiter die Nervendurchtrennung vom Muskel entfernt ist. Die Schlüsselrolle des makromolekulären Transportes entlang den Nervenfasern ist nun durch die Verwendung von Colchicin und Vinblastin, die diesen Transport blokkieren, nachgewiesen worden. Diese Substanzen brechen das neurotubuläre System auf, verhindern jedoch über einige Tage nicht die Impulsausbreitung; dennoch zeigen die Muskeln die Veränderung der Erregbarkeit wie sie für den denervierten Muskel charakteristisch ist.

Zusätzlich zu jenem schnellen Transport entlang den Nervenfasern sind viele andere Transportmechanismen beschrieben worden, von denen manche fast ebenso schnell sind, manche aber viel langsamer, mit Geschwindigkeiten, die sich in ein paar Millimetern pro Tag bemessen. Noch viel mehr experimentelle Forschung ist hier nötig, aber im Prinzip scheint es drei Haupttransportarten entlang den Nervenfasern zu geben. Die schnelle ist am besten erforscht, wie in den Abb. V 14 und 15 gezeigt ist. Die langsame ist etwa 100mal langsamer. Bei ihr handelt es sich um lösliche Proteine und verschiedene Strukturproteine gleich denjenigen, die in Abb. I 12 an der Phospholipidmembran gezeichnet sind. Schließlich gibt es noch den umgekehrten Transport vom Axon zur Nervenzelle. Dieser retrograde Transport kann als Bewegung feiner Partikel mit Hilfe der Kinemikroskopie beobachtet werden. Dies ist die Basis der interessanten Technik, bei der *Meerrettich-Peroxydase* verwandt wird, um die Neuronen zu identifizieren, die Axone zu einer bestimmten Stelle im Gehirn senden. Die Meerrettich-Peroxydase wird von den Axonendigungen aufgenommen und retrograd zu ihren Nervenzellen transportiert, in denen sie charakteristische strukturelle Veränderungen induziert.

Mit Hilfe radioaktiver Markierung wies Grafstein erstmals den transneuronalen Transport markierter Makromoleküle von der Injektionsstelle in der Retina über die Synapsen zum Corpus geniculatum laterale und weiter zur Sehrinde nach. Diese Arbeit wurde von Wiesel und Mitarbeitern eindrucksvoll bestätigt, die mit Hilfe der Autoradiographie gezeigt haben, daß von dem Auge, in das injiziert wurde, ein hochspezifischer Transport zu den Zonen der Sehrinde stattfindet, die den visuellen Input aus diesem Auge erhalten. So verläuft der Weg selektiv über die Synapsen des Corpus geniculatum laterale (vgl. Abb. VI 4A) und nicht diffus über nichtspezifische Kanäle. Transneuronaler Transport ist an zahlreichen Orten nachgewiesen worden, und Cowan und Graybiel ziehen die Möglichkeit in Erwägung, daß transsynaptischer Transport von Makromolekülen ein generalisiertes Phänomen im Gehirn sein könnte.

6. Allgemeine Zusammenfassung

Wir können nun mutmaßen, daß das gesamte Nervensystem Kommunikation nicht nur durch Impulse besitzt, die auf die in den vorangehenden Kapiteln beschriebene Weise rasch Signale geben, sondern auch auf chemischem Wege durch den Transport von spezifischen Proteinen und anderen Makromolekülen. Wir können annehmen, daß dieser Transport auf eine unglaublich komplizierte Weise zwischen den Neuronen des Gehirns vor sich geht und dabei alle ihre Zwischenbeziehungen auf eine Weise organisiert, die wir uns noch nicht einmal vorstellen können. Wir wissen sicher, daß eine Zelle ähnlich wie eine denervierte Muskelfaser abstirbt, wenn ein Großteil der auf ihr liegenden Synapsen degeneriert ist. Dieser Prozeß wird *transneuronale Degeneration* genannt. Offensichtlich benötigt ein Neuron den trophischen Transport von den auf ihm gelegenen Synapsen, um am Leben zu bleiben, und diese Abhängigkeit läuft der Reihe nach weiter, von einer Zelle zur anderen. Jede Zelle unterhält sich sozusagen chemisch mit allen anderen

Zellen, mit denen sie verbunden ist und instruiert sie, wie sie mit den nächsten sprechen müssen und so weiter. So hält diese chemische Methode der Kommunikation die gesamte, fabelhaft organisierte Struktur des Gehirns in einer Art dynamischem Zustand, den wir als trophische Resonanz durch diesen ungeheuren ineinandergreifenden Prozeß spezifischer chemischer Mitteilungen bezeichnen könnten. Hier gehen wir in unseren Vorstellungen weit über experimentell Erwiesenes hinaus, aber eine solche Vision ist von größtem Wert, wenn sie zur Formulierung von Problemen führt, die experimentell angegangen werden können.

D. Der neuronale Mechanismus von Lernen und Gedächtnis

1. *Einführung*

In diesem Abschnitt konzentriere ich mich auf die neuronale Maschinerie des Säugetiergehirns, um das Thema in einem überblickbaren Rahmen zu halten. Ich beziehe mich nicht im Detail auf den gesamten Komplex der *bedingten Reflexe*. Mein Ziel ist die Betrachtung der neuronalen Mechanismen, die bei all diesen Vorgängen des Lernens und der Wiedergabe des Säugetiergehirns beteiligt sind. Dankenswerterweise haben Kandel und Spencer eine Übersicht veröffentlicht, die eine ausgezeichnete Darstellung des Lernens in den »Gehirnen« von Wirbellosen bringt. Sie gibt außerdem einen wertvollen Überblick über die Vielfalt bedingter Reflexe und die *Gewöhnung*.

In Anlehnung an Hebb wird allgemein angenommen, daß es zwei Arten von Lernen und Gedächtnis gibt: *Langzeit* und *Kurzzeit*. Wie dem auch sei, wir werden später darauf eingehen, daß das Langzeitgedächtnis sich aus einem stundenweisen Zwischengedächtnis und einem echten Langzeitgedächtnis, das ein Leben lang anhält, zusammensetzt. Ein Beispiel für Kurzzeitgedächtnis ist die Fähigkeit, sich kurze Zahlenfolgen zu merken, wie zum Beispiel eine Telefonnummer, die man nachsieht und dann wählt. Wenn nicht besondere Umstände dazukommen, so ist die Zahlenfolge innerhalb weniger Minuten unwiderruflich verloren. Dieses kurze Gedächtnis beruht höchstwahrscheinlich auf den Operationsmustern neuronaler Regelkreise, die in komplexen Wiedereintrittsbahnen in der Großhirnrinde verlaufen, wie die in Abb. VI 6 schematisch dargestellten. Diese Punkte sind Nervenzellen, in einer angenommenen Operationsfolge gezeichnet (die im nächsten Kapitel beschrieben werden wird) mit zwei oder drei Parallellinien, wie bei einem Mehrspurverkehr. Man nimmt an, daß Impulse Neurone über ihre Synapsenverbindungen durchlaufen und dabei ein Raum-Zeit-Muster weben, das die Information trägt. Diese Information kann dadurch abgerufen werden, daß man dem Operationsmuster erlaubt, in Erscheinung zu treten. Wir können es ein *dynamisches Engramm* nennen, um Lashleys Ausdruck für die neuronale Grundlage des Gedächtnisses zu verwenden.

Aber dieses dynamische Engramm wird nicht für das Langzeitgedächtnis taugen, weil dieses Gedächtnis sogar nachdem alle neuronale Aktivität im Großhirn unterdrückt worden ist, wie es im Koma, in tiefer Narkose, beim Elektroschock oder in Unterkühlung der Fall ist, erhalten bleibt. Zum Beispiel überleben bedingte Reflexe bei Tieren und menschliche Erinnerungen diese extremen Behandlungen. Es muß also irgendein anderer neuronaler Mechanismus für die Verschlüsselung von Langzeit-Erinnerungen existieren. Es wird postuliert, daß dieser Mechanismus auf einer strukturellen Veränderung beruht, die »ablesbar« sein muß, so daß der Code erneut in der neuronalen Operation des Gehirns Ausdruck gewinnt. Dies ist im wesentlichen Lashleys Konzept des Engramms.

2. *Synaptische Plastizität und Lernen*

Allgemein ausgedrückt müssen wir annehmen, daß Langzeit-Erinnerungen auf irgendeine Weise in den neuronalen Verbindungen des Gehirns verschlüsselt sind. Dies führt uns zu dem Postulat, daß die strukturelle Grundlage in Modifikationen der Synapsen zu finden ist. Bei Säugetieren ergibt sich kein Anhaltspunkt für Wachstum oder Veränderung neuronaler Bahnen im Gehirn nach ihrer ursprünglichen Formation. Es ist nicht möglich, Hirnbahnen in diesem Bereich zu konstruieren oder rekonstruieren. Doch müßte es möglich sein, die notwendigen plastischen Veränderungen der neuronalen Verbindungen durch mikrostrukturelle Veränderungen an den Synapsen zu sichern. Sie können zum Beispiel hypertrophieren oder zusätzliche Synapsen bilden oder im Gegenteil verschwinden. Da man erwarten könnte, daß diese vermehrte synaptische Leistung sich aus starker synaptischer Aktivierung ergibt, wurden Experimente wie die in Abb. V 16 illustrierten an vielen Synapsentypen durchgeführt.

Das Bemerkenswerte an den Abb. V 16A, B ist, daß sie zeigen, daß wiederholte Stimulation zu einem großen Anstieg (bis zum 6fachen) der durch Pyramidenbahnfasern (vgl. Abb. IV 2, 7) in einem α-Motoneuron monosynaptisch ausgelösten EPSPs führt, wohingegen die

Frequenzpotenzierung exzitatorischer Synapsen

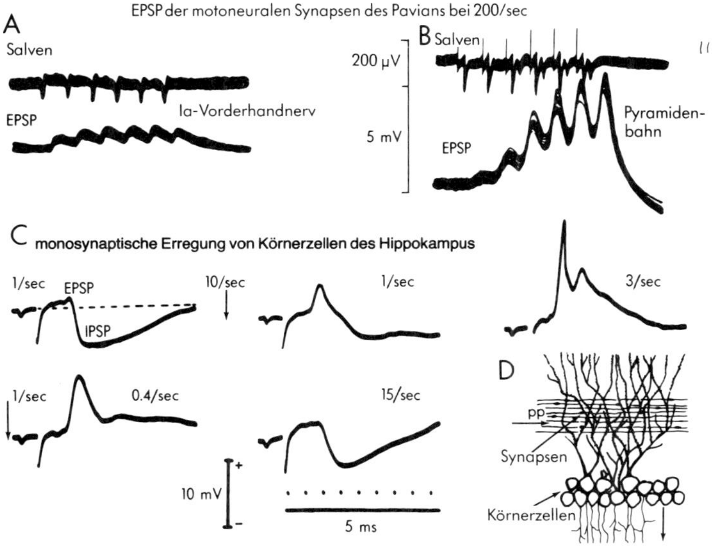

Abb. V 16. Frequenzpotenzierung exzitatorischer Synapsen. A, B. Die unteren Kurven entsprechen den monosynaptischen EPSPs des gleichen Motoneurons aus der cervicalen Anschwellung des Pavianrückenmarks. In beiden Fällen wurden 6 Stimuli von 200/sec auf die afferente Ia-Bahn in A und auf die Pyramidenbahn in B verabreicht (*S. Landgren, C. G. Phillips und R. Porter, J. Physiol 161, 91, 1962*). C zeigt die Frequenzpotenzierung monosynaptischer EPSPs von Körnerzellen aus dem Hippokampus, wenn die Stimulationsfrequenz der perforierenden Bahn (pp von D) von 1/sec auf 10/sec erhöht wurde, und ihren Abfall bei Rückkehr auf 1/sec (*Lømo, 1970*).

durch die Ia-Fasern an demselben Motoneuron (vgl. Abb. III 2) ausgelösten EPSPs nicht potenziert wurden. Offensichtlich verfügen die Pyramidenbahnfasern über einen sehr großen Spielraum von Modifizierbarkeit aufgrund eines Vorganges, den wir *Frequenzpotenzierung* nennen könnten. Der bei dieser Potenzierung beteiligte Synapsenmechanismus ist noch nicht aufgeklärt, aber wir können sicher sein, daß er auf einer äquivalenten Erhöhung der Transmitterausschüttung beruht. Viele Synapsentypen in den höheren Hirnebenen besitzen diese Fähigkeit, während intensiver Aktivierung ihre Arbeitsleistung zu erhöhen.

Die Serien der Abb. V 16C, D liefern ein anderes Beispiel für Synapsen in einem primitiven Teil des Großhirns, dem Hippokampus. D zeigte die exzitatorischen Synapsen von der perforierenden Bahn (pp) zu den Dendriten der Körnerzellen. In C zeigte die intrazelluläre Ableitung von einer Körnerzelle während der anfänglichen Serien bei einer Stimulationsfrequenz der pp von 1/sec ein sehr kleines initiales EPSP, das von einem großen IPSP gefolgt wurde. Erhöhte man die Stimulusfrequenz auf 10/sec, so kam es schon innerhalb einer Sekunde zu einer starken Potenzierung des EPSP, das bis zu einem gewissen Grad dem IPSP entgegenwirkte. Nach 3 Sekunden dieser Stimulation sah man, daß das sehr große EPSP eine Impulsentladung von der Zelle erzeugte. Verlangsamte man die Stimulierung wieder auf 1/sec, so fiel die Frequenzpotenzierung bereits nach 0,4 sec beträchtlich ab und verschwand nach 15 sec. Der Gedanke ist verlockend, daß die Synapsen, die so begeistert auf intensive Stimulierung antworten, die *modifizierbaren Synapsen* sein könnten, die für die Phänomene von Lernen und Gedächtnis verantwortlich sind.

Obgleich diese synaptische Potenzierung während der Stimulation in Zusammenhang mit der für das Lernen erforderlichen Modifizierung von Interesse ist, käme eine anhaltende Potenzierung nach der intensiven Synapsenaktivierung einem möglichen Paradigma des Lernprozesses näher. Diese *posttetanische Potenzierung* ist für die monosynaptische Aktion an spinalen Motoneuronen ausführlich untersucht worden (vgl. Abb. III 2). In Abb. V 17A, B waren die intrazellulär abgeleiteten EPSPs nach starken synaptischen Aktivierungen (640/sec über 5 sec und 640/sec über 30 sec) fast doppelt so groß, wie man an den eingefügten Ableitungen der EPSPs auf der Höhe der Potenzierung und der Kontroll-EPSPs sehen kann. Die aufgetragenen Punkte in A und B zeigen jedoch, daß jede Spur der Potenzierung nach ein paar Minuten wieder verschwunden war. Sogar nach einer äußerst heftigen Stimulation in C (500/sec über 20 min – 600000 Impulse) war die posttetanische Potenzierung nach etwas mehr als 2 Stunden auf Null abgefallen. Offensichtlich zeigen die Synapsen im Rückenmark keine unbegrenzt andauernde Zunahme der Leistungsfähigkeit, die ein Modell für den Lernprozeß sein könnte. Diese Fehlanzeige kam, was das Rückenmark betrifft, nicht unerwartet, denn auf dieser Ebene des Zentralnervensystems gibt es keine Beweise für Gedächtnis.

Die Abb. V 18 zeigt eine auffallend unterschiedliche Art posttetanischer Potenzierung im Hippokampus, einem speziellen Typ von Großhirnrinde, den man für wichtig für das Gedächtnis hält. Frequenzpotenzierung der exzitatorischen Synapsen auf den Körnerzellen ist bereits in Abb. V 16C dargestellt worden. Eine sehr schwache Stimulation von 20 pro Sekunde über 15 Sekunden (300 Impulse) wurde bei dem ersten Pfeil verabreicht. Die aufgetragenen Punkte zeigen, daß es nur zu einer geringen vorübergehenden Potenzierung kam. Doch mit

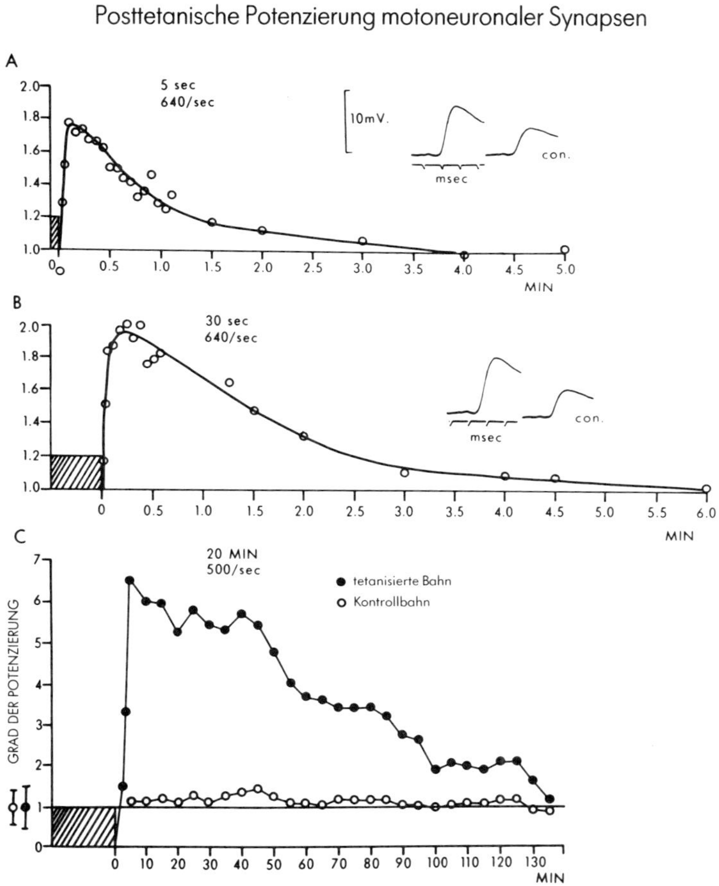

Abb. V 17. Posttetanische Potenzierung von EPSPs, die durch Ia-Synapsen auf Motoneuronen erzeugt wurden. A, B. Die konditionierenden Tetani sind spezifiziert und auch durch die schraffierten Rechtecke angegeben. Die aufgetragenen Punkte geben die Rate der potenzierten EPSPs zur Ausgangskontrolle bei den angezeigten Intervallen nach Beendigung des Tetanus an. Weitere Beschreibung im Text (*D. R. Curtis und J. C. Eccles, J. Physiol. 150, 374, 1960*). In C bestand ein viel schwerer zu konditionierender Tetanus. Die aufgetragenen ausgefüllten Kreise zeigen die monosynaptischen Reflexentladungen, die in der ventralen Wurzel bis zu 135 Minuten nach Beendigung des Tetanus beobachtet und im Verhältnis zum Ausgangskontrollreflex berechnet wurden. Jeder aufgetragene Punkt stellt den Mittelwert von 10–20 einzelnen Antworten dar. Die nichtausgefüllten Kreise zeigen die Kontrollbeobachtungen bei ähnlichen Antworten, die auf der kontralateralen unstimulierten Seite abgeleitet wurden, und dienen dazu, den allgemeinen Grad von Reflexaktivität während des Experiments zu überwachen (*Spencer, gezeichnet in Kandel und Spencer, 1968*).

Posttetanische Potenzierung von Körnerzellen im Hippokampus

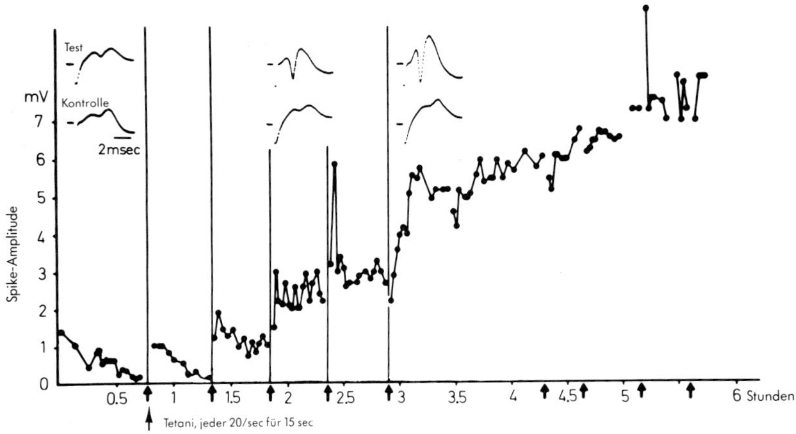

Abb. V 18. **Posttetanische Potenzierung von Körnerzellen im Hippokampus. Die Messungen wurden an der extrazellulären Ableitung des positiven Spikes, der in den Ableitungsbeispielen gezeigt ist, vorgenommen, der als Maß für die impulsfeuernden Körnerzellen in der durch die Ableitungselektrode erfaßten Zone genommen werden kann. Weitere Beschreibung im Text (*T. V. A. Bliss und T. Lømo, J. Physiol. 232, 331, 1973 und persönliche Mitteilung*).**

aufeinanderfolgenden Wiederholungen dieser schwachen Stimulation etwa jede halbe Stunde kam es zu einem fortschreitenden Anwachsen der Potenzierung, so daß nach der fünften Stimulierung eine enorme Potenzierung der Impulsentladungen von den Körnerzellen bestand. Originalableitungen sind in den Einsatzfiguren zu sehen, in denen drei Testantworten mit drei Kontrollen von der anderen Seite verglichen werden können. Die aufgetragenen Messungen stammen von dem jäh abfallenden extrazellulären Spike. Die starke Potenzierung hielt über drei Stunden an. Dieser erstaunliche Effekt wurde in vielen derartigen Experimenten regelmäßig beobachtet, die Potenzierungen blieben sogar 10 Stunden lang voll erhalten. Wir können folgern, daß Lømo und Mitarbeiter in diesen Experimenten demonstriert haben, daß die Synapsen auf den Körnerzellen des Hippokampus in hohem Maße modifizierbar sind und eine anhaltende Potenzierung zeigen, die der physiologische Ausdruck des Gedächtnisprozesses sein könnte.

Physiologische Experimente haben ergeben, daß die modifizierbaren Synapsen, die für das Gedächtnis verantwortlich sein könnten, exzitatorisch sind und besonders in den höheren Hirnebenen in Erscheinung treten. In der Großhirnrinde befindet sich die Majorität der exzitatorischen Synapsen auf Pyramidenzellen auf deren dendritischen Spines, wie in den Abb. I 3B; III 14; IV 6 illustriert. Es gibt auch einige Anhaltspunkte dafür, daß diese Spine-Synapsen bei Nichtgebrauch verkümmern. Daher wird postuliert, daß die für das Lernen zuständigen modifizierbaren Synapsen diese Spine-Synapsen auf den Dendriten solcher Neurone wie der Pyramidenzellen der Großhirnrinde und der Purkinjezellen des Kleinhirns sind. Das wären die Synapsen, die die unbegrenzt andauernde Potenzierung der Abb. V 18 zeigen. Man kann sich vorstellen, daß die hervorragende Leistung durch diese Synapsen so anhaltend war, weil ein Wachstumsprozeß in den dendritischen Spines zu einer strukturellen Veränderung geführt hatte, die von Dauer sein konnte. Bisher gab es in elektronenmikroskopischen Untersuchungen noch keine überzeugende Demonstration dieses Wachstums, aber es existieren viele Indizien. Die erwarteten Veränderungen sind in Abb. V 19 schematisch dargestellt, in der A den Normalzustand und B und C die potenzierten Zustände repräsentieren.

Wir befinden uns auf viel sichererem histologischem Grund, wenn wir die Auswirkungen des fehlenden Gebrauchs als Ursache für ein Schwinden der Spine-Synapsen (Abb. V 19D) zeigen, denn dies ist von Valverde an den Dendriten der Pyramidenzellen in der Sehrinde von Mäusen, die in visueller Deprivation aufgezogen wurden, schön demonstriert worden. Ähnliche Demonstrationen wurden an anderen

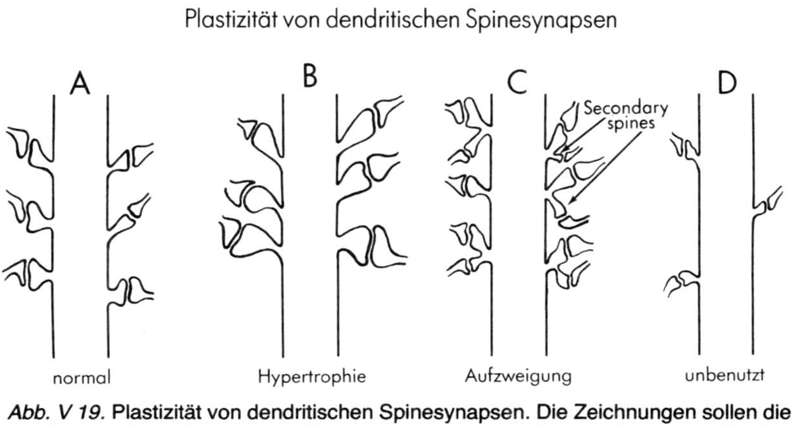

Abb. V 19. Plastizität von dendritischen Spinesynapsen. Die Zeichnungen sollen die plastischen Veränderungen an Spinesynapsen zeigen, deren Auftreten bei Wachstum in B und C und bei Regression in D postuliert wird. Weitere Beschreibung im Text.

Spine-Synapsen erbracht. So kann man annehmen, daß normaler Gebrauch eine Erhaltung der dendritischen Spine-Synapsen im Zustand von Abb. V 19A bewirkt. Eine Alternative zu der synaptischen Spine-Hypertrophie von Abb. V 19B wird in Abb. V 19C gezeigt, in der eine Zunahme an synaptischer Potenz durch Aufzweigung der Spines zur Bildung sekundärer Spine-Synapsen gesichert worden ist, wie Szentágothai berichtet. Man kann daraus schließen, daß die Spine-Synapsen wahrscheinlich die für das Gedächtnis zuständigen modifizierbaren Synapsen sind; aber um diese Hypothese zu testen, ist eine strengere experimentelle Nachprüfung mit systematischer elektronenmikroskopischer Untersuchung dringend erforderlich. Es überrascht, daß es bisher noch keine derartige systematische Untersuchung von Synapsen im Hippokampus unter Bedingungen, unter denen man synaptische Hypertrophie erwarten würde, gibt.

Dieses einfache Konzept, daß Nichtgebrauch zu Verkümmerung von Spine-Synapsen und übermäßiger Gebrauch zu Hypertrophie führt, ist angreifbar, weil man jetzt weiß, daß fast alle Zellen in den höchsten Ebenen des Zentralnervensystems fortgesetzt Impulse entladen (vgl. Abb. IV 4, 19). Man kann sich daher vorstellen, daß es unter solchen Bedingungen kontinuierlicher Aktivierung zu einer Hypertrophie aller Synapsen käme und daher nur wenig Möglichkeit für irgendeine selektive hypertrophische Veränderung bestünde. Offensichtlich könnte häufige Synapsenerregung allein kaum eine zufriedenstellende Erklärung für Synapsenveränderungen im Zusammenhang mit dem Lernen bieten. Solche »gelehrten« Synapsen wären zu ubiquitär! Diese Kritik der einfachen »*Wachstumstheorie*« des Lernens kann vielleicht in den neueren Vorschlägen von Szenthágothai und Marr aufgenommen sein, daß synaptisches Lernen ein zweifaches oder dynamisch gekoppeltes Geschehen ist, nämlich, daß Aktivierung eines speziellen Synapsentyps Instruktionen für das Wachstum anderer aktivierter Synapsen auf dem gleichen Dendriten liefert. Dies kann man die »*Kopplungstheorie des Lernens*« nennen. Zuerst wurde behauptet, daß die einzige Tätigkeit von Kletterfasern auf den Purkinje-Dendriten des Kleinhirns (Abb. IV 11) darin bestand, Wachstumsinstruktionen an die Spine-Synapsen auszugeben, die gleichzeitig durch die Parallelfasern aktiviert werden. Es ist, als ob die Kletterfaserimpulse sagten: »Nun lerne!«, und als ob Aktivierung der Spine-Synapsen allein kein Wachstum und kein dadurch verschlüsseltes Langzeitgedächtnis zur Folge hat.

Durch geniale Experimente haben Ito und Mitarbeiter den ersten Anhalt zugunsten der Verbindungstheorie des Lernens geliefert. Wenn Tiere um eine vertikale Achse gedreht werden, sind Moosfaser- und Kletterfaser-Inputs zu einem bestimmten Kleinhirnlappen (dem Flocculus) mit der Kontrolle der Augenbewegungen beschäftigt, so daß das visuelle Bild nur minimal gestört wird. Wird ein Kletterfaser-Input aus den Sehbahnen dem Moosfaser-Input aus der Gleichgewichtsbahn überlagert, so kommt es zu einer plastischen Änderung, so daß der vestibuläre Input in der Kontrolle der Augenbewegungen wirksamer wird. Es scheint, daß der Kletterfaser-Input dazu geführt hat, daß die Purkinjezellen lernen, effektiver auf den Moosfaser-Input zu antworten. In einer ergänzenden Untersuchung hat Hamori anatomische Hinweise darauf gefunden, daß bei Katzen die Kletterfasersynapsen auf Purkinjezellen einen trophischen Einfluß ausüben, der die Purkinjedendriten dazu veranlaßt, spines zu erzeugen, die die Synapsenorte für die über Parallelfasern verlaufende Moosfaserbahn sind (Abb. IV 11). Kawaguchi hat bei Kätzchen einen bemerkenswerten trophischen Einfluß von Kletterfasern festgestellt, der eine profuse Aufzweigung der Dendritenbäumchen von Purkinjezellen hervorruft (vgl. Abb. IV 11). Sotelo und Mitarbeiter berichten bei Ratten über Befunde, die denen von Hamori und Kawaguchi bei Katzen entgegengesetzt sind. Es scheint ein Unterschied zwischen den Spezies zu bestehen.

Viel kompliziertere neuronale Systeme sind bei der Niederlegung von Langzeit-Erinnerungen in der Großhirnrinde am Werke, doch im wesentlichen spielt auch hier ein Verbindungsmechanismus eine große Rolle. Schaltkreise von den Parietal-, Temporal- und Frontallappen, die durch den Hippokampus verlaufen, nehmen eine Schlüsselrolle ein, doch es stehen viele andere Strukturen in Verbindung mit diesem Hippokampusschaltkreis vom und zum Neokortex. Zusätzlich gibt es rückleitende Schaltkreise vom Hippokampus zu anderen limbischen Strukturen, wie von Kornhuber beschrieben. Die wesentliche Rolle dieser Schaltkreise bei der *Konsolidierung einer Gedächtnisspur* (wie sie genannt wird) wird in dramatischer Weise an der tragischen Störung eines Patienten deutlich, der an einer bilateralen Destruktion des Hippokampus und/oder damit verbundener Strukturen auf diesen postulierten Schleifen-Schaltkreisen leidet. Nach dem Auftreten der Läsion kam es zu einem fast vollständigen Versagen, Erinnerungen an irgendwelche Erlebnisse oder Geschehnisse zu behalten. Der Patient mit diesem *amnestischen Syndrom*, wie es genannt wird, lebt gänzlich mit Kurzzeiterinnerungen von wenigen Sekunden Dauer und mit den Erinnerungen aus der Zeit vor der Läsion. Es ist wichtig zu bedenken, daß der Hippokampus nicht der Sitz der Gedächtnisspeicher ist. Erinnerungen aus der Zeit vor der Läsion werden gut behalten und abgerufen. Das Hippokampus-System ist lediglich das Instrument, das für das Niederlegen der Gedächtnisspur oder des Engramms verantwortlich ist, das seinerseits vermutlich weitgehend in den entsprechenden Abschnitten des Neokortex lokalisiert ist. Trotz des katastrophalen Versagens des Gedächtnisses ist bei diesen Patienten keine Beeinträchtigung der Persönlichkeit zu erkennen. Vielmehr leben sie entweder in der unmittelbaren Gegenwart oder mit erinnerten Eindrücken aus der Zeit vor der Operation. Milner gibt einen anschaulichen Bericht über einen Patienten mit dem amnestischen Syndrom:

> Seine Mutter beobachtet, daß er Tag für Tag das gleiche Puzzle-Spiel legt, ohne irgendeinen Übungseffekt zu zeigen und die gleichen Zeitschriften immer wieder liest, ohne daß ihm ihr Inhalt vertraut erscheint. Die gleiche Vergeßlichkeit liegt gegenüber Personen vor, die er seit der Läsion kennengelernt hat, sogar gegenüber denjenigen Nachbarn, die das Haus in den vergangenen sechs Jahren regelmäßig besucht haben. Er hat ihre Namen nicht gelernt und erkennt keinen von ihnen, wenn er sie auf der Straße trifft.

Zusammenfassend kann die Rolle des Hippokampus beim Gedächtnis folgendermaßen beschrieben werden: (1) Für die Wiederbeschaffung der Erinnerung an ein Ereignis, die nicht fortgesetzt im Kurzzeitgedächtnis-Prozeß wiederholt wird, ist der selbstbewußte Geist von einer Art Konsolidierung oder Speicherprozeß abhängig, der durch Hippokampus-Aktivität bewerkstelligt wird. (2) Der Hippokampus und die mit ihm verbundenen Strukturen sind nicht der Ort der Speicherung. (3) Wir vermuten, daß die Teilnahme des Hippokampus am Konsolidierungsprozeß von Nervenbahnen abhängt, die vom Neokortex zum Hippokampuskomplex und von dort zurück zum Neokortex übermitteln, wobei auf jeder Stufe des Schaltkreises zahlreiche Synapsenrelais liegen. Die Wirksamkeit dieses Schaltkreises hängt wahrscheinlich von seiner sich wiederholenden Aktivität in Form einer Art geschlossenen Schleife ab. Die Abb. V 16 und V 18 veranschaulichen die erstaunliche Fähigkeit der Körnerzellen des Hippokampus, während und nach der wiederholten Aktivierung in ihrer synaptischen Empfänglichkeit zuzunehmen. Wir können vermuten, daß die Hippokampus-Regelkreise auf die neokortikalen Synapsen in einer instruierenden Weise einwirken.

Wenn Synapsenwachstum für das Lernen erforderlich ist, so muß eine Zunahme des Hirnstoffwechsels spezieller Art stattfinden, mit der Herstellung von Proteinen und anderen Makromolekülen, die von den Membranen und den chemischen Übertragungsmechanismen benötigt werden (vgl. Abb. I 12, II 10 und II 11). In der Neurochemie und Neuropharmakologie hat es mittlerweile viele gute Arbeiten von Barondes, Agranoff und anderen gegeben, die erkennen lassen, daß es zu keinem Langzeit-Lernen kommt, wenn entweder die cerebrale Proteinsynthese oder die RNS-Synthese durch Enzymgifte weitgehend unterdrückt wird. Man nimmt an, daß die neuronale Aktivation beim Lernprozeß zuerst zu einer spezifischen RNS-Synthese und diese ihrerseits zu einer Proteinsynthese und so schließlich zum Synapsenwachstum und zur Codierung der Erinnerung führt. Die ungefähre Zeitspanne von etwa 30 Minuten bis 3 Stunden scheint für das Synapsenwachstum, das die Langzeiterinnerung bewirkt, benötigt zu werden. Es muß ein *Intermediärzeit-Gedächtnis* geben, das die Lücke zwischen dem Kurzzeitgedächtnis von Sekunden und dem Beginn des Synapsenwachstums überbrückt, das zum Langzeitgedächtnis führt. Man nimmt an, daß die in den Abb. V17 und V18 dargestellte posttetanische Potenzierung genau den Anforderungen des Intermediärzeit-Gedächtnisses entspricht. Sie würde durch die sich wiederholenden synaptischen Aktivierungen des Kurzzeitgedächtnisses induziert werden und unmittelbar auf diese Aktivierungen folgen und dabei auf die aktivierten Synapsen beschränkt sowie entsprechend ihrer Aktion abgestuft sein. Das Intermediärzeit-Gedächtnis ist auch von den Hippokampus-Schaltkreisen abhängig. Es ist daher von Bedeutung, daß die posttetanische Potenzierung in Abb. V18 über Stunden andauert und von einer weniger starken wiederholten Stimulation der Hippokampus-Synapsen gefolgt ist.

Es besteht somit eine ausgedehnte Überlappung zwischen diesem postulierten Intermediärzeit-Gedächtnis und dem metabolisch induzierten Wachstum, das die dauernde Basis für das eigentliche Langzeitgedächtnis bildet.

Libet und Mitarbeiter haben vor kurzem ein Modell für einen synaptischen Gedächtnisprozeß vorgeschlagen, der auch ein Verbindungsprozeß zwischen zwei verschiedenen Synapsen auf einer sympathischen Ganglienzelle ist: »Eine heterosynaptische Wechselbeziehung findet zwischen zwei Arten von synaptischen Inputs zum gleichen Neuron statt! Die Gedächtnisspur wird durch einen kurzen (dopaminergischen) Input in einer Synapsenbahn gelegt, während das ›Herauslesen‹ der Erinnerung einfach in der gesteigerten Fähigkeit der postsynaptischen Einheit besteht, ihre spezifische Antwort auf einen weiteren (cholinergischen) Synapsen-Input zu erzeugen. Diese Anordnung sorgt für eine ›erlernte‹ Veränderung in der Antwort auf einen Input als Ergebnis einer ›Erfahrung‹, die zuvor über den anderen Input herbeigeschafft worden war.« Dieses Modell basiert auf sorgfältig kontrollierten Antworten sympathischer Ganglienzellen, die eine Verdopplung der Antwort auf Acetylcholin über viele Stunden, nachdem sie kurz dem anderen Transmitter, Dopamin, ausgesetzt waren, aufweisen. Weiterhin wird gezeigt, daß zyklisches AMP an dem Stoffwechselweg beteiligt ist, der die heterosynaptische Potenzierung verursacht. Es ist begreiflich, daß diese Entdeckung in Zusammenhang mit der Verbindungstheorie des Lernens von großer Bedeutung ist.

3. Das Engramm als Grundlage für das Lernen und die Reproduktion (Gedächtnis)

Ich möchte nun zu der Überlegung zurückkehren, wie Synapsenhypertrophie die strukturelle Basis des Langzeitgedächtnisses sein könnte. Man kann die Abb. VI 6 als ein sehr vereinfachtes Bild des Weges ansehen, auf dem einzigartige Raum-Zeit-Muster durch die Feuerfolge von Neuronen in komplexen Regelkreisen im Gehirn erzeugt werden könnten. Im allgemeinen wird in bezug auf die Hirnaktion postuliert, daß bewußte Erfahrungen sich von einigen dieser komplexen Aktionsmuster herleiten, bei denen die Einzigartigkeit des Musters der Einzigartigkeit der davon abgeleiteten Erfahrung entspricht. Wenn also ein Raum-Zeit-Muster neuronaler Aktivierung eine ungefähre Kopie eines bei einer früheren Gelegenheit aufgespielten ist, so wird das Subjekt eine Erfahrung davon herleiten, die es als eine Erinnerung an die Erfahrung, die natürlich vom Original der Kopie herrührt, erkennt. Wir müssen uns vorstellen, daß im Gehirn ungeheure Mengen von Mustern (Engramme), die durch selektive Synapsenhypertrophie auf die beschriebene Weise hergestellt wurden, in den neuronalen Verbindungen codiert sind. Werden diese Verbindungsmuster aktiviert, so entstehen Raum-Zeit-Muster von Impulsen, die ungefähre Kopien der für die ursprüngliche Erfahrung verantwortlichen Muster sind und zum Ablesen und damit für den Abruf der Erinnerung zur Verfügung stehen. Wir müssen uns vor Augen halten, daß im Gehirn und besonders in der Großhirnrinde ungeheure Mengen von Mustern spezifischer neuronaler Verbindungen (Engramme) zum Wiederabspielen bereitstehen, so daß Impulsmuster entstehen können, die ungefähre Kopien der an der ursprünglichen Erfahrung beteiligten sind. Das schwierigste Problem beim Gedächtnis ist der Abruf nach Bedarf. Man kann es als das Problem sehen, das Engramm zum Wiederabspielen zu veranlassen. Ich selbst muß ein ganzes Repertoire von Tricks und Eselsbrücken anwenden, um »Zutritt« zu vielen meiner Engramme zu erhalten. In neuralen Begriffen ausgedrückt: Ich muß imstande sein, das ganze Abspielmuster durch einen auslösenden neuralen Input zu »triggern«. Mein Problem ist: Wie schaffe ich es, den wirksamen Input heraufzubeschwören? Und all dies ist erforderlich, um sich zum Beispiel lediglich an einen Namen zu erinnern.

Man mag einwenden, dieses Engramm-Konzept verlange zu viel – eine einzige Erfahrung, zum Beispiel ein Zufall, nur einen Augenblick lang, plötzlich, intensiv, wie kann sie eine stabile Hirnveränderung, ein Engramm, hervorrufen, so daß man sich sein ganzes Leben daran erinnern kann? Aber in der eigenen Erfahrung werden diese eindrucksvollen erinnerten Ereignisse in einem phantastischen Ausmaß wiedererlebt. Wir alle können uns solche Geschehnisse ins Gedächtnis rufen, die uns tagelang nicht aus dem Sinn gehen. Wenn man ein intensives, tragisches oder aufregendes Erlebnis gehabt hat, so wird es später wieder und wieder in den neuronalen Mechanismen des Gehirns abgespielt. Je mehr wiederabgespielt wird, desto mehr kann man annehmen, daß die aktivierten Synapsen hypertrophieren und die neuralen Bahnen stabilisieren, und um so lebendiger und andauernder ist somit die Erinnerung.

Ich glaube, daß dieses allgemeine Konzept ein gewisses Verständnis dafür vermittelt, wie sich das Gehirn erinnern kann. Es geschieht durch das Wiederabspielen neuronaler Bahnen, die durch die ursprünglichen intensiven Synapsenaktivierungen funktionstüchtig geworden sind. Die Bahn erhält eine potentielle Stabilität als Engramm, weil die Synapsen in ihrem Bereich größer und besser geworden sind. Es kommt zu keiner Anlage breiter neuer Bahnen, wie es bei Fischen und Amphibien vorkommen könnte, sondern nur zu mikrostrukturellen Veränderungen, geringgradig größeren synaptischen Endkolben oder verzweigten Endkolben, wie sie in Abb. V 19B, C gezeichnet sind.

E. Allgemeine Folgerungen

In den vorhergehenden Kapiteln habe ich elementare Stufen der Hirntätigkeit behandelt und dabei das Gehirn und seine Neurone als gegeben hingenommen. Auf allen Stufen konnten die Antworten des Gehirns als abhängig von der Übertragung durch Nervenimpulse erklärt werden. Der Input von den Rezeptoren über Synapsenaktion und die vielen hintereinandergeschalteten Synapsenrelais führte schließlich zur Entladung von Motoneuronen mit den anschließenden Muskelkontraktionen, die die Bewegung ergeben. In den höheren Hirnebenen sind die neuronalen Bahnen von ungeheurer Komplexität, und prinzipiell kann man sich vorstellen, daß diese Bahnen sogar für die komplexesten und feinsten menschlichen Leistungen eine ausreichende Erklärung bieten. Dieser Anspruch liefert das Diskussionsthema für Kapitel VI. Doch viele Probleme bleiben noch ungelöst, sogar wenn dieses Programm erfolgreich alle Hirnantworten als abhängig von den Vorgängen identifizieren würde, die wir seine konstitutionelle neuronale Maschinerie nennen könnten.

Als erstes haben wir das ungeheure Problem des Hirnaufbaus mit all den Kommunikationswegen vor uns, die detaillierte topographische Beziehungen besitzen. In diesem Kapitel haben wir gesehen, daß sich das als ein Problem genetischer Instruktionen entpuppt, die als spezifische molekulare Etiketts auf den einzelnen Neuronen Ausdruck gewinnen. Aber Neurone sind keine isolierten Gebilde. Sie entwickelten sich zusammen mit ihrer chemischen Sensibilität und ihrer Erkennungsfähigkeit, und es gibt viele Anzeichen dafür, daß diese spezifische chemische Kommunikation das ganze Leben hindurch bestehen bleibt. Es ist wichtig zu erkennen, daß die Neurone des Gehirns nicht nur durch Impulskommunikation, sondern auch durch spezielle chemische Übertragung, wie es bei den trophischen Reaktionen der Fall ist, miteinander verknüpft sind.

Zweitens ist das Gehirn keine fixierte Aktionsstruktur. Auf den höheren Hirnebenen ist Veränderbarkeit das Wesen seiner Leistung, wie sich beim Lernen und beim Gedächtnis erweist. Wir haben gesehen, daß dies durch mikrostrukturelle Veränderungen erklärt werden könnte. Es wird postuliert, daß Aktivität der Synapsen durch ihre Wirkung, die Synthese von RNS und so von enzymaufbauenden Proteinen und anderen Makromolekülen zu veranlassen, zu ihrem Wachstum führt. Palay kann jetzt in elektronenmikroskopischen Bildern des Gehirns Synapsen in verschiedenen Wachstums- und Auflösungsstadien unterscheiden. Von Barker und Mitarbeitern wurden vergleichbare Beobachtungen an den neuromuskulären Synapsen gemacht. Im Gegensatz zu dem allgemein verbreiteten Glauben an eine statische Struktur müssen wir uns das Gehirn auf der Mikroebene strukturell plastisch vorstellen, wobei einige Synapsen reif, andere in der Entwicklung und wieder andere im Abbau begriffen sind.

Schließlich sollte festgehalten werden, daß das Gehirn sowohl aus Neuronen wie auch aus Gliazellen zusammengesetzt ist. Die Glia ist in diesem Bericht über das Gehirn, der sich auf die neuronalen Mechanismen und die Impulsübertragung konzentriert hat, vernachlässigt worden. Die Untersuchungen von Kuffler und Mitarbeitern haben nun nachgewiesen, daß die Glia an der Impulsübertragung nicht beteiligt ist, aber in metabolischer Beziehung zu den Neuronen steht, deren Wachstum sie lenkt und vielleicht eine Rolle bei der Beschränkung von Ionenanhäufung in den Extrazellulärräumen spielt. Ich stelle sie mir gern als die »Hausmädchen« des Gehirns vor, die besonders mit dem Materialtransport von den Blutgefäßen zu den Neuronen beschäftigt sind und umgekehrt. So erfüllen sie eine wichtige Aufgabe nicht nur bei der Ernährung des Gehirns, sondern auch bei seiner Protektion vor Giften, indem sie die sogenannte Blut-Hirn-Schranke errichten.

Literatur

ALTMAN, J. (1972a): Postnatal Development of the Cerebellar Cortex in the Rat: I. The External Germinal Layer and the Transitional Molecular Layer, *J. Comp. Neur., 145*:353–398.

ALTMAN, J. (1972b): Postnatal Development of the Cerebellar Cortex in the Rat: II. Phases in the Maturation of Purkinje Cells and of the Molecular Layer, *J. Comp. Neur., 145*:399–464.

ALTMAN, J. (1972c): Postnatal Development of the Cerebellar Cortex in the Rat: III. Maturation of the Components of the Granular Layer, *J. Comp. Neur., 145*:465–514.

BARONDES, S. H. (1967): Axoplasmic Transport, *Neurosci. Res. Progr. Bull., 5*:307–419.

BARONDES, S. H. (1970): Multiple Steps in the Biology of Memory; in: F. O. Schmitt (Hrsg.), *The Neurosciences*, Rockefeller University Press, New York, S. 272–278.

BRODAL, A. (1973): Self-Observations and Neuro-Anatomical Considerations after a Stroke, *Brain, 96*:675–694.

BULLER, A. J. (1972): The Neural Control of Some Characteristics of Skeletal Muscle; in: C. B. B. Downman (Hrsg.), *Modern Trends in Physiology*, Butterworth, London, S. 72–85.

BULLER, A. J., W. F. H. M. MOMMAERTS und K. SERAYDARIAN (1969): Enzymic Properties of Myosin in Fast and Slow Twitch Muscles of the Cat Following Cross-innervation, *J. Physiol., 205*:581–597.

COWAN, W. M. (1971): Studies on the Development of the Avian Visual System; in: D. S. Pease (Hrsg.), *Cellular Aspects of Neural Growth and Differentiation*, University of California Press, Los Angeles, S. 177–218.

ECCLES, J. C. (1958): Problems of Plasticity and Organization at Simplest Levels of Mammalian Central Nervous System, *Perspectives Biol. Med., 1*:379–396.

ECCLES, J. C. (1967): The Effects of Nerve Cross Union on Muscle Contraction; in: A. T. Milhorat (Hrsg.), *Exploratory Concepts in Muscular Dystrophy and Related Disorders*, Excerpta Medica Foundation, Amsterdam, S. 151–160.

ECCLES, J. C. (1970): Neurogenesis and Morphogenesis in the Cerebellar Cortex, *Proc. Nat. Acad. Sci. U. S., 66*:294–301.

ECCLES, J. C. (1972): Possible Synaptic Mechanisms Subserving Learning; in: A. G. Karczmar und J. C. Eccles (Hrsg.), *Brain and Human Behavior*, Springer, Heidelberg.

ECCLES, J. C. (1974): Trophic Interactions in the Mammalian Central Nervous System; in: D. B. Brachman (Hrsg.), *Trophic Functions of the Neuron*, Ann. N. Y. Acad. Sci., *228*:406–422.

ECCLES, C. J. (1976): The Plasticity of the Mammalian Central Nervous System with Special Reference to New Growths in Response to Lesions, *Naturwissenschaften, 63*:8–15.

EDDS, MAC V., D. S. BARKLEY und D. M. FAMBROUGH (1972): Genesis of Neuronal Patterns, *Neurosci. Res. Progr. Bull., 10*:253–367.

Gaze, R. M. (1970): *The Formation of Nerve Connections*, Academic Press, London und New York.
Grafstein, B. (1971): Transneuronal Transfer of Radioactivity in the Central Nervous System, *Science, 172*:177–179.
Graybiel, A. M. (1976): Wallerian Degeneration and Anterograde Tracer Methods.
Guth, L. (1968): Trophic Influences of Nerve on Muscle, *Physiol. Rev., 48*:645–687.
Hámori, J. (1972): Developmental Morphology of Dendritic Postsynaptic Specializations; in: K. Lissák (Hrsg.), *Recent Development of Neurobiology in Hungary*, Bd. 4, Akademia Kiado, Bukarest, S. 9–32.
Hebb, D. O. (1949): *The Organization of Behaviour*, Wiley, New York.
Jacobson, M. (1970): *Developmental Neurobiology*, Holt, Rinehart & Winston, New York.
Kandel, E. R. und W. A. Spencer (1968): Cellular Neurophysiological Approaches in the Study of Learning, *Physiol. Rev., 48*:65–134.
Kornhuber, H. H. (1975): Neuronal Control of Input into Long Term Memory: Limbic System and Amnestic Syndrome in Man; in: H. P. Zippel (Hrsg.), *Memory and Transfer of Information*; Plenum, New York.
Kuffler, S. W. (1966): Physiological Properties of Vertebrate and Invertebrate Neuroglial Cells and the Movement of Substances through the Nervous System, *Proc. Roy. Soc. B., 168*:1–21.
Lashley, K. S. (1950): In Search of the Engram, *Symp. Soc. Exp. Biol., 4*:454–482.
Libet, B., H. Kobayashi und T. Tanaka (1975): Synaptic Coupling into the Production and Storage of a Memory Trace, *Nature, 258*:155–157.
Lømo, T. (1970): Some Properties of a Cortical Excitatory Synapse; in: P. Andersen und J. K. S. Jansen (Hrsg.), *Excitatory Synaptic Mechanisms*, Universitetsforlaget, Oslo, S. 207–211.
Miledi, R. und C. R. Slater (1970): On the Degeneration of Rat Neuromuscular Junctions After Nerve Section, *J. Physiol., 207*:507–528.
Milner, B. (1966): Amnesia following Operation on the Temporal Lobes; in: C. W. M. Whitty und O. L. Zangwill (Hrs.), *Amnesia*, Butterworths, London, S. 109–133.
Milner, B. (1970): Memory and the Medial Temporal Regions of the Brain; in: K. H. Pribram und D. E. Broadbent (Hrsg.), *Biology of Memory*, Academic Press, New York und London, S. 29-50.
Mugnaini, E. (1970): Neurones as Synaptic Targets; in: P. Andersen und J. K. S. Jansen (Hrsg.), *Excitatory Synaptic Mechanisms*, Universitetsforlaget, Oslo, S. 149–169
Ochs, S. (1972a): The Dependence of Fast Transport in Mammalian Nerve Fibers on Metabolism, *Acta Neuropath.*, Suppl. *5*:86–96.
Ochs, S. (1972b): Fast Transport of Materials in Mammalian Nerve Fibers, *Science, 176*:252–260.
Raisman, G. und P. M. Field (1973): A Quantitative Investigation of the De-

velopment of Collateral Reinnervation after Partial Deafferentation of the Septal Nuclei, *Brain Res.*, *50*:241–264.

RAMÓN Y CAJAL, S. (1960): *Studies on Vertebrate Neurogenesis*, L. Guth (Übers.), Charles C. Thomas, Springfield, Ill.

SPERRY, R. W. (1951a): Mechanisms of Neural Maturation, S. S. Stevens (Hrsg.), *Handbook of Experimental Psychology*, Wiley, New York.

SPERRY, R. W. (1951b): Regulative Factors in the Orderly Growth of Neural Circuits, *Growth Symp.*, *10*:63–87.

SPERRY, R. W. (1956): The Eye and the Brain, *Sci. Amer.*, *194*:48–52.

SPERRY, R. W. (1959): The Growth of Nerve Circuits, *Sci. Amer.*; wiederabgedruckt in: *From Cell to Organism*, Freeman, San Francisco, 1967, S. 186–193.

SPERRY, R. W. (1963): Chemoaffinity in the Orderly Growth of Nerve Fiber Patterns and Connections, *Proc. Nat. Acad. Sci. U. S.*, *50*:703–710.

SPERRY, R. W. (1971): How a Developing Brain Gets Itself Properly Wired for Adaptive Function; in: *Biopsychology of Development*, Academic Press, New York, S. 27–44.

SZENTÁGOTHAI, J. (1971): Memory Functions and the Structural Organization of the Brain, *Symposia Biologica Hungariea*, *10*:21–35.

WEISS, P. (1960): The Concept of Perpetual Neuronal Growth and Proximodistal Substance Convection; in: *4th Int. Neurochem. Symp.*, Pergamon, Oxford, S. 220–242.

WIESEL, T. N., D. H. HUBEL und D. M. K. LAM (1974): Autoradiographic Demonstration by Ocular-Dominance Columns in the Monkey Striate Cortex by Means of Transneuronal Transport, *Brain Res.*, *79*:273–279.

YOON, M. G. (1975): On Topographic Polarity of the Optic Tectum in Goldfish; in: *The Synapse*, Cold Spring Harbor Symp.

Kapitel VI

Gehirn, Sprache und Bewußtsein

In diesem Kapitel habe ich mir eine ungeheure Aufgabe gestellt. Betrachten wir das Gehirn noch einmal so, wie es in Abb. IV 1 im Inneren des Schädels zu sehen ist. Verschiedene spezifische Areale sind darauf markiert. In Kapitel IV wurde die motorische Rinde erwähnt, die die Ausgangsregion für Nervenimpulse ist, die die Pyramidenbahn hinablaufen, um schließlich eine Bewegung zu bewirken. Unmittelbar dahinter liegt das sensorische Areal, das die Ankunftsregion für Impulse aus dem ganzen Körper ist. Gleichfalls ist an dieser Abbildung gezeigt, daß visuelle Eindrücke im Occipitallappen und auditorischer Input im oberen Teil des Temporallappens ankommen. Diese verschiedenen Areale sind nicht für Wahrnehmung und Erkennen verantwortlich, sondern sie sind lediglich die Ankunfts- und Abgangsstationen auf dem Weg zu und aus der unendlich komplexen neuronalen Maschinerie des Cortex. In Abb. VI 8 sind die Sprachzentren gezeigt, denen in diesem Kapitel unsere besondere Aufmerksamkeit gilt. Ein großes Feld befindet sich auf dem linken Temporoparietallappen des Gehirns und ein weiteres im unteren Frontallappen, außerdem gibt es ein kleines supplementäres Feld. Diese Areale befinden sich nur in einer Hemisphäre, fast immer in der linken (98 %). Was die motorische und sensorische Funktion angeht, entspricht die rechte Hemisphäre (Abb. VI 9) der linken, aber es finden sich dort keine spezifischen Sprachzentren.

Wir müssen versuchen, durch die Hirnsubstanz in die Tiefe zu spähen und zu sehen, wie sie uns all den Reichtum und die Vielfalt bewußter Erfahrung vermitteln kann. Wir können Probleme in bezug auf die höheren Funktionen des Gehirns definieren, und ich glaube, daß wir aufgrund der bemerkenswerten neueren Entdeckungen, auf die ich später hinweisen werde, diese ganze Angelegenheit mit neuen Augen betrachten können.

A. Philosophische Einführung

Bevor ich im Detail über die Hirnfunktion spreche, möchte ich erst meinen philosophischen Standpunkt in der Frage des sogenannten *Gehirn-Geist-Problems* darstellen, um einen Bezug zwischen den experimentellen Befunden und dieser philosophischen Position herstellen zu können. Ich habe über diese Philosophie ausführlich in meinem Buch *Facing Reality* und neuerdings in einem Buch mit Sir Karl Popper, *The Self and Its Brain*, geschrieben. In Abb. VI 1 kann man sehen, daß ich die neueren philosophischen Ausführungen von Sir Karl Popper mit seinem Konzept der drei Welten voll übernehme. Ich war ein Dualist, jetzt bin ich ein *Trialist*! Der Cartesianische Dualismus ist bei vielen Leuten aus der Mode gekommen. Sie nehmen den Monismus an, um dem Rätsel der Wechselwirkung zwischen Gehirn und Geist mit seinen verwirrenden Problemen zu entrinnen. Aber Sir Karl Popper und ich sind Interaktionisten und – was noch mehr ist – *trialistische Interaktionisten*. Die drei Welten sind sehr leicht zu definieren. Ich glaube, daß in der Klassifikation von Abb. VI 1 nichts ausgelassen ist. Sie berücksichtigt alles, was existiert und was zu unserem Erfahrungsgut gehört. Alles kann in die eine oder andere der unter den Welten 1, 2 und 3 aufgeführten Kategorien eingestuft werden.

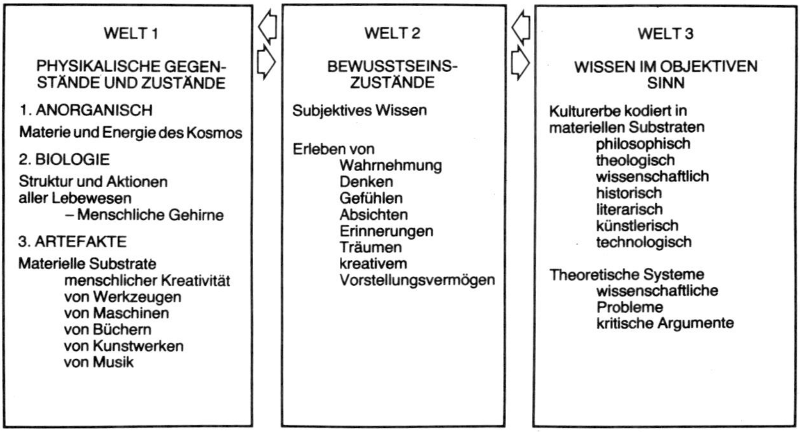

Abb. VI 1. Tabellarische Darstellung der drei Welten, die alle Existenzen und alle Erfahrungen enthalten, wie von Popper definiert (1972) (*aus Eccles, 1970*).

1. Das Wesen der Welten 1, 2 und 3

In Abb. VI 1 ist die Welt 1 die Welt der physikalischen Gegenstände und Zustände. Sie umfaßt den gesamten Kosmos von Materie und Energie, die gesamte Biologie einschließlich menschlicher Gehirne und alle künstlichen Gegenstände, die der Mensch zur Codierung von Information geschaffen hat – wie zum Beispiel Papier und die Druckerschwärze von Büchern oder den Werkstoff von Kunstwerken. Die Welt 1 ist die gesamte Welt der Materialisten. Sie erkennen nichts anderes an. Alles andere ist für sie Phantasterei.

Welt 2 ist die Welt der Bewußtseinszustände und der subjektiven Kenntnisse aller Art. Die Gesamtheit unserer Wahrnehmungen geht in diese Welt ein. Doch existieren mehrere Ebenen. In Übereinstimmung mit Polten bin ich geneigt, drei Arten von Ebenen von Welt 2 zu sehen, wie in Abb. VI 2 dargestellt ist, aber es mag richtiger sein, sie sich als ein Spektrum vorzustellen.

Bei der ersten Ebene *(äußerer Sinn)* handelt es sich um die gewöhnlichen Wahrnehmungen mit Hilfe aller unserer Sinnesorgane: wie Hören, Berührung, Sehen, Geruch und Schmerz. Alle diese Wahrnehmungen gehören natürlich in Welt 2: die Erscheinungen mit Licht und Farbe; Klang mit Musik und Harmonie; Berührung mit all ihren Eigenschaften und Vibrationen; der Bereich von Gerüchen und Geschmack und so weiter. Diese Eigenschaften existieren in Welt 1 nicht, in der sich entsprechend nur elektromagnetische Wellen, Druckwellen in der Atmosphäre, materielle Gegenstände und chemische Substanzen finden.

Außerdem gibt es dann eine Ebene des *inneren Sinns*, die Welt subtiler Wahrnehmungen. Es ist die Welt unserer Emotionen, unserer Empfindungen von Freude und Traurigkeit, von Angst und Zorn usw. Sie schließt unser gesamtes Erinnerungsvermögen und alle unsere Vorstellungen und Zukunftspläne ein. Es gibt eine ganze Reihe von Ebenen, die ausführlich beschrieben werden könnten. All die subtilen Erfahrungen der menschlichen Person liegen in dieser inneren sensorischen Welt. Sie gehört einem allein, aber man kann sie mit Hilfe des sprachlichen Ausdrucks und mit Gebärden aller Feinheitsgrade offenbaren.

Schließlich befindet sich im Kern von Welt 2 das *Selbst oder das reine Ego*, das die Grundlage für unsere Einheit als erlebendes Wesen während unseres gesamten Lebens ist.

Diese Welt 2 ist unsere *primäre Realität*. Unsere bewußten Erfahrungen sind die Grundlage unserer Kenntnis von Welt 1, die somit eine Welt *sekundärer Realität*, eine abgeleitete Welt ist. Immer wenn ich zum Beispiel ein wissenschaftliches Experiment ausführe, muß ich es in

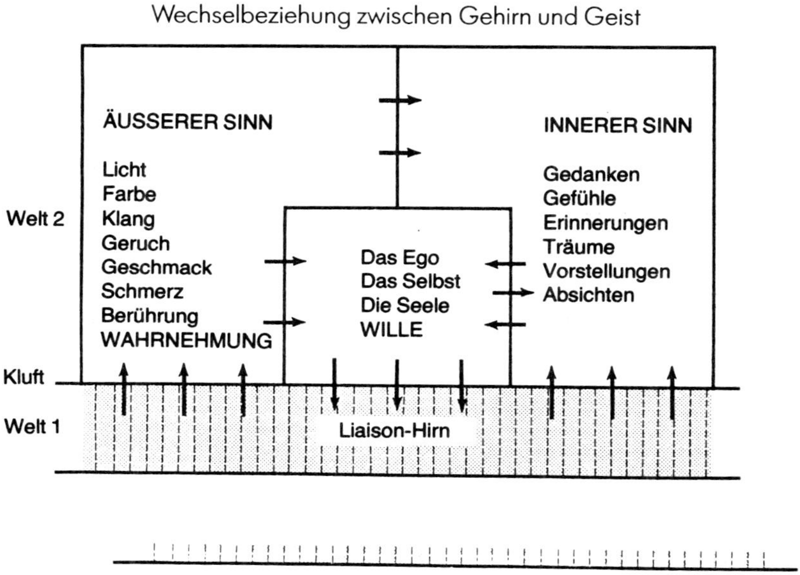

Abb. VI 2. Schema des Informationsflusses für die Wechselbeziehung zwischen Gehirn und Geist. Die drei Bestandteile von Welt 2: äußerer Sinn, innerer Sinn und das Ego (oder Selbst) sind mit ihren Verknüpfungen schematisch dargestellt. Ebenfalls gezeigt sind die Kommunikationsbahnen über die Kluft zwischen Welt 1 und Welt 2, das heißt, vom Liaison-Hirn zu und von diesen Bestandteilen von Welt 2. Das Liaison-Hirn besitzt die dargestellte säulenförmige Anordnung (vgl. Abb. IV 5, IV 6, VI 5). Man muß sich vorstellen, daß das Areal des Liaison-Hirns ungeheuer ist, mit hunderttausend oder mehr offenen Moduln oder Säulen, nicht nur den beiden hier abgebildeten.

Gedanken planen und dann im Experiment bewußt meinen Aktionsplan ausführen. Schließlich muß ich mir die Ergebnisse ansehen und sie in Gedanken auswerten. Ich muß zum Beispiel die Kurven auf dem Oszilloskop und ihre photographischen Aufzeichnungen betrachten oder auf die Signale aus dem Lautsprecher hören. Die verschiedenen Signale aus den Aufzeichnungsgeräten müssen von meinen Sinnesorganen empfangen, meinem Gehirn und so meinem Bewußtsein übermittelt, dann in geeigneter Weise abgewogen und verglichen werden, bevor ich daran gehen kann, über die Bedeutung der experimentellen Ergebnisse nachzudenken. Wir spielen die ganze Zeit, bei jeder Handlung, die wir ausführen, unablässig zwischen Welt 1 und Welt 2 hin und her.

Und was ist mit Welt 3? Wie in Abb. VI 1 gezeigt, ist sie die gesamte

Welt der Kultur. Sie ist die Welt, die durch den Menschen geschaffen wurde und die umgekehrt den Menschen geformt hat. Dies ist meine Botschaft, mit der ich Popper vorbehaltlos folge. Die gesamte Sprache hat hier ihren Platz. Alle unsere Kommunikationsmittel, alle unsere intellektuellen Bemühungen, wie sie in Büchern niedergelegt sind, in den künstlerischen und technischen Schätzen in den Museen, in jedem Gegenstand, der von Menschen primitiver Zeiten übriggeblieben ist; das ist Welt 3 bis zur Gegenwart. Es ist die Welt der Zivilisation und Kultur. Erziehung ist das Mittel, durch das jedes menschliche Wesen in Beziehung zu Welt 3 gebracht wird. Auf diese Weise vertieft es sich während seines Lebens in sie und nimmt damit am Erbe der Menschheit teil, somit vollends zum Mensch werdend. Welt 3 ist die Welt, die in einzigartiger Weise mit dem Menschen verbunden ist. Es ist die Welt, die den Tieren vollkommen unbekannt ist. Sie sind blind für alles aus Welt 3. Ich sage das ohne irgendwelche Vorbehalte. Dies wird der erste Teil meines Berichtes sein.

2. *Die Wechselwirkung der Welten 1, 2 und 3*

Ich möchte jetzt auf die Art der Wechselwirkung zwischen den drei Welten eingehen. Abb. VI 3 ist eine Darstellung von Kommunikationslinien, kein anatomisches Schema. Das Gehirn ist vergrößert und der Körper ist verkleinert, weil er nicht direkt an der Kommunikation beteiligt ist, und beide sind als der Welt 1 zugehörig dargestellt. Vektoren kennzeichnen die Bahnen von den Sinnesorganen zum Gehirn (Afferente Bahn) und die Bahnen aus dem Gehirn heraus über Nerven zu Muskeln (Efferente Bahn).

In Anlehnung an Sherringtons großartiges Buch *Man on his Nature* postulierte ich vor vielen Jahren in meinem Buch *The Neurophysiological Basis of Mind,* daß im Gehirn ein Teil existiert, das *Liaison-Gehirn,* in dem spezielle Arten von Aktivität bewußte Erfahrung vermitteln. Viele Jahre wurde dieses Konzept eines speziellen Liaison-Gehirns beiseite gelassen – vernachlässigt oder abgelehnt; aber heute wird es günstiger beurteilt, weil es sogar möglich ist, es anatomisch ungefähr zu lokalisieren und es auf unvorhergesehene Weise zu definieren. Dieses Liaison-Gehirn, das in Abb. VI 3 schematisch dargestellt ist, und das darin enthaltene Raum-Zeit-Muster von Impulsen sind die notwendigen Voraussetzungen für Wahrnehmungen in Welt 2. Im Bereich des Erkennens zum Beispiel vermitteln Hirnaktionen, denen wir uns später zuwenden werden, Erfahrungen, und diese Erfahrungen können Gedanken zur Folge haben, die zu einer Entscheidung, etwas zu tun, und

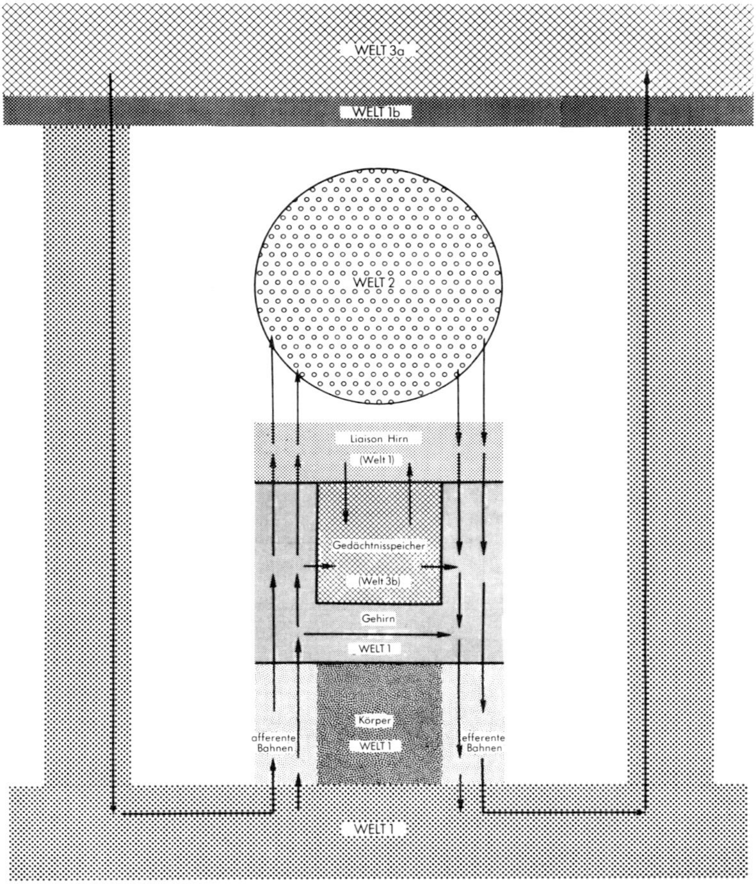

Abb. VI 3. Informationsfluß-Schema, das die Arten der Wechselwirkung zwischen den drei Welten in Form der durch Pfeile dargestellten Bahnen zeigt. Beachte, daß mit Ausnahme der Verbindung zwischen dem Gehirn (Welt 1) und Welt 2 der gesamte Informationsfluß sich in dem Materie-Energie-System von Welt 1 abspielt. Weitere Beschreibung im Text (*Eccles, 1970*).

so zu einer Operation des freien Willens führen – von Gedanken, die sich in Handlung ausdrücken.

In Abb. VI 3 ist die Welt 3 gezeichnet, wie sie sich unscharf begrenzt symbolisch über den oberen Teil des Schemas ausbreitet. Sie verkörpert die gesamte Kultur, aber sie muß natürlich in Gestalt von Materialien aus Welt 1 (als Welt 1b dargestellt) verschlüsselt werden – zum Beispiel Papier und die Druckerschwärze von Büchern. Und Welt 3 kann nur in Welt 2 über eine komplexe Bahn durch Welt 1 erfahren werden. Zum Beispiel ist Beleuchtung unerläßlich, um ein Buch zu lesen. Erst dann wird die Ausstrahlung von der gedruckten Seite in geeigneter Weise zu einem Bild auf der Retina fokussiert und so durch Verschlüsselung in Nervenimpulse zur Sehrinde übermittelt. Hier beginnen Prozesse der Entschlüsselung, die am Ende in den Sprach- und Liaisonzonen in neuronale Muster umgewandelt werden, die in Welt 2 (beachte Pfeile nach oben) als bedeutsame Sätze erscheinen und kognitiv z. B. zu einer Einsicht, einer emotionalen Empfindung oder ästhetischen Wahrnehmung führen. Wir können über diesen wundervollen Prozeß, der gedruckten Seite Gedanken zu entnehmen, wie Sie es hoffentlich gerade tun, nicht mehr als diese unklaren Feststellungen treffen.

In jedem von uns finden eine kontinuierliche und intensive Wechselwirkung und ein Fluß zwischen den drei Welten von Abb. VI 3 statt. Welt 1 $\rightleftarrows$ Welt 2; und Welt 3 $\rightleftarrows$ Welt 1 $\rightleftarrows$ Welt 2. Die Übertragung von Welt 3 zu Welt 1 zu Welt 2 geschieht aufgrund von sinnlichen Wahrnehmungsprozessen, verschlüsselter Übertragung zum Gehirn, Entschlüsselung dort und so weiter – in Übereinstimmung mit dem Schema des Informationsflusses von Abb. VI 3.

Im Mittelpunkt des Themas der Gehirn-Geist-Liaison steht das Ego oder Selbst (Abb. VI 2), das einer Person die zeitliche Kontinuität von ihren frühesten Anfängen bis zum gegenwärtigen Zeitpunkt gibt. Dies ist es, was einem Menschen seine Einheit als Person verleiht, und es ist das, was in einem religiösen Sinn die Seele genannt werden könnte. So können wir zusammenfassend sagen, daß es in der *bewußten Erfahrung* äußere Empfindung oder Wahrnehmung über die Rezeptoren gibt (Abb. VI 2) und innere Empfindung, die alle Erinnerungen einschließt, Erfahrungen viel subtilerer Art, im Grunde genommen die gesamten Bewußtseinsinhalte, die nicht unmittelbar auf das zurückzuführen sind, was gerade durch die Sinnesorgane hereinkommt, und schließlich diese zentrale Wesenheit, die man als Person oder Selbst ist.

B. Eine Untersuchung über die Wahrnehmung

Ich möchte nun ein Beispiel von Wahrnehmung im visuellen System bringen. In diesem Kapitel werde ich zwischen philosophischen Ideen und experimentellen Untersuchungen hin- und herkreuzen und dabei die Experimente mit der Ideologie verknüpfen, wie es bei jeder empirischen Wissenschaft der Fall sein sollte. In Abb. VI 4A sind die Sehbahnen mit der Übertragung von den Augen zu den Sehrinden eines menschlichen Gehirns gezeichnet. Wegen der *partiellen Kreuzung* projiziert sich das *linke Gesichtsfeld* für beide Augen auf die *rechte Sehrinde* und umgekehrt für das rechte Gesichtsfeld (vgl. Abb. VI 12). Im histologischen Schnitt der Sehzentren der Großhirnrinde (Abb. VI 4B) entspricht jeder der Punkte einer Nervenzelle, genau wie in Abb. I 2A. In der menschlichen Sehrinde befinden sich etwa 300 Millionen Nervenzellen, die die Impulse empfangen, die über die Bahnen von einem oder dem anderen Auge übermittelt werden. Um die von einzelnen Nervenzellen entladenen Impulse zu registrieren, kann man Mikroelektroden verwenden, wie es zum Beispiel Hubel und Wiesel mit großem Erfolg getan haben.

Ich benutze einen Gesichtspunkt ihrer Arbeit, um die sehr subtilen und sorgfältig kontrollierten Experimente, die in vielen Laboratorien ausgeführt werden, zu illustrieren. In Abb. VI 5A feuert eine einzelne Zelle Impulse, die durch eine in die primäre Sehrinde einer Katze eingepflanzte Mikroelektrode »aufgefunden« worden ist. Der Stichkanal ist in Abb. VI 5B als die schräge Linie mit den kurzen Querstrichen

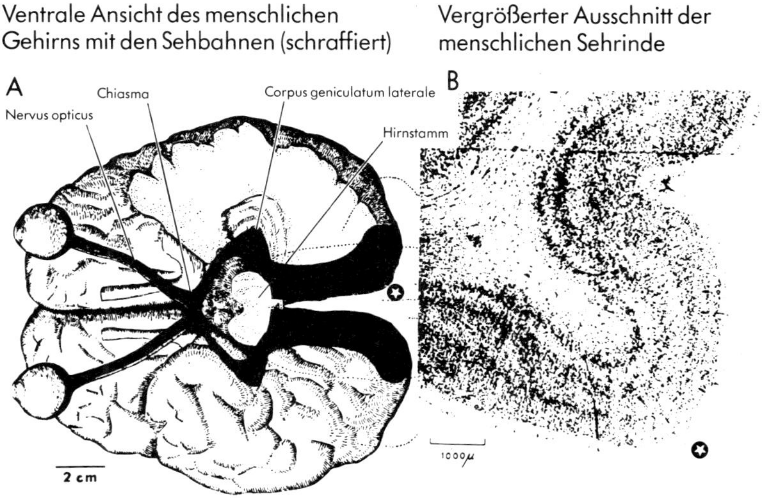

Abb. VI 4. Die Sehbahnen des Menschen. Wegen der partiellen Kreuzung im Chiasma opticum projiziert sich das linke Gesichtsfeld für beide Augen auf die rechte Sehrinde und umgekehrt für das rechte Gesichtsfeld, wie in Abb. VI 12 gezeichnet. Das Sternsymbol im Kreis zeigt identische Bereiche in A und B an, doch ist in B die Vergrößerung etwa 20mal stärker.

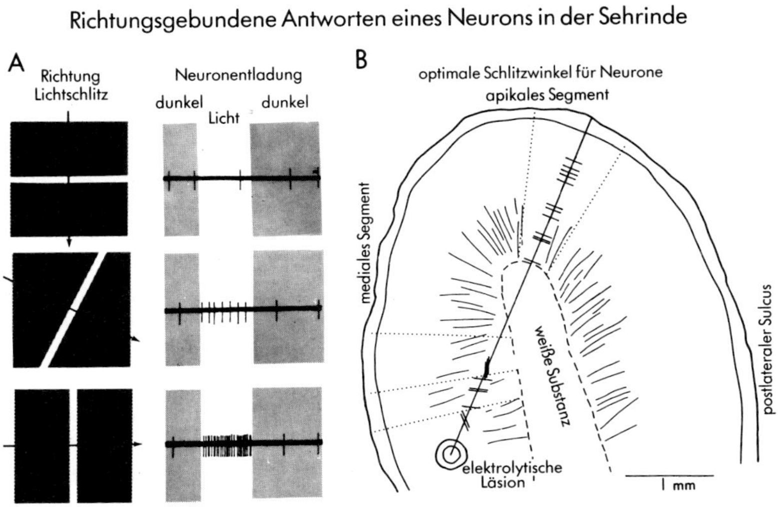

Abb. VI 5. **Richtungsgebundene Neuronantworten in der Sehrinde der Katze. Ausführliche Beschreibung im Text (*Hubel und Wiesel, 1962*).**

gezeigt, die die Lokalisationen vieler Nervenzellen entlang diesem Kanal andeuten. Mit der Mikroelektrode kann man, wenn man sie sorgfältig plaziert, die Impulsentladungen einer einzelnen Zelle registrieren, wie zum Beispiel in den Abb. IV 4, 19 veranschaulicht worden ist. Die Zelle besitzt eine langsame Hintergrundentladung (obere Kurve von Abb. VI 5A). Wandert jedoch ein Lichtstrahl über die Retina, wie im linken Schema dargestellt, so kommt es zu einer intensiven Entladung dieser Zelle, wenn das Licht eine bestimmte Zone der Retina trifft; die Entladung bricht sofort ab, wenn der Lichtstrahl diese Zone verläßt (unterste Kurve von Abb. VI 5A). Dreht man die Ebene, in der der Strahl sich bewegt, so entlädt sich die Zelle nur wenig, wie in der mittleren Kurve. Liegt die Ebene schließlich im rechten Winkel zu der günstigsten Bewegungsebene des Strahls, so hat er überhaupt keinen Effekt (oberste Kurve). Dies ist ein Zeichen dafür, daß diese eine Zelle äußerst empfindlich für Bewegungen des Lichtstrahls in einer bestimmten Ebene und ganz unempfindlich für Bewegungen im rechten Winkel dazu ist. Durch die Richtung der den Mikroelektrodenstichkanal kreuzenden Linien in Abb. VI 5B wird illustriert, daß alle Zellen an diesem Kanal die gleiche Richtungsempfindlichkeit besitzen. Dies ist der Fall, wenn der Stichkanal entlang einer Zellsäule verläuft, die orthogonal zur Oberfläche liegt, wie die obere Gruppe von 12 Zellen. In Abb. VI 5B jedoch setzte sich der Stichkanal fort, durchquerte die zentrale weiße Substanz und zog dann durch 3 Zellgruppen mit ganz unterschiedlicher Richtungsempfindlichkeit. Offensichtlich kreuzt der Stichkanal mehrere Säulen mit unterschiedlicher Richtungsempfindlichkeit, wie durch die gepunkteten Abschnitte angegeben ist. Diese Säulenanordnung zur gegenseitigen Verstärkung von ähnlich empfangenden Zellen ist in Kapitel IV bereits dargestellt (Abb. IV 5, 6) und diskutiert worden.

Jung, Bishop und andere haben gezeigt, daß Retinazonen, die neben denjenigen liegen, von denen Erregung ausgeht, eine inhibitorische Wirkung auf das Feuern eines Neurons wie desjenigen in Abb. VI 5A ausüben. Besäße zum Beispiel die Zelle in Abb. VI 5A eine relativ hohe Hintergrundentladung, so würde diese Entladung durch Anleuchten angrenzender Bezirke der Retina abgeschwächt werden. Dies kann durch das Schema von Abb. IV 6 erklärt werden: Erregung eines Bezirkes der Großhirnrinde führt zur Hemmung angrenzender Bezirke, ähnlich wie bei der Korbzellhemmung im Kleinhirn in Abb. IV 13. Diese Beobachtung ist sehr interessant, weil sie die sogenannten Mach-Bänder (auch: Machsche Kontraststreifen, Anm. d. Übers.) der Wahrnehmungsphysiologie erklärt. Am Übergang zwischen Feldern einheitlich heller und dunkler Beleuchtung bemerkt man eine schmale Hell-Dunkel-Zone, die Mach-Bänder, die durch diese laterale Hemmung zu erklären ist.

Die Aktivierung von Zellen in der primären Sehrinde vermittelt nicht allein als solche eine Empfindung. Sie stellt lediglich die erste codierte Antwort der Sehrinde dar. Bevor man einen Lichtblitz wahrnehmen kann, müssen neuronale Entladungen in äußerst komplizierten Bahnen nach vielen aufeinanderfolgenden Stufen neuronaler Übertragung induziert werden. Wie Hubel und Wiesel zeigten, ist jede einzelne dieser Zellen mit ihrem einfachen Richtungsempfinden (Abb. VI 5B) in Wechselwirkungssysteme von Zellen eingeschaltet, die spezifisch auf Winkel verschiedener Grade zwischen den beiden Bewegungsebenen des Lichtstrahls antworten und die auch hinsichtlich der Länge der wirksamen Lichtbande spezifiziert sein mögen. Entfernt man sich weiter von der primären Sehrinde in deren umliegende Bezirke, so werden derartige mehr synthetische Antworten an den sogenannten komplexen und hyperkomplexen Zellen beobachtet. Dies ist ein weiteres Stadium der Verarbeitung, die im Gehirn vor sich geht.

Das Schema von Abb. VI 6 zeigt, wie ich mir die Vorgänge auf den Ebenen vorstelle, auf denen eine Art neuraler Verschlüsselung stattfinden dürfte, die eine bewußte Wahrnehmung vermittelt. Man nimmt

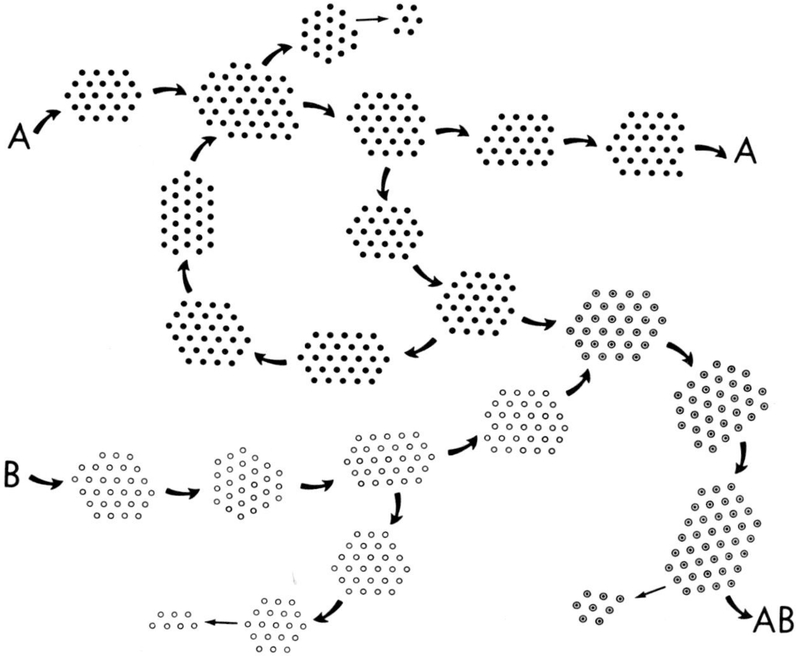

Abb. VI 6. In diesem von oben betrachteten Schema der Hirnrinde sind die Pyramidenzellen als ausgefüllte oder offene Kreise dargestellt, die in Gruppen angeordnet sind. Jede Gruppe korrespondiert mit einer Säule, wie in Abb. IV 6 gezeichnet; dort sind nur zwei der Hunderte von großen projizierenden Pyramidenzellen gezeigt, die sonst in der Säule sind. Die großen Pfeile symbolisieren Impulsentladungen entlang Hunderter von Parallellinien, die den Modus exzitatorischer Kommunikation von Säule zu Säule darstellen. Zwei Inputs, A und B, und zwei Outputs, A und AB, sind zu sehen. Weitere Beschreibung im Text.

an, daß die neuronalen Antworten bis zu einer Stufe ungeheurer Komplexität aufgebaut worden sind, von der in dem Schema nur ein winziger Bruchteil gezeigt ist. Es gibt experimentelle Beweise dafür, daß der Aufbau einer für Wahrnehmung notwendigen Komplexitätsstufe beim Sehen eine Fünftel Sekunde erfordern kann. Libet hat gezeigt, daß es bis zu einer halben Sekunde dauert, wenn eine elektrische Schwellenstimulation einer Berührungszone im Gehirn menschlicher Versuchspersonen bei Bewußtsein erfolgt.

In Abb. VI 6 sind Nervenzellen der Großhirnrinde als geschlossene oder offene Kreise dargestellt, die in Zellhaufen angeordnet sind, wobei jeder Haufen mit einer Säule der Großhirnrinde korrespondiert, wie in Abb. IV 6 gezeichnet und in den Abb. IV 5 und VI 5 angegeben ist. In der Besprechung von Abb. IV 6 wurde die Vermutung angestellt, daß die Zellen eines Haufens über sich selbst rückerregende Ketten aktiviert werden, doch auch der Inhibition von benachbarten Haufen unterliegen, was in Abb. VI 6 nicht gezeigt ist. Ein erregter Zellhaufen projiziert über Assoziationsfasern weiter zu anderen Säulen in der Großhirnrinde, wie durch die Pfeile symbolisch angedeutet wird, so daß es zu einer aufeinanderfolgenden Aktivierung von Zellhaufen zu Zellhaufen kommt, wobei in einem Fall ein rückläufiger Regelkreis eine Schleife zur Aufrechterhaltung der Aktivierung abgibt. Sonst ist die progressive Invasion von nachfolgenden Zellhaufen vorhanden. Von einer besonderen sensorischen Modalität (A) nimmt man an, daß sie die Haufen mit in Form von ausgefüllten Kreisen dargestellten Zellen aktiviert, und der Input aus einer anderen Modalität (B) aktiviert die mit offenen Kreisen gezeichneten Zellhaufen. Schließlich liefert die Konvergenz der Übertragung der A und B Modalitäten die Aktivierung für Zellhaufen mit einer Modalitätsreferenz, die sowohl mit A als auch mit B korrespondiert und bei denen die Korrespondenz mit beiden auch symbolisch (AB) dargestellt ist – die Kreise mit dem Punkt in der Mitte. Zum Beispiel können Zellen mit A Input auf einen sensorischen Input, etwa eine Berührung, ansprechen und die Zellen von B auf einen visuellen Input. In diesem Fall könnte die Konfluenz von A und B die kombinierte taktile und visuelle Erkennung eines Objektes repräsentieren. Es ist zu beachten, daß ein Zellhaufen zu zwei anderen Haufen projizieren kann. In Abb. VI 6 finden sich jedoch drei Beispiele, bei denen die Erregung nicht für eine unbegrenzte Ausbreitung von Zellhaufen zu Zellhaufen ausreicht. So liefern in diesem Schema die beiden Inputs A und B nur zwei Outputs, A und AB.

Die Überkreuzungsbereiche von kortikalen Säulen sind wahrscheinlich nicht größer als 0,2 mm^2, was eine neuronale Population von nicht mehr als 10000 ergeben würde, von denen nur wenige hundert Pyra-

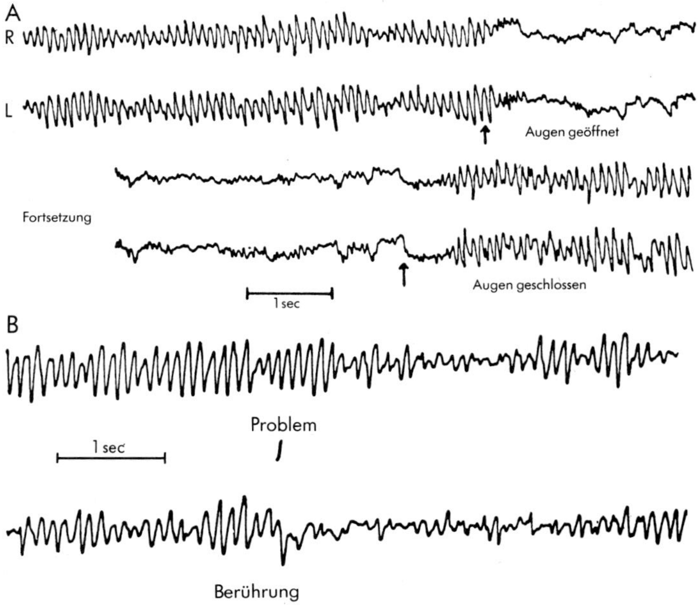

Abb. VI 7. Elektroencephalogramme (EEG) des Menschen. A. Das Öffnen der Augen bewirkt eine Unterdrückung des Alpha-Rhythmus, der simultan vom rechten (R) und linken (L) Occipitalpol des menschlichen Großhirns abgeleitet wird, und Wiederkehr des Rhythmus beim Schließen der Augen. Beachte die Ähnlichkeit des Elektroencephalogramms beider Seiten (*H. H. Jasper, Elektroencephalographie, Kapitel 14 in Penfield, W. und Erickson, T. C., Epilepsy and Cerebral Localization, 1941*). B. Die Hirnaktivität bei geistiger arithmetischer und afferenter Stimulation läßt den Alpha-Rhythmus vorübergehend verschwinden (*E. D. Adrian und B. H. C. Matthews, Brain 57, 355, 1934*).

midenzellen wären, die aus der Säule (vgl. Abb. IV 6) zum Beispiel zu anderen Rindenabschnitten, wie in Abb. VI 6 vorgestellt, projizieren würden. Solche Schätzungen lassen erkennen, daß sich möglicherweise nicht mehr als eine Million Säulen im menschlichen Großhirn befinden. Man muß sich jedoch vor Augen halten, daß die Säulen nicht in einer streng einheitlichen Weise arbeiten. Eher muß man ihre Aktionsweise so betrachten, daß sie sich aus der Projektion vieler Hunderter von Pyramidenzellen aus der Säule heraus in einer viel vielfältigeren Weise zusammensetzt als in Abb. VI 6, wo die Projektion zu nicht mehr als zwei anderen Säulen erfolgte, während sie zu hundert oder mehr sein sollte.

Die Abb. VI 6 stellt die Art der Musterbildung der aktivierten Zellen dar, wie Sherrington sie sich vorstellte, wenn er poetisch sagte (er war ein Poet), daß das aktive Gehirn »ein Zauberwebstuhl ist, der ein vergängliches Muster webt, immer ein bedeutungsvolles Muster, doch niemals ein bleibendes, eine veränderliche Harmonie von Einzelmustern.« Und das kann man natürlich nicht in zwei Dimensionen zeichnen!

Jede Zelle zweigt sich auf, um zu vielleicht 50 oder mehr anderen Zellen zu laufen und empfängt von einer ähnlichen Zahl. Sollte diese Verknüpfung in einem strengen geometrischen Schema gezeichnet werden, so müßte man sie in einer entsprechenden Zahl von Dimensionen darstellen. Auch wenn es sich nur in zwanzig Dimensionen erstreckte, so läge das Arbeitsmuster des neuronalen Netzwerks des Gehirns jenseits jeglicher Vorstellung; dennoch ist es möglich, n-dimensionale Geometrie anzuwenden, um die Zahlen der nach einigen synaptischen Verschaltungen beteiligten Neurone zu schätzen. Ich möchte, daß man sich vor Augen hält, daß sogar ein einfacher Lichtblitz zu diesem ungeheuren Arbeitsmuster cerebraler Neurone in Raum und Zeit führen muß, bevor es zum einfachsten bewußten Erleben kommt. Man darf nicht meinen, daß eine bewußte Erfahrung von ein paar Zellen herrührt, die in einem speziellen Areal feuern, wobei verschiedene Zellen für verschiedene Erfahrungen spezifisch sind. Entladen sich zum Beispiel einige Zellen irgendwo in der Pons, so sieht man ein Dreieck. Sherrington stellte fest, daß das Gehirn wie eine millionenfache Demokratie arbeiten muß, um auch nur die einfachste Erfahrung zu vermitteln, was sicherlich eine Untertreibung ist. Eher ist das Gehirn eine 100millionenfache Demokratie, sogar bei der Vermittlung eines ganz einfachen Erlebnisses. Lashley postulierte ebenfalls, daß die für den Abruf der einfachsten Erinnerung (des Engramms) verantwortlichen neuronalen Muster mehrere Zehnmillionen Nervenzellen beschäftigen.

Das Elektroencephalogramm (Abb. VI 7) liefert experimentelle Beweise für den ungeheuren Einfluß sensorischer Inputs auf die neuronale Aktivität der Großhirnrinde. Man weiß, daß bei minimalem Input sensorischer Information und bei geistiger Entspannung rhythmische Potentiale von etwa 10/sec, der *Alpha-Rhythmus*, von der Großhirnrinde abgeleitet werden können, gewöhnlich nach Leitung durch den Schädel zu den auf der Kopfhaut angebrachten Elektroden. Man glaubt, daß dieser Rhythmus hauptsächlich auf ungeheuren Mengen von corticalen Neuronen beruht, die als Ergebnis thalamo-corticaler Regelkreise über Bahnen zurücktreiben, die in Abb. III 13 schematisch dargestellt sind und mehr oder weniger phasisch feuern. Andersen und Andersson haben dieses Thema ausführlich bearbeitet. In Abb. VI 7A verschwindet der Alpha-Rhythmus reversibel durch Öffnen der Augen, was durch die Störaktion des enormen Impulseinstroms über die Sehbahnen zu erklären ist. Doch in Abb. VI 7B stört eine einfache Mathematikaufgabe oder der schwache afferente Input durch eine Berührung der Haut den Alpha-Rhythmus erheblich. Das zeigt, daß diese Inputs sich mit Sicherheit auf mehrere Zehnmillionen corticaler Neurone ausgebreitet haben, wie oben postuliert wurde.

Die aufeinanderfolgende Ausbreitung von der primären Empfangszone in der Primaten-Großhirnrinde wurde von Jones und Powell mit ihren Techniken der kaskadenförmigen Degeneration wunderschön demonstriert. Die Abtötung der Neuronen der somatosensorischen Übertragungszone zum Beispiel (vgl. Abb. IV 1) führt zur Degeneration der Nervenfasern, die von diesem Abschnitt zu drei anderen Rindenabschnitten führen. Die Abtötung von Neuronen der Hauptzone für diese primäre Projektion führt zur Degeneration von Fasern in drei anderen Zonen, den sekundären Projektionszonen usw., über drei Degenerationsfolgen. Natürlich wurden für jede Folge verschiedene Affen verwendet. So wurde gezeigt, daß die primäre sensorische Zone in einer geordneten Weise zu einer Vielzahl von umschriebenen Zonen, nicht nur im Parietallappen sondern auch in den Temporal-, Frontal- und limbischen Lappen projiziert. Und in der dritten Projektion findet eine Konvergenz von zahlreichen Modalitäten auf dieselbe Rindenzone statt. Dieser Nachweis liefert das anatomische Substrat für die cross-modale Wechselwirkung, wie sie in Abb. VI 6 für taktile und visuelle Inputs gezeigt ist. Zu diesen anatomischen Befunden passen die physiologischen Untersuchungen über das somatosensorische System von Mountcastle und von Hubel, Wiesel, Gross und anderen über das visuelle System. In weiten Abschnitten der Rinde finden sich Neurone, die auf zwei oder mehr Modalitäten des Inputs antworten. Die starke Störung des Alpha-Rhythmus in Abb. VI 7B verdeutlicht ebenfalls das ungeheure Ausmaß der neuronalen Beteiligung bei der Ausarbeitung einer mathematischen Frage.

Man kann folgern, daß das Nevensystem nicht auf einheitliche und diktatorische Weise arbeitet. Die Zeit für die neuronale Übertragung quer durch das Schema von Abb. VI 6 würde nur etwa eine Zehntelsekunde betragen, wenn man eine Millisekunde für jede Synapsenübertragung der Impulsentladung von Zelle zu Zelle, die in Kapitel III festgestellte Zeit, miteinkalkuliert. Es ist unmöglich, sich das Webmuster vorzustellen, das sich bei dem angenommenen Multiplikationsvermögen für etwa 20 parallele Zellinien mit der unablässigen Divergenz von Linien, anstelle der zwei oder drei von Abb. IV 6, ergäbe. Bevor die Großhirnrinde an dem notwendigen komplexen Reaktionsmuster auf

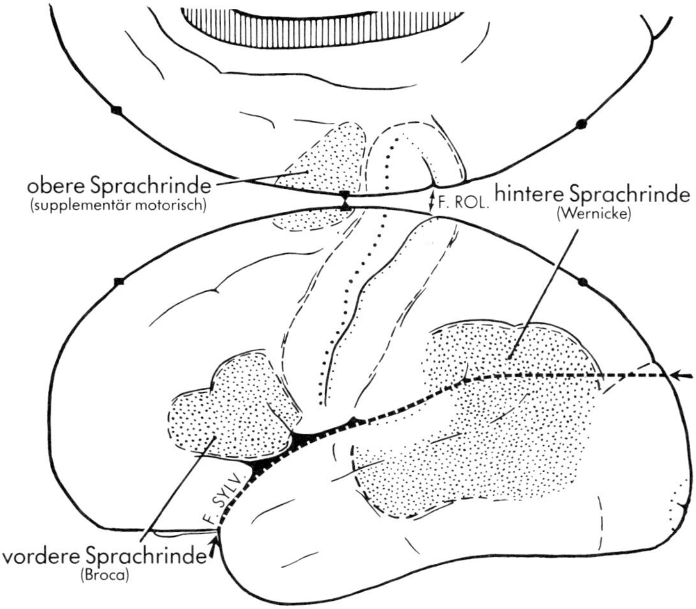

Abb. VI 8. Corticale Sprachzentren der dominanten Hemisphäre. Beachte, daß es sich um die linke Hemisphäre, sowohl von lateral als auch von medial gesehen, handelt. F. Rol. ist Fissura Rolandi und F. Sylv. ist Fissura Sylvii (*Penfield und Roberts, 1959*).

den sensorischen Input teilnimmt, damit eine bewußte Wahrnehmung zustandekommt, kommt es zur Aktivität von dieser unermeßlichen, unvorstellbaren Komplexität. Das ist der Grund, warum ich Versuche einer Computersimulation als hoffnungslos ansehe. Was das Kleinhirn angeht, ist Computersimulation im Prinzip kein unmögliches Ziel. Noch mehr ist hinsichtlich von Rohdaten erforderlich, doch wir haben in Kapitel IV gesehen, daß diese sehr schnell gesammelt werden, und die neuronalen Bahnen sind wohlbekannt. Im Gegensatz dazu präsentiert das Großhirn Probleme einer gänzlich anderen Art. Es wird nötig sein, sich an das zu wagen, was Sperry holistische oder globale Konzeption nennt. Weiterhin wird es notwendig sein, neue, bisher unvorstellbare Formen der Mathematik zu entwickeln, um diesen immensen Komplexitätsmustern begegnen zu können.

C. Das Großhirn und die Sprache

In der linken Großhirnrinde (Abb. VI 8) befinden sich die Sprachzentren. Diese Zonen wurden durch Studien klinischer Läsionen, die vor über 100 Jahren begannen, bestimmt. Zuerst beobachtete Broca, daß eine Läsion in der unteren *Stirnwindung* (Frontalwindung) zu einer Unfähigkeit zu sprechen führte, obwohl Sprache weiterhin verstanden wurde: die sogenannte *motorische Aphasie*. Die wichtigste Entdeckung machte etwas später Wernicke, der entdeckte, daß Läsionen der *oberen Schläfenwindung* (Temporalwindung), dem *hinteren Sprachzentrum von Wernicke*, ein Unvermögen bewirkten, Sprache – gehörte oder gelesene – zu verstehen, obwohl verworrenes »Jargon«-Sprechen weiterhin möglich war. In der darauffolgenden klinischen Literatur findet man mit Staunen, daß eine Untersuchung zufällig lokalisierter Läsionen bei Patienten zu einem solch bemerkenswerten Verständnis und

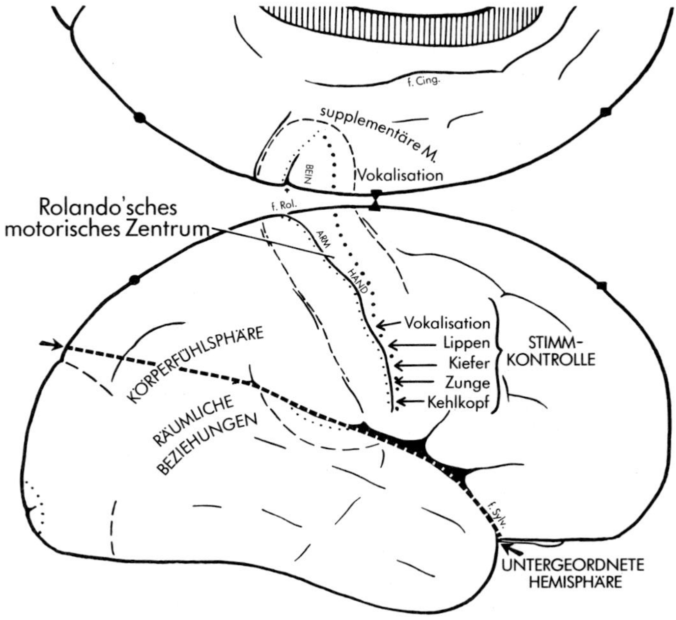

Abb. VI 9. Vokalisation der untergeordneten Hemisphäre. Wie in Abb. VI 8 handelt es sich um eine laterale und eine mediale Ansicht. Die verschiedenen Effekte wurden durch elektrische Stimulation evoziert (*Penfield und Roberts, 1959*).

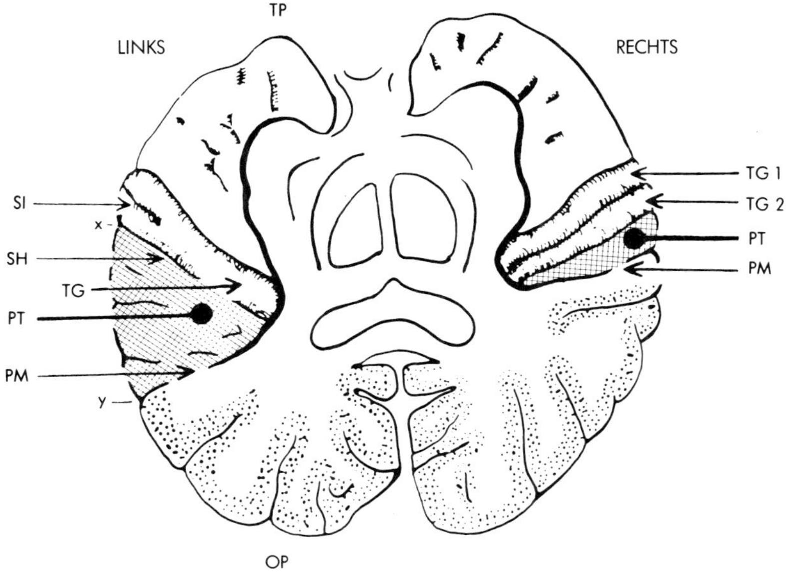

Abb. VI 10. Asymmetrie des menschlichen Lobus temporalis superior. Obere Oberflächen der menschlichen Temporallappen durch einen Schnitt auf jeder Seite, wie durch die gestrichelten Linien in den Abb. VI 8 und 9 angedeutet, freigelegt. Typische Links-Rechts-Unterschiede sind gezeigt. Der Margo posterior (PM) des Planum temporale (PT) fällt links schärfer als rechts nach hinten ab, so daß das Ende y der linken Fissura Sylvii posterior zu dem korrespondierenden Punkt rechts liegt. Der Margo anterior des Heschlschen Sulcus (SH) fällt links schärfer nach vorne ab. In diesem Gehirn findet sich ein einziger Gyrus transversus von Heschl (TG) auf der linken und zwei auf der rechten Seite (TG_1, TG_2). TP = temporaler Pol, OP = occipitaler Pol, SI = Sulcus intermedius von Beck (*Geschwind und Levitsky, 1968*).

topographischem Festlegen der Sprachzentren des Gehirns führte. Diese Untersuchung fand gleichzeitig mit der Lokalisation der motorischen und primären sensorischen Zentren, die in Abb. IV 1 gezeichnet sind, statt. Von Anfang an wußte man, daß die Sprachzentren nur in einer Hemisphäre lagen, fast immer in der linken. Eine sorgfältige wissenschaftliche Untersuchung der Sprachzentren ließ Penfield und Roberts schätzen, daß sich die Sprachzentren nur bei etwa 2 % in der rechten Hemisphäre befinden. Dieses extreme Vorherrschen der linken Hemisphäre hat in der Regel nichts mit Rechts- oder Linkshändigkeit zu tun. Die meisten Linkshänder haben ihre Sprachzentren in der linken Hemisphäre.

Elektrische Stimulation stellt eine brauchbare Methode zur Prüfung der Sprachzentren dar. Stimulation der rechten Hemisphäre kann zu Vokalisation führen. Durch Stimulation der für die Stimmkontrolle verantwortlichen motorischen Zentren werden Rufe und Schreie hervorgerufen, aber keine expressive Sprache, wie in Abb. VI 9 gezeigt. Doch nirgends in dieser Hemisphäre kann man Sprachstörungen durch Stimulation hervorrufen. Im Gegensatz dazu bringt schwache elektrische Stimulation der Sprachzentren der linken Hemisphäre bei der wachen Versuchsperson das Sprechen entweder zum Stillstand oder stört den Sprachablauf erheblich; zum Beispiel kommt es während der Stimulation zur Wortwiederholung oder Verwirrung des Ausdrucks.

Diese sehr klare Unterscheidung bei einer so wichtigen Großhirnfunktion wie der Sprache drängt die Frage auf: Gibt es irgendeine anatomisch erkennbare Struktur, die dieser Einseitigkeit des Sprechens entspricht? Bis vor kurzem hätte die Antwort gelautet: Nein, die beiden Hemisphären sehen trotz ihrer Unterschiede in der funktionellen Leistung gleich aus, d. h. die Sprache steht in keiner Beziehung zur Makrostruktur. Doch kürzlich haben Geschwind und Wada gezeigt, daß normalerweise eine auffallende Asymmetrie vorhanden ist, wenn man die Fissuren aufklappt und sieht, was der oberflächlichen Examination verborgen war. Die Oberfläche der oberen temporalen Windung zum Beispiel kann durch Entfernen der Frontal- und Parietallappen, d. h. durch Wegschneiden des ganzen Gehirns oberhalb der durchbrochenen Linie in Abb. VI 9 freigelegt werden. Die Abb. VI 10 zeigt, daß sich dabei eine bemerkenswerte Asymmetrie darbietet – TP und OP kennzeichnen den temporalen (Schläfen-) bzw. occipitalen (Hinterhaupts-)Pol. Das schraffierte Areal (PT) liegt in der Mitte des hinteren Sprachzentrums von Wernicke und das entsprechende Areal (PT) auf der rechten Seite ist viel kleiner. In den meisten Fällen ist im menschlichen Gehirn diese eindeutige Asymmetrie vorhanden, bei der die *dominante oder Sprachhemisphäre* im Sprachzentrum eine Vergrößerung zeigt, die auf der anderen Seite keine Entsprechung hat.

Leider ist die Angelegenheit, wie gewöhnlich in der Biologie, nicht so einfach. Die asymmetrische Vergrößerung im Bereich des Sprachzentrums kommt nur bei etwa 65 % der linken Hemisphären vor, nicht bei den 98 %, die nach der Linksseitigkeit der Sprache erwartet würden. Eine mögliche Erklärung dieser Diskrepanz erfolgt später bei der Diskussion von Sperrys Split-Hirn-Untersuchungen. Nach mehr als einem Jahrhundert intensiver anatomischer Untersuchungen des menschlichen Gehirns ist es höchst überraschend, mit der Entdeckung dieser Hemisphären-Asymmetrie konfrontiert zu werden. Bei nicht-menschlichen Primaten wurde keine derartige Asymmetrie gefunden, was ihrem sprachlichen Unvermögen entspricht.

Wada hat die bemerkenswerte Entdeckung gemacht, daß menschliche Säuglinge mit dieser Asymmetrie geboren werden. Sie wurde bereits nach genetischen Instruktionen in Antizipation ihres späteren Gebrauchs beim Sprechen angelegt und ist sogar bei einem 7 Monate alten Fetus erkennbar. Wir können vermuten, daß die Sprachzentren des Cortex mit einer neuronalen Struktur entwickelt werden, die für die einzigartigen Operationen der Verschlüsselung und Entschlüsselung, die für die Sprachleistung erforderlich sind, spezialisiert ist. Da diese Struktur beim Fetus fast immer auf der linken Seite entwickelt ist, ist es nicht überraschend, daß die linke Hemisphäre auch nach schwerer Schädigung bei der Geburt in der Regel weiterhin zur Entwicklung der Sprache genutzt wird. Es wird jedoch auch Übertragung auf die unbeschädigte rechte Hemisphäre nachgewiesen, und es liegen sogar Befunde über Beidseitigkeit des Sprachzentrums vor.

Es wäre zu erwarten, daß sich höchst spezialisierte Muster neuronaler Verknüpfung in den Sprachzentren ausbilden, doch bis jetzt ist mir kein Versuch histologischer Studien vom erforderlichen Subtilitätsgrad, besonders mit Hilfe der Elektronenmikroskopie, bekannt. Die Sprachzentren mit ihrer vollen Leistung – Sprechen, Hören, Schreiben, Lesen – müssen eine unglaubliche Codierungs- und Decodierungstätigkeit ausüben – weit über unser Vorstellungsvermögen hinaus. Beim lauten Lesen zum Beispiel werden schwarze Buchstaben auf weißem Papier als Impulsentladungsfrequenzen in Fasern des Nervus opticus verschlüsselt von der Retina zum Gehirn und schließlich zu den Neuronen der primären Sehrinde projiziert, wie in den Abb. VI 4 und VI 5 gezeichnet ist. Die nächste Stufe ist die Übertragung der kodierten visuellen Information zu den visuellen Assoziationszentren (18 und 19 in Abb. VI 8), wo eine weitere Stufe der Wiederzusammensetzung des visuellen Bildes erfolgt. Die Neurone dort, die sogenannten Merkmalerkennungsneurone, antworten spezifisch auf einfache geometrische Formen. Jedoch auf der nächsten Stufe resultieren Läsionen des hinteren Abschnittes des Wernickeschen Zentrums (Feld 39 in Abb. VI 8) in Dyslexie, was vermuten läßt, daß das Relais von den visuellen Assoziationsneuronen Information liefert, die in Wortmuster umgewandelt wird, und daß diese ihrerseits als sinnvolle Sätze im Prozeß des bewußten Erkennens interpretiert werden. Es ist unsere These, daß dies geschieht, weil der selbstbewußte Geist in der Lage ist, mit Moduln in diesem Rindenabschnitt in Wechselbeziehung zu treten: Läsionen führen zu Wernickescher Aphasie. Die weitere Stufe in dem Prozeß, laut zu lesen, führt über den Fasciculus arcuatus (AF in Abb. VI 8) zum motorischen Sprachzentrum (Brocasches Zentrum). Läsionen des Fasciculus arcuatus resultieren in Leitungs-Aphasie. Gesprochene Sprache

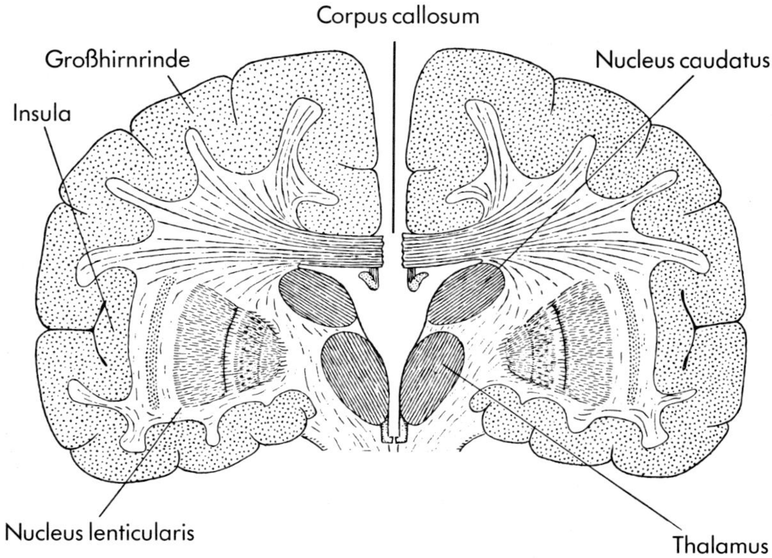

Abb. VI 11. **Schema der Trennung der beiden Großhirnhemisphären durch Schnitt durch das Corpus callosum im Affengehirn.**

wird verstanden, aber es liegt ein erheblicher Defekt bei ihrer Wiederholung und beim normalen Sprechen vor. Auf der Endstufe führen die entsprechenden Muster neuronaler Aktivität im Brocaschen Zentrum zu den motorischen Zentren für Vokalisation und so zu den koordinierten Kontraktionen der Sprechmuskeln. So kommt schließlich gesprochene Sprache heraus, die eine andere Person verstehen kann. Dies macht einen weiteren Prozeß von Verschlüsselung und Entschlüsselung in den Sprachzentren der Empfängerperson mit der Übertragung von neuronalen Raum-Zeit-Mustern (Abb. VI 6) im Liaison-Gehirn (Abb. VI 3), das mit Welt 2 kommuniziert, notwendig. Die Tätigkeit der Sprachzentren ist auf besondere Weise in diese neuronalen Vorgänge eingeschaltet, und wir können annehmen, daß es sich dabei um eine Tätigkeit handelt, für die wir nirgends sonst im Gehirn eine Entsprechung finden. Dies ist ein beachtlicher Anspruch. Elektrophysiologisch sind bisher keine Beobachtungen von Bedeutung gemacht worden. Es ist noch ein offenes Feld.

Man hört oft, daß alle interessanten wissenschaftlichen Fragen beantwortet worden seien. Man kann nun sehen, daß dies zumindest für das Gehirn überhaupt nicht zutrifft. Ich glaube, daß die attraktivsten wissenschaftlichen Probleme noch auf uns warten. Bei den in diesem Buch unternommenen Versuchen zum Verständnis des Gehirns haben wir wiederholt gesehen, daß höchst interessante und wichtige Probleme jetzt eingehend untersucht werden, aber sie sind noch nicht gelöst. Und wenn man Lösungen findet, tauchen viele neue Probleme auf.

D. Die dominante und die untergeordnete Großhirnhemisphäre

In Abb. VI 11 ist das *Corpus callosum* in einem Affengehirn nach der Durchtrennung gezeichnet. Das Gehirn ist einem menschlichen Gehirn ziemlich ähnlich, nur ist es kleiner. Diese große Bahn, das *Corpus callosum*, verbindet fast alle Areale der linken und rechten Hemisphäre. Einige Bezirke, wie das primäre Sehzentrum und die somästhetischen Zentren für Hand und Fuß sind »blind« für das *Corpus callosum*. Für alle anderen Bezirke besteht eine spiegelbildliche Verkoppelung, wie sie in Abb. VI 11 gezeichnet ist. Es gibt im menschlichen Gehirn etwa 200 Millionen Callosumfasern, und in diesen Fasern herrscht ein unablässiger Verkehr. Wenn wir annehmen, daß jede Faser eine durchschnittliche Feuerfrequenz von 20 Impulsen pro Sekunde besitzt, würde mein Corpus callosum in eben dieser Sekunde 4 Billionen Impulse befördern! Dieser immense Verkehr hält die beiden Hirnhemisphären zusammen. Natürlich sind all die verschiedenen Zentren der einen oder anderen Hemisphäre ebenfalls durch große Bahnen verbunden. Indessen koppelt die enorme Verknüpfung durch das Corpus callosum die beiden Hemisphären vielleicht so wirksam zusammen, wie die verschiedenen Zentren innerhalb einer Hemisphäre verbunden sind.

Im Gegensatz zu allen anderen intracerebralen Bahnen bietet das Corpus callosum einen besonderen Anreiz zur experimentellen Erforschung. Es allein kann sauber und vollständig, ohne Verletzung irgendwelcher anderer Strukturen herausgelöst werden (vgl. Abb. VI 11, 12). Diese Operation ist an über zwanzig Personen ausgeführt worden, die an fast ununterbrochenen epileptischen Anfällen litten, die nicht einmal durch massive Medikation unter Kontrolle gebracht werden konnten. Man ging davon aus, daß die Anfälle in einer Großhirnhemisphäre entstanden sind und dann über das Corpus callosum die andere erfaßten, so daß der Krampfanfall rasch generalisiert wurde. Man hielt es daher für möglich, daß die Durchtrennung des Corpus callosum wenigstens eine Hemisphäre vor den Anfällen bewahren würde. Es stellte sich heraus, daß die Operation bessere Erfolge bringt, als man vorausgesagt hatte. Es kommt zu einer beträchtlichen Verminderung der

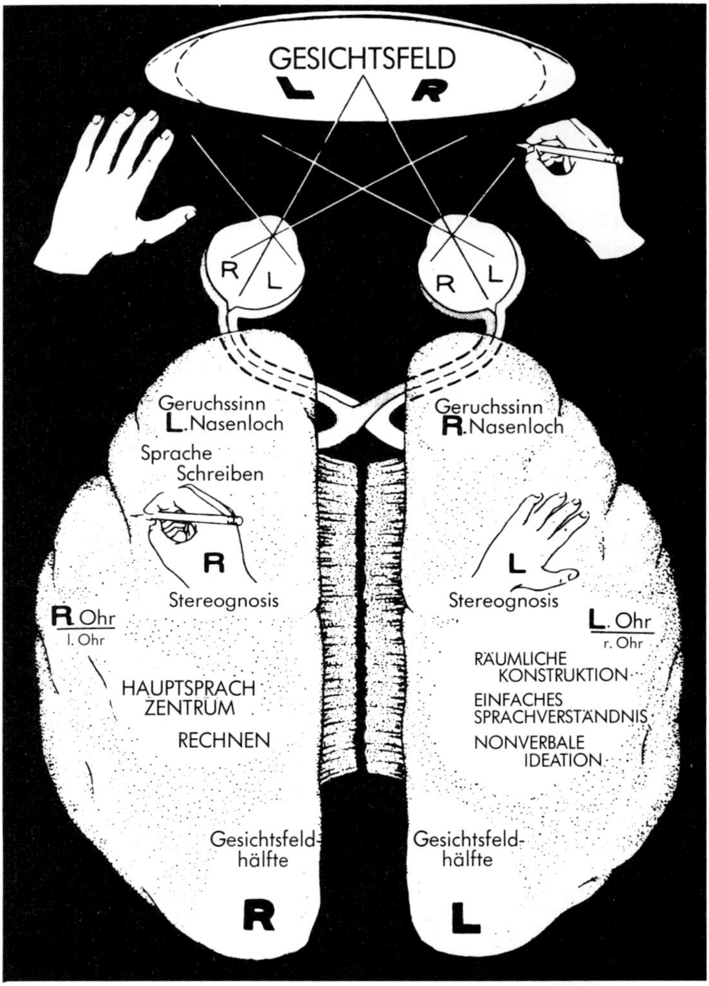

Abb. VI 12. Das Schema zeigt die Art und Weise, in der sich aufgrund der partiellen Kreuzung im Chiasma opticum das linke und rechte Gesichtsfeld auf die rechte bzw. linke Sehrinde projizieren. Das Schema zeigt auch andere sensorische Inputs von den rechten Extremitäten zur linken Hemisphäre und von den linken Extremitäten zur rechten Hemisphäre. In ähnlicher Weise kreuzt der Input des Hörsinns weitgehend, doch der Geruchssinn ist ipsilateral (*Sperry, 1970a*).

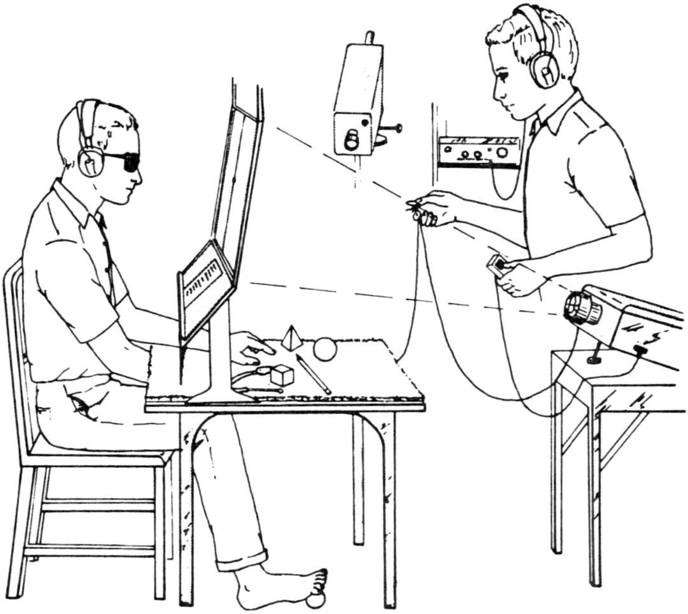

Abb. VI 13. Anordnung der allgemeinen Testeinheit zur Demonstration der durch Kommissurendurchtrennung produzierten Symptome (*Sperry, 1970a*).

Krampfanfälle in beiden Hemisphären. Offensichtlich besteht eine reziproke Anregung jeder Hemisphäre durch die andere.

Sperry und Mitarbeiter besaßen gute Voraussetzungen zur Untersuchung dieser Patienten mit verfeinerten Techniken, weil sie mehrere Jahre lang Affen untersucht hatten, die einer ähnlichen Operation unterzogen worden waren. Einige frühe Untersucher des menschlichen Gehirns hatten nach Durchtrennung des Corpus callosum so wenig Ergebnisse, daß man spaßhaft behauptete, die einzige Funktion des Corpus callosum bestünde darin, die beiden Hemisphären vor dem Auseinanderfallen zu bewahren! Sperrys Studie vermied verschiedene technische Mängel dieser früheren Arbeit und hat während der letzten 10 Jahre unglaublich interessante Resultate erbracht. Es wurden Entdekkungen gemacht, die man nie hätte voraussagen können. In dem Schema der Abb. VI 12 faßt Sperry einige der experimentellen Befunde zusammen. Ich werde mich später auf sie beziehen. Für den gegenwärtigen Zweck ist das Schema wichtig, weil es zeigt, daß sich wegen der partiellen Kreuzung im Chiasma opticum das rechte Gesichtsfeld für beide Augen auf die Sehrinde in der linken Hemisphäre projiziert – man beachte den Buchstaben R in der linken Sehrinde – und entsprechend das linke Gesichtsfeld auf die rechte Sehrinde (Buchstabe L).

Die Abb. VI 13 illustriert die von Sperry entwickelte Untersuchungsmethode. Die Versuchsperson fixiert ihren Blick auf den zentralen Punkt auf der Leinwand, und auf die linke oder rechte Seite dieser Leinwand kann für eine Zehntelsekunde ein Signal geblitzt werden. Man kann auch mit ihr sprechen und durch Zeichen Instruktionen geben. Zum Beispiel kann auf dem linken Gesichtsfeld der Leinwand das Wort »Schraubenmutter« erschienen sein (Abb. VI 14), und dieser Split-Hirn-Patient kann seine linke Hand ausstrecken und unfehlbar die Schraubenmutter aus all den anderen Gegenständen herausholen. Diese experimentelle Anordnung ist zur Prüfung der beiden Seiten des Gehirns, unabhängig voneinander, sehr gut geeignet. Dies ist möglich, weil eine Nachricht – Wort oder Bild –, die man auf das linke Gesichtsfeld projiziert, vollständig zur rechten Sehrinde übermittelt wird (Abb. VI 12), und von dort auf weite Teile der rechten Hemisphäre weitergegeben wird. Ebenso gelangt alles, was sich im rechten Gesichtsfeld zeigt, zur linken Sehrinde und zur linken Hemisphäre, die bei allen von Sperry untersuchten Personen die Sprachhemisphäre ist. Es ist auch wichtig, sich ins Gedächtnis zurückzurufen, daß aufgrund der Kreuzung der Pyramidenbahn (Abb. IV 2) die rechte Hemisphäre die Bewegungen der linken Hand programmiert. Es existiert jedoch eine kleine ungekreuzte Komponente, die den Befund bei einigen Personen erklärt, daß die linke Hemisphäre in geringem Maße auch Bewegungen der linken Seite zustande bringen kann.

Kehren wir nun zu Abb. VI 14 zurück, in der das Wort »Schraubenmutter« auf das linke Gesichtsfeld geblitzt wurde, so in der rechten Sehrinde erschien und dann über verschiedene Erkennungsbahnen zur rechten motorischen Rinde weitergegeben wurde, die die linke Hand programmieren kann (vgl. Abb. VI 12), so daß sie in den angehäuften Gegenständen sucht und die Schraubenmutter herausfindet. Während dieses gesamten Vorgangs ist die linke Hand der Sicht entzogen. Das Interessante ist nun aber, daß die Versuchsperson, wenn sie befragt wird, nichts von dem weiß, was vorgeht. Das Signal auf das linke Gesichtsfeld wurde nicht gesehen, und es ist nicht bewußt, was die linke Hand sucht oder findet. Die Versuchsperson gibt entweder zu, daß sie es nicht weiß, oder sie äußert blindlings eine Vermutung, wie durch Fragezeichen angedeutet wird. Dies ist ein bemerkenswertes Ergebnis. In der rechten Hemisphäre spielen sich offenbar verstandesmäßige Handlungen ab: das Lesen eines Wortes, das Erkennen des durch das Wort bezeichneten Gegenstandes, das sich an der Suche und der Ent-

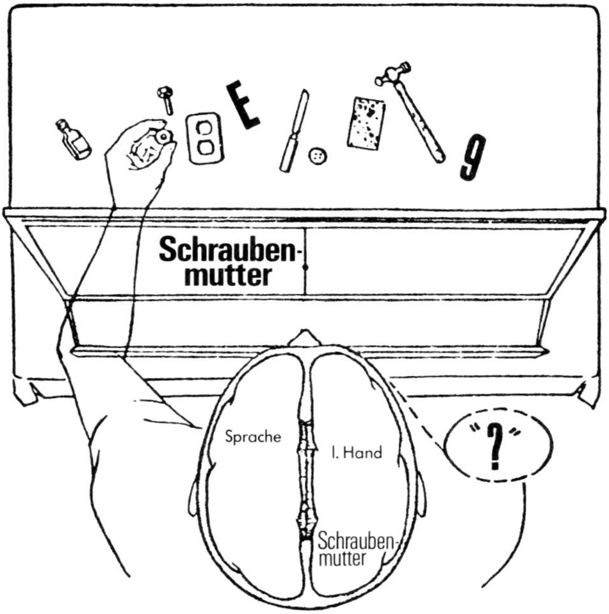

Abb. VI 14. Bezeichnungen von Gegenständen, die auf die linke Gesichtsfeldhälfte geblitzt werden, können gelesen und verstanden, aber nicht ausgesprochen werden. Die Versuchsperson kann den genannten Gegenstand durch Berührung mit der linken Hand heraussuchen, aber kann ihn anschließend nicht bezeichnen oder mit der rechten Hand heraussuchen (*Sperry, 1970a*).

deckung dieses Gegenstandes zeigt, und sogar eine Vorführung seines richtigen Gebrauchs durch die linke Hand (ihn auf eine Schraube zu drehen), und dennoch weiß die sprechende Versuchsperson überhaupt nichts von dem gesamten Vorgang. Man muß wissen, daß zusätzlich zur Kreuzung der Pyramidenbahn auch eine Kreuzung von sensorischen Bahnen aus einer Extremität (vgl. Abb. III 13) vorhanden ist, so daß der sensorische Input von der linken Hand zum Beispiel nach der Kreuzung auch von der rechten Hemisphäre empfangen wird. So erhält die linke Hemisphäre keine Information darüber, was die linke Hand tut oder fühlt. Alles wird zur rechten Hemisphäre zurückgegeben, an diejenige Hemisphäre, die das ursprüngliche optische Signal empfing, und es ist nur diese Hemisphäre, die das Suchen und Auffinden programmiert. Bei dieser Art von Experiment ist es wesentlich, ein blitzartiges Signal von nicht mehr als einer Zehntelsekunde Dauer zu verwenden. Bei längerer optischer Darbietung würde die Versuchsperson ihre

Augen bewegen, so daß das Signal auch auf das rechte Gesichtsfeld projiziert wird. Ein solches Über-Kreuz-Souffliieren läßt das Experiment scheitern. Alle Experimente Sperrys sind so angelegt. Diese entscheidende Vorsichtsmaßnahme war von den früheren Untersuchern nicht streng genug getroffen worden.

Ich möchte den Gedanken, den Sperry aus der ganzen Reihe seiner Experimente entwickelt hat, noch weiter ausbauen, nämlich, daß alle »Vorgänge« in der rechten Hemisphäre (der sogenannten *untergeordneten Hemisphäre*) der sprechenden Person unbekannt sind, die nur mit den »Vorgängen« in der linken Hemisphäre, der *dominanten Hemisphäre* in Verbindung steht. Die dominante Hemisphäre allein kann sich mit Hilfe der Sprache mitteilen. Wie Sperry feststellt, ist sie die sprechende Hemisphäre; und wir haben gesehen, daß sich in dieser Hemisphäre die Sprachzentren (Abb. VI 8) befinden. Außerdem steht mit dieser Hemisphäre das bewußte Wesen oder Selbst in Verbindung, das erkennbar die gleiche Person wie vor der Operation ist. Ursprünglich

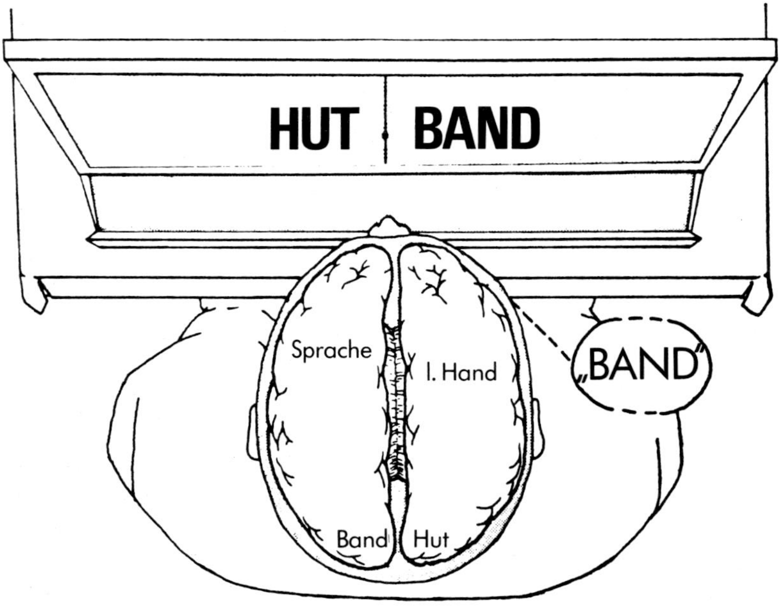

Abb. VI 15. Nur die auf das rechte Gesichtsfeld geblitzte Bezeichnung wird gelesen und von der Versuchsperson mit Worten wiedergegeben. Die Bezeichnung im linken Gesichtsfeld wird nicht bewußt gesehen, noch wird sie auch nur unbewußt mit der im rechten Gesichtsfeld gesehenen Bezeichnung assoziiert (*Sperry, 1970a*).

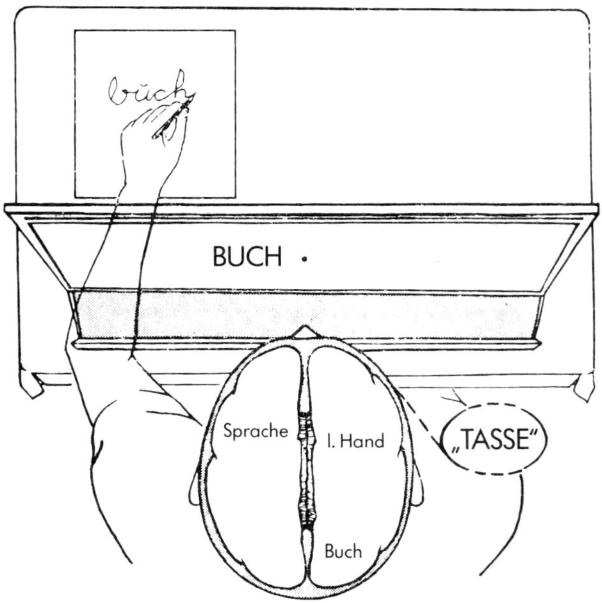

Abb. VI 16. Ein Beispiel von Schreiben mit der linken Hand auf eine Darstellung im linken Gesichtsfeld hin, auf das unrichtige Verbalisation folgt (*R. D. Nebes und R. W. Sperry, Neuropsychologia 9, 247, 1971*).

besaß dieses Selbst ein Gehirn mit zwei Hemisphären, aber nun besitzt es nur eine. Dies ist das Ergebnis der Durchtrennung des Corpus callosum, doch der Patient kommt in den Alltagsangelegenheiten sehr gut zurecht.

Die Abb. VI 15 gibt ein Beispiel dafür, wie hundertprozentig die Spaltung zwischen den Geschehnissen in den beiden Hemisphären ist. Der gezeigte Blitz ist »hat band«, so daß »hat« (Hut), wie gezeigt, zur rechten Hemisphäre geht und »band« zur linken (sprechenden) Hemisphäre. Fragt man die Versuchsperson, was für ein Wort sie gesehen hat, so wird sie sagen »band«. Tests machen ganz deutlich, daß die sprechende Versuchsperson keine Ahnung hatte, daß die rechte Hemisphäre gleichzeitig das Wort »hat« empfangen hatte. Fragt man: Was für ein Band? so werden alle möglichen Vermutungen in Worten zum Ausdruck gebracht, wie »Rock 'n' roll Band«, »rubber band«, »robber band« oder irgend etwas Ähnliches und nur zufällig »hat band«. Ähnliche Tests wurden mit vielen Wortkombinationen durchgeführt, z. B. »key case« u. ä., die zwischen dem linken und rechten Gesichtsfeld aufgespalten wurden, immer mit den gleichen Ergebnissen. Es gibt keine Spur einer Überkreuzübertragung von der rechten zur linken Hemisphäre und zum bewußten Erleben der Versuchsperson.

Die Abb. VI 16 veranschaulicht eine noch bemerkenswertere Untersuchung, die eine geringere Sprachleistung der rechten Hemisphäre trotz ihrer Sprechunfähigkeit zeigt. Sie besitzt sicherlich eine gedankliche Eigenexistenz und ist in einiger Beziehung ganz geschickt. Wir haben gesehen, daß sie die Bedeutung des Wortes »Schraubenmutter« in Abb. VI 14 richtig erkannte. In Abb. VI 16 zeigt sie eine bemerkenswerte Schreibleistung. Zu Beginn wird (nicht in Blitzform) eine Liste von Bezeichnungen für Alltagsgegenstände gezeigt, so daß in beide Hemisphären eingegeben wird: Messer, Glas, Tasse, Löffel, Buch, Füllfederhalter etc., und die Versuchsperson wird aufgefordert, mit der linken Hand ein aus dieser Liste gewähltes und blitzartig auf das linke Gesichtsfeld projiziertes Wort zu schreiben. In Abb. VI 16 wird die rechte Hemisphäre, die »BUCH« auf das linke Gesichtsfeld projiziert sieht, die linke Hand veranlassen, »Buch« richtig, aber in einer von dem eingegebenen Bild verschiedenen Schrift zu schreiben. Dies ist eine beachtliche gute Schreibleistung der linken Hand, die natürlich der Sicht entzogen ist. Gewöhnlich bricht sie nach dem Schreiben von zwei Buchstaben ab. Fragt man die sprechende Versuchsperson: »Was hat die linke Hand geschrieben?«, so entdeckt man, daß sie weiß, daß etwas geschrieben worden ist, weil sie die Schreibbewegung im Körper fühlt. Sie weiß es jedoch nicht im einzelnen und sagt »Tasse«, was eine reine Vermutung nach der anfänglichen Testliste ist. Höchstens als Zufallstreffer wird sie richtig sagen, was die linke Hand getan hat. So besteht keine Kommunikation von der untergeordneten zu der dominanten (linken) Hemisphäre. Dieses bemerkenswerte Experiment zeigt, wie wichtig das Corpus callosum für die Übermittlung präziser Information von einer Hemisphäre zur anderen ist.

Es besteht jedoch eine gewisse Übertragung auf einem unausgeprägten Gefühls- oder Verhaltensniveau. Ein Bild, von dem man erwarten kann, daß es bei der Versuchsperson Furcht oder Verlegenheit hervorruft, wird auf das linke Gesichtsfeld projiziert. Die Versuchsperson empfindet eine unklare emotionelle Reaktion, deren Ursache sie nicht verstehen kann. Zum Beispiel wurde das Bild einer nackten Frau, vielleicht aus dem *Playboy*, auf das linke Gesichtsfeld projiziert und natürlich von der Versuchsperson nicht bewußt gesehen. Dennoch lächelte sie verlegen und kicherte ein wenig, aber sie wußte nicht, warum diese seltsamen Emotionen in ihr aufwallten. Vermutlich war die emotionale Reaktion der untergeordneten Hemisphäre in das limbische System und zum Hypothalamus hinuntergelaufen und von dort wieder zur linken Hemisphäre aufgestiegen. Man muß sich daran erinnern, daß in der Hypothalamusregion wie auch im gesamten Hirnstamm die normale Kommunikation über die Mittellinie läuft. Die operative Spaltung beschränkt sich auf die Großhirnkommissuren. Aber bei der Übertragung auf diesen niedrigeren Ebenen gibt es keinen Informationsgehalt, nur einen Stimmungsaustausch. Diese gleiche vage Übertragung mit unwesentlichem Informationsgehalt kann auch bei Furcht oder anderen emotionellen Störungen vorkommen. Solch ein Stimmungsaustausch kann sich langsam entwickeln und für eine recht lange Zeit anhalten, als ob er von einem hormonellen Mechanismus gesteuert wäre. Die Rolle der biogenen Amine und des limbischen Systems bei der Stimmung geht über den Rahmen dieses Kapitels hinaus, aber ich möchte auf eine Übersicht von Kety hinweisen, die in hervorragender Weise das gesamte wichtige Feld der Gehirnzustände umfaßt.

Trotz der guten Leistung der rechten Hemisphäre bei der Benennung von Alltagsgegenständen begreift sie selbst einfache Verben kaum, wenn überhaupt. Präsentiert man dem linken Gesichtsfeld solche Kommandos in Verben wie nicke, winke, schüttle den Kopf, lächle, so erhält man im Gegensatz zu den Namen praktisch nie eine Antwort. Trotzdem geht das Begreifen der rechten Hemisphäre über die Namen von Alltagsgegenständen hinaus. Deskriptive Sätze können als Signale gewertet werden, um Gegenstände aus einer vorgelegten Sammlung herauszugreifen. Zum Beispiel »zum Feueranzünden« bewirkt das Heraussuchen eines Streichholzes; »zum Aufnehmen von Flüssigkeit« eines Glases; »Meßinstrument« eines Lineals. Hält man dem linken Gesichtsfeld das Bild einer großen Wanduhr vor, so wird die linke Hand nach dem geeignetsten verfügbaren Gegenstand suchen und zum Beispiel eine Spielzeugarmbanduhr herausholen; wenn ein Dollarzeichen projiziert wird, wird eine Münze, etwa 25 ¢ herausgenommen. So müssen wir erkennen, daß die rechte Hemisphäre nicht nur die Namen einfacher Objekte, sondern auch deren Assoziationen erfaßt. Ich glaube, man wird mir beipflichten, daß sie eine sehr schlaue Hemisphäre ist. Eine weitere bemerkenswerte Leistung beweisen die verzögerten Antworten. Zum Beispiel kann ein Signal auf das linke Gesichtsfeld projiziert werden und die linke Hand kann sogar noch nach einer erzwungenen Verzögerung von fünf Minuten nach dem Blitz in einen Sack mit zwanzig Gegenständen greifen und den richtigen herausholen. Sperry sagt, daß kein nicht-menschlicher Primate die Leistung der rechten Hemisphäre sowohl hinsichtlich der Wiedererkennung eines Objektes auf einem anderen Sinnesweg (crossmodality recognition) als auch der verzögerten Leistung, wie eben beschrieben, erreichen kann.

Wir können nun zu Abb. VI 12 zurückkehren, einem Schema, das Sperry vor mehreren Jahren gezeichnet hat. Es ist jedoch immer noch als Diskussionsgrundlage für das gesamte Split-Hirn-Thema wertvoll. Wir haben es bereits verwendet: im Zusammenhang mit dem rechten und linken Gesichtsfeld und ihrer höchst selektiven Projektion auf die gekreuzten Sehrinden, wie durch die Buchstaben R und L gekennzeichnet ist. In dem Schema sind ebenfalls die streng einseitige Projektion des Geruchssinns und die überwiegend gekreuzte Projektion des Gehörsinns gezeigt. Die gekreuzten Repräsentationen sowohl der motorischen als auch der sensorischen Innervation der Hände sind sichtbar und ebenfalls der weitere Befund, daß das arithmetische Rechnen vorwiegend in der linken Hemisphäre seinen Sitz hat. Von der rechten Hemisphäre können nur sehr einfache Additionen ausgeführt werden. Neuere Entwicklungen von Konzepten für die Hemisphärenfunktion werden später mit Bezug auf die Abb. VI 17 besprochen werden.

All dies raffinierte Arbeiten mit Blitzlicht-Untersuchungen ist durch eine neue, von Zaidle und Sperry entwickelte Technik überholt worden, bei der in das rechte Auge eine Kontaktlinse eingesetzt wird, die den Input zu diesem Auge auf das linke Gesichtsfeld beschränkt, unabhängig davon, wie das Auge bewegt wird. Gleichzeitig bedeckt eine Augenklappe das linke Auge. Auf diese Weise kann die Versuchsperson bis zu zwei Stunden ununterbrochen untersucht werden, was kompliziertere Untersuchungen ermöglicht als die Blitz-Technik. Die Tests beschäftigten sich mit der Fähigkeit der rechten (untergeordneten) Hemisphäre, komplexe visuelle Darstellungen zu verstehen, was sich an den entsprechenden Reaktionen der linken Hand zeigte.

Zum Beispiel können Cartoon-Streifen, die aus vier bis sechs Bildkarten bestehen und willkürlich durcheinandergemischt sind, mit der linken Hand sortiert und in der richtigen Reihenfolge geordnet werden, trotz der Tatsache, daß die bewußte Versuchsperson verbal berichtet, daß sie keine Ahnung hat, was dem linken Gesichtsfeld angeboten wird oder wie die linke Hand darauf reagiert. Es ist zu beachten, daß bei Abschirmung des linken Auges und der optischen Vorrichtung an der Kontaktlinse des rechten Auges jeglicher Input aus dem rechten Gesichtsfeld zu der Versuchsperson eliminiert wird, d. h. die Versuchsperson ist völlig blind, was bewußte visuelle Erfahrungen angeht.

Trotz intelligentem Verhalten bei bildlichem und verbalem Angebot an die subdominante Hemisphäre ist diese Hemisphäre vollkommen unfähig, auch nur die einfachsten Sätze zu vervollständigen, wenn sie so untersucht wird, wie es durch die nachstehend gegebene verbale Anordnung dargestellt ist:

Mutter liebt ________________

Nagel Baby Besen Stein

Die Versuchsperson deutet mit der linken Hand, während der Satz gelesen wird: »Mutter liebt_____« und dann der Reihe nach auf die vier Worte darunter zur Identifizierung. Die Versuchsperson versucht dann, den Satz zu vervollständigen, wobei sie die linke Hand benutzt, um auf eines der vier Worte unten zu deuten, und wählt nur zufällig »Baby«. Die Befunde bei der Sprachtestung von Schimpansen zeigen in ähnlicher Weise, daß sie nicht in der Lage sind, Sätze zu vervollständigen, wenn auch manche zweifelhaften Behauptungen gemacht worden sind. Diese Unfähigkeit entsteht natürlich aus der Tatsache, daß weder die subdominante Hemisphäre noch das Schimpansenhirn ein Wernikkesches Zentrum besitzen, das die erforderliche semantische Fähigkeit bestimmt.

Abschließend können wir sagen, daß die rechte Hemisphäre ein sehr hoch entwickeltes Gehirn ist, mit Ausnahme dessen, daß sie sich selbst nicht sprachlich ausdrücken kann, sie ist nicht imstande, irgendeine Bewußtseinserfahrung zu offenbaren, die wir erkennen können. Sperry postuliert, daß in der rechten Hemisphäre ein anderes Bewußtsein existiert, daß aber seine Existenz durch den Mangel an expressiver Sprache im dunkeln liegt. Andererseits verfügt die linke Hemisphäre über eine normale Sprachleistung, so daß man erkennen kann, daß sie mit der früheren Existenz des Ego oder des Selbst mit all den Erinnerungen an die Vergangenheit vor der Kommissurendurchtrennung assoziiert ist. Von daher sieht es so aus, daß von dem sprechenden Selbst ein nicht sprechendes Selbst abgespalten worden ist, das sich nicht durch Sprache mitteilen kann; es ist vorhanden, aber stumm oder aphasisch.

Wir werden später auf die weitere Betrachtung der einzigartigen Leistungen der untergeordneten oder rechten Hemisphäre zurückkommen. Im Augenblick können wir festhalten, daß wir nicht wissen, ob in der isolierten rechten Hemisphäre irgendein unausdrückbares Bewußtsein vorhanden ist, ebenso wie wir nichts von einem eventuellen Bewußtsein der Tiere wissen. Ich streite ihnen das Bewußtsein nicht ab. Ich sage nur, daß es für uns anscheinend nicht erkennbar ist. Wir können es mit keiner Methode entdecken, aber wir müssen uns über die Grenzen unserer Untersuchungstechniken, sowohl was Tiere als auch was die isolierte rechte Hemisphäre anbelangt, klar sein.

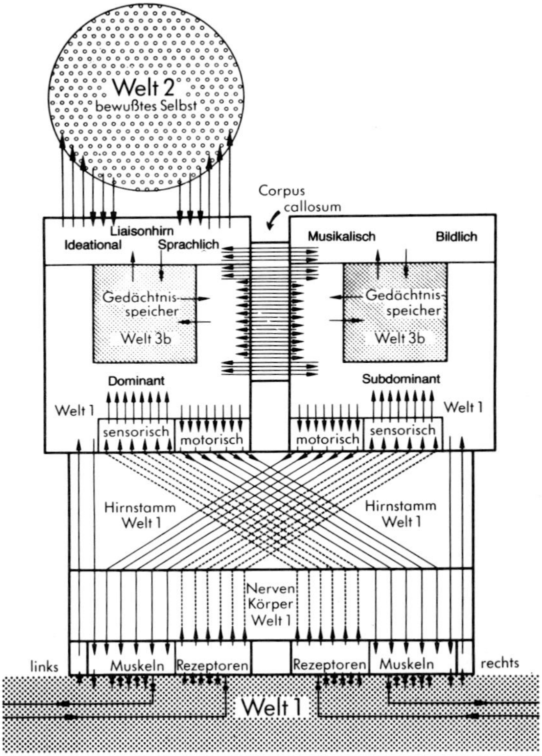

Abb. VI 17. Kommunikationen zum und vom Gehirn und innerhalb des Gehirns. Das Schema soll die hauptsächlichen Kommunikationslinien von den peripheren Rezeptoren zu den sensorischen Rinden und so weiter zu den Großhirnhemisphären zeigen. In ähnlicher Weise zeigt das Schema den Output von den Großhirnhemisphären über die motorische Rinde zu den Muskeln. Diese beiden Bahnsysteme kreuzen größtenteils, wie gezeichnet, aber nebenrangige ungekreuzte Bahnen kommen ebenfalls vor. Die dominante linke Hemisphäre und die untergeordnete rechte Hemisphäre sind bezeichnet, zusammen mit einigen Eigenschaften dieser Hemisphären, die man in Abb. VI 18 dargestellt findet. Das Corpus callosum ist als mächtige Kopplung der beiden Hemisphären gezeigt, und zusätzlich stellt das Schema die Arten der Wechselwirkung zwischen den Welten 1, 2 und 3, wie im Text beschrieben und auch in Abb. VI 3 veranschaulicht, dar. Die gepunkteten Pfeile zu und von der untergeordneten Hemisphäre deuten mögliche Kommunikationslinien vom bewußten Selbst bei intaktem Corpus callosum an (siehe Text).

E. Die Hirn-Geist-Liaison

Meine Behauptung ist, daß sich philosophische Probleme von Gehirn und Verstand durch diese Untersuchungen der getrennten dominanten und untergeordneten Hemisphäre bei den Split-Hirn-Patienten gewandelt haben. Vor mehreren Jahren mutmaßte ich, daß das bewußte Selbst *auch vor der Spaltung* nur mit der dominanten Hemisphäre in Verbindung stand. Die untergeordnete Hemisphäre ist immer per se eine unbewußte Hemisphäre, aber normalerweise erlangt sie natürlich Bewußtsein durch die Kommunikation mit der dominanten Hemisphäre mit Hilfe des starken Impulsverkehrs durch das Corpus callosum. Diese Hypothese kann in der schematischen Illustration des Gehirns und seiner Verbindungen in Abb. VI 17, die als eine Weiterentwicklung aus Abb. VI 3 mit der gleichen Darstellung der Welten 1, 2 und 3 angesehen werden kann, ganz spezifisch aufgestellt werden. Es wird gezeigt, daß das bewußte Selbst (Welt 2) nur mit *spezifischen sprachlichen und gedanklichen Zonen* der dominanten Hemisphäre in Verbindung steht. Nur die Welt 3 der Gedächtnisspeicher im Gehirn ist gezeigt.

Ich meine nun, daß dies eine zu radikale Folgerung aus den Beobachtungen an Kommissurotomiepatienten sein könnte. Bei intaktem Corpus callosum könnten in der untergeordneten Hemisphäre neuronale Aktivitäten einer speziellen Art erzeugt werden, die ihr eine gewisse Liaison mit dem selbstbewußten Geist verschaffen, wie durch die durchbrochenen Linien von Welt 2 in Abb. VI 17 angezeigt.

In Abb. VI 17 ist das Corpus callosum als ein äußerst leistungsfähiges Kommunikationssystem dargestellt, so daß alle Geschehnisse in der untergeordneten Hemisphäre sehr rasch und wirksam dem Liaison-Hirn der dominanten Hemisphäre und so dem bewußten Selbst übermittelt werden können. Dies geschieht bei der Leistung der untergeordneten Hemisphäre bei allen Wahrnehmungen, allen Erfahrungen und allen Erinnerungen und in der Tat für den gesamten Gehalt von Welt 2 (vgl. Abb. VI 1, 2). Wird das Corpus callosum durchtrennt, so offenbart sich, was die ganze Zeit so war, nämlich, daß die untergeordnete Hemisphäre *per se* immer ein unbewußter Teil des Gehirns ist und daß die Verbindung durch das Corpus callosum notwendig ist, damit sie von dem bewußten Selbst empfangen und zu diesem übermitteln kann.

Als ich vor vielen Jahren in Anlehnung an Sherrington postulierte, daß es ein spezielles Hirnareal gibt, das in Beziehung zum Bewußtsein steht, war mir der Gedanke sicherlich sehr fern, daß in wenigen Jahren eine definitive experimentelle Nachprüfung durchgeführt werden könnte. Aber nun haben wir diese Unterscheidung zwischen der domi-

Dominante Hemisphäre	Subdominante Hemisphäre
Verbindung zum Bewußtsein	keine derartige Verbindung
verbal	fast nicht-verbal
linguistische Beschreibung	musikalisch
ideagen	Bild- und Musterempfinden
begriffliche Ähnlichkeiten	visuelle Ähnlichkeiten
zeitliche Analyse	zeitliche Synthese
Detailanalyse	holistisch – Bilder
arithmetisch und computerhaft	geometrisch und räumlich

Abb. VI 18. Verschiedene spezifische Leistungen der dominanten und subdominanten Hemisphäre, wie durch die neuen begrifflichen Entwicklungen von Levy-Agresti und Sperry (1968) und Levy (1974) vorgeschlagen. Es finden sich einige Ergänzungen zu ihrer ursprünglichen Liste.

nanten Hemisphäre, die in Verbindung mit dem bewußten Selbst steht, und der untergeordneten Hemisphäre ohne eine derartige Verbindung. Diese empirische Entdeckung versuche ich in Abb. VI 17 zu veranschaulichen. In ihr sind die Kommunikationslinien in beiden Richtungen gezeigt – ihr Verlauf zu den Muskeln über die motorischen Bahnen, wie in Abb. IV 1, 2 gezeichnet, und von den Rezeptoren, die Reize von der Welt empfangen, zu den sensorischen Rindenfeldern, wie teilweise in den Abb. III 13, 14, VI 4, 5 illustriert. Die Abb. VI 17 zeigt auch, daß zusätzlich zu der gewöhnlichen gekreuzten Repräsentation für Input und Output eine kleinere ipsilaterale Repräsentation existiert, wie in einigen von Sperrys Untersuchungen offengelegt wurde. Man wird auch erkennen, daß die untergeordnete Hemisphäre bei ihrer Kommunikation zu Welt 2 durch die Notwendigkeit, über das Corpus callosum zur Liaisonzone der dominanten Hemisphäre zu übermitteln, normalerweise im Vergleich zur dominanten Hemisphäre keine materiellen Mängel aufweist. Erstens ist das Corpus callosum eine solch ungeheure Bahn, daß die untergeordnete Hemisphäre bei der Übertragung hierdurch keine Verkehrsprobleme hat. Zweitens muß, wie in Abb. VI 17 zu sehen ist, vermutlich der größere Teil der dominanten Hemisphäre ebenfalls zu der Liaisonzone übermitteln.

Bis dahin läßt der Bericht über die Leistung der untergeordneten Hemisphäre den Schluß zu, daß sie im Vergleich zur dominanten Hemisphäre äußerst mangelhaft ist. Neuere Entwicklungen von Sperry und Levy und anderen Laboratorien fügen dem Repertoire der untergeordneten Hemisphäre viele interessante und wichtige Funktionen hinzu. In Abb. VI 12 waren bereits einige interessante Eigenschaften dargestellt – räumliche Konstruktion, non-verbales Vorstellungsvermögen. Die tabellarische Aufstellung in Abb. VI 18 bringt eine ausführlichere und zutreffendere Liste charakteristischer Funktionen sowohl der untergeordneten als auch der dominanten Hemisphäre. Sie leitet sich weitgehend von neueren Untersuchungen von Sperry und Levy ab, aber mit einigen Ergänzungen. Im Prinzip ist die dominante Hemisphäre besonders auf feine imaginative Details bei allen Beschreibungen und Reaktionen spezialisiert, d. h. sie ist analytisch und sequential. Sie kann auch addieren und subtrahieren und multiplizieren und andere computerartige Operationen ausführen. Doch selbstverständlich rührt ihre Dominanz von ihren verbalen und gedanklichen Fähigkeiten und ihrer Verbindung zum Bewußtsein (Welt 2) her. Aufgrund ihrer diesbezüglichen Mängel verdient die untergeordnete Hemisphäre ihre Bezeichnung, aber bei ihr stechen viele wichtige Eigenschaften hervor, besonders in ihren räumlichen Fähigkeiten mit einem hochentwickelten Sinn für Bilder und Muster. So z. B. ist die untergeordnete Hemisphäre weit überlegen, wenn es um das Programmieren der linken Hand bei allen Arten geometrischen und perspektivischen Zeichnens geht. Diese Überlegenheit erweist sich auch in der Fähigkeit, gefärbte Steinchen zu einem Mosaik zusammenzufügen. Die dominante Hemisphäre ist nicht imstande, auch nur die einfachsten Aufgaben dieser Art zu lösen, und sie hat fast überhaupt keinen Sinn für Bilder und Muster, zumindest soweit dies in ihrem Unvermögen zu kopieren zu Tage tritt. Sie ist eine arithmetische, aber keine geometrische Hemisphäre. Es ist überraschend, wie genau diese Unterscheidungen getroffen werden können. Das hätte man niemals voraussagen können.

Die Abb. VI 18 zeigt, daß sich die beiden Hemisphären in ihren Eigenschaften grundsätzlich komplementär verhalten. Die untergeordnete ist kohärent, und die dominante ist detailliert. Weiterhin ist die untergeordnete Hemisphäre nicht nur optisch begabt, sondern es gibt auch Anhaltspunkte dafür, daß sie musikalisch ist. Musik ist im wesentlichen kohärent und synthetisch, da sie von aufeinanderfolgenden Inputs von Tönen abhängt. Unser Sinn für Musik schafft für uns ein kohärentes, synthetisches, nacheinander ablaufendes Bildwerk auf eine gewissermaßen holistische Weise. Außerdem sammelt Brenda Milner immer mehr Beweise dafür, daß eine Entfernung des rechten Temporallappens tatsächlich die musikalischen Fähigkeiten erheblich beeinträchtigt, wie in den Seashore Tests gezeigt wird.

Sperry und Levy haben die reizvolle Hypothese formuliert, daß die beiden Hemisphären komplementäre Funktionen besitzen. Diese Anordnung ist sehr leistungsfähig, weil jede unabhängig von der anderen ihre eigenen besonderen Fähigkeiten bei der Weiterentwicklung und Formung des neuralen Inputs einsetzen kann. Dann können die beiden komplementären Leistungen in den Vorstellungs-, Sprach- und Liaisonzonen kombiniert und integriert werden. Auf diese Weise hat man als Welt-2-Wesen den Vorteil, seine gesamte Großhirnleistung zu lenken und das kumulierte und integrierte Resultat von seinem Liaisonhirn zu erhalten.

F. Der freie Wille

Ich komme jetzt zu einer kurzen Betrachtung des freien Willens. Ich habe nicht vor, eine philosophische Erörterung dieses viel zu viel diskutierten Themas zu liefern. Alles, was ich zu sagen habe, ist, daß der freie Wille eine Erfahrungstatsache ist. Er ist etwas, das jeder von uns erlebt. Niemand hätte sich die Existenz eines freien Willens vorstellen können, wenn er ihn nicht erlebt hätte. Ich meine damit die Fähigkeit, Handlungen auszuführen, die in Gedanken geplant worden sind, oder wenigstens den Versuch zu machen, sie auszuführen. Der freie Wille wird oft mit der Begründung geleugnet, daß man ihn nicht erklären könne – daß er Geschehnisse beinhaltet, die durch die heutige Physik und Physiologie nicht zu erklären seien. Darauf antworte ich, daß unser Unvermögen auf dem Umstand beruhen mag, daß Physik und Physiologie für das ungeheure Komplexitätsmuster neuronaler Operationen (vgl. Abb. VI6) noch nicht ausreichend entwickelt sind. Die Feinheit, die immense Komplexität der Muster, die durch diesen »Zauberwebstuhl« von Sherrington in Raum und Zeit geschrieben werden, und die sich daraus ergebenden Eigenschaften dieses Systems liegen zum gegenwärtigen Zeitpunkt und vielleicht auch noch für weitere Zukunft außer Reichweite der physikalischen und physiologischen Forschung, wie ich in meinem Buch *Facing Reality* dargelegt habe. Ich möchte postulieren, daß diese neuronalen Muster in den Liaisonzonen die Empfangsstationen für die Operationen darstellen, die im Bewußtsein von Welt 2 ablaufen, die unsere Welt primärer Realität ist, wie am Anfang dieses Kapitels beschrieben wurde.

Doch nach dieser höchst verblüffenden Stufe der Übertragung von Welt 2 zum Liaison-Hirn müssen wir noch die weitere neuronale Bahn von dort zur motorischen Rinde betrachten. Wir knüpfen damit an die Diskussion der willkürlichen Bewegung in Kapitel IV an und besonders an die Interpretation des »Bereitschaftspotentials«, das in Abb. IV 3 veranschaulicht ist. Bewegungen auf der rechten Seite resultieren aus komplexen neuronalen Aktionsmustern zuerst in den Liaisonzonen, die von dort über unbekannte Bahnen zur motorischen Rinde weitergeleitet werden. Der gesamte Prozeß benötigt 0,8 sec, wie durch die durchschnittliche Dauer des Bereitschaftspotentials definiert ist. Bei Bewegungen der linken Seite ist die Situation ähnlich, nur, daß hier das Kreuzen zur untergeordneten Hemisphäre über das Corpus callosum hinzukommt. Da die errechnete Zeit für ein solches Kreuzen nicht mehr als 0,01 sec beträgt, besitzen motorische Aktionen, die von der untergeordneten Hemisphäre willkürlich ausgeführt werden, nur eine zu vernachlässigende zeitliche Verzögerung. Wieder muß man sich vor Augen halten, daß an der gewöhnlichen Ausführung willkürlicher Bewegungen sowohl die untergeordnete als auch die dominante Hemisphäre beteiligt sind. Ohne Zweifel wird über das Corpus callosum viel hin und her kommuniziert während des Bereitschaftspotentials, das in seinen anfänglichen Stadien bilateral ist, sogar während der Programmierung einer streng unilateralen Aktion wie dem Beugen des Fingers.

G. Zusammenfassung über die Hirn-Geist-Liaison

Damit, daß die Welt 2 in Abb. VI 17 (oder Abb. VI 3) oberhalb des Gehirns gezeichnet ist, möchte ich keineswegs andeuten, daß die Welt 2 über dem Gehirn schwebt und unabhängig von der Liaisonzone des Gehirns eine autonome Leistung und Existenz besitzt. Im Gegenteil, sie ist, soweit wir entdecken können, eng mit der neuronalen Aktivität dort verknüpft. Wenn diese aufhört, so tritt Bewußtlosigkeit ein. Wie die Pfeile in beiden Richtungen in Abb. VI 17 andeuten, besteht ein unablässiges Wechselspiel in der Wechselwirkung zwischen Welt 2 und dem Liaison-Hirn, aber wir wissen nichts über sein Wesen. Diese Wechselwirkung bedeutet eine unerhörte Herausforderung für die Zukunft. Unter diesem Aspekt können wir an den gesamten Bereich der Psychiatrie mit solchen Problemen wie dem des unbewußten Selbst, wie denen des Schlafes und der Träume oder von Wahnvorstellungen denken. Trotz unserer gegenwärtigen Unkenntnis der exakten neurologischen Basis all dieser Probleme der Psyche können wir auf ein klareres Verständnis hoffen, weil es jetzt möglich ist, die Liaisonzonen des Gehirns zu definieren und zu postulieren, daß diese Verbindung nur in bestimmten Zonen und bei bestimmten Zuständen des Gehirns vorkommt. Diese Einsicht läßt in aller Begrenztheit auf weiteres Verständnis dieses fundamentalen Problems hoffen.

Die empirische Unterstützung, die das Konzept des Liaison-Hirns erfährt, muß die Philosophen verdrießen, die das Gehirn-Geist-Problem holistisch betrachten, wie es z. B. die Hypothese von der psychoneuralen Identität von Feigl vorschlägt. In dieser Hypothese wird postuliert, daß alle neuronale Aktivität im Großhirn auf die eine oder andere Weise zum Bewußtsein durchdringt und hier vollständig zum Ausdruck kommt. Oft wird die Analogie herangezogen, daß neuronale Aktivität und Bewußtseinszustände zwei verschiedene Seiten einer Sache sind, als ob die eine von einem außenstehenden Beobachter gesehen würde, die andere als innere Erfahrung des »Eigentümers« des Gehirns. Diese vorgeschlagene Identifikation wird jedenfalls in ihrer gegenwärtigen Form durch die Entdeckung widerlegt, daß nach Kommissurotomie keines der neuronalen Ereignisse in der untergeordneten Hemisphäre von der bewußten Person wahrgenommen wird.

Kehren wir zur abschließenden Zusammenfassung des Gehirn-Geist-Problems zu Abb. VI 17 zurück. Wir sehen hier den weitgehend gekreuzten Input von den Rezeptoren – insbesondere von den Gesichtsfeldern und den Extremitäten. Der Input von der linken Seite zur untergeordneten Hemisphäre wird in dieser Hemisphäre vollständig verarbeitet, er muß aber zur Integration mit Informationen von der rechten Seite und zur Bewußtwerdung über das Corpus callosum kreuzen. Die Abb. VI 17 soll als Gedächtnisstütze dafür dienen, daß auch von der untergeordneten zur dominanten Hemisphäre ein immenser Impulsverkehr durch das Corpus callosum besteht. Auf diese Weise können Inputs, die von ihren verschiedenen Kommunikationslinien her die dominante Hemisphäre erreichen, nach entsprechender Verarbeitung in die untergeordnete Hemisphäre übertragen werden, damit diese ihre speziellen Funktionen ausüben kann, wie in Abb. VI 18 skizziert. Es versteht sich allerdings, daß die Abb. VI 17 ein äußerst vereinfachtes Schema ist. Es wird kein Versuch unternommen, die Grade der Komplexität bei der Wechselwirkung der beiden Hemisphären durch den ungeheuren Callosum-Verkehr oder gar bei den Wechselwirkungen zwischen den Liaisonzonen und Welt 2 zu veranschaulichen.

H. Gehirn-Evolution, kulturelle Evolution und Bewußtsein

Wir wollen nun zu dem Schema der drei Welten (Abb. VI 1 und VI 3) zurückkehren, wo wir gesehen haben, daß Welt 3 ausschließlich menschlich ist. Dies ist die Frage, die ich stelle: Wie wurde der Mensch zu dem, was er ist? Welche evolutionäre Geschichte steht hinter dem Menschen? Sehen wir der Tatsache ins Auge – der Mensch ist einzigartig. Wir dürfen die Vorstellung nicht akzeptieren, daß der Mensch nichts weiter als ein höheres Tier ist. Dies ist sicherlich nicht wahr. Durch seine intellektuellen, rationalen, ethischen und ästhetischen Aktivitäten ist der Mensch über seine tierischen Vorfahren zu einem erstaunlichen Grad hinausgewachsen, wenn auch seine Emotionen und Verhaltensmuster diese Abstammung immer noch verraten, wie Konrad Lorenz nachgewiesen hat. Die Einzigartigkeit des Menschen ist der Welt 3 zuzuschreiben, die natürlich durch den Menschen geschaffen wurde. Als der Mensch vor etwa einer Million Jahre nur ein armer, Steine bearbeitender Hominide war, hätte niemand vorausgesagt, daß er darüber hinauskommen würde; besonders, wenn ein privilegierter Beobachter hätte sehen können, daß die Methode seiner Steinbearbeitung mehrere hunderttausend Jahre lang kaum Fortschritte machte! Man kann die Zeugnisse in den Museen sehen. Dennoch verbesserte er sich langsam, am Schluß mit zunehmender Beschleunigung.

Es wird allgemein angenommen – das sagen zum Beispiel Dobzhansky und Popper – daß die Sprache eine Schlüsselrolle spielte. Der Mensch hatte zweifellos vor mehr als hunderttausend Jahren beachtliche sprachliche Kommunikationsmittel entwickelt, und das bedeutete, daß er nun ein Gemeinschaftswesen wurde, das imstande war, Erfahrungen mitzuteilen. Schließlich wurde er durch diese Kommunikation mit seinen Genossen sich seiner selbst bewußt. Ich würde die Dämmerung des Bewußtseins seiner selbst, die sichere Kenntnis von der Welt 2, vor mindestens 100000 Jahren ansetzen, weil die frühesten bekannten zeremoniellen Gräber der Neandertaler aus dieser Zeit stammen. Die Neandertaler begruben die Toten mit Grabbeigaben von Geweihen, Nahrungsmitteln, Waffen und so weiter. Wir können vermuten, daß zu dieser Zeit ein primitiver Mensch andere sterben sah und dachte, er ist wie ich – dies kann auch mir zustoßen, ich kann ebenfalls aufhören zu leben. Und dann begann diese Transmutation von nur wissenden Kreaturen zu Kreaturen, die *wissen*, daß sie wissen, was das Wesen des Selbst-Bewußtseins ausmacht. Wir können annehmen, daß dies erst nach großen Fortschritten in der sprachlichen Entwicklung geschah.

Diese fortgeschrittene Sprache wurde zur Beschreibung, Diskussion und Argumentation verwendet. Diese Verwendung der Sprache könnte man die kreativen Arten der Sprache nennen – nicht nur »Oh« und »Ah« als Zuruf oder Warnschrei, sondern eine Sprache mit Bedeutung. Auf diese Weise, indem er sprachliche Kommunikation von immer wachsender Präzision und Subtilität ersann, muß der Mensch schrittweise ein selbst-bewußtes Wesen geworden sein, das sich seiner eigenen Identität oder seines Selbst bewußt war.

In Anlehnung an Popper kann man annehmen, daß der Aufstieg des Menschen mit Hilfe der Welt 3 erfolgte, die er sich schuf und bei der es sich in den frühen Stadien weitgehend um seine sprachliche Entwicklung gehandelt haben muß. Wir müssen die phantastisch schnelle evolutionäre Veränderung erklären, aufgrund deren das Gehirn von den 600 ccm der Australopithecinen vor etwa 1,7 Millionen Jahren zu der vollen menschlichen Größe von 1500 ccm vor ungefähr 100 000 Jahren anwuchs. Eine in Entwicklung begriffene Sprache mit ihren *deskriptiven und argumentativen Funktionen* (Popper) verlieh den primitiven Menschen ungeheure Selektionsvorteile, erstens bei ihrem Zusammenschluß in Stämmen und zweitens bei ihrer Gruppenbildung nach Stämmen zum Jagen und Kämpfen. Fortschreitende cerebrale Entwicklung war für die fortschreitende sprachliche Entwicklung erforderlich. Ohne Zweifel trug auch die Werkzeugkultur dazu bei, weil sie von der cerebralen Entwicklung der Kontrolle der Feinbewegungen abhing. So kommen wir zu dem Konzept, daß der Mensch sich aufgrund einer Art wechselseitiger Katalyse durch die Kultur weiterentwickelt hat. Während der Zeit der frühesten Hominiden und bis zum Alt-Paläolithicum war der Fortschritt, was Gehirn und Kultur anbelangte, zunächst sehr langsam, dann wurde die Entwicklung allmählich immer schneller, bis zu den großen kulturellen Errungenschaften des Jung-Paläolithicums.

Ein Beispiel für die jüngere Entwicklung des paläolithischen Menschen stellen die Höhlenzeichnungen von Lascaux dar. Eine solche künstlerische Darstellung von Lebewesen konnte nur von einer Art früher Kunstschule gegeben werden, die mit sprachlicher Beschreibung und Kritik arbeitete. Die Sprache muß bereits eine hoch entwickelte Kommunikationsform zwischen denjenigen gewesen sein, die bei derartigen künstlerischen Leistungen zusammenarbeiteten, bei denen die Formen und Bewegungen der Lebewesen mit dem Auge erfaßt, ins Gedächtnis zurückgerufen und zeichnerisch dargestellt werden mußten. In Anlehnung an Popper ist meine Theorie die, daß sich der Mensch in dieser langen paläolithischen Ära von mehreren hunderttausend Jahren in allen Aspekten von Welt 2 schuf, indem er seine Kultur schuf, die Welt 3 von Abb. VI 1. Diese doppelten Schöpfungsprozesse sind unauflösbar miteinander verschmolzen und mit dem Gehirnwachstum gekoppelt.

Die fortschreitende Beschleunigung der kulturellen Entwicklung kann einer fortschreitenden Gewandtheit und Leistungsfähigkeit der sprachlichen Kommunikation und der daraus folgenden Entwicklung der Technik zugeschrieben werden, die das neolithische Zeitalter von der relativ langsamen Entwicklung der langen paläolithischen Ära unterscheidet. Dann kamen die mesopotamische und ägyptische Zivilisation, die die Urprünge unserer Zeit einleiten. Wir befinden uns noch immer in dieser Akzeleration, zumindest in einigen Aspekten der Kultur. Man denke zum Beispiel an den Ausstoß von wissenschaftlichen Arbeiten. Wir wissen nicht, was wir mit diesem wachsenden Berg anfangen sollen. In früheren Zeiten ging der kulturelle Fortschritt tausendmal langsamer voran, sogar mehrere hunderttausendmal langsamer als heute. In den reifenden Zivilisationen waren die menschlichen Gedanken nicht mehr von der vordringlichen Problematik des Überlebens beherrscht, und statt dessen konnte die kreative Vorstellungskraft des Menschen in Literatur, in Kunst, in Architektur und im weiteren in Religion, Philosophie und Naturwissenschaft ihren Ausdruck finden, die die Folge seiner Versuche waren, sein Wesen, seinen Ursprung und seine Bestimmung zu verstehen.

Man muß sich darüber im klaren sein, daß jedes menschliche Individuum vom Säuglingsalter an erzogen werden muß, damit es imstande ist, auch nur an der einfachsten Stufe der Kultur, in die es hineingeboren worden ist, zu partizipieren, obwohl natürlich genetisch die Möglichkeit dieser Partizipation in ihm vorhanden ist. Das trifft generell auf Babies aller Rassen zu. Ihre kulturelle Entwicklung, sei es in einer Steinzeitkultur primitiver Menschen von heute, in die sie hineingeboren werden, sei es in einer fortgeschrittenen technischen Kultur, hängt von ihren Lernmöglichkeiten ab. Ein sehr kleines Kind aus einer Steinzeitkultur kann ohne weiteres unserer Kultur angepaßt werden, wobei seine Leistung natürlich von dem, was wir »Gehirnpotenz« nennen mögen, abhängt, und umgekehrt würde ein sehr kleines Kind unserer Kultur, wäre es in eine Steinzeitkultur versetzt, keinerlei genetische Erinnerung an unsere Kultur bewahren, sondern nichts als die primitive Kultur dieser Gesellschaft mit ihrer außerordentlichen kulturellen Armut ohne irgendeine Ahnung von seinem eigentlichen Geburtsrecht akzeptieren.

Jeder muß im Laufe seines Lebens mehr oder weniger den ganzen Ablauf der kulturellen Entwicklung der Menschheit rekapitulieren. Man fängt nicht mit der Herstellung von Steinäxten an, aber man muß mit primitiven Spielzeugen und einfacher Sprache beginnen und von dort weiterarbeiten. Ebenso fängt man mit primitiven Verhaltensmustern an, und die Entwicklung zivilisierten Verhaltens ist der Maßstab der Zivilisation. Unser Gehirn ist durch genetische Instruktionen voll entwickelt, sogar die Sprachzentren sind bereit zum Erlernen einer Sprache, aber jegliche Kultur muß erlernt werden, wobei wir annehmen können, daß dies durch das Wachstum von Mikrostrukturen geschieht, wie in Kapitel V besprochen. Dies ist die aufregende Herausforderung der menschlichen Existenz – daß wir mit ungeheuren Möglichkeiten geboren werden. Das menschliche Gehirn hat sich in diesem erstaunlichen Prozeß von wechselseitiger Katalyse durch die kulturellen Leistungen auf eine Weise entwickelt, die wir noch immer nicht richtig verstehen. Wie kam es, daß sich mathematische Genies entwikkelten, nur um in einem Dschungel zu überleben? Offensichtlich ist noch mehr Verständnis erforderlich!

Es herrschen viele Mißverständnisse und grobe Irrtümer in dem volkstümlichen Glauben von heute, daß die Umwelt bestimmend für die Entwicklung der Intelligenz sei. Man kann ganz kategorisch feststellen, daß die Gehirne durch die komplexen Prozesse, die sich aus der genetischen Mitgift ergeben, und all die sekundären Instruktionen, die sich im Fetalleben davon ableiten, aufgebaut werden (vgl. Kapitel V). In diesem Stadium mag mütterliche Mangelernährung oder Infektion oder Toxämie einen deletären Effekt haben. Doch das Gebäude des Gehirns mit all seinen wundervollen und verschiedenen Möglichkeiten ist im wesentlichen bald nach der Geburt vollständig. Genies werden geboren, nicht gemacht. Aber sie müssen genau das besondere Metier finden, das ihren außergewöhnlichen Gehirnmöglichkeiten entspricht. Gelingt das, so hat man einen Mozart oder Mendelssohn oder einen Keats mit ihrer wundervollen jugendlichen Schöpferkraft; und in unseren Tagen entdeckte Bobby Fischer mit 6, daß er mit dem Gehirn eines Schachgenies geboren worden war. Wir unterschätzen noch bei weitem den ungeheuren Spielraum der Hirnleistungen, allesamt unabhängig von Umwelteinflüssen. Die Umwelt ist nur für die Entdeckung und Verwendung unseres Erbes wichtig. Dies ist der Kern des uralten Problems der Natur- oder Kulturbedingtheit.

I. Die menschliche Person

In diesem letzten Abschnitt wollen wir uns mit dem bewußten Selbst befassen, das, wie wir gesehen haben, im Mittelpunkt aller bewußten Erfahrungen von Welt 2 steht (Abb. VI 2). Dies ist das persönlich Einzigartige, das jeder von uns nur für sich selbst kennt. Dieses Einzigartige ist uns zuteil geworden, jedem von uns im Laufe unseres Lebens. Es ist etwas, von dem wir nur in uns wissen. Wir können zu anderen darüber sprechen, wenn wir wollen, aber sie können nichts von unserer Welt 2 erleben. Sie gehört uns alleine. Diese persönliche Einzigartigkeit und alle Aspekte der damit verbundenen Erfahrungen hängen vom Gehirn ab; aber sie hängt nicht vollkommen von den genetischen Instruktionen ab, die unser Gehirn auf eine bislang nur vage verstandene Weise aufgebaut haben (Kapitel V). Ich glaube, daß mein genetischer Code nicht für meine Einzigartigkeit als erlebendes Wesen verantwortlich ist, wie ich in meinem Buch *Facing Reality* erörtert habe. Natürlich habe ich einen einmaligen genetischen Code, wie alle, die keinen identischen Zwilling besitzen, aber die Wahrscheinlichkeit für die Existenz solch eines einmaligen Codes ist phantastisch gering – gerade 1 zu $10^{10\,000}$. So führt die Theorie, daß die Einmaligkeit des Codes die Einmaligkeit des Selbst determiniert, zu solch unfaßbaren Unwahrscheinlichkeiten, daß sie keine Erklärung sein kann. Auch unsere postnatalen Erlebnisse und die Erziehung liefern keine zufriedenstellende Erklärung der Einmaligkeit des Selbst, die wir erleben. Sie sind eine notwendige, aber keine ausreichende Bedingung.

Wir wissen nicht, wie wir dazu kamen, dieses einmalige Selbst zu sein, das auf eine uns unverständliche Weise in unserem Gehirn verankert ist, wie in den Abb. VI 3 und VI 17 schematisch gezeichnet. Wir gehen durchs Leben und leben mit dieser geheimnisvollen Existenz unserer selbst als erlebende Wesen. Ich glaube, daß wir das, was ich eine personalistische Philosophie nenne, akzeptieren müssen – daß im Mittelpunkt unserer erlebten Existenz unsere Einmaligkeit als Person steht.

Ich glaube, daß das Gehirn für mein persönliches Leben als ein bewußtes Selbst notwendig, doch nicht genügend ist. In Liaison mit den Gehirnvorgängen in Welt 1 steht die Welt 2 meiner bewußten Erfahrung, einschließlich eines persönlichen Selbst im Kern meines Seins. Während unseres ganzen Lebens besitzt dieses persönliche Selbst Kontinuität trotz des Nichtzustandekommens einer Liaison mit dem Gehirn in Bewußtlosigkeitszuständen wie traumloser Schlaf, Narkose, Koma. Die Hirnzustände sind dann für eine Liaison nicht geeignet, doch das Selbst kann in Träumen in den Hirnzuständen des REM-Schlafes eine teilweise Liaison erreichen. So gibt es Anhalt dafür, daß das Selbst in Welt 2 eine autonome Existenz besitzt, mit der es Lücken von Bewußtlosigkeit überbrückt, wenn das Gehirn keinen Liaisonzustand zustande bringt. Die letzte Frage ist: Was geschieht, wenn das Gehirn beim Tod zerfällt und das Selbst sein Liaison-Instrument auf Dauer verloren hat? Ich weiche einer Antwort aus, indem ich sage, daß es in unserer Existenz als selbstbewußte Wesen zwei miteinander in Verbindung stehende Rätsel gibt: zu sein beginnen und zu sein aufhören. Zusammen bilden sie das gleiche existentielle Problem. Ich glaube, daß diesem unserem persönlichen Leben eine Bedeutung innewohnt. Ich glaube, daß wir das Leben leben müssen, als ob es ein großes Abenteuer sei, und ich glaube, daß wir dies für alle anderen Menschen akzeptieren *müssen*. Jedes menschliche Wesen ist eine Person mit diesem geheimnisvollen bewußten Selbst, das mit seinem Gehirn assoziiert ist. Es leitet seine kulturellen Fähigkeiten von seinem lebenslangen Erlernen der verschiedenen Aspekte von Welt 3 ab und ist insofern ein kultiviertes und zivilisiertes menschliches Wesen. Es ist die Wechselwirkung zwischen Welt 2 $\rightleftarrows$ Welt 3 mit all ihrer unterschiedlichen Intensität und ihrem Reichtum, die ein menschliches Wesen von anderen Lebewesen unterscheidet, die wir als »Dinge« ansehen können. Ohne diese Wechselwirkung könnte man ein Ding sein und gutes Material für Skinner mit seinem *Beyond Freedom and Dignity* bieten! Aber ich glaube, daß wir als menschliche Wesen Freiheit und Würde besitzen. Skinners Theorie und die Technik der operanten Konditionierung wurden aus seinen Experimenten an Tauben und Ratten entwickelt. Lassen wir sie davon profitieren!

Ich möchte mit einem kurzen Zitat aus dem letzten Teil meines Buches *Facing Reality* schließen, in dem ich einige der Gedanken bringe, die zum Abschluß des vorliegenden Buches passen, weil das Thema die einfachen neurobiologischen Stufen, das menschliche Gehirn und letztlich das Geheimnis der Beziehung des Gehirns zu menschlichem Selbst-Bewußtsein und kulturellen Errungenschaften umfaßt:

»Aufgrund des Geheimnisses unseres Seins als einzigartige, selbstbewußte Wesen können wir hoffnungsvoll sein, wenn wir unsere eigene sanfte, empfindsame und vergängliche persönliche Erfahrung gegen den Schrecken und die unermeßliche Grenzenlosigkeit von Raum und Zeit setzen. Haben wir nicht teil an der Bedeutung, wo es sonst keine Bedeutung gibt? Erleben und genießen wir nicht Kameradschaft, Freude, Harmonie, Wahrheit, Liebe und Schönheit, wo es sonst nur das geistlose Universum gibt?«

Literatur

ANDERSEN, P. und S. A. ANDERSSON (1968): *Physiological Basis of the Alpha Rhythm*, Appleton, New York.

DIMOND, S. J. und J. G. BEAUMONT (Hrsg.) (1974): *Hemisphere Function in the Human Brain*, Wiley, New York.

Dobzhansky, T. (1962): *Mankind Evolving: The Evolution of the Human Species*, Yale University Press, New Haven.
Eccles, J. C. (1953): *The Neurophysiological Basis of Mind: The Principles of Neurophysiology*, Clarendon Press, Oxford.
Eccles, J. C. (1958): The Physiology of Imagination, *Sci. Amer.*, 1958; wiederabgedruckt in: *Altered States of Awareness*, Freeman, San Francisco, 1972, S. 31–40.
Eccles, J. C. (1970): Facing Reality: *Philosophical Adventures by a Brain Scientist*, Springer, New York.
Eccles, J. C. (1973): Brain, Speech and Consciousness, *Naturwissenschaften* *60*:167–176.
Feigl, H. (1967): *The »Mental« and the »Physical«*, University of Minnesota Press, Minneapolis.
Gazzaniga, M. S. (1967): The Split Brain in Man, *Sci. Amer.*, 1967; wiederabgedruckt in: *Physiological Psychology*, Freeman, San Francisco, 1971, S. 118–123.
Gazzaniga, M. S., J. E. Bogen und R. W. Sperry (1965): Observations on Visual Perception after Disconnexion of the Cerebral Hemispheres in Man, *Brain*, *88*:221–236.
Geschwind, N. (1972): Language and the Brain, *Sci. Amer.*, *226*:76–83.
Geschwind, N. (1974): The Anatomical Basis of Hemispheric Differentiation; in: S. J. Dimond und J. G. Beaumont (Hrsg.), *Hemisphere Function in the Human Brain*, Wiley, New York, S. 7–24.
Geschwind, N. und W. Levitsky (1968): Human Brain: Left-Right Asymmetries in Temporal Speech Region, *Science*, *161*:186–187.
Hecaen, H. (1967): Brain Mechanisms Suggested by Studies of Pariteal Lobes; in: C. H. Millikan und F. L. Darley (Hrsg.), *Brain Mechanisms Underlying Speech and Language*, Grune & Stratton, New York und London, S. 146–166.
Hubel, D. H. (1963): The Visual Cortex of the Brain, *Sci. Amer.*, 1963; wiederabgedruckt in: *From Cell to Organism*. Freeman, San Francisco, 1967, S. 54–62.
Hudel, D. H. und T. Wiesel (1962): Receptive Fields, Binocular Interaction and Functional Architecture in the Cat's Visual Cortex, *J. Physiol.* *160*:106–154.
Jones, E. G. und T. P. S. Powell (1970): An Anatomical Study of Converging Sensory Pathways within the Cerebral Cortex of the Monkey, *Brain*, *93*:793–820.
Kety, S. S. (1970): The Biogenic Amines in the Central Nervous System: Their Possible Roles in Arousal, Emotion, and Learning; in: F. O. Schmitt (Hrsg.), *Neurosciences*, Rockefeller University Press, New York, S. 324–336.
Levy-Agresti, J. und R. W. Sperry (1968): Differential Perceptual Capacities in Major and Minor Hemispheres, *Proc. Nat. Acad. Sci. U. S.*, *61*:1151.
Levi, J. (1974): Psychological Implications of Bilateral Asymmetry; in: S. J. Dimond und J. G. Beaumont (Hrsg.) *Hemisphere Function in the Human Brain*, Wiley, New York, S. 121–183.

LEVY, J., C. TREVARTHEN und R. W. SPERRY (1972): Perception of Bilateral Chimeric Figures Following Hemispheric Deconnexion, *Brain, 95*:61–78.
LIBET, B. (1966): Brain Stimulation and the Threshold of Conscious Experience; in: J. C. Eccles (Hrsg.), *Brain and Conscious Experience*, Springer, New York.
MILNER, B. (1967): Brain Mechanisms Suggested by Studies of Temporal Lobes; in: C. H. Millikan und F. L. Darley (Hrsg.), *Brain Mechanisms Underlying Speech and Language* Grune & Stratton, New York und London, S. 122–145.
MILNER, B. (1974): Hemispheric Specialization: Scope and Limits; in: F. O. Schmitt und F. G. Worden (Hrsg.), *The Neurosciences: Third Study Program*, MIT Press, Cambridge, S. 75–89.
MOUNTCASTLE, V. B. (1967): The Problem of Sensing and the Neural Coding of Sensory Events; in: G. C. Quarton, T. Melnechuk, und F. O. Schmitt (Hrsg.), *The Neurosciences*, Rockefeller University Press, New York, S. 393–408.
PENFIELD, W. und H. JASPER (1954): *Epilepsy and the Functional Anatomy of the Human Brain*, Little, Brown, Boston.
PENFIELD, W. und L. ROBERTS (1959): *Speech and Brain Mechanisms*, Princeton University Press, Princeton, N.J.
POLTEN, E. P. (1973): *Critique of the Psycho-Physical Identiy Theory*, Mouton, Den Haag.
POPPER, K. R. (1972): *Objective Knowledge – An Evolutionary Approach*, Clarendon Press, Oxford.
POPPER, K. R. und J. C. ECCLES (1976): *The Self and Its Brain*, Springer Verlag, Heidelberg, London.
RATLIFF, F. (1972): Contour and Contrast, *Sci. Amer., 226*: 91–101. (Mach-Bänder).
SHERRINGTON, C. S. (1940): *Man on His Nature*, Cambridge University Press, Cambridge und London.
SPERRY, R. W. (1964): The Great Cerebral Commissure, *Sci. Amer., 210*: 42–52.
SPERRY, R. W. (1968): Hemisphere Deconnection and Unity of Conscious Awareness, *Amer. Psychol., 23*: 723–733.
SPERRY, R. W. (1969): A Modified Concept of Consciousness, *Psychol. Rev., 76*: 532–536.
SPERRY, R. W. (1970a): Perception in the Absence of the Neocortical Commissures; in: *Perception and Its Disorders*, Res. Publ. A.R.N.M.D., Bd. 48, The Association for Research in Nervous and Mental Disease.
SPERRY, R. W. (1970b): Cerebral Dominance in Perception; in: F. A. Young und D. B. Lindsley (Hrsg.), *Early Experience in Visual Information Processing in Perceptual and Reading Disorders*, Nat. Acad. Sci. Washington, D.C.
SPERRY, R. W. (1974): Lateral Specialization in the Surgically Separated Hemispheres; in: F. O. Schmitt und F. G. Worden (Hrsg.), *The Neurosciences: Third Study Program*, MIT Press, Cambridge, S. 5–19.
SZENTÁGOTHAI, J. (1969): Architecture of the Cerebral Cortex; in: J. H. Jasper,

A. A. Ward und A. Pope (Hrsg.), *Basic Mechanisms of the Epilepsies*, Little, Brown, Boston, S. 13–28.
WADA, J. A., R. J. CLARKE und A. E. HAMM (1973): Morphological Asymmetry of Temporal and Frontal Speech Zones in Human Cerebral Hemispheres: Observations on 100 Adult and 100 Infant Brains, *Xth Int. Cong. Neurol.*, Barcelona.
ZAIDEL, E. (1976): Auditory Language Comprehension in the Right Hemisphere Following Cerebral Commisurotomy and Hemispherectomy: A Comparison with Child Language and Aphasia; in: E. Zurif und A. Caramazza (Hrsg.), *The Acquisition and Breakdown of Language: Parallels and Divergencies*, John Hopkins Press, Baltimore.

Allgemeine Literatur

ADRIAN, E. D. (1947): *The Physical Background of Perception*, Clarendon Press, Oxford.

AKERT, K. und P. G. WASER (Hrsg.) (1969): *Mechanisms of Synaptic Transmission Progress in Brain Research*, Bd. 31, Elsevier, Amsterdam.

ANDERSEN, P. und J. K. S. JANSEN (Hrsg.) (1970): *Excitatory Synaptic Mechanisms*, Universitetsforlaget, Oslo.

BODIAN, D. (1967): Neurons, Circuits, and Neuroglia; in: G. C. Quarton, T. Melnechuk, und F. O. Schmitt (Hrsg.), *The Neurosciences*, Rockefeller University Press, New York, S. 6–24.

BRODAL, A. (1969): *Neurological Anatomy*, Oxford University Press, New York.

BUSER, P. und M. IMBERT (1975): *Neurophysiologie Fonctionelle*, Hermann, Paris, S. 465 ff.

COLE, K. S. (1968): *Membranes, Ions and Impulses*, University of California Press, Berkeley und Los Angeles.

DE ROBERTIS, E. (1975): *Synaptic Receptors: Isolation and Molecular Biology*, Marcel Dekker, New York, S. 387 ff.

DIAMOND, S. J. und J. G. BEAUMONT (Hrsg.) (1974): *Hemisphere Function in the Human Brain*, Wiley, New York.

DOTY, R. W. (1970): The Brain; in : *Britannica Yearbook of Science and the Future*, Encyclopedia Britannica (W. Benton), Chicago.

ECCLES, J. C. (1953): *The Neurophysiological Basis of Mind: The Principles of Neurophysiology*, Clarendon Press, Oxford.

ECCLES, J. C. (1957): *The Physiology of Nerve Cells*, The John Hopkins Press, Baltimore.

ECCLES, J. C. (1964): *The Physiology of Synapses*, Springer, Göttingen, Berlin und Heidelberg.

ECCLES, J. C. (Hrsg.) (1966): *Brain and Conscious Experience*. Springer, Heidelberg.

EDDS, M. V., D. S. BARKLEY und D. M. FAMBROUGH (1972): Genesis of Neuronal Patterns, *Neurosci. Res. Progr. Bull., 10*: 254–367.

VON EULER, C., S. SKOGLUND und U. SODERBERG (Hrsg.) (1968): *Structure and Function of Inhibitory Neuronal Mechanisms*, Pergamon, Oxford.

GRANIT, R. (1955): *Receptors and Sensory Perception*, Yale University Press, New Haven.

Hubbard, J. I. (Hrsg.) (1974): *The Peripheral Nervous System*, New York und London.

Karczmar, A. und J. C. Eccles (Hrsg.) (1972): *Bran and Human Behavior*, Springer, New York, Heidelberg und Berlin.

Kuffler, S. W. und J. G. Nicolls (1976): *From Neuron to Brain: A Cellular Approach to the Function of the Nervous System*, Sinauer, Sunderland, Mass.

Mountcastle, V. B. (1975): The View from Within: Pathways to the Study of Perception, *The Johns Hopkins Medical Journal, 136*: 109–131.

Palay, S. L. (1967): Principles of Cellular Organization in the Nervous System; in: G. C. Quarton, T. Melnechuk und F. O. Schmitt (Hrsg.), *The Neurosciences*, Rockefeller University Press, New York, S. 24–31.

Pappas, G. D. und D. P. Purpura (Hrsg.) (1972): *Stucture and Function of Synapse*, Raven Press, New York, S. 308 ff.

Perkel, D. H. und T. H. Bullock (1968): Neural Coding. *Neurosci. Res. Progr. Bull., 6*: 221–348.

Popper, K. R. und J. C. Eccles (1976): *The Self and Its Brain*, Springer Verlag, Heidelberg, London.

Schmidt, R. F. (Hrsg.) (1972): *Grundriß der Neurophysiologie*, Springer, Berlin, Heidelberg, New York, S. 315 ff.

Sherrington, C. S. (1906): *The Integrative Action of the Nervous System*, Yale University Press, New Haven und London.

Sholl, D. A. (1956): *The Organization of the Cerebral Cortex*, Methuen, London und Wiley, New York.

Young, J. Z. (1960): *A Model of the Brain*, Clarendon Press, Oxford.

Glossar

Acetylcholin (ACh) Ein einfaches organisches Molekül: Essigsäure + Cholin (Abb. II 10B).

Acetylcholinesterase (AChE) Ein Enzym, das ACh in Essigsäure und Cholin spaltet (Abb. I 12, II 10B).

Adenosin-Triphosphat (ATP) Ein energiereiches Nukleotid.

Adenosin-Triphosphatase (ATPase) Ein Enzym, das von ATP Phosphat abspaltet und so Energie produziert.

Afferente Faser Nervenfasern, die Impulse zum Gehirn leiten (Abb. I 6, III 13).

Alles-oder-Nichts Wie in Abb. 11 veranschaulicht, ein Stimulus, der entweder einen Impuls von voller Größe oder nichts bewirkt.

Alpha-Motoneuron Die großen Motoneurone, die kontraktile Muskel innervieren (Abb. II 1).

Alpha-Rhythmus Ein rhythmisches, von der Hirnoberfläche abgeleitetes elektrisches Potential; siehe Abb. VI 7.

Amacrinzellen Spezielle inhibitorische Zellen in der Retina.

Aminosäure Eine organische Säure mit einer NH_2-Gruppe.

Amnestisches Syndrom Verlust aller Erinnerung außer dem Kurzzeitgedächtnis.

Annulospirale Endigung Ein Rezeptor für Muskeldehnung (Abb. III 1A und IV 7).

Anticholinesterase Eine Substanz, die die Wirkung des Enzyms Acetylcholinesterase verhindert.

Archicortex Der phylogenetisch ältere Teil der Großhirnrinde wie z. B. der Hippokampus.

Assoziationsrinde Der Teil des Neokortex, der keine primär empfangende oder übermittelnde Zone ist (Abb. IV 1, 15, 16, 17, 18).

Astroglia Eine spezielle Art von Gliazellen (siehe Glia).

Äußere Keimschicht Eine Schicht von Zellen (Keimzellen), die auf der Oberfläche des sich entwickelnden Kleinhirns entsteht und die viele Arten von Kleinhirnzellen erzeugt (Abb. V 1B und V 2 [EGL]).

Äußerer Sinn siehe Abb. VI 2

Autokatalysation Eine sich selbst stimulierende Aktion, Beispiel eines positiven Feedback.

Axo-axonische Synapsen Axonendigungen, die Synapsen auf Axonen bilden, siehe Abb. III 12.

Axon Eine Nervenfaser; der Hauptzweig von einer Nervenzelle (Abb. I, 3, 4A, 6, 11, 15, 16, 18, 19).

Axon (Riesen-) Sehr große Nervenfasern wie in Abb. I 10.

Axonschleppmethode Mutmaßliche Art der synaptischen Verknüpfung, wenn eine Zelle wandert, wie in Abb. V 1B.

Axon-Transport Fluß spezifischer chemischer Substanzen entlang einem Axon.

Axoplasmatischer Fluß siehe Axontransport (vgl. Abb. V 14, 15).

Basalganglien Umfangreiche Ansammlungen von Neuronen tief in der Großhirnrinde (Abb. IV 17).

Bedingter Reflex Eine Reflexantwort, die in einem speziellen Trainingsvorgang entwickelt wird.

Bereitschaftspotential Die Potentialänderungen, die während der Vorbereitungsstadien einer willkürlichen Bewegung von der Großhirnrinde abgeleitet werden (Abb. IV 3).

Bergmannsche Glia Eine spezielle Art von Glia im Kleinhirn, die vertikal durch die Kleinhirnrinde verläuft.

Berührungsrezeptoren siehe Rezeptoren, Berührungs-.

Bicucullin Ein krampfauslösendes Alkaloid, das aus Pflanzen gewonnen wird und die GABA-Wirkung an Synapsen stark blockiert.

Blut-Hirn-Schranke Eine schützende Einhüllung der Blutgefäße im Gehirn, die die Diffusion vieler im Blut enthaltener Substanzen, speziell der großmolekularen zu den Neuronen verhindert.

Botulinustoxin Ein sehr starkes bakterielles Toxin, das die Freisetzung von Acetylcholin aus den Nervenendigungen am Muskel verhindert.

Boutons Synaptische Endkolben.

Cartridge-Typ, Synapse vom Eine spezielle komplizierte Synapse auf Dendriten von Pyramidenzellen (Cartridge = Patronengurt); siehe Abb. IV 6.

Cerebrocerebellare Bahnen Komplizierte Bahnen, die die Großhirnrinde und das Kleinhirn in beiden Richtungen verbinden; siehe Abb. IV 14, 15, 16.

Chemische Spezifizierung Spezifische chemische Strukturen an der Oberfläche von Nervenfasern und Nervenzellen, die die Entwicklung von Verknüpfungen kontrollieren (Abb. I 12).

Chiasma opticum Der Ort kompletten (Abb. V 9A) oder teilweisen (Abb. VI 12) Kreuzens der Sehnerven, die die Retina mit dem Gehirn verbinden.

Cholin-Acetyl-Transferase Ein Enzym, das für die Synthese von Acetylcholin aus Cholin und Essigsäure verantwortlich ist (Abb. II 10B).

Cholinesterase Ein Enzym, das Acetylcholin in Cholin und Essigsäure aufspaltet (Abb. II 10B).

Cloni Die Anhäufung von Zellen, die aus aufeinanderfolgenden Teilungen einer ursprünglichen Mutterzelle entstanden sind: Abb. V 1A und V 5A.

Coactivierung Die gleichzeitige Aktivierung von Alpha- und Gamma-Motoneuronen (Abb. IV 8).

Corpus callosum Die Nervenfaserbahn, die die Großhirnhemisphären verbindet (Abb. VI 11, 12).

Corpus geniculatum laterale Die Haupt-Schaltstation vom Auge zur Sehrinde (Abb. VI 4 A).

Curare Eine aus südamerikanischen Pflanzen gewonnene Substanz, die die Nerv-Muskel-Übertragung durch Besetzung der Acetylcholinrezeptoren lahmlegt (Abb. II 3 E).

Dalsches Prinzip Von allen Synapsenendigungen jeder beliebigen Nervenzelle wird die gleiche Transmittersubstanz freigesetzt.

Decomposition (Zerlegung) der Bewegung Eine Bewegungsstörung aufgrund von Kleinhirnläsionen, bei der der Patient jedes Gelenk für sich bewegen muß.

Deitersscher Kern Eine Ansammlung von großen Nervenzellen im Hirnstamm, auf den der vestibuläre und cerebellare Output einwirken und dessen Axone als Tractus vestibulospinalis das Rückenmark hinablaufen: DN in Abb. IV 20.

Dendriten Große und häufig komplizierte Äste von Nervenzellen, auf denen andere Nervenzellen Synapsen bilden; siehe Abb. I 2 B, I 3, I 4 A, IV 6, IV 11.

Dendritische Spine-Synapsen Synapsen auf den zahlreichen Spines von Dendriten; siehe Abb. I 3 B und V 19.

Dendro-dendritische Synapsen Synapsen, die in bestimmten Situationen zwischen Dendriten gebildet werden; siehe Abb. III 15.

Depolarisation Der Abbau des normalen Ruhepotentials an einer Membran.

Desoxyribonukleinsäure (DNS) Die sehr großen komplizierten organischen Moleküle in der Doppelhelix, die die Grundlage des genetischen Codes sind.

Differenzierende Mitose Zellteilungen, bei denen die Tochterzellen einen eindeutig anderen genetischen Code als die Mutterzellen haben (Abb. V 1, 5).

Dinitrophenol Eine organische Substanz, die oxydative Enzyme zerstört.

Disinhibition Die Ausschaltung oder Reduktion von Hintergrundshemmung: der Effekt ist der einer Erregung.

Dominante Hemisphäre Die Großhirnrinde, die für sprachliche und gedankliche Leistung verantwortlich ist; siehe Abb. VI 12, VI 17, VI 18.

Dualist Eine Person, die an die getrennte Existenz materieller und geistiger Vorgänge glaubt (vgl. Abb. VI 2).

Dynamisches Engramm Neuronale Organisation im Gehirn, die auf einer spezifischen Musterbildung von Impulsübertragungen beruht, bis zu Stunden bestehen bleibt und nur kraft dieses anhaltenden strukturierten Vorgangs existiert.

Dyslexie Unfähigkeit zu lesen.

Edrophonium Eine Substanz, die Acetylcholinesterase sehr stark und wiederholt unterdrückt (Abb. II 5 D).

Elektrische Synapse Eine Synapse, deren Übertragung auf dem Fluß von elektrischen Strömen und nicht auf spezifischer chemischer Wirkung beruht.

Elektrochemischer Gradient Der Wert, der die Spannung an einer Membran für ein bestimmtes geladenes Partikel repräsentiert. Er setzt sich zusammen aus dem elektrochemischen Potential für dieses Partikel und dem Spannungsgradienten an der Membran; siehe Abb. I 13.

Elektrochemisches Potential Es leitet sich mit Hilfe der Nernstschen Gleichung von der logarithmischen Beziehung der Konzentrationen geladener Partikel auf beiden Seiten einer Membran ab (Abb. I 13A).

Elektroencephalogramm Von der Oberfläche des Gehirns abgeleitete elektrische Potentiale, die durch die Aktivität des Gehirns erzeugt werden; siehe Abb. VI 7.

Elektrophoretische Injektion Die Injektion von geladenen Partikeln (Ionen) aus einer Pipette mit Hilfe eines Stromes (Abb. II 4, 9).

Endplatten-Potential (EPP) Die Potentialänderung, die an der Membran einer Muskelendplatte durch einen Nervenimpuls erzeugt wird; siehe Abb. II 3C.

Endplatten-Potential, Miniatur-(Min EPP) Die Einheiten des Endplattenpotentials, die durch die Entladung von Transmitter in Quantenform von der Nervenendigung erzeugt werden (Abb. II 5, 6).

Engramm Eine strukturierte Anordnung neuronaler Verknüpfungen über Synapsen, denen eine erhöhte Fähigkeit zu lernen verliehen worden ist.

Ependym Die dünne Membran aus Zellen an der Oberfläche der Hirnventrikel; siehe Abb. V 1.

Erkennende Erfahrung Ein bewußter Gedanke oder eine bewußte Erfahrung.

Erwartungswelle Eine von der Hirnoberfläche abgeleitete Potentialänderung, die in Antizipation einer bedingten Bewegung entsteht.

Extensor Ein Muskel, der ein Gelenk streckt (Abb. III 1A).

Extrafusale Fasern Die gewöhnlichen, für die Kontraktion der Muskeln zuständigen Muskelfasern im Unterschied zu den intrafusalen Fasern der Muskelspindeln (Abb. IV 7).

Extrasynaptisch Die Oberflächenmembran, die nicht von Synapsen bedeckt ist.

Exzitatorisches postsynaptisches Potential (EPSP) Das Membranpotential, das durch exzitatorische Synapsenaktion erzeugt wird (Abb. III 2 und III 3C).

Exzitatorische Synapsen Synapsen, an denen der Transmitter normalerweise die Wirkung hat, die postsynaptische Membran zu depolarisieren und somit die postsynaptische Zelle zu erregen; siehe Abb. I 4B, 5, II 14C, III 7C.

Flexoren Muskeln, die Gelenke beugen (Abb. III 1A).

Flexorreflexe Sie aktivieren Flexoren (Abb. I 6B).

Frequenzpotenzierung Die gesteigerte Aktion von Synapsen, wenn diese wiederholt mit hohen Frequenzen stimuliert werden (Abb. V 16B und C).

Gamma-amino-Buttersäure (GABA) Eine Aminosäure, die an vielen zentralen Synapsen die inhibitorische Transmittersubstanz dastellt.

Gamma-Motoneurone Die kleinen Motoneurone, die intrafusale Muskelfasern innervieren (Abb. IV 7).

Gamma-Schleife Die funktionelle Bahn, die Gamma-Fasern und Gamma-Motoneurone zur Bewegungskontrolle einsetzt: Gamma-Motoneurone, Muskelspindeln, Ia-Fasern, Alpha-Motoneurone, extrafusale Muskelkontraktion; siehe Abb. IV 7.

Ganglienzellen Nervenzellen außerhalb des Zentralnervensystems. Viele übertragen synaptisch zu den Eingeweiden; siehe Abb. II 14.

Ganglion stellatum (Tintenfisch) Ein Ganglion, das durch umfangreiche prä- und postsynaptische Fasern charakterisiert ist (Abb. I 9A und II 11H).

Gedächtnis, Kurzzeit- Flüchtige Erinnerungen von Minuten oder Stunden, vermutlich mit der Basis eines Impulsmusters (siehe dynamisches Engramm).

Gedächtnis, Langzeit- Anhaltende Erinnerungen von Stunden bis zu Lebenszeit, vermutlich mit einer strukturellen Grundlage (siehe Engramm).

Genone Der Sammelbegriff für die wirksame DNS einer Zelle.

Gesichtsfeld Der Bereich der Umgebung, der sich auf das Auge projiziert und auf der Retina ein Bild entwirft; siehe Abb. VI 12.

Gewöhnung Eine progressive Verminderung von Reflexantworten, die wiederholt ausgelöst werden.

Gleichgewichtspotential Das Membranpotential, bei dem äquivalente Bewegung von geladenen Partikeln in beiden Richtungen über die Membran besteht. Auch gebraucht für Prozesse, die von der Bewegung geladener Partikel abhängen, wie das EPP, EPSP und IPSP (E_{EPSP} und E_{IPSP} in Abb. III 3 und E_{EPP} in Abb. II 3B).

Glia Nichtneuronale Zellen im Zentralnervensystem, die eine Vielzahl von Versorgungsfunktionen erfüllen: Oligodendroglia, Astroglia.

Glutamat Leitet sich von der Glutaminsäure ab.

Glutaraldehyd Eine Substanz, die zur Fixierung von Nervengewebe verwendet wird, um exzitatorische und inhibitorische Synapsen aufgrund der Bläschengestalt zu unterscheiden; siehe Abb. I 4B.

Glycin Eine Aminosäure, die an vielen zentralen Synapsen als inhibitorischer Transmitter wirkt.

Golgi-Zellen Spezielle Zellen in der Kleinhirnrinde, die eine breite Hemmung ausüben; siehe Abb. IV 11 (GC).

Heterotypische Regeneration Regeneration, bei der die entleerten Synapsen durch präsynaptische Fasern besetzt werden, die sich von den ursprünglichen Fasern unterscheiden (Abb. V 12).

Hinteres Sprechzentrum von Wernicke Das Sprechzentrum, das durch die Auswirkungen von Läsionen identifiziert wurde, die ein Unvermögen, Gesprochenes zu verstehen, erzeugten; siehe Abb. VI 8.

Hinterstrangkerne Die Gruppe von Nervenzellen, die die Hauptbahnen schalten, die das Rückenmark hinauf über den Hinterstrang zum Gehirn laufen: siehe Nucleus cuneatus, Abb. III 13.

Hippokampus Ein spezieller Teil der Großhirnrinde (der Archicortex); siehe Abb. I 3B und III 10.

Hirn-Geist-Problem Das bedeutende naturwissenschaftlich-philosophische Problem, das sich mit der wechselseitigen Aktion zwischen cerebralen und geistigen Geschehnissen befaßt.

Horizontalzellen Spezielle inhibitorische Zellen in der Retina.

Hydrophil Wasseranziehend.

Hyperpolarisation Das an einer Zellmembran erzeugte erhöhte Potential.

Hypothalamus Ein in der Tiefe liegender Teil des Gehirns, der für die Kontrolle der Eingeweide zuständig ist, zum Beispiel in Beziehung zu Temperatur, Salz, Wasser, Nahrung, Endokrinium und Stimmung.

Impuls Eine Nachricht, die in Gestalt eines kurzen Aktionspotentials Nerven oder Muskelfasern durchläuft (Abb. I 7, 8, 11, 16).

Inhibitorische Bahnen Bahnen, die sich aus den Axonen inhibitorischer Neurone zusammensetzen.

Inhibitorische Neurone Neurone (Nervenzellen), die ausschließlich für inhibitorische Synapsenaktion zuständig sind (Abb. III 11).

Inhibitorische Synapsen Spezielle Synapsen (Abb. I 4B), die von inhibitorischen Zellen gebildet werden und für die Erzeugung von IPSPs zuständig sind.

Inhibitorisches postsynaptisches Potential (IPSP) Das durch Aktivierung von inhibitorischen Synapsen, normalerweise Hyperpolarisation, produzierte Membranpotential (Abb. III 6, 7).

Innerer Sinn siehe Abb. VI 2.

Intermediärzeitgedächtnis Erinnerungen mit einer Dauer von Sekunden bis Stunden, von denen angenommen wird, daß sie auf gesteigerter Synapsenfunktion beruhen (Abb. V 17, 18).

Interneuron Exzitatorische oder inhibitorische Nervenzellen im Zentralnervensystem, die gewöhnlich einen kurzen Aktionsbereich besitzen; siehe Abb. I 6B, III 1 A, IV 6, 11.

Intrafusale Fasern Die kleinen Muskelfasern in Mukelspindeln (Abb. IV 7).

Isotonisch Physiologische Lösungen, die den gleichen osmotischen Druck wie normale Extrazellulärflüssigkeit besitzen.

Kabelübertragung Übertragung einer Potentialladung entlang einer Nervenfaser in der Art eines elektrischen Kabels und nicht in Form eines Impulses.

Keimzellen Zellen, aus denen in der Embryonalentwicklung Neuroblasten entstehen, die wiederum Nervenzellen bilden (GC in Abb. V 5).

Kleinhirnkerne Ansammlungen von Nervenzellen in der Tiefe des Kleinhirns, die den Output von den cerebellaren Purkinjezellen vermitteln; siehe Abb. IV 11 (CN).

Kletterfasern Afferente Fasern zur Kleinhirnrinde, die von der unteren Olive ausgehen und um die Dendriten der Purkinjezellen klettern: CF in Abb. IV 11.

Kollagenase Enzym, das auf Kollagenfasern (Bindegewebe) wirkt und sie zerstört.

Kollateralen Aufzweigungen von Nervenaxonen im Zentralnervensystem (Abb. III 9, 10, 11).

Komplexe und hyperkomplexe Zellen Bezeichnungen für Zellen in der Sehrinde, in der Umgebung der primären Sehrinde, die für bestimmte räumliche Charakteristika der Stimulation der Retina empfindlich sind.

Korbzellen Inhibitorische Zellen in der Kleinhirnrinde; siehe Abb. IV 11B, C.

Körnerzellen Ungeheuer zahlreiche kleine Zellen in der Kleinhirnrinde (Abb. IV 11 [GrC]).

Kortex, cerebraler Die dünne äußere Schicht aus grauer Substanz, die die gesamte gefaltete Oberfläche der Großhirnhemisphären bedeckt (Abb. I 2).

Liaisonhirn Der spezielle Teil des Gehirns, der in Verbindung zur bewußten Wahrnehmung stehen soll (Abb. VI 3).

Limbischer Lappen Sammelname für die vielen Kerne und assoziierten Strukturen, die von dem primitiven olfaktorischen (Geruchs-) Hirn, speziell dem Hippokampus und verwandten Strukturen, ausgehen.

Mechanorezeptoren der Haut siehe Rezeptoren, Berührungs-.

Membran Die sehr zarte Struktur, die die Zelloberfläche bildet; siehe Abb. I 12.

Membranpotential Das elektrische Potential an der Zellmembran; siehe Abb. I 11, 13, III 3.

Mikroelektroden Feine Leiter, die nur an der Spitze nicht isoliert sind, entweder aus Glas mit einem Spitzendurchmesser von der Größenordnung etwa eines Mikrons mit einer leitenden Salzlösung gefüllt oder aus Metall mit einer isolierenden Umhüllung, außer an der Spitze.

Mitochondrien Spezielle Organellen in Zellen, die Enzyme enthalten, die mit der Energiebereitstellung durch Oxydation beauftragt sind; siehe Abb. I 4B und II 2B.

Mitotische Kompetenz Die Fähigkeit von Zellen, sich durch Mitose zu teilen.

Mitotische Teilungen Zellteilungen, die auf Mitose beruhen und normalerweise Cloni (Zellgenerationen) entstehen lassen, wie in Abb. V 1A und V 5A.

Mitralzellen Nervenzellen im Bulbus olfactorius (Abb. III 15A).

Modifizierbare Synapsen Synapsen, deren Leistung möglicherweise durch Gebrauch und Nichtgebrauch verändert wird (Abb. V 19).

Moosfasern Afferente Fasern, die in der Kleinhirnrinde endigen; siehe MF in Abb. IV 11.

Motoneurone Große Neurone in Rückenmark und Hirnstamm, deren Axone Muskelfasern innervieren; siehe Abb. II 1, III 1 und IV 7.

Motorische Aphasie Sprachstörung, die durch eine Läsion des Brocaschen Sprechzentrums (Abb. VI 8) entsteht und die durch Unfähigkeit, zu sprechen, obwohl Gesprochenes verstanden wird, charakterisiert ist.

Motorische Einheit Die Einheit, die der muskulären Bewegung dient, bestehend aus Motoneuron, der motorischen Nervenfaser und den davon innervierten Muskelfasern; siehe Abb. II 1.

Motorische Endplatte Der spezialisierte Teil der Muskelfaser, der in Verbindung mit der Nervenendigung steht; siehe Abb. II 2A.

Motorische Rinde Der Teil der Großhirnrinde, der direkt mit der Kontrolle der Bewegung befaßt ist, der Ursprung der Pyramidenbahn; siehe Abb. IV 1, 2.

Multiple Sklerose Eine Nervenerkrankung, die auf der Unterbrechung von neuralen Bahnen vom und zum Gehirn, als Folge einer Degeneration der Myelinscheiden der Nervenfasern, beruht.

Muskelspindeln Besondere, eingekapselte Bündel von feinen Muskelfasern, die speziell mit den Dehnungsrezeptoren des Muskels in Beziehung stehen; siehe Abb. IV 7.

Myasthenia gravis Eine neurologische Erkrankung, die mit teilweiser Paralyse und extremer Ermüdbarkeit einhergeht und die auf einem Defekt in der

Nerv-Muskel-Übertragung beruht.

Myelinscheide Die geschichtete Umhüllung von Nervenfasern aus Membranen, die sich größtenteils aus Lipoidmolekülen zusammensetzen; siehe Abb. I 19.

Myosin Das kontraktile Protein der Muskelfasern.

Neocortex Der in der Entwicklung jüngste Teil der Großhirnrinde, der die Großhirnhemisphären bildet; siehe Abb. I 1, 2, IV 1.

Nervenfaser Ein Axon und der Hauptstamm einer Nervenzelle, die in Bahnen über lange Entfernungen (Zentralnervensystem, Abb. III 13, IV 2) oder in peripheren Nerven (Abb. I 19, II 1) verlaufen können.

Neuroblasten Spezielle Zellen, die die Vorläufer von Nervenzellen sind und sich direkt zu diesen entwickeln; siehe Abb. V 1, 5.

Neurofibrillen Feine Fasern, die im Inneren der Nervenaxone verlaufen; siehe Abb. I 19A.

Neurogenese Der Prozeß, durch den Nervenzellen in der Folge von Keimzellen zu Neuroblasten zu fertigen Nervenzellen entstehen; siehe Abb. V 1A und V 5A.

Neuron (Nervenzelle) Die biologische Einheit des Gehirns und des übrigen Nervensystems; siehe Abb. I 2, I 3, I 4 und II 14.

Neuronentheorie Die Theorie, daß sich das Nervensystem aus einzelnen Neuronen zusammensetzt, die biologisch unabhängig sind, aber nachrichtlich durch Synapsen miteinander kommunizieren.

Neurotubuli Sehr zarte Tubuli, die das Innere von Nervenaxonen entlanglaufen.

Nucleus cuneatus Schaltkern in der afferenten Hauptbahn von den Rezeptoren in der oberen Extremität zum Gehirn; siehe Abb. III 13.

Nuclei pontis (Brückenkerne) Nervenzellen auf der Bahn von der Großhirnrinde in das Kleinhirn, deren Axone als Moosfasern endigen; NP, Abb. IV 14, 15.

Nucleus dentatus (Zahnkern) Einer der Kleinhirnkerne, der für die Übertragung aus dem Kleinhirn zur Großhirnrinde zuständig ist (Abb. IV 15).

Nucleus fastigii (Dachkern) Einer der Kleinhirnkerne, der für die Übertragung aus dem Kleinhirn zuständig ist; FN in Abb. IV 20.

Nucleus interpositus Einer der Kleinhirnkerne, der für die Übertragung aus dem Kleinhirn zuständig ist; IP in Abb. IV 14 und IV 15.

Nucleus reticularis Eine große, zerstreute Ansammlung von Nervenzellen, die sich durch den Hirnstamm zieht, wobei einige mit ihrer Bahn über den Tractus reticulospinalis für die motorische Kontrolle zuständig sind (ReN und ReST von Abb. VI 20).

Nucleus reticularis lateralis (LRN) Ein Schaltkern für Bahnen zum Kleinhirn, die in Form von Moosfasern enden (Abb. IV 14, IV 20).

Nucleus ruber (Roter Kern) Ein wichtiger Kern im Hirnstamm, der speziell für die Übertragung des Kleinhirn-Outputs im Tractus rubrospinalis das Rückenmark hinab zuständig ist (Abb IV 14 [RN und RST]).

Obere Temporalwindung Der Bereich des Neocortex, der das Zentrum der hinteren Sprachrinde von Wernicke bildet (Abb. VI 8).

Parallelfasern Die Vielzahl von feinen Fasern, die entlang der Molekularschicht der Kleinhirnwindungen laufen und mit all den in ihr liegenden Dendriten Synapsen bilden (Abb. IV 11, IV 12, IV 13 und V 3 [PF]).

Pars intermedia Der Teil der Kleinhirnrinde, der sowohl vom Großhirn als auch vom Rückenmark empfängt und zu beiden sendet (Abb. IV 14 und IV 16 [PI]).

Phospholipid Molekül, das aus Fettsäureketten und einem polarisierten phosphorylierten Ende zusammengesetzt ist. Die Grundstruktur von Zellmembranen (Abb. I 12).

Picrotoxin Eine krampfauslösende Substanz, die die Hemmung durch GABA blockiert.

Positive Feedback-Kontrolle Die Kontrolle, durch die der Output zurückgelenkt wird, um den Input zu intensivieren.

Poststimulus-Zeit-Histogramm (PSTH) Ein Auftragen von Antworten, die in kleinen Zeitintervallen nach dem auslösenden Stimulus gemittelt sind.

Postsynaptische Membran Die Nervenzellmembran, die in unmittelbarer Beziehung zu der Synapse steht, die von den auf ihr endigenden präsynaptischen Fasern gebildet wird (Abb. I 4B, 5, II 9D).

Postsynaptische Potenzierung Die gesteigerte Synapsenaktion, die auf intensive Synapsenstimulierung folgt(Abb. V 17 und 18).

Präsynaptische Fasern Die Endaufzweigungen von Nervenfasern, die in synaptische Endkolben auslaufen (Abb. I 3A).

Präsynaptische Hemmung Die hemmende Aktion, die aus der Depolarisation präsynaptischer Fasern durch axo-axonische Synapsen und die daraus folgende Verminderung von Transmitterausschüttung resultiert (Abb. III 12).

Präsynaptische inhibitorische Fasern Die Fasern, die als die axo-axonischen Synapsen endigen, die für die präsynaptische Hemmung zuständig sind (Abb. III 12).

Primäre afferente Fasern Die afferenten Fasern, die von den Rezeptoren in das Zentralnervensystem laufen (Abb. I 6, III 1, 13, IV 7).

Primäre Realität Die Erfahrung, die unmittelbar in das Bewußtsein gelangt; siehe Abb. VI 2.

Prinzip der Divergenz Das Konstruktionsmerkmal des Nervensystems, in dem ein Neuron sich aufzweigt, um sich in großem Umfang auf andere Neurone auszubreiten; siehe Abb. I 6, IV 11.

Prinzip der Konvergenz Das Merkmal des Nervensystems, in dem viele Nervenzellen auf ein einziges Neuron zielen; siehe Abb. III 1B, IV 11.

Prociongelb Eine Farbe, die direkt in einzelne Nervenzellen injiziert wird, um ihre zahlreichen Dendritenzweige und ihre Axone sichtbar zu machen.

Proliferative Zone Der Teil der in Entwicklung begriffenen Kleinhirnrinde, in dem sich die Keimzellen teilen; siehe Abb. V 6.

Prostigmin Eine Substanz, die die Acetylcholinesterase stark hemmt (eine Anticholinesterase) (Abb. II 3G).

Purkinjezellen Die großen Zellen der Kleinhirnrinde, deren Axone die einzige aus der Rinde herausziehende Bahn bilden (Abb. IV 11, IV 12, IV 13, IV 14 und IV 15 [PC]).

Pyramidenbahn Die große Bahn von Nervenfasern von der motorischen Rinde zu den Motoneuronen im Rückenmark hinunter. Die Hauptbahn für die Bewegungskontrolle (Abb. IV 2).

Pyramidenzellen Die großen Zellen in der Großhirnrinde von der Gestalt einer Pyramide, sowohl im Neocortex als auch im Archicortex, mit Axonen, die sich oft bis weit von der Zelle, sogar die Pyramidenbahn hinab erstrecken (Abb. I 2B, I 3B, IV 2, IV 6 und IV 14).

Quanten-Emission Die Transmitterausschüttung in Portionen oder Quanten von den synaptischen Nervenendigungen tritt entweder spontan auf oder wird durch Nervenimpulse ausgelöst (Abb. II 5, 6).

Räumliche Summation Summation von Synapsenaktionen, die sich aus der Konvergenz von Bahnen, die von verschiedenen Orten kommen, auf ein Neuron ergibt.

Reflexbahnen (Reflexbogen) Einfache neuronale Bahnen durch das Zentralnervensystem, die einen afferenten Input, verschiedene interneuronale Kopplungen und einen efferenten Output durch Motoneuronenentladungen enthalten (Abb. I 6, III 1, IV 7).

Refraktärperiode, absolute Der Zeitraum nach einem Nervenimpuls, während dessen es unmöglich ist, einen zweiten Impuls zu erzeugen.

Refraktärperiode, relative Der Zeitraum, der auf die absolute Refraktärperiode folgt, während dessen ein stärkerer Stimulus erforderlich ist, um einen Nervenimpuls auszulösen, wobei der Nervenimpuls kleiner und langsamer ist (Abb. I 17).

REM-Schlaf Die Schlafphase, die durch rasche Augenbewegungen (*R*apid *E*ye *M*ovements) charakterisiert ist und gewöhnlich mit Träumen einhergeht.

Renshawzellen Spezielle inhibitorische Interneurone im Rückenmark, die als negative Feedback-Kontrolle von Motoneuronen wirken (Abb. III 9).

Retinotectale Projektion Bei Amphibien und Fischen die Bahn von der Retina im Auge zum Tectum; siehe Abb. V 8.

Retrograder Transport Der Transport entlang den Nervenaxonen zum Zellkörper, im Gegensatz zu dem üblichen Transport vom Zellkörper weg.

Rezeptoren Strukturen, die auf die Umwandlung von physikalischen oder chemischen Stimuli in Nervenimpulse spezialisiert sind. Berührungsrezeptoren: Mechanorezeptoren der Haut, die empfindlich für Berührung oder Druck sind. Lichtrezeptoren: Photorezeptoren in der Retina. Geruchsrezeptoren: Olfaktorische Rezeptoren in der Nase. Dehnungsrezeptoren: Mechanorezeptoren im Muskel, die auf Dehnung oder Druck ansprechen.

Reziproke Synapsen Spezialisierte dendrodendritische Synapsenstrukturen im Bulbus olfactorius und der Retina, die duch reziproke Synapsenaktion charakterisiert sind, d. h. Erregung in einer Richtung und Hemmung in der anderen (Abb. III 15).

Säure-Azid Ein Enzymgift, das die Oxydation in der Zelle verhindert.

Schleusenverbindung Die sehr enge Annäherung der präsynaptischen und postsynaptischen Membranen, die elektrisch übertragende Synapsen charakterisiert.

Schwannsche Zellen Spezialisierte Zellen, die Nervenfasern umgeben und die Myelinscheide bilden; siehe Abb. I 19B, C, D, II 2.

Sehrinde Der Teil der Großhirnrinde, der speziell für das Sehen zuständig ist; siehe Abb. IV 1 und VI 4.

Sekundäre Endigungen Die Rezeptorendigungen auf der Muskelspindel, zusätzlich zu den primären Endigungen oder annulospiralen Endigungen von Abb. III 1 A und IV 7.

Sekundäre Realität Kenntnis der äußeren Welt, beruhend auf unseren aus Erfahrung resultierenden Interpretationen unserer Wahrnehmungen; siehe Welten 1 und Welten 3 von Abb. VI 1.

Selbst (reines Ego) siehe Abb. VI 2.

Selektive Faszikulation Das Wachstum von Nervenfasern entlang vorgebahnten Wegen von früheren ähnlichen Fasern, so daß Nervenbündel oder Stränge entstehen.

Sensorische Modalität Die kennzeichnenden Namen all der vielfältigen Empfindungen, die aus verschiedenen Inputs mit ihren spezifischen Rezeptoren entstehen; siehe Rezeptoren.

Servomechanismus Mechanismus für den Ablauf der Feedback-Kontrolle.

Servoschleifenkontrolle Automatische Kontrolle über Feedback-Bahnen, wie sie in der Gamma-Schleife von Abb. IV 7 gezeigt sind.

Sich selbst wiedererregende Schleifen Bahnen, über die die Impulse über eine Folge von Neuronen in schleifenförmiger Anordnung einen Kreis durchlaufen; siehe A Input von Abb. VI 6.

Soma (Zellkörper) Der ausgedehnte Teil der neuronalen Nervenzelle, der unmittelbar den Kern (Nucleus) umgibt und von dem die Dendriten und Axone abzweigen (Abb. I 3).

Spezifische Afferenzen Afferente Bahnen im Gehirn, die spezifische Information, wie zum Beispiel die Hautempfindung in Abb. III 13, III 14 und IV 6 (Spec. aff.) befördern.

Spinale Zentren Der Sammelname für die Interneurone und ihre vielfältigen Verknüpfungen im Rückenmark.

Sternzellen Interneurone von sternförmigem Aussehen in verschiedenen Teilen des Zentralnervensystems; in der Großhirnrinde in Abb. III 14 und IV 6 und im Kleinhirn in Abb. IV 11 (SC).

Synapse Die spezialisierte Struktur, mit deren Hilfe Nervenzellen in Verbindung treten, gewöhnlich durch die spezifisch chemische Übertragung wie in Abb. I 4, I 5, II 2, II 14 C und III 7 C, aber auch elektrisch durch eine besonders enge Anordnung von Membranen.

Synapsenbläschen Kleine sphärische oder ellipsoide Organellen in präsynaptischen Nervenendigungen, die Portionen von Transmittersubstanz enthalten (Abb. I 4B, I 5, II 2B, II 10, II 11, II 14 C, III 7 C, III 15 B).

Synapsenspalt Der schmale Raum zwischen den prä- und postsynaptischen Membranen einer chemischen Synapse (Abb. I 4B, I 5, II 2B, II 10, II 11 und II 14 C).

Synaptische Erregung Die Synapsenaktion, die die postsynaptische Membran depolarisiert und somit dazu führt, daß Impulse erzeugt werden (Abb. III 3 A,C).

Synaptische Hemmung Synapsenaktion, die die postsynaptische Membran hyperpolarisiert und somit dazu führt, daß die Impulserzeugung verhindert wird (Abb. III 3B, D).

Synaptische Plastizität Die Eigenschaft von Synapsen, durch die sie in ihrer funktionellen Leistung verändert werden, möglicherweise mittels Größenänderungen (Abb. V 19).

Synaptischer Endkolben Das verdickte Ende der präsynaptischen Nervenfaser (Abb. I 3, I 4A, I V und III 7C).

Tectum opticum (Lobus opticus) Bei Fischen und Amphibien der Teil des Gehirns, zu dem die Sehnerven ziehen (Abb. V 8A und V 11).

Tetraaethylammonium (TEA) Eine Substanz, die spezifisch die Schleusen blockiert, durch die Kaliumionen die Zellmembran passieren, siehe Abb. I 15 und II 11B (K_D).

Tetrodotoxin (TTX) Eine Substanz, die spezifisch die Schleusen blockiert, durch die Natriumionen die Zellmembran passieren; siehe Abb. I 15 und II 11B (NA_D).

Thalamus Die große Ansammlung von Nervenzellen tief unter der Großhirnrinde, teilweise für die Übertragung von Hautempfindungen zum Großhirn zuständig (Abb. III 13); siehe auch ventrolateraler Thalamus.

Tintenfisch (loligo) Ein wirbelloses Meerestier (Cephalopode); siehe Abb. I 10A.

Tractus cuneocerebellaris Die Bahn vom Nucleus cuneatus, die in Form von Moosfasern im Kleinhirn endigt.

Tractus reticulospinalis siehe Nucleus reticularis.

Tractus rubrospinalis siehe Nucleus ruber.

Tractus spinocerebellaris dorsalis Die Hauptbahn für Haut und Muskelempfindungen, die das Rückenmark zum Kleinhirn hinaufläuft, wo sie in Form von Moosfasern endet (DSCT in Abb. IV 14, IV 20).

Tractus vestibulospinalis Die das Rückenmark hinablaufende Bahn vom Deitersschen Kern zu den Motoneuronen; siehe Abb. IV 20 (VST).

Transneuronale Degeneration Die Degeneration von Nervenzellen, zu der es kommt, wenn die Synapsen auf ihrer Oberfläche degenerieren.

Trialist Eine Person, die an die Existenz von drei Welten glaubt; siehe Abb. VI 1.

Trialistische Interaktion Die Wechselwirkung der Welten 1, 2 und 3, wie in den Abb. VI 3 und VI 18 definiert.

Tritium-markiertes Leucin (H^3-Leucin) Die Aminosäure Leucin, bei der die Wasserstoffatome teilweise durch radioaktives Tritium ersetzt worden sind.

Tritium-markiertes Lysin (H^3-Lysin) Die Aminosäure Lysin, bei der die Wasserstoffatome teilweise durch radioaktives Tritium ersetzt worden sind.

Tritium-markiertes Thymidin (H^3-Thymidin) Thymidin, in dem die Wasserstoffatome teilweise durch radioaktives Tritium ersetzt sind.

Trophische Einflüsse Aktionen von einem Teil einer Zelle zu einem anderen oder von einer Zelle zu einer anderen, die sich auf Wachstum, Erhaltung und Stoffwechsel der Zelle beziehen.

Trophischer Transport Der postulierte Transportmechanismus spezifischer

Makromoleküle innerhalb einer Zelle und zwischen Zellen, der trophische Einflüsse ausübt.

Untere Frontalwindung Bereich des vorderen Sprechzentrums (Broca); siehe Abb. VI 8.

Untere Olive Kern im Hirnstamm, von dem die Kletterfasern zum Kleinhirn ausgehen (IO, Abb. IV 14, IV 15 und IV 20).

Untergeordnete Hemisphäre Die sprachlose Hemisphäre, fast immer die rechte, mit speziellen Leistungen, die in Abb. VI 9, VI 12 aufgeführt sind.

Ventrolateraler Thalamus Der Teil des Thalamus, der speziell für die Übertragung vom Kleinhirn zum Großhirn zuständig ist (Abb. IV 14, IV 15 [VL]).

Verbindungstheorie des Lernens Der Lernprozeß wird dem Wachstum von Synapsen zugeschrieben, das aus der Verbindung eines speziellen synaptischen Inputs mit dem synaptischen Probe-Input resultiert.

Wachstumstheorie des Lernens Das Lernen wird dem Wachstum spezifischer Synapsen zugeschrieben, das zu bevorzugten neuronalen Bahnen im Gehirn führt (Abb. V 19 B,C).

Welt 1 siehe Abb. VI 1.

Welt 2 siehe Abb. VI 1.

Welt 3 siehe Abb. VI 1.

Zentrale Reflexbahn Jede einfache Nervenbahn, die das Zentralnervensystem durchläuft, gewöhnlich für spinale Reflexe benutzt (Abb. I 6, III 1 A).